· 陕西省特色学科——“现代经济学与西部经济发展研究”建设项目
· 国家社科基金重大招标项目（16ZDA023）阶段性成果
· 国家社科基金西部项目（14XJL013）阶段性成果
· 国家社科基金青年项目（16CJL052）阶段性成果
· 国家自然科学基金青年项目(71603204)阶段性成果

2017 中国城乡发展报告

——水平评价与精准扶贫

白永秀　吴丰华　赵而荣　翟绍果　吴振磊

等／著

Report on China's Urban and Rural Development

—*Level Evaluation and Targeted Poverty Alleviation*

中国经济出版社
CHINA ECONOMIC PUBLISHING HOUSE
北 京

图书在版编目（CIP）数据

中国城乡发展报告．2017：水平评价与精准扶贫／白永秀等著．
北京：中国经济出版社，2017．10
ISBN 978－7－5136－4915－5

Ⅰ．①中… Ⅱ．①白… Ⅲ．①城乡一体化—发展—研究报告—中国—2017 Ⅳ．①F299．2

中国版本图书馆 CIP 数据核字（2017）第 251865 号

责任编辑　贺　静
责任印制　巢新强
封面设计　华子设计

出版发行　中国经济出版社
印 刷 者　北京九州迅驰传媒文化有限公司
经 销 者　各地新华书店
开　　本　700mm×1000mm　1/16
印　　张　25．5
字　　数　392 千字
版　　次　2017 年 10 月第 1 版
印　　次　2017 年 10 月第 1 次
定　　价　69．00 元
广告经营许可证　京西工商广字第 8179 号

中国经济出版社 网址 www．economyph．com 社址 北京市西城区百万庄北街 3 号 邮编 100037
本版图书如存在印装质量问题，请与本社发行中心联系调换（联系电话：010－68330607）

目录

contents

导 论

历史已进入2017年，中国的精准扶贫和精准脱贫已经到了攻坚克难的关键时刻，既事关我国农村生活困难群体的基本生计，也事关统筹城乡发展、推进城乡发展一体化的国家战略，更决定了能否实现全面建成小康社会的第一个"一百年"的目标。《中国城乡发展报告(2017)——水平评价与精准扶贫》将延续我们团队2012年以来一直进行的中国省域城乡发展一体化水平评价主题，在此基础上，团队结合白永秀教授作为主持人刚刚获得的2016年国家社科基金重大项目"西部地区易地移民搬迁工程的精准扶贫机制、综合效益评价与政策创新研究"，并和白永秀教授主持的上一个国家社科基金重大项目"西部地区形成城乡经济社会一体化新格局的战略研究"相结合，开展城乡发展一体化和(易地移民搬迁)精准扶贫研究，从历史上讲明我国城乡关系发展和扶贫开发所走过的历程，在理论上梳理城乡发展一体化(城乡关系)和精准扶贫的新研究，在政策上总结我国促进城乡发展一体化和扶贫开发的顶层设计和重要措施，在水平评价上丰富完善省域城乡发展一体化水平评价体系，创新性地设计了易地移民搬迁精准扶贫综合效益评价的指标体系，在实践上剖析了我国中西部四省份精准扶贫和易地移民搬迁的特色县、村模式。

1. 研究历程回顾

20世纪80年代中后期，基于长期在农村工作生活的现实感悟和思考，以及用理论创新破解我国"三农"难题、支撑"三农"发展、促进"三农"改革的使命感，白永秀教授开始研究"三农"和城乡一体化问题，其"对城乡一体化的质疑"一文被《新华文摘》(1987年第4期)全文转载，随后又在《光明日报》《学术月刊》《经济学家》等报刊发表论文数十篇，多篇论文被《新华文摘》《人大报刊复印资料》转载和复印,研究重点关注农村土地改革、农村发展、农业发展、农户微观机制等问题。世纪之交,白永秀教授及其团队在继续研究农村经济改革与发展、城乡一体化问题的同时,将研究领域拓展到了城市化与城镇化问题。重点围绕城市(镇)化一般理论、东西部地区城镇化综合比较与西部城镇化发展、城市群发展、创新型城市等问题展开广泛而深入的研究,先后完成国家自然科学基金项目"东西部地区城镇化综合比较及西部地区城镇化支持系统建设研究"等国家级课题3项,并在《经济研究》《中国工业经济》《经济学家》《改革》等期刊发表论文20余篇。

2008年,在20多年关于"三农"问题、城乡关系问题研究积淀的基础上,白永秀教授获批国家社科基金重大招标项目"西部地区形成城乡经济社会一体化新格局的战略研究",2014年,结项成果在人民出版社出版,荣获2015年度陕西高校人文社会科学优秀成果一等奖和西安市第九次社会科学优秀成果奖一等奖。随着课题研究的深入,白永秀教授城乡一体化研究团队围绕城乡发展一体化理论与实践问题,取得了一系列研究成果,在《中国工业经济》《中国软科学》《学术月刊》《复旦学报》《经济学家》等期刊发表论文80余篇;在人民出版社、科学出版社、中国经济出版社出版专著近10部。这些成果在学术界产生了一定的学术影响,所发表论文被《新华文摘》全文转载2篇、论点摘编1篇、索引1篇,被《中国社会科学文摘》《高等学校文科学术文摘》各摘录1篇,被《光明日报》论点摘编4篇,被《人大报刊复印资料》全文复印10篇。

针对国家社科基金重大项目命题作文的性质,很多问题难以纳入研究范围。2013年,在城乡发展一体化理论与实践研究取得了较丰硕成果的基础上,白永秀教授及其研究团队将研究领域向现实深入,开始了定量评估中国城乡发展一体化水平的工作。构建了包含城乡空间一体化、城乡经济一体化、城乡社会一体化、城乡生态环境一体化4个维度35个指标的较为系统完善的城乡发展一体化评价指标体系,采用两步主成分分析法对2006—2011年的中国整体、四大区域、30个省份的城乡发展一体化水平进行了科学评价,并进行了详尽分析。相继出版了《中国省域城乡发展一体化水平评价报告(2012)》《中国省域城乡发展一体化水平评价报告(2013)》。

在整体评价我国城乡发展一体化水平之后,我们缩小范围,聚焦了两个分维度的城乡一体化水平。

2014年，我们聚焦城乡社会二元结构，建立了包含城乡基础教育、城乡医疗卫生、城乡社会保障、城乡就业与住房、城乡社会管理与文化共享等5个维度27个基础指标的城乡社会一体化水平评价指标体系，采用两步主成分分析法对2012年中国四大区域和30个省份①的城乡社会一体化水平进行了科学评价，并分析了2006—2012年7年间各省域城乡社会一体化水平的变化情况及具体原因，出版了《中国省域城乡社会一体化水平评价报告(2014)》。2015年，我们深入研究了城乡发展一体化的另一个主要方面——城乡经济一体化。基于文献梳理、专家意见和现实考察，我们构建了"城乡经济发展—城乡产业结构—城乡资本形成—城乡生活水平"等4个维度27个基础指标构成的中国省域城乡经济一体化水平评价指标体系，采用两步主成分分析法评价了30个省份和东部、中部、东北、西部四大区域的城乡经济一体化水平，并具体分析了2000—2013年各省份水平排名的变动情况。2016年，我们回归中国省域城乡发展一体化的水平评价和研究，汲取原来中国省域城乡发展一体化水平评价、城乡社会一体化水平评价、城乡经济一体化水平评价研究的经验与不足，删减部分不合适或过于细微的指标，增补部分更为全面或更能体现城乡对比的指标，重构了城乡发展一体化的理论框架和指标体系，对2014年30个省域的城乡发展一体化水平进行客观、科学评价，并分析2010—2014年我国30个省域城乡发展一体化具体指数和相对排名的变化情况。

从2013年下半年开始，研究团队将这一成功经验和陕西实践结合起来，期望研究更小的样本来考察地方城乡发展一体化的情况，也期望能为地方统筹城乡发展提供借鉴。依循和中国省域城乡发展一体化水平评价一样的框架，我们构建了"城乡空间一体化—城乡经济一体化—城乡社会一体化"②的县域城乡发展一体化评价体系，并评估了陕西83个县域③的城乡发展一体化水平，并分析了2011—2014年这些县域排名的变化情况及其原因，出版了《陕西县域城乡发展一体化水平评价报告(2013)》和《陕西县域城乡发展

① 因为数据缺失较多，和学术研究的惯常做法相一致，我们舍弃了香港特别行政区、澳门特别行政区、台湾地区、西藏自治区的数据。

② 之所以没有囊括生态环境一体化，是因为县域层面生态环境方面的数据难以获取，每个县统计部门的统计指标设置差异也较大。

③ 包括陕西所有县和4个县级市——兴平市、韩城市、华阴市、神木市，但是不包括各市所辖区。

一体化水平评价报告(2014)》。这项工作在随后的几年中得到了延续和坚持[①],并在陕西产生了较大反响。

将这些报告的核心结论进行总结提升、深入发掘后,我们围绕中国省域城乡发展一体化水平评价和陕西县域城乡发展一体化水平评价相关问题,先后在《中国工业经济》《中国软科学》《当代经济科学》《西北农林科技大学学报》《人文杂志》《福建论坛》等期刊发表学术论文20余篇。

2013年5月和11月、2014年10月、2015年11月、2016年11月,我们在西安先后举行了5场发布会,向学术界和社会各界发布了中国省域和陕西县域城乡发展一体化水平评价的研究成果。人民网、新浪网、中国网、《经济日报》《中国经济时报》《21世纪经济报道》、陕西省人民政府官方网站、《陕西日报》《华商报》等媒体对发布会情况和研究成果作了大量报道,产生了较大的学术影响和社会反响,更多的学者和社会各界开始关注中国城乡发展一体化问题。

贫困问题一直是困扰我国"三农"发展的顽疾,农村贫困人口脱贫是全面建成小康社会最艰巨的任务和突出短板。按照提高后的新脱贫标准,截至2013年年底,我国仍有贫困人口8249万,其中贫困发生率超过20%的有西藏、甘肃、贵州、新疆、云南和青海6个省(区)[②]。2013年11月,习近平总书记到湖南湘西考察时首次作出了"实事求是、因地制宜、分类指导、精准扶贫"的重要指示。2014年1月,中共中央办公厅详细制定了精准扶贫工作模式的顶层设计,推动了"精准扶贫"思想落地。2015年1月,习近平总书记新年首个调研地点选择了云南,强调坚决打好扶贫开发攻坚战,加快民族地区经济社会发展。2015年6月,总书记来到贵州省,强调要科学谋划好"十三五"时期扶贫开发工作,确保贫困人口到2020年如期脱贫,并提出扶贫开发"贵在精准,重在精准,成败之举在于精准"。2015年2月13日、2015年6月18日、2016年7月20日、2017年6月23日,习近平总书记先后在陕西延安、贵州贵阳、宁夏银川和山西太原主持召开了陕甘宁革命老区脱贫致富座

① 在2015年和2016年,省域和县域城乡发展一体化水平评价两部分内容整合在了一本报告中,命名为《中国城乡发展一体化水平评价报告(2015)》和《中国城乡发展一体化水平评价报告(2016)》。

② 截至2013年年底中国贫困人口仍有8249万[EB/OL].中国共产党新闻网,2014-10-16,http://cpc.people.com.cn/n/2014/1016/c64387-25850085.html.

谈会，涉及武陵山、乌蒙山、滇桂黔集中连片特困地区扶贫攻坚座谈会，东西部扶贫协作座谈会和深度贫困地区脱贫攻坚座谈会。精准扶贫和精准脱贫工作在神州大地如火如荼地展开。

我们的研究团队在2008年国家社会重大项目的实地调研中，也注意到了贫困人口及其脱贫问题。在国家社科重大项目研究后期和结项后的几年间，我们的研究团队先后完成了一系列陕西精准扶贫、脱贫攻坚、易地移民搬迁课题——《陕西省"十三五"移民(脱贫)搬迁安置总体规划》《延安精准扶贫模式研究》《陕南"十二五"移民搬迁规划》《商州区脱贫攻坚产业支撑研究》《延川县"十三五"移民(脱贫)搬迁安置总体规划》。通过实地调研，发现现在剩下的贫困人口，主要分布于自然条件恶劣、基础设施残缺、增收产业薄弱、文化习俗落后的区域，且贫困人口分布更加分散，扶贫脱贫难度极大。简言之，相当比例的贫困地区既难以保证百姓生存，更没有发展产业的条件，属于"一方水土养活不了一方人"的状况。在这样的情况下，易地移民搬迁就成为这部分贫困和深度贫困地区农民摆脱贫困最快速也是最持久的途径。在上述课题研究过程中，我们的团队提出了陕西省乃至西部地区精准扶贫和移民搬迁的总体思路及实施方案，为上述地区开展移民搬迁和精准扶贫工作提供了有益借鉴。

2016年上半年，国家社科基金发布了重大招标项目的选题指南，其中有"易地移民搬迁工程的精准扶贫机制、生态效益评价和政策创新研究"的题目。我们的精神为之一振，觉得英雄有了更大的用武之地，立即决定组织力量申报。我们的团队围绕农村经济发展和农村反贫困、西部地区城乡发展一体化等问题开展的深入研究，为申报国家社科基金重大项目奠定了基础。最终，我们结合上一个国家社科重大项目的成功经验，决定聚焦我们更为熟悉，而且易地移民搬迁任务最重的西部地区；结合2013年开展城乡发展一体化水平评价工作的经验，适当延展评价维度，拓展到"综合效益评价"；结合我们团队理论研究有深度又熟悉现实的特点，重点放在机制研究和政策创新研究，最终将题目确定为"西部地区易地移民搬迁工程的精准扶贫机制、综合效益评价与政策创新研究"。可能是"天道酬勤"，我们团队顺利拿到了项目。

在这个重大项目中，我们将重点研究解决以下问题：在理论方面，探讨易地移民搬迁工程与精准扶贫的内在联系，构建科学理论分析框架；在机制方面，研究易地移民搬迁工程精准扶贫的影响因素，完善西部易地移民搬迁工程的精准扶贫机制;在绩效方面,建立易地移民搬迁工程精准扶贫的效益评价指标体系,对西部易地移民搬迁促进精准扶贫的经济、社会、政治、文化、生态效益进行评价;在政策方面,梳理易地移民搬迁工程精准扶贫的政策现状,在西部地区移民搬迁政策建议方面有所创新。

从2008年的第一项国家社科基金重大项目"西部地区形成城乡经济社会一体化新格局的战略研究"到2016年的第二项国家社科基金重大项目"西部地区易地移民搬迁工程的精准扶贫机制、综合效益评价与政策创新研究",我们的城乡发展一体化理论与实践研究团队的研究不断深入,呈现出以下几个特点:一是持续研究和聚焦西部城乡关系和"三农"问题。在空间上,聚焦我们熟悉且城乡矛盾和贫困问题更为突出的西部地区;在主题上,聚焦城乡发展一体化和城乡关系。二是研究逐渐深入。从宏大问题——"城乡发展一体化格局构建"深入到了更细致的问题——"易地移民搬迁中的精准扶贫"。三是注重吸收和借鉴之前研究的成功经验。如第二项国家社科基金重大项目——"西部地区易地移民搬迁工程的精准扶贫机制、综合效益评价与政策创新研究"吸收和借鉴了我们之前开展第一项重大项目时对城乡关系理论研究的认识,也结合了我们之前进行城乡发展一体化水平评价时所积累的研究经验,也借鉴了我们之前研究中调研的经验。

《中国城乡发展报告2017——水平评价与精准扶贫》(以下简称《报告2017》)正是这两个重大项目及我们前期研究的结合和延续。《报告2017》延续了往年报告的"评价"主题,构建了更完整的评价体系,采用了更科学的评价方法,评价了中国省域城乡发展一体化的水平;同时,《报告2017》结合了两个国家社科重大项目的主题,重点聚焦易地移民搬迁中的精准扶贫问题。

2. 研究对象与研究方法

《中国城乡发展报告2017——水平评价与精准扶贫》研究两个对象,涉及三方面相互关联的问题。两个研究对象是城乡发展一体化和精准扶贫。三个相互关联的问题:一是我国城乡发展一体化和精准扶贫的理论与政策,二是中国省域城乡发展一体化的水平评价,三是易地移民搬迁精准扶贫。

因为涉及两大研究对象和三方面相互关联的问题,既有理论梳理、历史考察,又有现状评价,还有对精准扶贫的深入研究。所以《报告2017》将采用"四个相结合"的研究方法。

第一,历史分析与现状评价相结合的方法。《报告 2017》将首先研究我国改革开放以来城乡发展一体化和精准扶贫的历史进程,这部分需要历史分析的方法。同时,在《报告 2017》的第二部分,将延续我们以往报告的主题——中国省域城乡发展一体化水平评价。这部分需要使用水平评价的研究方法,具体采用全局动态主成分分析法。在《报告 2017》的第三部分,我们尝试建立了易地移民搬迁的精准扶贫综合效益的水平评价体系,这也属于现状评价的研究方法。

第二,定性分析与定量分析相结合的方法。建立城乡关系发展一体化水平评价指标体系和易地移民搬迁精准扶贫综合效益评价的指标体系,采用定性研究的方法。研究分析中国整体、四大区域、30 个省域的城乡发展一体化水平以及城乡空间一体化、城乡经济一体化、城乡社会一体化、城乡文化一体化和城乡生态环境一体化等 5 个分维度的现状以及 2006 年以来变化情况时,采用的是定量分析的方法。

第三,理论研究和政策研究相结合的方法。梳理城乡发展一体化理论研究的新动态和精准扶贫以及易地移民搬迁的文献,我们使用理论研究的方法;整理中国城乡发展一体化和统筹城乡发展的政策,以及我国扶贫与精准扶贫的政策,我们采用政策研究的方法。

第四,整体研究与案例研究相结合的方法。在我国扶贫开发和精准扶贫的研究中,首先采用整体研究方法,对我国扶贫开发、精准扶贫和易地移民搬迁中的精准扶贫进行整体研究,研究其发展变化历史,梳理相关政策变迁,发现一般规律。进一步采用案例研究法,组织团队,深入贵州塘约村、陕西平利县、云南大关县、河南嵩县等地实地调研,获得一手资料数据,总结提炼地方做法和经验,形成了各具特色、可供推广的精准扶贫和易地移民搬迁扶贫模式。

3. 主要内容与框架结构

《报告 2017》和以往报告相比变化较大,突破了只进行城乡发展一体化水平评价的格局,聚焦两大研究对象——城乡发展一体化和(易地移民搬迁的)精准扶贫。而且,对这两大对象的历史变迁、政策变化、理论演进、现状水平等均进行了系统研究。《报告 2017》除开篇导论和全书结论外,分为历史、理论与政策篇、水平评价篇、(易地移民搬迁的)精准扶贫篇,共 8 章。

第一篇为“历史、理论与政策篇”。包括第 1 章“城乡发展一体化的历史回顾、理论动态与政策梳理”和第2章“精准扶贫的历史回顾、理论动态与政策梳理”。在第1章中,我们首先分阶段回顾了改革开放以来我国城乡关系变迁的逻辑和历史。其次,梳理提炼了城乡发展一体化理论研究的新动态,突出了十八大以来理论界关于城乡关系研究的新动态。最后,梳理了我国十八大以来城乡发展一体化的政策。在第2章中,我们首先回顾了从扶贫开发到精准扶贫的历史和成就,及不同阶段的特点。其次,我们对精准扶贫的高层次文献进行了梳理和综述。最后,我们梳理了中国精准扶贫的政策。

第二篇为“水平评价篇”。即中国省域城乡发展一体化水平评价报告(2017),分为4章,为全书的第3~6章。我们首先构建了中国省域城乡发展一体化水平评价的指标体系,进而整体和分维度评价了中国省域城乡发展一体化的水平,最后考察了中国省域城乡发展一体化水平的时序变化。

第三篇为“精准扶贫篇”。在第7章中,我们从已有文献、中国事实和国家对精准扶贫工作的顶层设计出发,构建了包含经济、政治、社会、文化、生态五方面效益,及若干细化指标的易地移民搬迁精准扶贫的综合效益评价指标体系,并设计出了针对村(社区)集体和贫困户的易地移民搬迁精准扶贫的调查问卷。在第8章中,我们与指标体系相对应,分析了贵州塘约、陕西平利县、云南大关县、豫西嵩县等4个县或村一级的精准扶贫和易地移民搬迁案例,并总结提炼出了塘约村的脱贫致富实践、平利“社区工厂”精准扶贫模式、大关易地移民搬迁+“造血”式扶贫和豫西嵩县山区“易地搬迁+产业扶持”精准扶贫模式等可供推广和借鉴的模式。

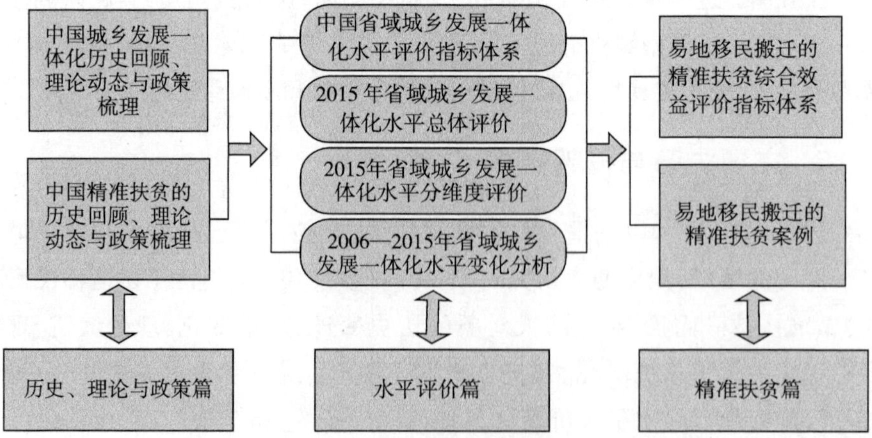

图0-1　本书结构框架

4. 主要创新

《报告 2017》突破了往年报告只进行城乡发展一体化水平评价的局限,确定了城乡发展一体化水平评价和精准扶贫两大主题。并从历史考察、理论梳理、现状评价、案例剖析多角度研究了城乡发展一体化和精准扶贫问题。而且,《报告 2017》也为未来我们团队一年一度的城乡报告提供了思路,即每年聚焦城乡关系或城乡发展一体化的一个主题,开展深入研究,同时配合不同角度的城乡发展一体化的水平报告。这样既有利于研究不断深入,挖掘一些新问题,也有利于团队的稳定和成长。具体到《报告 2017》,有以下几点创新:

第一,在历史研究方面,系统梳理了改革开放以来我国城乡关系发展和扶贫开发的历史。历史是现实的基础,现实是历史的延续。《报告 2017》首先关注历史,梳理了两个研究对象的发展历史,在细化的阶段中把握了城乡发展一体化(城乡关系)和扶贫开发的演变脉络、特征性事实和未来发展趋势。

第二,在政策研究方面,梳理了我国城乡发展一体化和精准扶贫的政策。承接历史分析,《报告 2017》也梳理了我国统筹城乡发展、促进城乡发展一体化,以及扶贫开发、精准扶贫的政策。在时间上,重点关注改革开放以来的政策,突出反映党的十八大以来政策的新变化及其背后所反映的理论新进展。

第三,在水平评级方面,主要有两点创新。一是丰富了城乡发展一体化水平评价指标体系。在往年报告中城乡空间一体化、城乡经济一体化、城乡社会一体化、城乡生态环境一体化 4 个城乡发展一体化分维度的基础上,《报告 2017》增加了城乡文化一体化的分维度,刻画了城乡差距的重要方面——城乡文化差距,由此丰富了城乡发展一体化水平评价指标体系,使之更贴近"真实的城乡一体化"。二是采用了新的评价方法。在《报告 2017》中,我们并没有沿用两步主成分分析法,而是采用了更为科学的全局动态主成分分析法。这样一来,不仅实现了各个省域城乡发展一体化水平指数在同一年内可以对比,而且还能实现各个省域的城乡发展一体化水平指数在不同年份之间也可以对比,而不像以往只能进行排名上的对比。

第四,在精准扶贫研究方面,也有两点创新。一是依据多维贫困理论和

“五大文明”协调发展理论,并参考和借鉴学术界已有研究,构建了包含经济效益、政治效益、社会效益、文化效益、生态效益等5个维度的易地移民搬迁工程的精准扶贫综合效益评价指标体系。二是选取贵州、陕西、云南、河南等4省中精准扶贫和易地移民搬迁中富有特色和成效明显的县、村一级的典型地方,开展实地调研,进行案例研究,并总结出了相应的精准扶贫模式。具有一定的推广借鉴价值。

2017

中国城乡发展报告

历史、理论与政策篇

1　中国城乡发展一体化历史回顾、理论动态与政策梳理

城乡发展首先是一个历史过程，围绕城乡关系的历史变迁、阶段性特征和存在的问题，以及城乡发展一体化的现状和建设中的问题，学术界进行了大量研究。结合城乡关系发展实践和地方做法，吸收、借鉴理论界的研究成果，党中央不断修正创新城乡关系的顶层设计，各级政府也在尝试多种创新性政策。本章将梳理改革开放以来我国城乡关系发展的历史、党的十八大以来城乡发展一体化的理论研究新动态，以及十八大以来我国推进城乡发展一体化的重大政策和标志性事件。

1.1　改革开放以来城乡发展一体化的历史回顾

1.1.1　改革开放之初中国城乡发展的背景与基础

1949 年新中国成立以后至改革开放之前，中国历经了三年国民经济恢复、"一化三改"和"一体两翼"的社会主义改造、人民公社化运动、国民经济"大跃进"和三年困难、国民经济巩固调整和十年"文化大革命"等数个大阶段。每个阶段的发展背景、矛盾表征有所不同，导致发展任务和核心着力点也有所不同。但总体而言，由于受到当时生产力发展水平和国内外基本情况的限制，计划经济体制以其集中统一、抗外部冲击能力强、符合当时我们对马克思主义和社会主义的认识等诸多优势，且有苏联这个参照系作为示范的实际情况，成为我们经济体制设计的必然选择。计划经济随即奠定了社会主义经济的基础，并在国民经济建设中发挥了极大的推动作用：铁路、公路、水运、空运和邮电等均快速发展；农业生产条件改变显著，生产水平有了提高；建立起了相对独立完整的工业体系，并在军工方面获得了重大突破；国人的吃饭问题得到了基本解决。

但在运行中，计划经济体制的缺陷和弊端逐渐显现：考察运作机理，它

忽视甚至否定商品生产、价值规律，否定市场对资源的配置作用，导致经济呈现出短缺、生产性而非销售性、缺乏变化等状态，从而无法解决人民群众日益增长的物质文化需求与落后的生产力这一基本矛盾。从分配上看，平均主义严重，难以产生有效激励，使得劳动者缺乏积极性、主动性和创造性；企业缺乏应有的自主权，政企不分，“大锅饭”严重，企业失去了活力。

长期运行计划经济的另一重大弊端在于高度封闭，高度封闭又导致对于世界，特别是对于资本主义世界的变化和发展缺乏认识、缺少应对。其结果是虽然中国也在发展，但是已经和西方所主导的外部世界拉开了发展差距，从一定程度上说，我们丧失了重要的发展机会。

1966—1976 年，美国国民生产总值增长了 124%，日本增长了 345%，联邦德国增长了 131%，法国增长了 212%，而中国仅增长了 57.6%；美国国民收入增长了 143%，日本增长了 413%，联邦德国增长了 141%，法国增长了 238%，英国增长了 239%，而中国仅增长了 75%。① 到 1978 年时，按照可比价格计算，中国人均国民收入仅为 196 美元，仅相当于美国 8514 美元的 2.3%，日本 7093 美元的 2.8%，英国 4949 美元的 4.0%，法国 7888 美元的 2.5%，联邦德国 9275 美元的 2.1%，苏联 2424 美元的 8.1%；甚至低于很多发展中国家，是巴基斯坦 251 美元的 78.1%，泰国 434 美元的 45.2%，赞比亚 401 美元的 48.9%，突尼斯 910 美元的 21.5%，巴西 1482 美元的 13.2%②（见表 1-1）。

表 1-1　1978 年人均国民收入的国际比较

国家类别	国家	人均国民收入/美元	中国人均国民收入占其他国家比例（%）
	中国	196	—
发达国家	美国	8514	2.3
	日本	7093	2.8
	英国	4949	4.0
	法国	7888	2.5
	联邦德国	9275	2.1
	苏联	2424	8.1

① 董辅礽．中华人民共和国经济史（上卷）[M]．北京：经济科学出版社，1999：583.

② 本段数据来自：武力．中华人民共和国经济史[M]．北京：中国时代经济出版社，2010：649－650.

续表

国家类别	国家	人均国民收入/美元	中国人均国民收入占其他国家比例(%)
发展中国家	巴基斯坦	251	78.1
	泰国	434	45.2
	赞比亚	401	48.9
	突尼斯	910	21.5
	巴西	1482	13.2

资料来源:根据武力. 中华人民共和国经济史[M]. 北京:中国时代经济出版社,2010:649-650. 数据整理。

除了总量和人均量偏低,计划经济体制的运行也导致了经济绩效不高。以反映技术进步的全要素生产率(TFP)来看,1952—1975 年,1975—1981 年,中国的全要素生产率分别为 0.3 和 1.0,低于美国、日本、苏联、韩国、巴西等国家同时期的全要素生产率水平①(见表 1-2)。

表 1-2　20 世纪 50 至 70 年代中国与世界主要国家全要素生产率的比较

国家	时期	TFP 增长率	国家	时期	TFP 增长率
中国	1952—1975	0.3(-1.1)	日本	1952—1964	5.1
	1975—1981	1.0(-0.3)		1966—1973	4.5
美国	1947—1960	1.4	韩国	1955—1960	2.0
	1960—1973	1.3		1960—1973	4.1
苏联	1950—1960	1.9	巴西	1950—1960	3.7
	1960—1970	1.5		1966—1974	1.6

注:中国括号内的数字是全要素生产率估计的最低值。

资料来源:杨德才. 中国经济史新论(1949—2009)[M]. 北京:经济科学出版社,2009:231.

回到我们的主题,总体而言,除过三年国民经济恢复时期和 20 世纪 60

① 本段数据来自:杨德才. 中国经济史新论(1949—2009)[M]. 北京:经济科学出版社,2009:231.

年代初国民经济调整时期城乡关系呈交流趋势①之外,"一五"计划时期基本上是城乡阻隔,"大跃进"和"文化大革命"时期基本处于"城乡隔离"状态。

长期实行计划经济体制导致中国城乡关系出现了严重问题和困难:城市偏向型政策导致工业畸形发展、农业增长有限。据统计,1978 年,我国的工业总产值是 1952 年的 12.14 倍,而农业总产值仅是 1952 年的 3.03 倍,平均年增长不到 5%。② 而且,农业生产效率极低,1979 年,中国每个农业劳动力平均生产的谷物和肉类数量不仅远远低于美国、日本、英国、法国、联邦德国和苏联等发达国家,也低于巴西、阿根廷等传统农业国,甚至低于埃及、菲律宾、土耳其等经济相对落后的发展中国家(见表 1-3)。城市相对繁荣和农村相对凋敝共存,城市居民生活水平较高和大量农村居民尚未摆脱贫困共存,城乡差距持续拉大。城乡间劳动力、资本等要素流动几乎停滞,城乡被割裂成两个缺乏联系、难以协同合作的部门;因为缺乏流动性,城市化进程缓慢,1949—1978 年,我国工业与农业的产值比例由 30:70 变为 75:25,但是农业人口占总人口的比例仍然高达 84.2%,甚至还超过了 1949 年 82.6% 的水平,农业劳动力仍占总就业劳动力的 70%,城市化水平仅有 17.92%,低于 1960 年 19.75% 的水平。③ 更为严重的是,城市、农村与市场的联系几乎被切断,除城乡均陷入"短缺经济"的泥潭外,城乡的市场经济观念理念也都几乎停滞。

---

① 一个数据可以论证这个观点,1950—1952 年三年国民经济恢复时期,是中国农村人口迁入城市较多的时期。在这个时期内,城镇人口比重由 10.64% 上升到 12.46%,城镇人口由 5765 万人增加到 7163 万人,增加了 1398 万人。1953—1957 年第一个"五年计划"时期,国家开始大规模经济建设,从农村招收了大批职工,工业化启动推动了城市化的发展。这一时期城镇人口达到 9949 万人,全国净增城镇人口 2786 万,其中由农村迁移到城市的人口为 1500 万左右,平均每年 300 万人左右。城镇人口比重从 12.5% 上升到 15.4%,与此同时,国家组织和动员人多地少的内地向边疆地区移民,也组织动员城市疏散人口支援内地,支援边疆,支援农业建设。因此,这一时期存在着城乡之间人口的双向流动。数据引自刘应杰. 中国城乡关系演变的历史分析[J]. 当代中国史研究,1996(2):1-10.

② 谢志强,姜典航. 城乡关系演变:历史轨迹及其基本特点[J]. 中共中央党校学报,2011(8):68-73.

③ 刘应杰. 中国城乡关系演变的历史分析[J]. 当代中国史研究,1996(2):1-10.

表 1 -3 1979 年部分国家农业劳动生产率的比较 单位:公斤

国家类别	国家	每个农业劳动力平均生产的谷物	每个农业劳动力平均生产的肉类
	中国	1036	29
发达国家	美国	133062	7561
	日本	2351	256
	英国	31923	4083
	法国	20952	1836
	联邦德国	18296	3327
	苏联	7457	570
发展中国家	巴西	1800	198
	阿根廷	18035	2571
	埃及	1378	50
	菲律宾	1285	64
	土耳其	2485	63

资料来源:武力. 中华人民共和国经济史[M]. 北京:中国时代经济出版社,2010:655 -656.

正是在这种国民经济极度困难、僵化的计划经济体制尚未破解、城乡关系严重对立且双方发展差距较大的背景下,中国城乡关系开始在市场化取向的改革大潮下再次探索出路。

1.1.2 改革开放以来城乡关系发展的总体概括

1978 年年底,惠及中国城乡大地的改革开放大幕拉开。面对计划经济时代中国城乡关系所出现的严重问题,中央默许并推广了农民自发开展的家庭联产承包责任制改革。此后,农村经济改革席卷全国。在市场化取向改革的引领下,中国城乡面貌因农业技术进步、快速发展的城镇化、产业结构迅速升级、各类要素自由流动、党和国家多项支农惠农政策支持中国全面融入全球化进程等革命性变化,而产生了根本且深刻的变化。

农村土地制度和农业生产方式革新极大地解放了中国农民长期被压抑的巨大生产潜力和致富热情。技术创新促进农业生产力稳步提高,不仅解决了超过 10 亿人口的吃饭问题,更为中国经济起飞奠定了粮食安全基础。市场化取向改革改善了农村的资源配置和要素整合能力,农副产品及其加工业的发展使农业结构不断优化。农村劳动力不断转移到非农产业,并积极参与到城市化进程中,既提高了农村居民的收入水平,也提高了单位土地的劳动生产率,进一步提高了农民收入。但改革开放以来,中国城乡在共同发展的基础上也出现了一定的问题,集中表现为城乡收入差距拉大、城乡公共服务存在差异、城乡文化鸿沟仍然存在。

以我国城乡关系自身的变化,以及党和国家对城乡发展的重大决策和部署为节点,我们可以将改革开放以来的城乡关系发展划分为四大阶段:城乡关系趋好阶段(1978—1984 年)、城乡再度分离阶段(1984—2003 年)、城乡统筹发展阶段(2003—2012 年)和城乡全面发展阶段(2012 年至今)。

1978 年 12 月,党的十一届三中全会召开,邓小平作了《解放思想,实事求是,团结一致向前看》的重要讲话,提出把党的工作重点转移到经济建设上来,作出了实行改革开放的重大决策,重启了农村改革。此后 6 年间,城乡收入差距不断缩小,城乡关系不断趋好。

1984 年 10 月,党的十二届三中全会召开,全会通过的《中共中央关于经济体制改革的决定》提出下一阶段改革的重点在城市。此后直到 2002 年,改革在城市展开而在农村萎缩,特别是 1992 年我国明确建立社会主义市场经济体制之后,城市快速发展,农村发展明显滞后,城乡发展再度分离,城乡差距不断拉大。

2002 年 11 月召开的党的十六大把如何处理城乡关系提到了新的历史高度。2004 年伊始,时隔 18 年,中央再次把"三农"问题列入一号文件,此后不曾间断。2003 年召开的党的十六届三中全会更是把统筹城乡发展列为国家五大统筹发展战略之首。这一阶段中,中央提出了构建城乡经济社会一体化新格局的战略目标,统筹城乡发展措施不断,"两个反哺"逐渐落实,新农村建设在全国范围内展开。此后 10 年间,城乡差距在到达峰值后开始下降,统筹城乡发展成果初步显现。

2012 年 11 月,党的十八大召开,新时代开启。在以习近平总书记为核心的党中央的带领下,在全面建成小康社会的战略目标的指引下,在五大发展理念的指导下,伴随着精准扶贫、美丽乡村建设、农业供给侧结构性改革等重大战略的实施,我国城乡关系持续好转,城乡差距持续缩小,城乡居民生活持续进步,城乡得以全面发展。

需要说明的是,城乡发展一如所有经济社会变迁过程,都是复杂的、渐变和突变结合的、系统与碎片交织的动态过程,在整体发展中呈现出一定的阶段性。所以,要分析改革开放近40年城乡关系发展这一宏大命题,需要划分阶段,以更好地厘清每个阶段城乡关系发展的特征及其独特的呈现形式。

1.1.3 改革开放以来城乡关系发展的阶段划分及具体过程

第一阶段(1978—1984年):改革开放促进城乡关系向好

改革开放前快速的工业化过程和计划经济体制强化了中国经济社会的二元性质,并没有将中国带入现代化国家的行列,反而扭曲了中国的城乡关系,导致城乡发展失调。在城乡分割的体制下,农民没有自由择业权,大量农村富余劳动力沉淀在土地上,人地矛盾加剧,城乡关系扭曲。中国城乡关系变化呈现出3个特征:一是工农业产品不能等价交换,二是城乡之间要素不能自由流动,三是城镇居民和农村居民的权利和发展机会严重不均等。[①]

面对计划经济执行过程中出现的严重问题和十年"文化大革命"导致国民经济出现难以为继的状态,国家于1978年年底启动了市场化取向的改革,标志性事件便是党的十一届三中全会的召开。全会提出了解放思想、实事求是的重大原则,作出了实行改革开放的重大决策。全会认为农业作为国民经济的基础,整体来说还十分薄弱,只有大力恢复和加快发展农业生产,才能提高全国人民的生活水平。全会提出了当前发展农业的一系列政策措施,并同意将《中共中央关于加快农业发展若干问题的决定(草案)》等文件发到各省、市、自治区讨论和试行。这个文件在经过修改和充实之后正式发布,紧接着,一些重要的农业文件相继制定和发布施行,有力地推动了农村改革的进程。

改革发端自民间自觉,家庭联产承包责任制释放了农民的生产积极性。1978年11月24日,安徽省凤阳县小岗村18位农民签下"生死状",将村内土地分开承包、分田到户。农村微观经济体制的变革在1980年9月召开的各省、市、自治区党委第一书记座谈会上得到认可。中共中央在1981年1月的第1号文件中加以正式肯定。[②] 据统计,截至1982年,全国农村已有90%以上的生产队建立了不同形式的责任制。[③] 到1983年年底,全国共有98%

---

① 韩俊. 中国城乡关系演变60年:回顾与展望[J]. 改革,2009(11):5-14.

② 武力. 1949—2006年城乡关系演变的历史分析[J]. 中国经济史研究,2007(1):23-31.

③ 谢志强,姜典航. 城乡关系演变:历史轨迹及其基本特点[J]. 中共中央党校学报,2011(8):68-73.

以上的农户实行了各种形式的承包责任制,其中实行包干到户的农户达到94.5%。①

从经济学意义上说,家庭联产承包责任制是一种制度回复(复归),20世纪60年代初,国民经济调整时农村曾经出现过包产到组和包产到户等生产责任形式。改革开放早期农业生产的快速增长正源于此,家庭联产承包责任制赋予了农民对土地的控制权、对生产的决策权和对收益的索取权。虽然它并未解决困扰中国"三农"的生产要素过于分散的问题,但很好地解决了激励问题,极大地唤起了广大农民的生产积极性,使得农业生产效率大幅度提高,粮食产量激增。从表1-4中可以看出,在家庭联产承包责任制推行后的1978—1984年,在粮食、水稻、其他粮食作物的播种面积都下降的情况下(分别年均下降1.1%、0.6%、1.3%),农作物总产和单产的年均增长率却都远高于1970—1978年的增长率。经济作物的种植面积年均增长5.1%,而实际产值年均增长更多,高达14.9%。②

表1-4 家庭联产承包责任制推行前后中国主要农作物播种面积、总产、单产年均增长率

种类	家庭联产承包责任制推行前1970—1978(%)	家庭联产承包责任制推行后1978—1984(%)
粮食		
面积	0.0	-1.1
总产	2.8	4.7
单产	2.8	5.8
水稻		
面积	0.7	-0.6
总产	2.5	4.5
单产	1.8	5.1
其他粮食作物		
面积	-0.2	-1.3
总产	3.1	4.8

① 武力.1949—2006年城乡关系演变的历史分析[J].中国经济史研究,2007(1):23-31.

② 转引自黄季焜,等.制度变迁和可持续发展[M].上海:格致出版社,上海人民出版社,2008:58.

续表

种类	家庭联产承包责任制推行前 1970—1978(%)	家庭联产承包责任制推行后 1978—1984(%)
单产	3.3	6.1
经济作物		
实际产值	2.1	14.9
面积	2.4	5.1

注:增长率用回归方法计算。

资料来源:黄季焜,等. 制度变迁和可持续发展[M]. 上海:格致出版社,上海人民出版社,2008:58.

随后,国家迅速跟进,顺应了市场化改革的内在要求和农民的意愿,在短时间内陆续铺开多项改革,促进了农业快速发展和城乡关系趋好。

首先,国家提高粮食收购价格,直接帮助农民增收。从 1979 年夏粮上市开始,国家较大幅度地提高了农副产品收购价格,这实际上理顺了农民与国家及城镇居民之间的分配关系,减少了农业价值向工业与城市流出的数量,有利于调动农民的生产积极性。① 通过调整,1983 年农副产品的收购价格比 1978 年提高了 47.4%,1984 年又比 1983 年提高了 4%。②

其次,国家逐渐放开农村市场,发展多种经营,逐渐废除统购统销制度。1981—1985 年,国家先后颁布了《中共中央、国务院转发农牧渔业部和部党组〈关于积极发展农村多种经营的报告〉》《中共中央、国务院转发国家农委〈关于开创社队企业新局面的报告〉》等文件,突破了“以粮为纲”的单一产业政策和不准农村办工业的禁令,鼓励和支持发展多种经营、乡镇企业和个体工商业。1983 年 2 月,国务院转批了《关于改革农村商品流通体制若干问题的试行规定》,以后又转批了《关于完成粮油统购任务后试行多渠道经济若干问题的试行规定》和《关于合作商业和个人贩运农副产品若干问题的规定》。在这些政策文件的指导下,国家基本恢复了基层供销社的合作商业性质和管理上的民主性、灵活性,放开了对吸收农民股金的限制,使之与农民利益结合起来;鼓励农村剩余劳动力从事销售、饮食、修理、运输业等。

① 夏永详. 改革开放 30 年来我国城乡关系的演变与思考[J]. 苏州大学学报(哲学社会科学版),2008(6).

② 谢志强,姜典航. 城乡关系演变:历史轨迹及其基本特点[J]. 中共中央党校学报,2011(8):68-73.

在此基础上,1985年1月1日,中央下发1号文件——《中共中央国务院关于进一步活跃农村经济的十项政策》,其中规定:"从今年起,除个别品种外,国家不再向农民下达农产品统购派购任务,按照不同情况,分别实行合同定购和市场收购。"①这标志着1953年年底建立起来、推行了30多年的统购统销制度开始动摇,市场自由交易逐渐替代计划供应成了粮食流通的主渠道。② 截至1984年,属于统派购的农副产品由1978年的100种减少到38种③,在农民出售的农副产品总额中,统派购的比例由1978年的84.7%下降至39.4%。

再次,农村经济变革倒逼农村经济组织架构做出适应性调整。1981年,四川省广汉等县首先开始进行政社分开的改革试点。1982年12月宪法规定将乡镇作为我国农村最基层的行政区域,标志着人民公社制度的瓦解。④ 1983年政社分开在全国推广,其基本内容是:人民公社不再承担农村基层政权的职能,代由新成立的乡政府来执行,同时成立村民委员会办理农村居住地的公共事业和公益事业;人民公社原有的基本核算单位(生产队或生产大队)仍然是群众集体所有制的合作组织,独立核算、自负盈亏;人民公社原有的非基本核算单位(公社一级和部分大队),有的撤销,有的改为经济联合组织。经过一系列改革,到1985年6月,全国共建立9.2万个乡镇人民政府,82万多个村民委员会,人民公社从历史舞台上消失。⑤

最后,市场化改革呼唤要素自由流动,放宽了劳动力流动限制,解决了农村剩余劳动力的出路。1984年,《国务院关于农村个体工商业的若干规定》和《国务院关于农民进入集镇落户问题的通知》相继出台,放松了户籍壁垒的限制,允许农民外出经营和务工,解决了大批农村剩余劳动力的出路问题。

得益于中国农民的伟大探索和国家顺势而为却也是伟大的改革措施,中国农业快速发展,"三农"问题得到初步改善,城乡关系朝好的方向发展。

长期被压抑的农业生产潜力得到了释放。全国粮食产量到1984年达到

① 中共中央文献研究室. 新时期经济体制改革重要文献选编:上册[M]. 北京:中央文献出版社,1999:318.

② 谢志强,姜典航. 城乡关系演变:历史轨迹及其基本特点[J]. 中共中央党校学报,2011(8):68-73.

③ 其中包括中药材24种。

④ 谢志强,姜典航. 城乡关系演变:历史轨迹及其基本特点[J]. 中共中央党校学报,2011(8):68-73.

⑤ 武力. 中华人民共和国经济史[M]. 北京:时代经济出版社,2010:725.

40731 万吨，人均达 40 公斤，创造了历史最高纪录。1979—1984 年，农业总产值增加 172. 1% ，年平均增长 8. 4%①。

农村商品生产和商品经济逐渐恢复。一方面，农村专业户和多种形式联合生产的出现和发展，加速了中国农村经济由半自给自足的自然经济向商品经济的转化，商品率迅速提高。1982 年，全国共有大中型生产资料商场 70 个，营业额达 5 亿元；1984 年，粮食的商品率达到了 30% 以上，农副产品的收购额比 1978 年增加了 68% ，集市贸易比 1978 年增加了 280% 。② 另一方面，农民非农收入明显增长。1978—1988 年，农民非农收入占全部收入的比重由 15% 上升到 36. 6%③。

城乡差距特别是城乡收入差距持续缩小。1978—1984 年，农村居民人均纯收入从 133. 6 元上升至 355. 3 元，6 年平均同比增幅高达 16. 17%（见图 1－1）。而且，这一增收幅度超过了城市居民：1978—1985 年，农民人均收入和消费增幅分别为 169% 和 94% ，而同期城镇居民收入和消费增幅分别只有 98% 和 47% 。因此，城乡收入差距迅速缩小，城镇居民人均可支配收入与农村居民人均纯收入之比从 2. 57∶1 一度缩小为 1. 71∶1。④

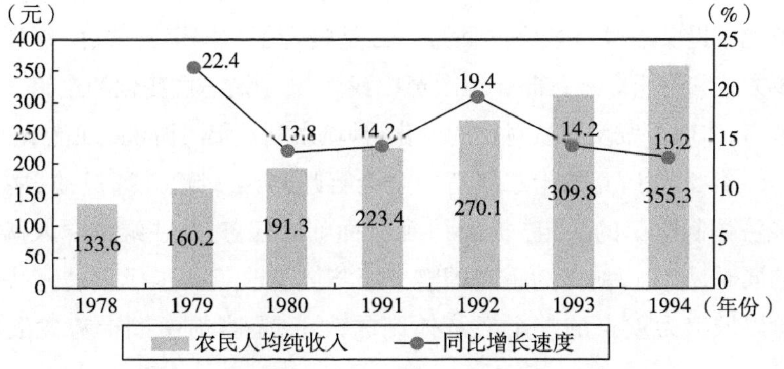

图 1－1　1978—1984 年中国农民纯收入及其增长率

资料来源：根据历年《中国统计年鉴》数据计算、制图。

① 牛若峰，郭玮，陈凡．中国经济偏斜循环与农业曲折发展［M］．北京：中国人民大学出版社，1991：44.

② 本段数据来自武力．中华人民共和国经济史［M］．北京：时代经济出版社，2010：724，726.

③ 中国统计年鉴（1988）［M］．北京：中国统计出版社，1989：743.

④ 转引自赵洋．中国特色社会主义城乡关系变迁：历史、理论与现实［J］．思想教育理论导刊，2016（9）：111－115.

沉寂多年的城镇化再次启动。1978—1984 年,由于"上山下乡"知识青年和下放干部返城就业、高考恢复、城镇集贸市场开放和迅速发展导致出现大量城镇暂住人口,乡镇企业大发展促进了小城镇发展,城市建设费用增加等多方面原因,我国城镇化一改多年徘徊不前的状态,城镇化率从 1978 年的 17.92% 提高到 1984 年的 23.01% 。①

总体来看,在改革开放的大背景下,1978 年年底至 1984 年,计划经济时代"三农"发展矛盾重重、城乡缺乏互动交流、城镇化停滞不前的局面正在发生明确而积极的变化,我国城乡关系在人民发起、高层采纳、政策破冰的诸多改革推动下快速变革,趋向好转。

第二阶段(1985—2003 年):改革由农村转入城市导致城乡再度分离

农村率先改革在一定程度上"破坏"了计划经济时代形成的城乡稳态,反过来对城市的稳定、僵化状态形成了巨大冲击,从而倒逼开展城市改革,以适应农村改革,形成新稳态。实际上,改革从农村转向城市,暗合了多种逻辑:一是暗合了市场化导向改革下追求效率的经济发展的内在逻辑。众所周知,城市的资源聚集度更高、规模经济性更强、知识溢出更加普遍,"改革"(无论是改革制定者、改革参与者还是改革这个事物本身)也要追求回报,而城市能够提供给改革最大的回报。二是暗合了中国渐进式、由易到难的独特改革方式和逻辑。三是暗合了改革中我国"二元结构"变化的逻辑。由农村转向城市,体现了城乡力量对比的变化,是城市利益集团游说的必然结果。

1984 年 10 月,党的十二届三中全会召开,全会讨论并通过的《中共中央关于经济体制改革的决定》提出:"现在面临的任务,是在继续深入搞好农村改革的同时,加快以城市为重点的整个经济体制改革的步伐"。"坚决地系统地进行以城市为重点的整个经济体制的改革,是当前中国形势发展的迫切需要。"

在城市改革方面,国家开始在城市实行一系列市场化取向的改革:城镇居民收入分配体制改革改变了企业内部的工资分配形式,充分调动了城市职工的生产积极性;国有企业改革经过了"放权让利"改革(1978—1984 年)、"两权分离"改革(1985—1992 年)、产权制度改革(1993—2003 年)3 个改革阶段,逐渐打破了国有企业一统天下的局面,初步形成了优胜劣汰的竞争机

① 武力.1949—2006 年城乡关系演变的历史分析[J].中国经济史研究,2007(1):23-31.

制；非公有制企业经过了政治高压下的艰难起步（1978—1982 年）、夹缝中求生存（1983—1997 年）、跨越式发展（1998—2003 年）3 个阶段，发展迅速。①

在农村改革方面，国家在这一阶段也采取了一系列改革措施，以改善城乡关系。同时，我国农民也有一些伟大的创造和创举，既带动了“三农”进步，也促进了城乡关系改善。

承接上一阶段的价格改革，国家进一步缩小了工农业价格剪刀差，提高了农产品价格。20 世纪 80 年代，国家采取有计划调整价格结构的办法，以大幅提高农产品价格为主要内容，先后进行了 6 次较大规模的价格调整，提高了粮食、棉花等 18 种主要农业及副业产品的价格；提高了肉类等 8 种副食品及其有关制品的销售价。1992—1994 年，国家出台了对粮、煤、油、运输四大类影响重大的产品的调价措施，其中粮食和棉花的价格提高幅度最大，1994 年分别提高了 51% 和 40%，调价总金额超过 600 亿元，这种对农产品的调价力度是前所未有的。②

20 世纪 90 年代中期之后，面对粮食系统冗员过多、成本过高，粮食企业亏损严重，粮食价格形成机制和市场体系不完善，国家对粮食调度不灵等问题，国家决定自 1997 年起深化粮食流通体制改革。提出了转换粮食企业经营机制，政企分开；完善粮食储备体系，实现储备与经营分开；合理划分中央与地方的粮食事权，落实粮食省长负责制；完善政府对粮食市场的调控，形成市场形成粮食价格的机制，培育粮食市场体系；严格执行“三项政策、一项改革”，即按照保护价敞开收购农民余粮、粮食收储企业实行顺价销售、粮食收购资金封闭运行等 3 项政策，加强国有粮食企业自身等措施的改革。

乡镇企业快速发展是带动这一阶段城乡关系进步的主要内部动力。中国人民历来不缺乏智慧和勇气，尤其是伟大的中国农民，他们在历史的各个时期都有着伟大的创造。改革开放之后，他们先是极其勇敢地尝试了包产到户和包干到户的生产办法，后又创造性地发明了农村工业化的新实现形式——乡镇企业。

---

① 这种关于国有企业和非公有制企业改革阶段的划分方法来自白永秀，任保平. 中国市场经济理论与实践[M]. 北京：高等教育出版社，2007.

② 吴丰华. 中国近代以来城乡关系变迁轨迹与变迁机理（1840—2012）[D]. 西安：西北大学，2013.

乡镇企业是指[①]以农村集体经济组织或农民投资为主,在乡镇(包括县城和县级市)举办的各类企业。从产业维度看,乡镇企业包括第一、第二、第三产业;从所有制维度看,它既包括乡、镇、村集体性质,也包括个人或私营性质;从经营形式看,它包括承包、租赁、托管、集体、股份合作等。乡镇企业为农村开辟了广阔的生产门路,为农村剩余劳动力转移找到了广阔的出路,并大大增加了农民收入。更为重要的是,乡镇企业是一种根植于农村、离土不离乡的非农产业,是在农村本土进行的工业化,为中国工业化开辟了城乡共同发展的独特道路。[②]

这一时期,乡镇企业获得了迅速发展,数量迅速增加。1978—1988 年,我国乡镇企业从 152.42 万个增加至 1888.16 万个,总产值从 493.07 亿元增加至 6495.66 亿元,分别提高了 11.4 倍和 12.2 倍。乡镇企业在国民经济中的地位逐渐上升,1986 年全国乡镇企业总产值(3472 亿元)首次超过了农业总产值(3010.7 亿元),超出 15.3%,并解决了农村劳动力 9000 万人以上的就业;1988 年乡镇企业总产值占当年全国工业总产值的 35.6%。而且,乡镇企业对财政收入贡献巨大,1979—1988 年,乡镇企业累计向国家缴纳税金 830 亿元,平均每年递增 27%,占同期国家财政净收入的 16.3%。

乡镇企业的大发展自然带动了从业人数增加。1978—1988 年,农村乡镇企业职工人数从 2218 万人增加到 9545.45 万人,累计转移农业剩余劳动力 7327.45 万人,乡镇企业产值超过农业产值,占到农村社会总产值的 51.82%。截至 1994 年,农村乡镇企业职工总数达到 12017 万人,超过全国国有单位(包括行政、企事业单位)的职工人数,占到农村劳动力总数的 27%,农业劳动力则下降到占全社会劳动力的 54.3%[③]。

乡镇企业的快速发展带动了城镇化进程,特别是沿海地区涌现出了大量新兴小城镇,小城镇的发展模式各不相同,如苏南模式、浙江模式和珠三

---

① 当然,乡镇企业并不完全是由农民凭空创造出来的,其前身是计划经济时代的社队企业,即 1958 年中央提出了“人民公社必须办工业”而由公社和生产大队兴办的大批小工厂、小作坊。

② 邓小平在 1987 年 8 月与意大利共产党领导人谈到中国农村改革经验时说:“我们真正的变化还是在农村,有些变化出乎我们的预料。农村实行承包责任制后,剩下的劳动力怎么办?十年的经验证明,只要调动基层和农民的积极性,发展多种经营,发展新型的乡镇企业,这个问题就能解决。乡镇企业容纳了百分之五十的农村剩余劳动力。那不是我们领导的主意,而是基层农业单位和农民自己创造的。”具体见《邓小平经济年谱》(2004)。

③ 国家统计局. 中国统计年鉴(1995)[M]北京:中国统计出版社,1995.

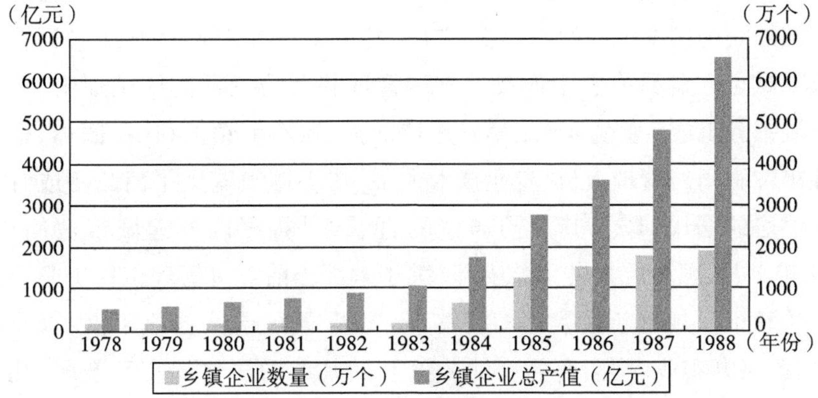

图 1-2　1978—1988 年中国乡镇企业数量和乡镇企业总产值

资料来源：武力．中华人民共和国经济史[M]．北京：时代经济出版社，2010：788.

角模式等。到 1997 年，我国小城镇由 1978 年的 2173 个增加到 1.82 万个，有 100 多万个乡镇企业聚集在各类工业小区和小城镇。① 1998 年 10 月，中共十五届三中全会通过了《中共中央关于农业和农村工作若干重大问题的决定》，提出"发展小城镇，是带动农村经济和社会发展的一个大战略"②，进一步提升了小城镇的地位。

城乡关系改善和乡镇企业发展客观要求户籍制度跟进改革，国家亦有系列政策跟进，进一步放松了对城乡劳动力自由流动的限制。

1984 年的中共中央一号文件规定，允许务工、经商、办服装业的农民自带口粮在城镇落户。继而国务院又发出《关于农民进入集镇落户问题的通知》，允许农民自理口粮进集镇落户。1985 年 7 月，公安部又颁布了《关于城镇人口管理的暂行规定》，"农转非"内部指标定在每年万分之二。同时，作为人口管理现代化基础的居民身份证制度也在同样的背景下由全国人大常委会于 1985 年 9 月宣布实施。

截至 1993 年，同城市户口制度紧密结合、关系到城市千家万户生活的重要凭证——粮本与粮票，终于失去了作用。1994 年，国家又取消了户口以商品粮为标准划分为农业和非农业户口的"二元结构"，而按居住地和职业划

① 武力．1949—2006 年城乡关系演变的历史分析[J]．中国经济史研究，2007(1)：23-31.

② 中共中央文献研究室．十五大以来重要文献选编·上[M]．北京：人民出版社，2000.

分为农业和非农业人口,建立以常住户口、暂住户口、寄住户口3种管理形式为基础的登记制度。1997年6月,国务院批转了公安部《小城镇户籍管理制度改革试点方案和关于完善农村户籍管理制度的意见》,明确规定:从农村到小城镇务工或者兴办第二、第三产业的人员,小城镇的机关、团体、企业和事业单位聘用的管理人员、专业技术人员,在小城镇购买了商品房或者有合法自建房的居民,以及其共同居住的直系亲属,可以办理城镇常住户口。1998年7月,国务院批转了公安部《关于解决当前户口管理工作中几个突出问题的意见》,规定新生婴儿随父落户、夫妻分居、老人投靠子女,以及在城市投资、兴办实业、购买商品房的公民及随其共同居住的直系亲属,凡在城市有合法固定的住房、合法稳定的职业或者生活来源,可准予在该城市落户。2001年3月30日,国务院批转了公安部《关于推进小城镇户籍管理制度改革的意见》,规定小城镇户籍管理制度改革的实施范围是县级市市区、县人民政府驻地镇及其他建制镇。凡在上述范围内有合法固定的住所、稳定的职业或生活来源的人员及与其共同居住生活的直系亲属,均可根据本人意愿办理城镇常住户口。已在小城镇办理的蓝印户口、地方城镇居民户口、自理口粮户口等,符合上述条件的,统一登记为城镇常住户口。这标志着小城镇已经废除了城乡分隔制度。有些地方甚至采取了鼓励农民到小城镇居住和创业的政策。

此后,很多小城市和中等城市基本放开了户籍制度,不少大城市也放松了对外地人口落户的限制。户籍制度松动使得人口迁移相对自由,进而促进了城镇化快速发展,我国城镇人口的比重由1985年的23.71%提高到2002年的39.09%。[①]

以上各项自上而下的改革举措和自下而上的农民创举,特别是从1984年开始的乡镇企业快速发展,抵消了家庭联产承包责任制改革效应释放完毕后所带来的改革效益下降的负面影响,促进了城乡关系的改善和进步。这些进步主要表现在城乡产业结构变化、城镇化发展,以及城镇化发展中的人的社会权利、经济地位的变化等方面。在产业结构方面,因为乡镇企业的快速发展,农村非农产业快速发展。到1994年,农村工业产值超过了全国工

① 谢志强,姜典航.城乡关系演变:历史轨迹及其基本特点[J].中共中央党校学报,2011(8):68-73.

业总产值的一半,已占据工业的半壁江山。农村非农产业产值占农村社会总产值的比重上升到 74.3%,而农、林、牧、渔业产值的比重则下降到 25.7%。[①] 在城镇化发展方面,这一阶段,在城市加快建设、小城镇进一步发展、各类开发开放区建设的带动下,我国城镇化快速发展。1992—1998 年,城市化率由 27.63% 提高到 30.42%,年均提高 0.42 个百分点。而 1999—2003 年,我国的城市化率年均提高 1 个多百分点,2003 年城镇人口比重达到 40.5%。[②]

在快速的城镇化发展中,形成了农民工大潮。1989 年民工潮起,百万民工下广州。1995—1996 年,全国常年流动的农民工大约有 5000 万 ~6000 万人,其中跨省流动的农民工超过 2000 万人。1993 年党的十四届三中全会又提出了"劳动力市场"的概念,《中共中央关于建立社会主义市场经济体制若干问题的决定》提出"改革劳动制度,逐渐形成劳动力市场","农民工"席卷全国。大量的农民工一方面提供了大量进一步城镇化的潜在人员;另一方面更是支持了城市的快速发展,既为城市产业发展和城市建设提供了廉价劳动力,也带来了更多的消费需求。

但总体而言,因为这一阶段改革的重点迅速转向了城市,而农村改革相对有限,导致城市发展明显快于农村,城乡差距在城乡共同发展的大背景下被不断拉大。

首当其冲的便是城乡收入差距虽有徘徊波动,但整体却在拉大。城乡居民收入之比从 1985 年的 1.86∶1,扩大到 1990 年的 2.2∶1 和 1995 年的 2.71∶1,到 2002 年城镇居民人均可支配收入达到 7703 元,农村居民人均纯收入为 2476 元,城乡居民收入之比进一步扩大为 3.11∶1。[③] 若综合考量城乡在社会保障和社会福利上的差距,这一比率或将高达 7∶1。[④]

究其原因,一是改革重点转入城市后,城镇居民收入迅速增加,农民收入增加缓慢。如 1989 年、1990 年、1991 年三年中国农村居民人均纯收入增长率仅分别为 -1.6%、1.8% 和 2.0%(见图 1-3)。二是农民负担有所加

① 刘应杰. 中国城乡关系演变的历史分析[J]. 当代中国史研究,1996(2):1-10.

② 国家统计局. 中国统计摘要(2005)[M]. 北京:中国统计出版社,2005:39.

③ 谢志强,姜典航. 城乡关系演变:历史轨迹及其基本特点[J]. 中共中央党校学报,2011(8):68-73.

④ 夏永祥. 改革开放 30 年来我国城乡关系的演变与思考[J]. 苏州大学学报(哲学社会科学版),2008(6):18-20.

重。在农民收入增长缓慢的同时,以“三提五统两工”为主要内容的农民负担却持续加重,在个别严重的地方,农民收入甚至不够缴纳上述负担,农民处于整体上的收入负增长。[①] 1994—2000 年,农民人均承担的税费额从 112.0 元上升至 168.4 元,7 年间增加了 50.4%,其占农民收入的百分比则略有下降,从 12.2% 下降至 7.6%,但仍是一个很高的水平(见图 1-4)。胡书东(2003)的研究显示,自 1978 年以来的中国农民负担率[②],在 1992 年之前均低于 20%(除 1986 年达到 36.88% 外),而在 1992—2000 年,全部高于 20%,且呈现出不断上升的态势,2000 年更是增加到 35.38%[③]。而同样的负担,城镇居民却不用缴纳。三是工农业“剪刀差”依然存在,农药、化肥等农业生产资料价格被抬高,而粮食价格持续低迷,工农业产品比价虽已经过调整,但仍不合理,也加重了农民的负担。

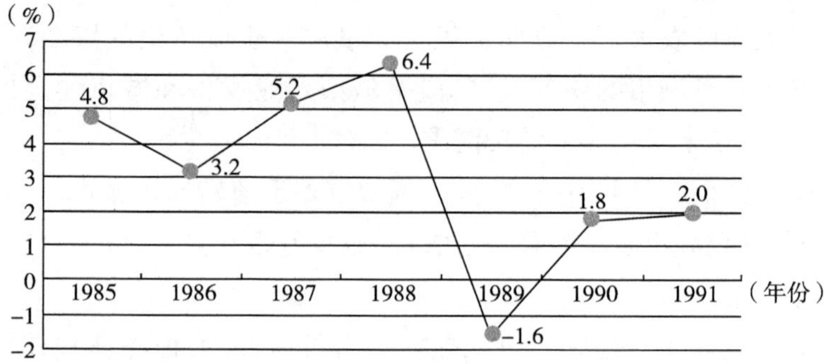

图 1-3　1985—1991 年农村居民人均纯收入增长率变化情况

资料来源:根据历年《中国统计年鉴》数据计算整理制图。

除城乡收入差距扩大外,农民工在身份地位、教育水平、就业机会、劳动待遇、社会保障和参政议政等方面与城市居民还相去甚远,资源和权利分配的不公带来城乡居民及其后代在工作待遇、生活状况与发展机会方面的巨大差异。

另一个严重问题是城市化过程中农地问题突出。失去土地的农民因强

---

① 杨小军,刘诗阳. 基于公平与效率视角看我国城乡关系历史演变[J]. 湘潭大学学报(哲学社会科学版),2012(3):150-153.

② 农民负担率 = [第一产业增加值 -(农民人均纯收入 × 农村总人口)]/第一产业增加值。

③ 胡书东. 中国农民负担有多重——农民负担数量及减负办法研究[J]. 社会科学战线,2003(1):86-92.

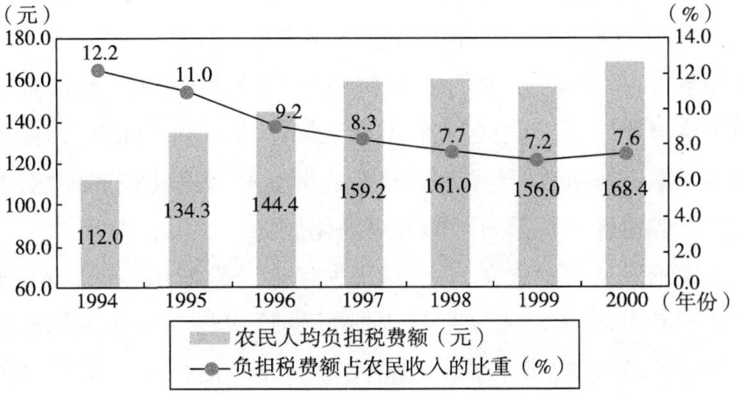

图1-4 1994—2000年农民人均负担税费额及其占农民收入的比重

资料来源:陈锡文. 中国农村公共财政制度[M]. 北京:中国发展出版社,2005:99.

迫征地、补偿过低等问题失去了基本的生活保障,欲耕而无田,就业也无法得到保障,城市低保政策也无法享有。

那么,在改革从农村转入城市的改革开放的全面推进阶段,为何城乡差距会逐渐拉大?原因何在?学术界给出了多种解释,大量研究聚焦于城市偏向理论,这种理论的一支认为城市偏向的根源在于发展中国家的政治结构:“三农”在国家发展中受到歧视,根源在于城市阶层和利益集团对政治决策的影响力和干预力。农村居民居住分散,导致采取集体行动时沟通成本过高且无人愿意承担,致使农民对政策的影响力和干预力十分有限。[①②] 另一支文献则关注到了后发国家的发展战略,后发国家往往坚信工业部门对经济起飞的推动作用,而要为工业化提供财政支持,就必须对农业征收较高的税收。[③] 自然结果就是发展中国家有相当长的一段城乡差距拉大时期。此外,还有学者注意到了城乡间的互动。洪银兴(2007)提出“哺育”和“反哺”本就是城乡关系发展的不同阶段,只有经过了农业对非农产业的“哺育”阶段,才有可能进入到非农产业对农业的“反哺”阶段,而且“哺育”和“反

① Lipton Michael. *Why Poor People Stay Poor: Urban Bias in World Development. Cambridge*[M]. MA: Harvard University Press, 1977.

② Bates Robert. *Markets and States in Tropical Africa. Berkeley*[M]. California: University of California Press, 1981.

③ Krueger, Anne, Maurice Schiff, and Alber to Valdes, Eds. (1991, 1992). The Political Economy of Agricultural Pricing Policy[J]. 5 *Vols.*, *Baltimore*, *Maryland*: *The Johns Hopkins University Press.*

哺”的不对称会导致城乡差距的扩大,所以城乡分割是必然的。① 瑟尔瓦尔(1992)的研究表明,“哺育”和“反哺”不对称可以用发展经济学中的“累积性因果关系理论”来说明:在存在地区间不平等的条件下,经济社会的双重作用导致优势地区不断发展,其优势更是不断累积并以牺牲其他地区的发展利益为成本进行扩张,导致落后地区的情况相对恶化并阻碍它们的发展,进而致使优势地区与落后地区的差距固化。②

上述理论极具启发意义,但是对于为何会产生城市偏向,特别是城市偏向为何会不断固化,而城市又迟迟未能“反哺”农村等一系列问题似乎回答不足。基于此,我们提出了城市利益集团对改革的控制导致城乡差距拉大的理论。

在这一阶段,随着经济社会的快速发展,国家财富迅速累积,城市中逐渐形成了由政府及事业单位官员(特别是中高层官员),各类企业(国有企业特别是垄断性国有企业、外资企业、私营企业)的中高层和其他中高收入、社会地位较高的人员组成的群体,这些组织和个人因为占据各种价值链的上端、利益诉求基本一致,而被称为城市利益集团。在这一时代,有几个因素促使城市利益集团快速发展:

首先,国家经济社会快速发展给城市利益阶层的发展奠定了物质基础。得益于市场化取向的改革,中国经济社会快速发展,套用马克思描述资本主义导致人类生产力大发展的名言来讲,中国在短短30多年的市场化取向改革中所创造的生产力和积累的财富,比过去五千年中华文明创造的全部生产力和财富还要多,还要大③。这种生产力的巨大提高主要体现在城市的工业部门,财富的巨大积累也体现在城市中。

其次,“一部分人先富起来”的指导思想为城市利益集团发展提供了理论基础。支持改革开放的理论和措施之一就是“让一部分人先富起来,以先

① 洪银兴．工业和城市反哺农业、农村的路径研究——长三角地区实践的理论思考[J]．经济研究,2007(8):13-20.

② [美]瑟尔瓦尔．增长与发展[M]．北京:中国人民大学出版社,1992.

③ 马克思的原话是:“资产阶级在它的不到一百年的阶级统治中所创造的生产力,比过去一切世代创造的全部生产力还要多,还要大。自然力的征服,机器的采用,化学在工业和农业中的应用,轮船的行驶,铁路的通行,电报的使用,整个大陆的开垦,河川的通航,仿佛用法术从地下呼唤出来的大量人口,……过去哪一个世纪料想到在社会劳动里蕴藏有这样的生产力呢?”转引自《共产党宣言》第一章。

富带动后富”。而一部分人无法自然而然地先富,他们需要一定的产业和一定的区域。以改革开放之前中国建设基础和经济发展客观规律进行综合考量,让一部分人先富起来的政策实际演变为让城市部分人依托工业平台,在城市首先富起来。由此,城市走上了发展“快车道”,一部分城市居民的财富快速积累,社会地位不断上升,城市利益集团(利益阶层)也逐渐形成。

最后,计划经济的遗产为城市利益集团的发展奠定了路径基础。国家在推行计划经济体制时采取了工业偏向和城市偏向的发展战略。一方面,这种战略有一定的惯性,一个国家或地区一般难以很快扭转某种特定的发展路径;另一方面,城乡差距扩大后,城市获得了优于农村很多的条件,这种优越性又制造了一种需求刚性,城市利益阶层的利益不能被削减。

那么,城乡差距是如何被不断拉大的呢?我们认为城市利益集团是通过剥夺农村的改革参与权来维护自身利益,由此导致了城乡分离。

市场化取向改革以来,面对限制日渐放宽的劳动力流动,快速崛起的城市利益集团更是通过各种方式来维护他们的既得利益。蔡昉(2003)将这些方式总结为两种:第一种是通过投票倾向表达意愿,第二种是通过呼声(即通过电视台、网络、报纸、电台)表达意愿。[①] 我们提出了“改革参与权被剥夺”理论,需要指明的是,“改革参与权”不同于“改革参加权”,“改革参加权”是指经济主体参加改革实践过程的权利,而“改革参与权”则既包括经济主体参加改革实践过程的权利,更包括主导改革方向、控制改革过程、制定改革政策、确定改革收益分配机制等权利。这一理论可以解释为何这一阶段中国“三农”改革乏力、城市利益集团在城乡关系中起何作用、城市利益集团的作用如何导致城乡差距拉大等问题。

我们知道,无论实际结果如何,任何改革都希望能带来新的收益增加。但是,改革的收益却不是每个主体、每个人都可以分享的,且一个国家在一定时期内改革所能带来的收益是有限的,只有参与改革的主体才有资格分配改革可能带来的成果和收益。用经济学的语言讲,当一个改革所带来的利益是确定或可以预见但又有限时,改革过程的参与权是日后改革收益分享权的一个硬约束,为参与改革收益分配提供了一种保障,确保了某个经济

① 蔡昉.城乡收入差距与制度变革的临界点[J].中国社会科学,2003(5):16-25.

主体参与收益分配的合法性。① 所以,某个团体如果想对改革收益的归属进行限制,对改革收益的流向进行控制,那么最好、最具合法性的办法就是对参与改革权本身进行限制和控制,对改革参与主体的进入进行限制,把其他主体或利益集团排斥在改革,特别是排斥在确定改革收益分配机制的集团之外。

具体到这一阶段,如前论述,城市利益集团在这一时期快速发展膨胀,势力大到足以在城乡关系中占据绝对主导地位。所以家庭联产承包责任制施行短短几年之后,1984—1985 年,城市利益集团促使改革迅速转到城市领域,国有企业改革、非公有制企业改革、分税制改革、资本市场改革、财政体制改革等以城市为主的改革相继展开,而农村自家庭联产承包责任制之后,再没有决定性的改革。城市通过改革获取了持续性的优势:城市生产生活基础设施越来越完善,城市投资的回报率越来越高,城市居民的公共服务更有保障,城市居民的生活质量、品位和舒适度不断提高。而随着改革措施的逐渐深入,如果城市居民的利益面临被降低的威胁,这些城市既得利益者就会采取抵制行动和施压行为,迫使政府调整政策,他们为了维护自身获益的最大化,甚至拒绝进行利益均等化改革,对农民进入利益集团进行阻挠。按照前面的理论,“三农”被排除在“改革参与”的“大门”之外,也就不能参与改革收益的分配,城市利益集团便可以自然而然地独享改革的收益。在政策取向上,表现为城市偏向的政策很难转变,即使转变,也难以带来相应的行为转变。在城乡关系上,则会导致城乡差距的持续扩大,城乡关系进一步分离。

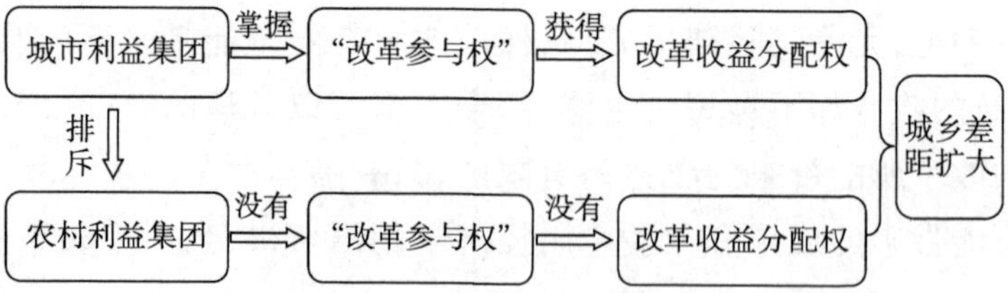

图 1-5 “改革参与权被剥夺”导致城乡差距扩大示意

① 在人类社会中,这很容易理解,以战争为例,只有参与战争并获胜,才可以参与战后谈判从而获得战争收益。

“改革参与权被剥夺”从以下两方面表现出来。

其一,城市利益集团决定城乡间的激励方式和改革路径,导致城乡分离。由于市场化取向的内在要求和中国人民致富欲望十分强烈,在城乡关系方面,中国采取的是“级差式”的城乡激励方式和“分离化”的城乡改革路径。具体来说,“级差式”的城乡激励方式是指通过拉大工业与农业的投资回报率、城市居民与农村居民收入等方面的差距来激励国人的致富欲望,引导农村包括劳动力在内的生产要素向城市流动。“分离化”的城乡改革路径是指通过倾斜性的政策使城市人从全体国民中分离出来而率先致富,有能力的人从一般人群中分离出来而率先致富,拥有特殊资源的地区从全国所有地区中分离出来而先富起来,与市场结合紧密的行业从全部行业中分离出来而先富起来(见表1-5)。可以看出,这种由城市利益集团主导的城乡激励方式和城乡改革路径基本忽视了“三农”,“三农”成为被分离的对象,虽然带动了城市的快速发展,但却导致了城乡差距的逐渐扩大。

而且,这一阶段由于城市改革和建设任务重,城市利益集团所主导的财政力量也更多地向城市倾斜。财政支农资金占中央财政收入的比重,“六五”时期为8.69%,“七五”时期为9.38%,“八五”期间为9.75%,“九五”期间为9.29%,“十五”期间约为7.4%,2006年为7.85%,总体上处于波动和下降状态。①

表1-5　城市利益集团决定的城乡激励方式和城乡改革战略

激励方式	运作机理	造成结果
“级差式”的城乡激励方式	通过拉大工业与农业的投资回报率、城市居民与农村居民收入等方面的差距来激励国人的致富欲望	农村包括劳动力在内的生产要素向城市流动
改革战略	**运作机理**	**造成结果**
“分离化”的城乡改革路径	通过倾斜性的政策,使一部分人、地区、行业,从总体人群、全部地区、所有行业中分离出来	城市人从全体国民中分离出来而率先致富,拥有特殊资源的地区从全国所有地区中分离出来而先富起来,与市场结合紧密的行业从全部行业中分离出来而先富起来

其二,城市利益集团决定产业发展模式,城乡差距拉大。为了保证城市

① 韩俊.中国城乡关系演变60年:回顾与展望[J].改革,2009(11):5-14.

快速发展,城市利益集团制定了工业化的产业发展模式,为了支持城市工业化,农民再次背上了沉重的负担。如20世纪90年代初期,全国尤其是沿海地区出现了“大办工业”“大上项目”的浪潮,进而出现了忽视甚至挤占农业的情况,1990—1994年,全国耕地面积减少1150万亩。国家用于农业基本建设的资金占基础建设投资总量比重出现下降,从1991年的4%下降至1993年的2.8%。同时,农民负担持续加重,农产品出现售卖难、价格低等情况,“打白条”现象严重;国家明确规定农业税实际税负占农业收入的2.9%,村提留、乡统筹按照规定也应控制在上年农民人均纯收入的5%以内,而实际上农民的负担远超于此。忽视“三农”很快便招致严重后果,不仅农民收入增长停滞,而且导致农业发展徘徊不前,棉花1992年减产20%,1993年又减产17%,粮食1994年减产220多亿公斤。①

进入21世纪以来,针对国有企业改革,国家制定了国有企业战略重组的改革战略。但是,这一政策却再一次推动了城乡分离和城乡差距扩大。企业因受到大城市多方优势的吸引逐渐向城市聚集,并在这一过程中将总部设立于此,产生了总部经济。在城乡高位分散时代,中国从政府与市场两个方面都加快了国有企业的战略性重组步伐,出现了一批“航空母舰”式的国有企业。中国城乡因此加剧分离强度:一部分原本设在农村的企业选择进驻城市,使得农村原有的经济发展势头被削弱,甚至连原材料等生产要素也被一并带走。从某种程度上说,国有企业的战略重组导致了资源富集区农村的衰落。从现实上看,中国大城市集中了大量的大型企业集团。

第三阶段(2004—2012年):统筹城乡战略带动城乡关系趋好

1984年中国市场化改革转向城市以后,前一阶段趋好的城乡关系又出现一些分化趋势和失衡态势,主要表现为:城乡收入差距不断拉大,农民负担加重,城市化、工业化过程中农地问题突出,城乡二元社会结构扩展,农民工无法享受同等市民待遇等。党和国家领导集体对城乡关系产生了新认识,需要采取更为有力的措施扭转上述不良趋向。同时,我国国力日渐强大,而且依据国际经验,我们的一些经济指标指征中国已经可以采取更为有力的统筹城乡发展的措施。2003年,中国人均GDP已超过1000美元,农业占GDP比重已降至15%以内,工农业产值比重已超过3:1,这些指标均达到

① 武力. 中华人民共和国经济史[M]. 北京:时代经济出版社,2010:902.

或超过了工业“反哺”农业起步阶段的国际参照值，表明中国已初步具备了工业“反哺”农业的实力[1]。

在城乡发展新情况和国家实力新变化的背景下，党和国家高层开始提出系列关于城乡关系变化的新认识和新判断。这种变化发端自2002年11月召开的党的十六大，提出“统筹城乡经济社会发展，建设现代化农业，发展农村经济，增加农民收入，是全面建设小康社会的重大任务”。统筹城乡经济社会发展，要跳出城市看城市，跳出农村看农村。经过改革开放以来经济的持续高速增长，国家已经有能力将过去长期实行的农业支持工业、乡村支持城市的城乡关系，转变为工业反哺农业、城市带动乡村的新型城乡关系。2003年10月召开的中共十六届三中全会又进一步提出了科学发展观和“五个统筹”思想，其中将统筹城乡发展列于首位。

2004年9月，党的十六届四中全会上提出了“两个趋向”的判断。2005年，中央在制定“十一五”规划中提出了“建设社会主义新农村”，并强调了“建立以工促农、以城带乡的长效机制”。实践中，国家在科学发展观的指导下，采取了一系列政策措施加大对农业农村的投入和补贴，将农民作为保障和改善民生的重点，促进农民收入增长。

2008年10月，党的十七届三中全会通过了《中共中央关于推进农村改革发展若干重大问题的决定》，提出到2020年，城乡经济社会发展一体化体制机制应基本建立。2010年10月，党的十七届五中全会，通过了《中共中央关于制定国民经济和社会发展第十二个五年规划的建议》（以下简称《建议》），《建议》提出推进农业现代化，加快社会主义新农村建设，指出在工业化、城镇化深入发展中同步推进农业现代化，是“十二五”时期的一项重大任务，必须坚持把解决好农业、农村、农民问题作为全党工作的重中之重，统筹城乡发展，坚持工业反哺农业、城市支持农村和“多予少取放活”方针，加大强农惠农力度，夯实农业农村发展基础，提高农业现代化水平和农民生活水平，建设农民幸福生活的美好家园。

而且，2004—2012年，中共中央和国务院连续9年的“一号文件”全部聚焦“三农”问题，聚焦不同问题，层层推进和深入，形成了惯例（见表1-6）。

---

① 马晓河，蓝海涛，黄汉权. 工业反哺农业的国际经验及我国的政策调整思路[J]. 管理世界，2005(7):55-63.

表1-6 2004—2012年中央一号文件一览

年份	文件名	主要内容
2004	《中共中央国务院关于促进农民增加收入若干政策的意见》	集中力量支持粮食主产区发展粮食产业,促进种粮农民增加收入;发展农村第二、第三产业,拓宽农民增收渠道;改善农民进城就业环境,增加外出务工收入;发挥市场机制作用,搞活农产品流通;加强农村基础设施建设,为农民增收创造条件等
2005	《中共中央国务院关于进一步加强农村工作提高农业综合生产能力若干政策的意见》	继续加大"两减免、三补贴"等政策实施力度;切实加强对粮食主产区的支持;建立稳定增长的支农资金渠道;坚决实行最严格的耕地保护制度,切实提高耕地质量;加强农田水利和生态建设,提高农业抗御自然灾害的能力;加快农业科技创新,提高农业科技含量等
2006	《中共中央国务院关于推进社会主义新农村建设的若干意见》	推进现代农业建设,强化社会主义新农村建设的产业支撑;加强农村现代流通体系建设;稳定、完善、强化对农业和农民的直接补贴政策;加强农村基础设施建设等
2007	《中共中央国务院关于积极发展现代农业扎实推进社会主义新农村建设的若干意见》	健全农业支持补贴制度;鼓励农民和社会力量投资现代农业;加快发展农村清洁能源;推进农业科技进村入户;积极发展农业机械化;加快农业信息化建设;发展健康养殖业;大力发展特色农业等
2008	《中共中央国务院关于切实加强农业基础设施建设进一步促进农业发展农民增收的若干意见》	巩固、完善、强化强农惠农政策;切实抓好"菜篮子"产品生产;着力强化农业科技和服务体系基本支撑;逐步提高农村基本公共服务水平;建立健全农村社会保障体系等
2009	《中共中央国务院关于2009年促进农业稳定发展农民持续增收的若干意见》	较大幅度增加农业补贴;保持农产品价格合理水平;增强农村金融服务能力;支持优势产区集中发展油料等经济作物生产;加强农产品市场体系建设;加强农产品进出口调控等
2010	《中共中央国务院关于加大统筹城乡发展力度进一步夯实农业农村发展基础的若干意见》	完善农业补贴制度和市场调控机制;积极引导社会资源投向农业农村;推进"菜篮子"产品标准化生产;加强农村水电路气房建设;积极推进林业改革;提高农业对外开放水平等
2011	《中共中央国务院关于加快水利改革发展的决定》	大兴农田水利建设;合理开发水能资源;搞好水土保持和水生态保护;加大公共财政对水利的投入;加强对水利建设的金融支持;广泛吸引社会资金投资水利等

续表

年份	文件名	主要内容
2012	《关于加快推进农业科技创新持续增强,农产品供给保障能力的若干意见》	把农业科技摆上更加突出的位置,持续加大财政用于"三农"的支出,以及国家固定资产投资对农业农村的投入,持续加大农业科技投入,确保增量和比例均有提高。发挥政府在农业科技投入中的主导作用,保证财政农业科技投入增幅明显高于财政经常性收入增幅,逐步提高农业研发投入占农业增加值的比重,建立投入稳定增长的长效机制

资料来源:根据历年中央一号文件整理制表。

进一步具体考察这一阶段的城乡关系发展历程,可以看到一个明显的进步,即我们对城乡关系的认知在不断深化,在这些不断进步的理论指导下,城乡关系实践也在不断发展。

第一,理论上"两个趋向"的论断为新型城乡关系奠定了基调,实践上支农强度大幅提高。2004 年 10 月,胡锦涛在党的十六届四中全会上对城乡关系作出了新的判断:"综观一些工业化国家发展的历程,在工业化初始阶段,农业支持工业、为工业提供积累是带有普遍性的趋向;但在工业化达到相当程度以后,工业反哺农业、城市支持农村,实现工业与农业、城市与农村的协调发展,也是带有普遍性的趋向"①。"两个趋向"理论的提出标志着国家处理城乡关系上发生了历史性转变。

实践中,在"两个趋向"理论的指导下,我国不断加大对"三农"的支持和补贴力度。一是财政支持"三农"的力度不断加大,"十五"期间,中央财政用于"三农"的投入达到 11300 亿元,年均增长 17%,是改革开放以来投入最多、增长最快的时期;"十一五"期间,中央财政安排"三农"投入近 3 万亿元,是"十五"时期的 2.6 倍,投入规模和年均增幅均创历史新高。② 2003—2011 年,中央财政安排支持"三农"投入额从 2144.2 亿元增长至 10408.6 亿元,9 年间增长了 3.85 倍(见表 1-7)。2004 年中央"一号文件"《中共中央关于促进农民增加收入若干政策的意见》规定,自 2006 年 1 月 1 日起全面取消农

① 十六大以来重要文献选编(中册)[M]. 北京:中央文献出版社,2006:311.

② 本段数据来自中华人民共和国财政部官方网站和武力. 中华人民共和国经济史[M]. 北京:时代经济出版社,2010:1059.

业税,在中国延续了两千多年的“皇粮国税”从此退出历史舞台①。全面取消农业税后与税改前的1999年相比,全国农民平均每年减负1250多亿元,人均减负140元左右②。二是国家丰富了财政支农的方式。最大的变化是启动了对农民的直接补贴,包括粮食直接补贴、良种补贴、农机具购置补贴、劳动力培训补贴、退耕还林补贴等。“十五”期间,中央财政对农民直接补贴超过11000亿元。农业“四项补贴”已经成为农民增收的重要来源。三是国家加大了对农村教育、医疗、卫生等公共服务领域的支持力度。2003年国家首次提出中央财政新增教育、卫生、文化等事业经费主要用于农村。2005年年底,国务院发出的《关于深化农村义务教育经费保障机制改革的通知》规定:“全部免除农村义务教育阶段学生学杂费,对贫困家庭学生免费提供教科书并补助寄宿生生活费,”③将农村义务教育全面纳入国家财政保障之内。2006年中央明确提出用两年时间全部免除农村义务教育阶段学生的学杂费,对困难家庭学生免费提供课本、对寄宿制学生给予生活补贴,真正在农村实现了全面义务教育。2003年1月,国务院《关于建立新型农村合作医疗制度的意见》明确各级政府对农村医疗卫生事业承担更大的责任,突破了农村卫生医疗“民办、公助”的传统模式④。

表1-7 2003—2011年中央财政支持“三农”投入情况 单位:亿元

年份	2003	2004	2005	2006	2007	2008	2009	2010	2011
投入额	2144.2	2626.2	2975.3	3517.2	4318.3	5955.5	7253.1	8183.4	10408.6

资料来源:中华人民共和国财政部网站,http://www.mof.gov.cn/zhuantihuigu/czjbqk/czzc2/201011/t20101101_345444.html.

第二,理论上提出“城乡经济社会一体化”和实践上的改革探索。2007年10月,党的十七大报告提出“建立以工促农、以城带乡的长效机制,形成

① 当然,取消农业税必须要以一定的经济社会发展水平为基础。新中国成立之初,农业税占到我国总税收的将近一半,1950年,农业税占当年财政收入的39%。而随着经济社会的发展,尤其是改革开放后,第二、第三产业快速发展,第二、第三产业的税收已经成为我国税收和财政收入的主力后,才能采取这项改革措施。通过《中共中央关于促进农民增加收入若干政策的意见》的2004年,农业税占全国税收总额的比例已经下降至不到1%。

② 金人庆. 扩大公共财政覆盖农村范围,建立支农资金稳定增长机制[J]. 求是,2006(8):34-36.

③ 国务院关于深化农村义务教育经费保障机制改革的通知[R]. 中华人民共和国国务院公报,2006,5.

④ 国务院办公厅转发卫生部等部门关于建立新型农村合作医疗制度意见的通知. 中华人民共和国国务院公报,2003,6.

城乡经济社会发展一体化新格局”，这标志着“城乡经济社会一体化”命题在国家战略层面被正式提出，城乡经济社会一体化成为中国城乡关系演进的方向。2008 年 10 月，党的十七届三中全会指出，当前“中国总体上已进入以工促农、以城带乡的发展阶段，进入加快改造传统农业、走中国特色农业现代化道路的关键时刻，进入着力破除城乡二元结构、形成城乡经济社会发展一体化新格局的重要时期”①，并提出加快建立城乡经济社会一体化制度。城乡经济社会一体化理论是统筹城乡理论、工业反哺农业理论的重大进展。

在实践中，城乡经济社会一体化建设主要做了两方面工作。一是综合改革试验区的设立。2007 年，国家批准成都和重庆作为统筹城乡综合配套改革试验区，进行统筹城乡先改先试的探索。二是加大新农村建设。2005 年 10 月，党的十六届五中全会通过的《中共中央关于制定国民经济和社会发展第十一个五年规划的建议》中指出：“建设社会主义新农村是中国现代化进程中的重大历史任务”。

第三，理论上户籍制度和农地制度出现松动和实践上的破冰改革。在户籍制度破冰方面。2001 年，国务院转批的公安部《关于推进小城镇户籍管理制度改革的意见》，是国家层面较早对户籍制度的突破。在地方，经济较为发达的上海市、广州市、湖州市等地较早开始了探索当地户籍制度改革，并作出了一些努力。在这一阶段，全国各省、市，如广东省、银川市、重庆市、江西省、北京市等都开始尝试突破原有户籍制度的条条框框，推行各种改革，以削弱城市居民和外来居民的差别，赋予进城农民工和流动人口更多的权利和更平等的待遇。

在农地制度破冰方面。破解农地制度是农村制度改革中的攻坚环节，涉及国家基本经济制度的性质，也涉及中央政府、地方政府、地方农民的巨大利益。在基础设施建设、城市化进程中，因为征用农民土地又出现了很多争议问题，存在严重侵犯农民利益的现象。正因如此，农地制度改革从一开始便困难重重。具体来说，农地制度改革表现为对土地承包经营权的改革，可以实现土地承包经营权的流转。

在党的文件密集出台、认识不断深化和系列改革措施的促进下，在理论

① 中共中央关于推进农村改革发展若干重大问题的决定[M]//改革开放三十年重要文献选编(下). 北京：中央文献出版社，2008：1850.

发展和实践进步的同步推动下,我国城乡差距开始出现缩小的迹象。2010年,农民人均纯收入5919元,同比增长14.9%,扣除价格因素实际增长10.9%,超过了城镇居民人均可支配收入11.3%的名义增长幅度和7.8%的实际增长幅度,这是自1998年以来农村居民收入实际增速第一次超过城镇。[①] 城乡居民收入差距由2009年的峰值3.33∶1,下降至2010年、2011年两年的3.23∶1和3.13∶1,扭转了自1984年以来不断扩大的走势。

而且,农村居民收入结构不断改善。1990—2011年,农村居民纯收入中工资性收入占比从20.2%上升至42.5%,家庭经营纯收入占比从75.6%下降至46.2%,而财产性收入和转移性收入占比从4.2%上升至11.4%(见图1-6)。农民从事非农业生产的收入占农民纯收入的比重越来越高,而从事农业生产(家庭经营)的收入占农民纯收入的比重越来越低,这"一增一减"说明农民的市场化程度得到了很大程度的提高。当然,农村居民的财产性收入比重仍很低,到2011年时,仅为3.3%。

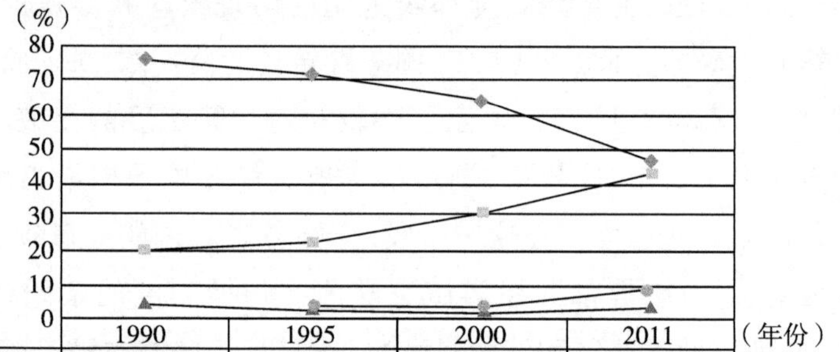

	1990	1995	2000	2011
工资性收入	20.2	22.4	31.2	42.5
家庭经营纯收入	75.6	71.4	63.3	46.2
财产性收入	4.2	2.6	2.0	3.3
转移性收入		3.6	3.5	8.1

图1-6 1990年、1995年、2000年、2011年中国农村居民人均收入构成

注:在统计年鉴数据中,1990年财产性收入和转移性收入两项并未分列,所以1990年的4.2%是财产性收入和转移性收入的总和。1990年、1995年、2000年、2011年参与调查的农村户数分别是66960户、67340户、68116户、73630户。家庭经营纯收入包括农业收入、林业收入、牧业收入、渔业收入、工业收入、建筑业收入、交通运输邮电业收入、批发零售贸易及餐饮业收入、社会服务业收入、文教卫生业收入、其他收入等共11项。

资料来源:根据《中国统计年鉴(2012)》数据整理制图。

① 李力.亿万农民得到更多实惠[N].经济日报,2011-02-16(1).

这一阶段城乡关系的另一个重大特征是农民工群体的不断壮大。2008—2011年，全国农民工总数从22542万人增加至25728万人，其中外出农民工和本地农民工分别从14041万人和8501万人增加至15863万人和9415万人（见图1－7）。从输出地区来看，2011年，东部地区输出农民工10790万人，占全国农民工总量的42.7%；中部地区输出农民工7942万人，占全国农民工总量的31.4%；西部地区输出农民工6546万人，占全国农民工总量的25.9%。从输出及输入省份看，2011年输出农民工前4位的省份依次是广东、河南、四川、山东，而农民工就业（输入地）前4位的省份依次是广东、浙江、江苏、山东。

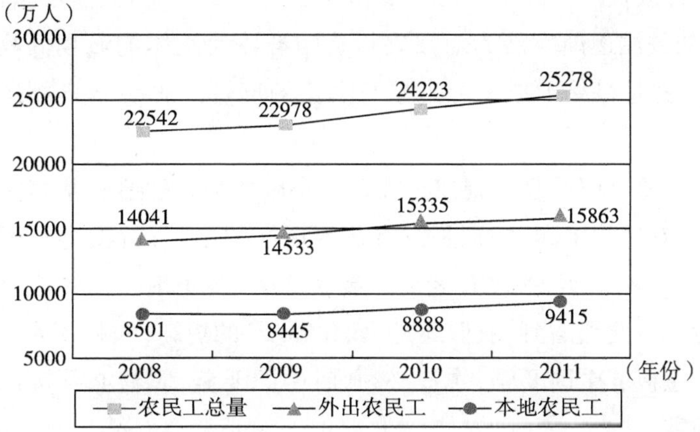

图1－7　2008—2011年全国农民工总量、外出农民工、本地农民工数量增长情况

资料来源：国家统计局．2011年中国农民工调查监测报告［R］．2012－04－27. http://www.stats.gov.cn/tjfx/fxbg/t20120427_402801903.htm.

第四阶段（2013年至今）：全面建成小康社会下的城乡全面发展阶段

党的十八大召开前后，我国经济社会发展面临新形势和新背景。国际经济形势错综复杂、国内经济面临巨大下行压力，以习近平总书记为核心的党中央密集提出我国经济进入新常态的战略定位论断、四个全面战略布局、开展供给侧结构性改革和牢固树立并切实贯彻五大发展理念等一系列新判断、新理论。那么，面对国际国内发展的新形势、新情况，我们在处理城乡关系时应该如何应对？习近平总书记提出的一系列战略论断和发展理念如何在城乡发展中贯彻落实？特别是改革开放30多年积累下来的诸多城乡发展难题如何化解？这些问题亟须回答。可以说，这一组问题以及我们的解决之道,构成了这一阶段我国城乡关系发展的大背景。

十八大以来,在以习近平总书记为核心的党中央的带领下,农村贫困情况得到了根本性扭转,“三农”问题不断被破解,中国城乡全面发展,城乡关系持续好转。我国城乡关系之所以取得了巨大进步,这首先得益于我们在新时代有新的理论指导,并在新的理论指导下有实践性突破。可将其总结为三大方面:

第一,总目标理论,即全面建成小康社会理论及其指导城乡发展的实践。习近平总书记早在担任浙江省委书记期间就对“三农”问题作过论述:务必执政为民重“三农”,务必以人为本谋“三农”,务必统筹城乡兴“三农”,务必改革开放促“三农”,务必求真务实抓“三农”。[①] 习近平总书记对“三农”问题的关注逐渐发展为对以农村贫困群体为主体的城乡低收入群体的高度关注,并且最终形成了习近平总书记的反贫困思想和全面建成小康社会理论。

习近平总书记反复强调:“全面建成小康社会,最艰巨、最繁重的任务在农村,没有农村的小康、特别是没有贫困地区的小康,就没有全面建成小康社会。”“小康不小康,关键看老乡。”要在2020年实现全面建成小康社会的宏伟目标,“一定要看到,农业还是‘四化同步’的短腿,农村还是全面建成小康社会的短板。中国要强,农业必须强;中国要美,农村必须美;中国要富,农民必须富”[②]。

在此基础上,习近平总书记提出了精准扶贫、精准脱贫思想,并且有规模空前、组织空前、力度空前的精准扶贫和精准脱贫实践工作。[③] 取得了巨大成效:据国家统计局数据,“按照每人每年2300元(2010年不变价)的农村贫困标准计算,2016年我国尚有农村贫困人口4335万人,比2015年减少了1240万人,[④]”比精准扶贫工作刚开始的2013年年底的农村贫困人口(8249万人)减少了近一半。大成就依靠大投入的支撑,2016年中央财政安排专项扶贫资金667亿元,比上年增长43.4%,全国961个县(其中贫困县792个)

---

① 习近平. 之江新语[M]. 杭州:浙江人民出版社,2013:100-107.

② 习近平总书记系列重要讲话读本[M]. 北京:学习出版社,人民出版社,2014:68.

③ 关于这部分的具体论述,可见本书第2章。

④ 中华人民共和国2016年国民经济和社会发展统计公报[EB/OL]. 国家统计局官方网站,http://www.stats.gov.cn/tjsj/zxfb./201702/t20170228_1467424.html

启动实施贫困县涉农资金整合试点，纳入整合范围的各级财政资金规模共计3200亿元，实际整合资金2300亿元，惠及建档立卡贫困人口3000多万人。[①] 预计到2020年，我国所有贫困县将全部摘帽，所有贫困人口将“一个不落”地全部脱贫，全面迈向小康社会。

第二，城乡发展理论，即用五大发展理念来指导城乡发展。引领我国“十三五”发展的五大发展战略，既是对全国经济社会发展的总体规划，也能指导城乡健康发展。在“十三五”期间，统筹推进城乡经济社会协调发展必须贯彻“创新、协调、绿色、开放、共享”五大发展理念：创新是引领城乡发展的第一动力，“朝着多功能、开放式、综合性方向发展立体农业”[②]；协调是要统筹推进城乡协调发展；绿色是要促进城乡环境保护和资源循环永续利用；开放是要利用城市和农村两个市场和资源，并促进城乡市场互相开放、要素双向流动，让我们的农村也有机会更多地参与国际分工、融入国际市场；共享是使“三农”，特别是农村贫困群体在城乡一体化发展中持续受益。

可以说，跳出城乡看城乡，在兼具继承和创新双重特性的五大发展理念下看城乡关系，并运用其来指导城乡发展。这无疑提高了对城乡关系问题的认识高度，并能够指导经济新常态下城乡关系发展的新实践。

第三，供给侧结构性改革理论及其指导下的农业农村改革。具体到更为细化的农村农业发展问题，习近平总书记提出了“农业供给侧结构性改革”的命题。集中体现在2017年2月发布的21世纪以来的连续第14份中央一号文件——《中共中央、国务院关于深入推进农业供给侧结构性改革加快培育农业农村发展新动能的若干意见》（以下简称《意见》）中。《意见》共论及“优化产品产业结构，着力推进农业提质增效；推行绿色生产方式，增强农业可持续发展能力；壮大新产业新业态，拓展农业产业链价值链；强化科技创新驱动，引领现代农业加快发展；补齐农业农村短板，夯实农村共享发展基础；加大农村改革力度，激活农业农村内生发展动力”等六方面大问题。涉及农业供给侧结构性改革和农村发展的核心问题。

《意见》指出，推进农业供给侧结构性改革，要在确保国家粮食安全的基础上，紧紧围绕市场需求变化，以增加农民收入、保障有效供给为主要目标，

---

① 2016年全国农村贫困人口减少1240万人[EB/OL]. 新华网，http://news.xinhuanet.com/politics/2017-02/28/c_1120543533.htm

② 习近平. 摆脱贫困[M]. 福州：福建人民出版社，2014：178.

以提高农业供给质量为主攻方向,以体制改革和机制创新为根本途径,优化农业产业体系、生产体系、经营体系,提高土地产出率、资源利用率、劳动生产率,促进农业农村发展由过度依赖资源消耗、主要满足量的需求,向追求绿色生态可持续、更加注重满足质的需求转变。① 中央农村工作领导小组副组长、中央农办主任唐仁健指出:"只有牢牢把握住推进农业供给侧结构性改革这条主线,为整个供给侧结构性改革当好先锋、提供支撑,才能开辟出农业农村发展的新境界。"②

城乡发展的顶层设计和系列实践促进了十八大以来我国城乡关系的持续改善,城乡经济社会的全面发展,体现在以下几方面:

从直接反映城乡差距的城乡居民人均收入比的数据看,2016 年我国城乡收入比为 2.72:1,这远低于 2012 年我国城乡收入比 3.10:1。这得益于我国持续多年的农村居民实际收入增长速度快于城市居民,2016 年我国城镇居民人均可支配收入 33616 元,扣除价格因素实际增长 5.6%,而农村居民人均可支配收入 12363 元,扣除价格因素实际增长 6.2%。③ 而且,直接缩小城乡收入差距的关键——总书记所关心的精准扶贫工作也取得了重大进展。这说明党的十八大以来,我国的增长成果在分配上更向农村倾斜,只有这样,才能真正实现"包容性"增长和共享发展。

从反映城乡空间关系转变的城镇化率看,十八大以来的 5 年,我国城镇化水平稳步、持续上升。截至 2016 年年底,我国常住人口城镇化率已达到 57.35%,比 2015 年年末提高了 1.25 个百分点,比 2012 年的 52.6% 提高了 4.75 个百分点。④

从反映城乡产业变迁的三次产业结构变化看,十八大以来,我国产业结构持续优化。从图 1-8 中可以看出,我国第一产业增加值占比从 2012 年的 9.4% 下降至 2016 年的 8.4%,在略微下降的同时基本保持稳定,这说明我国作为一个农业大国、人口大国和粮食大国的地位基本稳固。变化来自第

① 以上内容均来自《中共中央、国务院关于深入推进农业供给侧结构性改革加快培育农业农村发展新动能的若干意见》[EB/OL]. 新华社,2017-02-05,http://news.xinhuanet.com/politics/2017-02/05/c_1120413568.htm.

② 2017 年中央一号文件公布 提出深入推进农业供给侧结构性改革[EB/OL]. 新华网,2017-02-05,http://news.xinhuanet.com/2017-02/05/c_1120413508.htm.

③ 以上数据来自相应年度《中华人民共和国国民经济和社会发展统计公报》。

④ 以上数据来自相应年度《中华人民共和国国民经济和社会发展统计公报》。

二、第三产业的相对变化,2012—2016 年的 5 年间,我国第三产业增加值占 GDP 比重从 45.3% 上升至 51.6%;同期,我国第二产业增加值占 GDP 比重从和第三产业增加值占比一样的 45.3% 下降至 2016 年的 39.8%。这说明我国产业结构持续优化,高级化趋向显现。与城镇化水平相联系,也说明我国城市能够创造出更多的第二、第三产业就业岗位,吸纳劳动力的能力更稳。

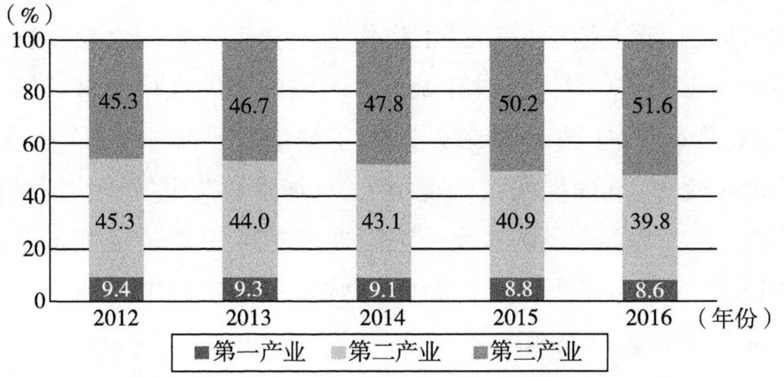

图 1-8　2012—2016 年我国三次产业增加值占国内生产总值比重

党的十八大以来的 5 年,之所以能取得如此多的城乡发展成就,在于我们在处理城乡关系、促进城乡发展一体化过程中,主要把握了以下原则,呈现出一些不同于以往时代的新特征。

第一,作为共产党领导的国家,我国城乡发展谋求共同富裕成为一个大背景和总目标。那么就必须以马克思主义公平观和分工理念统筹推进城乡发展,把城市和农村作为一个有机整体来进行考量。

第二,对于城乡关系的把控,我们已经脱离了以往只考虑经济社会二维向度,而是通盘考虑城乡经济、政治、文化、社会、生态环境五个维度,促进五重城乡二元结构转化,[①]满足城乡不同群体的利益诉求,实现城乡发展一体化。实际上,在党的十八大上,就提出了"城乡发展一体化"的新理论,指出"解决好农业农村农民问题是全党工作重中之重,城乡发展一体化是解决'三农'问题的根本途径",要"形成以工促农、以城带乡、工农互惠、城乡一体

① 吴丰华,白永秀. 城乡发展一体化:战略特征、战略内容、战略目标[J]. 学术月刊,2013(4):86-94.

的新型工农、城乡关系①”。

第三,城乡发展的根本宗旨是为了人的全面发展。要按照习近平总书记提出的“人民中心”来推进城乡统筹发展,特别是要尊重城市和农村的不同发展路径,尊重城市居民和农村居民的不同诉求。在城市,要防止“大城市病”的发生;在农村,要避免农村“空心化”。既要防止城市盲目“摊大饼”,又要高度重视城市群的建设。

第四,注重城乡关系和注重城市发展并重。“对于统筹协调处理城市与农村发展问题,要坚持把‘三农’工作作为全党工作重中之重,同时要更加重视做好城市工作。”②因为农村和城市有不同的发展规律,“做好城市工作,首先要认识、尊重、顺应城市发展规律,端正城市发展指导思想”③。同时要“改革完善城市规划,准确把握城市规划定位,加强对规划实施情况的监督”④。

当然,十八大以来我国城乡关系发展虽然取得了长足进步,百姓特别是农村居民的获得感不断提高,但是我国城乡关系发展中仍然存在一些问题,这需要在未来继续予以解决。

其一,我国户籍人口城镇化率依然偏低,尚有大量流动人口不能在城市落户。2016 年我国户籍人口城镇化率为 41.2%,远低于 57.35% 的常住人口城镇化率。而且从近几年的数据来看,户籍人口城镇化率和常住人口城镇化率的差距几乎没有减小(见图 1-9)。

其二,延续上一个问题,这些难以落户城市的人口中大量是农民工群体。据统计,改革开放的前十年,离开农村到城市务工的农民工数量并不多,约有 2000 万~3000 万人。从 1992 年开始,民工潮势头越来越猛,到 1995 年,农民工人数已达到 5000 万人,21 世纪初已达到 1 亿人。第六次人口普查资料显示,2010 年全国农民工总数达到 2.214 亿人。而根据国家统计局《农民工监测报告》,2016 年全国农民工总量则达到 2.82 亿人。⑤ 庞大的农民工为中国经济发展和现代化做出了非常重要的贡献,但由于二元户

---

① 胡锦涛. 坚定不移沿着中国特色社会主义道路前进,为全面建成小康社会而奋斗——在中国共产党第十八次全国代表大会上的报告(2012 年 11 月 8 日)[N]. 人民日报,2012-11-18(1).

② 中共中央政治局召开会议分析研究二〇一六年经济工作[N]. 人民日报,2015-12-15(1).

③ 习近平主持召开中央财经领导小组第十一次会议强调:全面贯彻党的十八届五中全会精神落实发展理念推进经济结构性改革[N]. 人民日报,2015-11-11(1).

④ 中共中央政治局召开会议分析研究二〇一六年经济工作[N]. 人民日报,2015-12-15(1).

⑤ 数据来源:国家统计局网站。

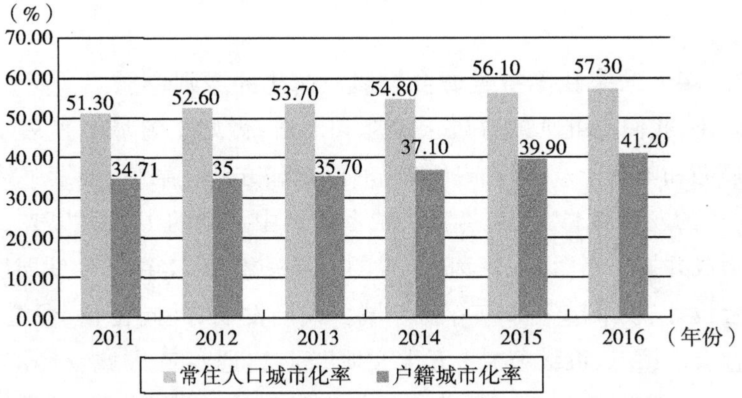

图1-9　2011年以来我国常住人口城市化率与户籍人口城市化率

数据来源:根据历年《中国统计年鉴》数据整理制图。

籍制度等制度掣肘,在职业上,他们虽脱离了农业,进入了城市第二、第三产业部门,但劳动条件、劳资关系等却难以达到和城市居民一样的水平,超时劳动仍然存在,签订劳动合同的农民工比重并不高(2016年为64.9%,比2015年提高1.1个百分点),农民工工资拖欠问题仍一定程度上存在①。在身份上,他们仍是农民,在医疗、社会保障、子女教育等方面不能享受到与城市户籍居民同样的待遇②,严重影响了农民工本人及其家庭后代的人力资本接续发展,进而影响了中国整体的社会发展和进步。

其三,我国县域经济尚不发达,难以形成对全面建成小康社会的有效支撑和对城乡一体化发展的有效串接。目前,县域经济已成为经济新常态下我国经济社会发展的短板,主要存在结构转型压力较大、县域新型城镇化发展滞后、县域经济发展面临较强的资源环境约束、县域经济发展的投融资机制仍不完善、县域经济发展开放合作不足等问题。③ 而且,县域经济体之间为争夺经济发展资源所开展的县域竞争,其"挤出效应"越来越大,导致我国县域经济发展差距不断扩大(周腰华等,2017;王生发,2016)。这些因素都

① 该处数据、判断均来自国家统计局发布的《2016年农民工监测调查报告》。具体见中华人民共和国国家统计局网站,http://www.stats.gov.cn/tjsj/zxfb/201704/t20170428_1489334.html.

② 宁夏.改革开放以来的农民工流动——一个政治经济学的国内研究综述[J].政治经济学评论,2016(1):43-62.

③ 李建伟.新时期我国县域经济发展的战略意义、主要挑战与路径选择[J].重庆理工大学学报(社会科学),2016,30(3):1-6.

导致我国县域经济在带动和支撑城乡发展、城乡互动方面难以起到应有的作用。

1.1.4 未来我国推进城乡发展一体化的原则遵循

未来,我们要继续破解以上难题和矛盾,做好统筹城乡发展工作,需要继续遵循和坚持十八大以来所形成的原则和方针。第一,继续坚持“以人民为中心”的发展思想,将其落实在城乡发展中。党的十八大以来,习近平总书记形成并提出了“以人民为中心”的发展思想,落实在城乡发展层面,我们的顶层设计、政策措施都应有助于城乡共同发展、共同富裕,最终建成全面小康社会。第二,继续坚持“五大文明”理念,通盘考虑城乡经济、政治、文化、社会、生态环境五重一体化。破解已经形成的城乡五重二元结构矛盾,真正实现城乡发展一体化①。第三,继续坚持处理城乡关系和促进城市发展并重的方针。对于统筹协调处理城市与农村发展问题,要“坚持把‘三农’工作作为全党工作的重中之重,同时要更加重视做好城市工作②”。具体来说,既要尊重城市和农村的不同发展路径,也要尊重城市居民和农村居民的不同诉求。在城市,要“改革完善城市规划,准确把握城市规划定位,加强对规划实施情况的监督”③,并防止城市盲目“摊大饼”,导致“大城市病”发生;在农村,要避免农村“空心化”。

1.2 十八大以来城乡发展一体化理论研究的新动态

城乡一体化的概念在20世纪80年代就已经被提出来,经过学者30多年的研究,城乡一体化的内涵与主要内容、发展历程、动力机制、模式与路径、测度与评价等方面取得了一系列成果。党的十八大以来,城乡发展不断出现新形势、新问题,城乡发展一体化研究热度始终不减。党的十八大报告中指出,城乡发展一体化是解决“三农”问题的根本途径,并提出要加快完善城乡发展一体化体制机制,促进城乡要素交换平等化和公共资源配置均衡化。党的十八届三中全会再次提出了健全城乡发展一体化体制机制,并从构建新型农业经营体系、赋予农民更多财产权利、城乡要素交换和公共资源配置、完善城镇化健康发展体制机制等方面提出了具体措施。十八届五中

① 吴丰华,白永秀. 城乡发展一体化:战略特征、战略内容、战略目标[J]. 学术月刊,2013(4).

② 中共中央政治局召开会议分析研究二〇一六年经济工作[N]. 人民日报,2015-12-15(1).

③ 中共中央政治局召开会议分析研究二〇一六年经济工作[N]. 人民日报,2015-12-15(1).

全会确立了创新、协调、绿色、开放、共享五大发展理念，健全城乡发展一体化体制机制，推动城乡协调发展，是协调发展理念中的重点。十八大以来学者关于城乡发展一体化的研究进入了一个高潮，集中于城乡发展一体化水平测度与评价、城乡发展一体化模式与路径、城乡发展一体化政策主张等方面。

1.2.1 城乡发展一体化水平测度与评价研究动态

城乡发展一体化水平测度与评价一直是学者们研究城乡发展一体化的热点。近年来，随着统计数据不断完善、评价方法日趋成熟，学者对城乡发展一体化的水平测度与评价进行了大量研究，大都是按照“构建评价指标体系→选取赋权方法→测度一体化水平→依据测度结果进行评价分析”的步骤进行的，评价方法主要采用主成分分析法、层次分析法、均方差决策法等，评价的对象涵盖全国、地区、省域、市域、县域5个层面。

大部分学者采用主成分分析法评价我国城乡发展一体化水平。朱金鹤、崔登峰（2012）以新疆作为研究对象，建立了由城乡发展水平和城乡协调水平2个维度12个指标构成的新疆城乡发展一体化水平评价指标体系，运用主成分分析法，计算了2000—2009年新疆城乡发展一体化水平综合指数，结果表明新疆的城乡发展一体化水平呈上升趋势，但是总体水平还比较低，城乡发展水平的影响力大于城乡协调水平[①]。白永秀、张新渊等（2014）从空间、经济、社会、生态环境4个维度构建吉林省城乡发展一体化综合指数，采用两步主成分分析法，评价了吉林省2000—2011年城乡发展一体化水平[②]。白永秀、刘小娟等（2014）从城乡空间一体化、城乡经济一体化、城乡社会一体化、城乡生态环境一体化4个维度35个指标，采用主成分分析法测度了福建省2000—2011年城乡发展一体化的综合指数[③]。白永秀、宋丽婷（2014）从城乡空间、经济、社会、生态环境一体化4个维度33个指标，运用两步主成分分析法对河北省2000—2011年城乡发展一体化指数进行测算与分析，并比较了河北省与其周边7省（市）的各维度指数与综合指数，提出河北省城

---

① 朱金鹤，崔登峰．新疆城乡一体化进程的影响因素与评价研究[J]．干旱区资源与环境，2012(12)：22－27.

② 白永秀，张新渊，周江燕．吉林省城乡发展一体化水平评价——基于2000—2011年的数据分析[J]．长白学刊，2014(3)：81－88.

③ 白永秀，刘小娟，周江燕．福建省城乡发展一体化水平变化趋势及影响因素分析[J]．福建论坛（人文社会科版），2014(1)：146－152.

乡一体化发展的对策建议①。周江燕、白永秀(2014)构建了城乡空间、经济、社会、生态环境4个维度35个指标的一体化水平评价指标体系,采用两步时序全局主成分分析法,测算了2000—2011年中国30个省(市)、四大区域和全国平均的城乡发展一体化水平,结果表明一体化水平呈不断提高的趋势②。吴丰华、白永秀(2015)采用两步主成分分析法对中国30个省(市)的城乡社会一体化水平进行了测度,评价指标体系包括5个维度27个基础指标,结果显示中国东部与东北一体化水平较高,中部与西北较低③。韩峰、李二玲(2015)从城乡区位关系、产业关系、居民关系三方面构建了城乡协调发展评价指标体系,选取中原地区30个地级市为研究对象,采用主成分分析法评价了这30个地级市2012年的城乡协调发展水平,发现中原地区北方协调发展水平好于南方④。

还有部分学者采用均方差决策法或层次分析法,抑或是两种方法结合赋权,评价我国城乡发展一体化水平。张国平等(2015)构建的城乡发展一体化评价指标体系包括经济融合、生活融合、医疗卫生融合3个维度9个城乡对比指标,采用均方差决策法对指标赋权,计算2013年全国各省(直辖市)的城乡发展一体化水平,并对京津冀和长三角2008—2013年的城乡一体化发展进行监测和比较,发现这三省三市的城乡差距在不断缩小⑤。贾兴梅等(2015)选取城乡经济融合、人口融合、生活融合、基本公共服务融合、基础设施融合、生态环境融合等6个2级指标21个3级指标构建城乡发展一体化水平评价指标体系,通过构建空间计量模型测度了我国31个省(市)的城乡发展一体化程度,并实证分析了各省(市)城乡发展一体化的6个方面与区域经济增长的关系⑥。吴丰华(2016)构建了县域城乡发展一体化水平

---

① 白永秀,宋丽婷,周江燕.河北省城乡发展一体化水平评价:2000—2011[J].河北经贸大学报,2014(4):71-77.

② 周江燕,白永秀.中国城乡发展一体化水平的时序变化与地区差异分析[J].中国工业经济,2014(2):5-17.

③ 吴丰华,白永秀,吴振磊.中国省域城乡社会一体化的空间差异与时序变化[J].中国软科学,2015(3):135-149.

④ 韩峰,李二玲.中原经济区城乡协调发展评价[J].经济经纬,2015(2):13-18.

⑤ 张国平,籍艳丽,马军伟.城乡一体化水平测度与进程比较——京津冀与长三角地区城乡一体化评价[J].经济问题,2015(8):117-121.

⑥ 贾兴梅,刘俊杰,贾伟.城乡一体化与区域经济增长的空间计量分析[J].城市规划,2015(12):47-53.

评价指标体系，包括空间、经济、社会等3个维度19个指标，并采用层析分析法和均方差决策法相结合对各维度和指标进行赋权，计算并评价了陕西83个县2013年的城乡发展一体化水平，将计算结果聚类为4个梯队，提出了各梯队县域城乡发展一体化的对策建议①。杨建涛（2016）建立的城乡发展一体化水平评价体系同样包括空间、经济、社会、生态环境4个子系统，共18个指标，通过AHP与ANP赋权的对比，采用ANP方法计算权重，应用基于ANP改进TOPSIS方法的评价模型，计算我国各省（市）的城乡一体化指数，并从全国层面、区域层面、省域层面分析其所属的城乡一体化程度②。董光龙（2016）以市域为研究对象，构建了社会、经济、环境、空间4个维度13个指标，运用层次分析法赋权，评价了我国2010年城乡发展一体化水平和各维度一体化水平及其空间分布特征③。郭岚（2017）从经济发展、基础设施、社会生活、公共服务、生态环境5个层面，采用层次分析法，对上海2000—2014年的城乡一体化水平进行了测度，发现上海的城乡一体化水平整体较高，但是主要归功于经济发展和基础设施建设，社会生活和生态环境的贡献相对较低④。

1.2.2 城乡发展一体化模式研究动态

城乡发展一体化的地区模式研究是我国学者研究城乡发展一体化的另一热点。如何有效推进城乡协调发展、实现城乡一体化，我国不同地区在实践过程中形成了自身的地区特色，吸引了大批学者进行研究。在党的十八大召开之前，典型的研究模式有苏南模式、珠江三角洲模式、上海模式、成都模式等，十八大之后逐渐形成了杭州模式、山东模式、关山模式等。

杭州模式的典型特征是中心城镇推进城乡一体化。中心城镇推进城乡发展一体化有两种方式：一种是通过搭建产业平台来集聚劳动力、商品、信息、技术等要素，促进经济发展和城乡居民收入提高，实现城乡发展一体化；另一种是通过优化城镇功能，实现城乡人才、物流、信息、资金等的自由流

---

① 吴丰华，白永秀．陕西县域城乡发展一体化水平评判[J]．西北农林科技大学学报（社会科学版），2016(3):94-103.

② 杨建涛，王艳华，高建华．基于ANP-TOPSIS的中国城乡一体化发展测度研究[J]．经济经纬，2016(1):42-47.

③ 董光龙，张红旗．基于市域的中国城乡一体化发展水平评价[J]．中国农业资源与区划，2016(4):69-76.

④ 郭岚．上海城乡一体化测度研究[J]．上海经济研究，2017(7):93-104.

动,加强城乡经济发展和社会生活的融合,促进城乡产业、经济、交通、社会等方面一体化全面发展。杭州市的中心城镇改革走在了浙江省乃至全国前列,这两种中心城镇推进方式体现在建德市大同镇和余杭区塘栖镇。大同镇的做法是建设工业园区,完善相关的配套基础设施,吸引工业企业入驻,吸纳城乡剩余劳动力就业与增收,人口的集聚又对基础设施提出了更高的要求,又推动了基础设施的进一步完善;反之,再吸引更多的企业和人口集聚,从而推动城乡一体化发展。塘栖镇则由于经济发展水平较高,更加注重城市功能的建设与完善,通过对教育、医疗、文体、就业、社会保障等公共服务的持续投入,吸引生产要素流入,促进产业、资源在城乡间合理配置,推动城乡一体化发展①。

山东半岛的城乡一体化模式具有明显的区域特色。烟台莱州市的以工业为主导的模式,通过培植新兴产业、提升优势产业、发展循环经济 3 个方面,加快工业化进程,吸引农村剩余劳动力,促进缩小城乡收入差距;潍坊昌邑的以城镇化为主导的模式,把产业培育和城镇化、新农村建设结合起来,整体化布局,促进农村发展成为小城镇、农村人口转变为城镇人口,实现城乡一体化发展;青岛平度的以现代服务业为主导的模式,通过完善城乡产品市场和消费市场流通网络、建立区域性农村采购联盟等,推动现代服务业向农村进军,促进农村劳动力就业和增收,形成以城带乡、城乡一体的发展格局;日照市的以现代农业为主导的模式,通过调整和优化农业产业结构,建立起现代农业体系,通过发展现代农业,培育了大批国家级和省级农业龙头企业,带动了农业产业化发展,促进了城乡发展一体化;胶州的以高新技术开发区为主导的模式,通过发展园区经济、优化产业布局,积极承接产业和项目转移,聚集人才、信息、技术等要素,加快高新区开发建设,拉动就业,促进城乡一体化发展。虽然各地区城乡一体化的推进模式各有差异,但是都进行了科学的规划,遵循着"先规划后建设,不规划不建设"的原则,规划优先,城乡互动,形成了独具特色的城乡一体化发展模式。②

关山模式的特点是进行内部资源整合和地方治理。通过整治基础环境和生态环境、实行社区自治等措施优化经济发展的"硬件条件",再进行招商

① 郑文哲,郑小碧. 中心镇推进城乡一体化的时空演进模式研究:理论与实证[J]. 经济地理,2013(6):79-83,108.

② 江敦涛. 山东半岛城乡一体化发展模式的剖析与启示[J]. 科研管理,2013(2):77-80.

引资，构建起了现代高效农业、休闲旅游业、商贸服务业为支撑的产业链，形成了产业发展、农民增收、社区融合、基础环境的良性循环发展格局，推动了城乡一体化发展。①

还有部分学者根据城乡发展一体化的规律和实践及自身关于城乡发展一体化的认识，提出了关于城乡发展一体化实现路径或模式的观点。白永秀、王颂吉(2013)认为中国的城乡二元结构源于现实中自然经济和市场经济的差别与对立，中国城乡发展一体化的实质是城乡市场经济发展一体化，据此提出了通过集中农村生产要素、发展农村现代产业、推进农村城镇化等措施促进市场经济的大力发展，实现城乡发展一体化。② 郭俊华、刘奕伟(2014)研究了宁夏北部川区、中部干旱区和南部山区的城乡一体化模式，认为西部地区的城乡一体化发展要充分发挥城镇的辐射带动作用，以城镇建设带动产业升级来推动城乡一体化发展③。郭俊华、陈彼德(2014)分析了兰州河西地区和甘肃南部地区的城乡发展一体化经验模式，认为西部欠发达地区的城乡一体化发展应该从统筹规划、农村基础设施、农村产业发展尤其是特色产业发展等方面努力④。

1.2.3 城乡发展一体化政策主张研究动态

城乡发展一体化的实现离不开政策的支持，需要一系列政策和机制来保障。党的十八大、十八届三中全会均提出了要健全城乡发展一体化体制机制，十八届五中全会将协调发展确立为五大发展理念之一，城乡发展一体化是实现协调发展的重要内容。中共中央政治局就健全城乡发展一体化体制机制的第22次集体学习中，习近平总书记强调，推进城乡一体化发展，是党的十八大提出的战略任务，是落实“四个全面”布局的必然要求；指出推进城乡一体化要从中国的国情出发，统筹谋划工业和农业、城市和农村，促进城乡在规划布局、要素配置、产业发展、公共服务、生态保护等方面的融合和

---

① 彭忠益，李畅，夏全珍．城乡一体化的“关山模式”研究——来自湖南省宁乡县的地方治理调查[J]．湖南师范大学社会科学学报，2015(2)：50－56.

② 白永秀，王颂吉．城乡发展一体化的实质及其实现路径[J]．复旦学报(社会科学版)，2013(4)：149－156，171.

③ 郭俊华，刘奕玮．西部地区省域内城乡一体化多元模式探析——以宁夏北部川区模式和南部山区模式为例[J]．西部论坛，2014(1)：1－8.

④ 郭俊华，陈彼德．西部欠发达地区统筹城乡经济社会一体化的经验模式分析——以甘肃省为例[J]．兰州大学学报(社会科学版)，2014(5)：98－104.

发展;健全城乡发展一体化体制机制,包括规划体制、农村基础设施建设机制、城乡基本公共服务均等化体制机制、户籍制度改革等,同时也提出城乡发展一体化是一项关系全局、关系长远的重大任务,这充分体现了城乡发展一体化政策的重要性。城乡发展一体化的政策主张研究也是十八大以来学者关于城乡发展一体化研究的又一个热点。

吴丰华、白永秀(2013)系统地提出了城乡一体化发展政策,认为城乡发展一体化应处理好市场与政府、农业与非农业、农村与城市、中西部与东部四对关系,形成“里应+外合”机制;根据中国地区差异,不同地区实行差异化的城乡发展一体化措施;抓住完善市场体系、促进机会均等、取消户籍限制、树立现代理念、构建生态文明5个本源性问题,破解对应的经济、社会、政治、文化、生态5个城乡二元结构①。

而大部分学者对促进城乡发展一体化的政策研究集中于破除二元户籍制度。陈伯庚(2013)认为要破解城乡二元结构,实现城乡发展一体化需要破解二元户籍制度、缩小城乡收入差距、城乡金融均衡配置、确立农民主体地位4个难题,从而促进城乡的深度融合和良性发展②。魏后凯(2016)从中国经济进入新常态的背景出发,分析了新常态给推进城乡一体化带来的挑战,包括农民增收和市民化困难加大,“农村病”的治理、资源的均衡配置、二元体制的并轨等,认为新常态下推进城乡发展一体化需要系统性的措施,提出了以构建城乡统一的户籍制度、土地管理制度、就业管理制度、社会保障制度等为主的城乡综合配套改革,以促进城乡要素的自由流动和资源的均衡配置,推进城乡一体化发展③。宋洪远(2016)认为随着我国城镇化的发展,从农民自身、城市居民、地方政府、城市公共服务4个方面论述了二元户籍制度对农业转移人口的市民化的阻碍,从而阻碍了城乡一体化发展,并从这一视角提出了加快户籍制度改革的对策建议④。

还有部分学者从缩小城乡收入差距方面研究促进城乡发展一体化的政策。郭俊华(2013)从促进经济增长、带动就业、促进消费、调整产业结构4

---

① 吴丰华,白永秀. 城乡发展一体化:战略特征、战略内容、战略目标[J]. 学术月刊,2013(4):86-94.

② 陈伯庚,陈承明. 新型城镇化与城乡一体化疑难问题探析[J]. 社会科学,2013(9):34-43.

③ 魏后凯. 新常态下中国城乡一体化格局及推进战略[J]. 中国农村经济,2016(1):2-16.

④ 宋洪远. 加快户籍制度改革 推动城乡一体化发展[J]. 农业现代化研究,2016(6):1021-1028.

个方面论述了休闲经济对经济发展的作用，分析了休闲经济对城乡经济融合、生活融合的促进作用，提出发展休闲经济以推动城乡经济社会一体化发展①。国务院发展研究中心农村部课题组（2014）认为由于历史因素形成的城乡二元体制固化了城乡二元结构，虽然多年来我国在破除二元体制方面做出了很多努力，也取得了一定成效，但是城乡二元结构依然明显，为彻底破除城乡二元体制、消除城乡二元结构，提出了推动城乡二元结构向城乡一体化转变的"5 个重点，5 个构建"的政策建议②。欧阳志刚（2014）基于一价定律和泰尔指数，度量了中国城乡经济一体化与城乡收入差距的关系，发现改革初期城乡经济由于分割推动了城乡收入差距扩大，而21 世纪以来，城乡经济一体化的发展阻碍了城乡收入差距扩大，据此提出了应推动城乡商品市场和要素市场一体化，促进城乡经济一体化发展③。徐丽杰（2016）按照马克思主义城乡关系理论分析了新时期中国城乡关系面临的深层次矛盾和问题，主张在新时期城乡发展一体化的推进要从城乡产业深度融合、共享改革红利、公共服务均等化等方面下功夫，并提出了相应的具体措施④。

1.2.4 十八大以来城乡发展一体化研究评价

党的十八大以来，我国城乡发展一体化的地位越来越重要，被称为"解决'三农'问题的根本途径"，学者对城乡发展一体化的研究也越来越深入和全面，达成了许多共识，为进一步的研究坚定了基础，但是也存在一些值得进一步探讨的空间。

首先是城乡发展一体化水平的测度与评价。在指标体系的构建方面，大多数学者认同空间、经济、社会、生态环境 4 个维度的评价指标体系，然而在基础指标的选取上却存在分歧。还有部分学者不认可由这 4 个维度构建的城乡发展一体化指标评价体系，在指标体系的构建上未达成共识，这与不同学者的观点和其所处地区不同有一定的关系；在评价方法选取方面，尤其是在指标赋权方法上，学者间存在的分歧较大，主要采用主成分分析法、层

① 郭俊华．以休闲经济作为推动城乡经济社会一体化发展的途径之一[J]．经济纵横，2013(7)：60－63.

② 国务院发展研究中心农村部课题组，叶兴庆，徐小青．从城乡二元到城乡一体——我国城乡二元体制的突出矛盾与未来走向[J]．管理世界，2014(9)：1－12.

③ 欧阳志刚．中国城乡经济一体化的推进是否阻滞了城乡收入差距的扩大[J]．世界经济，2014(2)：116－135.

④ 徐丽杰．中国经济新常态下推动城乡一体化发展的新策略[J]．税务与经济，2016(1)：16－21.

次分析法和均方差决策法,其本质是主观赋权法和客观赋权法的选择。主成分分析法属于客观赋权法,但是会受到数据本身特征的影响,可能会导致计算的权重与指标重要性不一致,层次分析法属于主观赋权法,避免了指标权重与其重要性的不一致,但是受打分专家学者的主观影响较大。

其次是城乡发展一体化模式研究。学者在这方面的研究主要是对现有部分成功地区做法与经验的总结,上升到一般理论的研究较少,而且对特定地区经验的总结,适用性受到很大限制,对于其他地区推进城乡发展一体化的参考借鉴意义不大。这也是未来关于城乡发展一体化模式进一步研究的一个方向。

最后是城乡发展一体化政策研究。学者在这方面的研究大多是对现有政策的解读性研究,集中于破除二元户籍制度、城乡要素与资源均衡配置、缩小收入差距增收等方面,这对于增强政策的理解具有积极作用,但是提出的创新性的、前瞻性的政策研究较少,对于指导城乡发展一体化实践的进一步推进作用较小。探索城乡发展一体化的一般规律和我国的特殊规律,准确把握我国当前城乡发展一体化所处的阶段特征及发展趋势,进行城乡发展一体化政策创新,对这些命题的解答,给出了我们对城乡一体化问题未来研究的重点和指向。

1.3 中国城乡发展一体化的政策梳理与大事回顾

党的十八大以来,在以习近平总书记为核心的党中央的坚强领导下,中共中央、国务院进行科学决策部署,指导城乡一体化工作取得了突破性进展。城乡居民收入持续较快增长,居民收入差距不断缩小;基层民主更加充分,人民群众享有更多、更切实的民主权利;以人为核心的城镇化稳妥推进,农业转移人口市民化有序推进;群众文化需求得以更充分的满足,基本文化权益得到更好保障;基础设施和公共服务全面完善,群众的生活水平和获得感明显提高;“美丽中国”建设取得显著成就,人民生产生活环境不断改善。

1.3.1 中国城乡发展一体化政策梳理与大事回顾

2012年11月8日至14日,党的十八大在北京召开。会议指出解决好农业农村农民问题是全党工作的重中之重,城乡发展一体化是解决“三农”问题的根本途径。会议强调,要加大统筹城乡发展力度,增强农村发展活力,逐步缩小城乡差距,促进城乡共同繁荣。坚持工业反哺农业、城市支持农村和“多予少取放活”的方针。加快完善城乡发展一体化体制机制，着力在城乡规划、基础设施、公共服务等方面推进一体化，促进城乡要素平等交换和公共资源均衡配置，形成以工促农、以城带乡、工农互惠、城乡一体的新型工农、城乡关系。

2012 年 12 月 21 日至 22 日，中央农村工作会议在北京召开，重点研究加快发展现代农业、进一步增强农村发展活力问题。

2013 年 1 月，中共中央、国务院公布《关于加快发展现代农业进一步增强农村发展活力的若干意见》。2013 年中央一号文件突出强调围绕现代农业建设，充分发挥基本经营制度的优越性，着力构建集约化、专业化、组织化、社会化相结合的新型农业经营体系。鼓励和支持承包土地向专业大户、家庭农场、农民合作社流转。“家庭农场”的概念首次在中央一号文件中出现。

2013 年 3 月 5 日，第十二届全国人民代表大会第一次会议在北京人民大会堂开幕。温家宝作 2013 年政府工作报告。报告强调全面建成小康社会的重点难点仍然在农村，须坚持把解决好“三农”问题作为全部工作的重中之重，强化农业农村发展基础，积极、稳妥推动城镇化健康发展，推动城乡发展一体化。

2013 年 11 月 9 日至 12 日，中国共产党第十八届中央委员会第三次全体会议在北京举行。全会审议通过了《中共中央关于全面深化改革若干重大问题的决定》。习近平总书记在会上指出：城乡发展不平衡、不协调，是我国经济社会发展存在的突出矛盾，是全面建成小康社会、加快推进社会主义现代化必须解决的重大问题。改革开放以来，我国农村面貌发生了翻天覆地的变化。但是，城乡二元结构没有根本改变，城乡发展差距不断拉大的趋势没有根本扭转。要根本解决这些问题，必须推进城乡发展一体化。《决定》提出，城乡二元结构是制约城乡发展一体化的主要障碍。必须健全城乡发展一体化体制机制，让广大农民平等参与现代化进程、共同分享现代化成果。《决定》提出了健全城乡发展一体化体制机制的具体措施要求：加快构建新型农业经营体系，赋予农民更多的财产权利，推进城乡要素平等交换和公共资源均衡配置，完善城镇化健康发展体制机制。

2013 年 12 月 23 日至 24 日，中央农村工作会议在北京召开，习近平总书记在会上发表重要讲话，他强调：“小康不小康，关键看老乡。一定要看到,农业还是‘四化同步’的短腿,农村还是全面建成小康社会的短板。中国要强,农业必须强;中国要美,农村必须美;中国要富,农民必须富。农业基础稳固,农村和谐稳定,农民安居乐业,整个大局就有保障,各项工作都会比较主动。我们必须坚持把解决好‘三农’问题作为全党工作重中之重,坚持工业反哺农业、城市支持农村和多予少取放活的方针,不断加大强农惠农富农政策力度,始终把‘三农’工作牢牢抓住、紧紧抓好。”这一论述,体现了“三农”在经济社会发展全局中的地位和作用,表明了我们党和国家解决好“三农”问题的决心和意志。

2014 年 1 月,中共中央、国务院印发了《关于全面深化农村改革加快推进农业现代化的若干意见》,锁定八项“三农”工作重点:完善国家粮食安全保障体系,强化农业支持保护制度,建立农业可持续发展长效机制,深化农村土地制度改革,构建新型农业经营体系,加快农村金融制度创新,健全城乡发展一体化体制机制,改善乡村治理机制。

2014 年 3 月 5 日,第十二届全国人民代表大会第二次会议在北京人民大会堂开幕。国务院总理李克强作 2014 年政府工作报告。报告强调,要促进农业现代化和农村改革发展。以保障国家粮食安全和促进农民增收为核心,推进农业现代化;积极推进农村改革,培育新型农业经营主体,发展多种形式适度规模经营;创新扶贫开发方式,加快推进集中连片特殊困难地区区域发展与扶贫攻坚,减少农村贫困人口 1000 万人以上;推进以人为核心的新型城镇化,坚持走以人为本、四化同步、优化布局、生态文明、传承文化的新型城镇化道路,着力提升城镇化质量。

2014 年 12 月 22 日至 23 日,中央农村工作会议在北京召开。

2015 年 1 月,中共中央、国务院印发了《关于加大改革创新力度加快农业现代化建设的若干意见》,要求继续全面深化农村改革,并提出了七项改革任务:加快构建新型农业经营体系,推进农村集体产权制度改革,稳步推进农村土地制度改革试点,推进农村金融体制改革,深化水利和林业改革,加快供销合作社和农垦改革发展,以及创新和完善乡村治理机制,进一步强调“在经济发展新常态下,加大改革创新力度,加快转变农业发展方式”。

2015 年 3 月 5 日,第十二届全国人民代表大会第三次会议在北京人民大会堂开幕。国务院总理李克强作 2015 年政府工作报告。报告强调要在加快农业现代化和推进新型城镇化方面取得新突破。报告要求,2015 年要加快转变农业发展方式；新农村建设要突出加强水和路的建设；持续打好扶贫攻坚战，实施精准扶贫、精准脱贫。报告提出，城镇化是解决城乡差距的根本途径，也是最大的内需所在。要坚持以人为核心，以解决三个1亿人问题为着力点，发挥好城镇化对现代化的支撑作用。

2015年4月30日下午，中共中央政治局就健全城乡发展一体化体制机制进行第二十二次集体学习。习近平总书记在主持学习时强调，加快推进城乡发展一体化，是党的十八大提出的战略任务，也是落实“四个全面”战略布局的必然要求。全面建成小康社会，最艰巨、最繁重的任务在农村，特别是农村贫困地区。我们一定要抓紧工作、加大投入，努力在统筹城乡关系上取得重大突破，特别是要在破解城乡二元结构、推进城乡要素平等交换和公共资源均衡配置上取得重大突破，给农村发展注入新的动力，让广大农民平等参与改革发展进程、共同享受改革发展成果。习近平总书记提出，实现城乡发展一体化，目标是逐步实现城乡居民基本权益平等化、城乡公共服务均等化、城乡居民收入均衡化、城乡要素配置合理化，以及城乡产业发展融合化。习总书记强调，推进城乡发展一体化要坚持从国情出发，从我国城乡发展不平衡不协调和二元结构的现实出发，从我国的自然禀赋、历史文化传统、制度体制出发，既要遵循普遍规律，又不能墨守成规；既要借鉴国际先进经验，又不能照抄照搬。

2015年10月26日至29日，中国共产党第十八届中央委员会第五次全体会议在北京举行。全会审议通过了《中共中央关于制定国民经济和社会发展第十三个五年规划的建议》。全会提出了全面建成小康社会新的目标要求：经济保持中高速增长，在提高发展平衡性、包容性、可持续性的基础上，到2020年国内生产总值和城乡居民人均收入比2010年翻一番，产业迈向中高端水平，消费对经济增长的贡献明显加大，户籍人口城镇化率加快提高。农业现代化取得明显进展，人民生活水平和质量普遍提高，我国现行标准下农村贫困人口实现脱贫，贫困县全部摘帽，解决了区域性整体贫困。国民素质和社会文明程度显著提高。生态环境质量总体改善。各方面制度更加成熟、更加定型，国家治理体系和治理能力现代化取得重大进展。全会强调，要实现“十三五”时期发展目标，破解发展难题，厚植发展优势，必须牢固树立并切实贯彻创新、协调、绿色、开放、共享的发展理念。坚持协调发展，重点是促进城乡区域协调发展。

2015 年 11 月，中共中央办公厅、国务院办公厅印发了《深化农村改革综合性实施方案》。该方案指出，要主动适应经济发展新常态，紧紧围绕“四个全面”的战略布局，不断巩固和完善中国特色社会主义农村基本经济制度，加快农业发展方式转变，健全保障国家粮食安全，促进农业可持续发展和农民持续增收的体制机制，着力破除城乡二元结构的体制障碍，为加快推进中国特色农业农村现代化提供制度保障。

2015 年 12 月 24 日至 25 日，中央农村工作会议在北京召开。

2016 年 1 月，中共中央、国务院印发了《关于落实发展新理念加快农业现代化实现全面小康目标的若干意见》。习近平总书记强调，要牢固树立强烈的短板意识，坚持问题导向，切实拉长农业这条“四化同步”的短腿，补齐农村这块全面小康的短板。会议指出，“十三五”时期的农业农村工作，要牢固树立和切实贯彻创新、协调、绿色、开放、共享的发展理念，加大强农惠农富农力度，深入推进农村各项改革，破解“三农”难题、增强创新动力、厚植发展优势，积极推进农业现代化，扎实做好脱贫开发工作，提高社会主义新农村建设水平，让农业农村成为可以大有作为的广阔天地。会议强调，要着力加强农业供给侧结构性改革，提高农业供给体系质量和效率，使农产品供给数量充足、品种和质量契合消费者需要，真正形成结构合理、保障有力的农产品有效供给。

2016 年 3 月 5 日，第十二届全国人民代表大会第四次会议在北京人民大会堂开幕。国务院总理李克强作 2016 年政府工作报告。报告强调，城镇化是现代化的必由之路，也是我国最大的内需潜力和发展动能所在。深入推进新型城镇化，2016 年要重点抓好以下三项工作：一是加快农业转移人口市民化，深化户籍制度改革，放宽城镇落户条件；二是推进城镇保障性安居工程建设和房地产市场平稳健康发展；三是加强城市规划建设管理，增强城市规划的科学性、权威性、公开性，促进“多规合一”。报告提出，2016 年，要深化农村改革，推动电子商务进农村。报告要求实施脱贫攻坚工程，2016 年要完成 1000 万以上农村贫困人口的脱贫任务。

2016 年 12 月 19 日至 20 日，中央农村工作会议在北京召开。

2017 年 1 月，中共中央、国务院印发了《关于深入推进农业供给侧结构性改革加快培育农业农村发展新动能的若干意见》。习近平总书记在会上强调，要坚持新发展理念，把推进农业供给侧结构性改革作为农业农村工作的主线，培育农业农村发展新动能，提高农业综合效益和竞争力。要始终重视“三农”工作，持续强化重农强农信号；要准确把握新形势下“三农”工作的方向，深入推进农业供给侧结构性改革；要在确保国家粮食安全的基础上，着力优化产业产品结构；要把发展农业适度规模经营同脱贫攻坚结合起来，与推进新型城镇化相适应，使强农惠农政策照顾到大多数普通农户；要协同发挥政府和市场“两只手”的作用，更好地引导农业生产、优化供给结构；要尊重基层创造，营造改革的良好氛围。

2017 年 3 月 5 日，第十二届全国人民代表大会第五次会议在北京人民大会堂开幕。国务院总理李克强作 2017 年政府工作报告。报告强调，要深入推进农业供给侧结构性改革，加快培育农业农村发展新动能。报告要求，扎实推进新型城镇化，2017 年实现进城落户 1300 万人以上，加快居住证制度全覆盖。

表 1－8　十八大以来中国城乡发展一体化政策梳理

2012 年 11 月	十八大报告《坚定不移沿着中国特色社会主义道路前进，为全面建成小康社会而奋斗》
2013 年 1 月	《关于加快发展现代农业进一步增强农村发展活力的若干意见》
2013 年 3 月	《2013 年国务院政府工作报告》
2013 年 11 月	《中共中央关于全面深化改革若干重大问题的决定》
2014 年 1 月	《关于全面深化农村改革加快推进农业现代化的若干意见》
2014 年 3 月	《2014 年国务院政府工作报告》
2015 年 1 月	《关于加大改革创新力度加快农业现代化建设的若干意见》
2015 年 3 月	《2015 年国务院政府工作报告》
2015 年 10 月	《中共中央关于制定国民经济和社会发展第十三个五年规划的建议》
2015 年 11 月	《中共中央国务院深化农村改革综合性实施方案》
2016 年 1 月	《关于落实发展新理念加快农业现代化实现全面小康目标的若干意见》
2016 年 3 月	《2016 年国务院政府工作报告》
2016 年 3 月	《中华人民共和国国民经济和社会发展第十三个五年规划纲要》
2017 年 1 月	《关于深入推进农业供给侧结构性改革加快培育农业农村发展新动能的若干意见》
2017 年 3 月	《2017 年国务院政府工作报告》

1.3.2　中国城乡空间一体化政策梳理与大事回顾

2013 年 12 月 12 日至 13 日，中央城镇化工作会议在北京举行。习近平总书记在会议上指出：“推进城镇化的首要任务是促进有能力在城镇稳定就业和生活的常住人口有序实现市民化。而推进人的城镇化重要的环节在户籍制度,加快户籍制度改革,是涉及亿万农业转移人口的一项重大举措。"

2014 年 3 月 16 日,新华社发布中共中央、国务院印发的《国家新型城镇化规划(2014—2020 年)》(以下简称《规划》),推进以人为核心的城镇化是最大亮点。《规划》提出,要求有序推进农业转移人口市民化,2020 年常住人口城镇化率要达到 60% 左右,户籍人口城镇化率达到 45% 左右,提出保障随迁子女平等享有受教育权利、扩大社会保障覆盖面、拓宽住房保障渠道、推进符合条件农业转移人口落户城镇等举措。

2014 年 7 月 24 日,国务院印发《国务院关于进一步推进户籍制度改革的意见》(以下简称《意见》)。《意见》指出,为深入贯彻落实党的十八大、十八届三中全会和中央城镇化工作会议关于进一步推进户籍制度改革的要求,要促进有能力在城镇稳定就业和生活的常住人口有序实现市民化,稳步推进城镇基本公共服务常住人口全覆盖。

2016 年 2 月,国务院发布《关于深入推进新型城镇化建设的若干意见》。强调坚持走以人为本、四化同步、优化布局、生态文明、文化传承的中国特色新型城镇化道路,以人的城镇化为核心,以提高质量为关键,以体制机制改革为动力,紧紧围绕新型城镇化目标任务,加快推进户籍制度改革,提升城市综合承载能力,制定完善的土地、财政、投融资等配套政策,充分释放新型城镇化蕴藏的巨大内需潜力,为经济持续、健康发展提供持久强劲的动力。

2016 年 8 月,国务院发布《关于实施支持农业转移人口市民化若干财政政策的通知》。要求建立健全支持农业转移人口市民化的财政政策体系,将持有居住证的人口纳入基本公共服务保障范围,创造条件加快实现基本公共服务常住人口全覆盖。加大对吸纳农业转移人口地区尤其是中西部地区中小城镇的支持力度,维护进城落户农民的土地承包权、宅基地使用权、集体收益分配权,支持引导其依法自愿有偿转让上述权益,促进有能力在城镇稳定就业和生活的常住人口有序实现市民化,并使其与城镇居民享有同等权利。

2017 年 2 月,国务院印发《"十三五"现代综合交通运输体系发展规划》。指出"十三五"时期,交通运输要突出新型城镇化、脱贫攻坚的支撑保障,着力消除"瓶颈"制约,提升运输服务的协同性和均等化水平。

表1－9　十八大以来中国城乡空间一体化政策梳理

2014年3月	《国家新型城镇化规划(2014—2020年)》
2014年7月	《国务院关于进一步推进户籍制度改革的意见》
2015年5月	《国务院关于大力发展电子商务加快培育经济新动力的意见》
2016年2月	《国务院关于深入推进新型城镇化建设的若干意见》
2016年8月	《国务院关于实施支持农业转移人口市民化若干财政政策的通知》
2017年2月	《“十三五”现代综合交通运输体系发展规划》

1.3.3　中国城乡经济一体化政策梳理与大事回顾

2013年7月22日，习近平同志在湖北省鄂州市长港镇峒山村考察农村工作并同部分村民座谈时说：“即使城镇化程度达到了70%，也还有四五亿人在农村。农村绝不能成为荒芜的农村、留守的农村、记忆中的故园。城镇化要发展，农业现代化和新农村建设也要发展，同步发展才能相得益彰，要推进城乡一体化发展。我们既要有工业化、信息化、城镇化，也要有农业现代化和新农村建设，两个方面要同步发展。要破除城乡二元结构，推进城乡发展一体化，把广大农村建设成农民幸福生活的美好家园。”习近平总书记的这一论述，正确地反映了城镇化建设与新农村建设的辩证关系。促进工业化、城镇化进程与发展现代农业、建设社会主义新农村，是统筹城乡发展、构建新型城乡关系、实现城乡经济社会发展一体化大战略的两个相互关联和相互促进的有机组成部分。这对于正确推进城乡一体化发展具有重要的指导意义。

2013年7月22日，习近平在武汉农村综合产权交易所了解涉农产权交易尤其是土地流转交易情况时强调：土地流转是有益探索，如何在坚持农村土地集体所有性质的前提下完善联产承包责任制，既保障基本农田和粮食安全，又通过合乎规范的流转增加农民收入，这一系列问题在下一步改革中要好好研究。

2013年11月，习近平总书记在湖南湘西考察时首次提出了“精准扶贫”的概念，后来又在多种场合进一步阐述并丰富了这一概念的内涵，从理论到实践形成了系统的思想，不仅成为指导我国扶贫攻坚工作的重要方针，也为我国推进城乡一体化、全面建成小康社会能够取得成功奠定了思想基础。

2013年12月15日至16日，中央经济工作会议在北京举行。会议强调，要夯实农业基础、保障农产品供给，只有把饭碗牢牢端在自己手中才能保持社会大局稳定。会议要求积极稳妥推进城镇化,着力提高城镇化质量。要把有序推进农业转移人口市民化作为重要任务抓实、抓好。要把生态文明理念和原则全面融入城镇化全过程,走集约、智能、绿色、低碳的新型城镇化道路。

2014 年 6 月 9 日,国务院发布《关于做好 2014 年减轻农民负担工作的意见》,要求深入治理涉农价格和收费中的突出问题,清理整顿加重村级组织负担的行为,完善和规范一事一议筹资筹劳管理,推进拓展农民负担监管范围,强化减负惠农政策落实监督检查,推动涉及农民负担相关领域改革,加强减轻农民负担工作的组织领导。

2014 年 9 月 29 日下午,习近平总书记主持召开中央全面深化改革领导小组第五次会议。习近平总书记在会议上强调,要在坚持农村土地集体所有的前提下,促使承包权和经营权分离,形成所有权、承包权、经营权三权分置和经营权流转的格局。

2014 年 11 月,中共中央办公厅、国务院办公厅印发《关于引导农村土地承包经营权有序流转发展农业适度规模经营的意见》。指出土地流转和适度规模经营是发展现代农业的必由之路,有利于优化土地资源配置和提高劳动生产率,有利于保障粮食安全和主要农产品供给,有利于促进农业技术推广应用和农业增效、农民增收,应从我国人多地少、农村情况千差万别的实际出发,积极、稳妥地推进。

2014 年 11 月,经中共中央、国务院审议通过,农业部、中央农村工作领导小组办公室、国家林业局印发《积极发展农民股份合作赋予集体资产股份权能改革试点方案》。文件重点围绕保障农民集体经济组织成员权利,积极发展农民股份合作,赋予农民对集体资产股份占有、收益、有偿退出及抵押、担保、继承权等方面开展试点。

2014 年 12 月 9 日至 11 日,中央经济工作会议在北京举行。会议指出要坚定不移地加快转变农业发展方式,走产出高效、产品安全、资源节约、环境友好的现代农业发展道路。

2015 年 1 月 16 日,农业部印发《关于认定第三批国家现代农业示范区的通知》,认定北京市等 157 个直辖市、地(市、州)、县(区、旗、场)为第三批国家现代农业示范区。第三批认定后,合并前两批示范区已认定的重合县市,国家现代农业示范区总数为 283 个。

2015年12月7日，中共中央授权新华社发布《中共中央国务院关于打赢脱贫攻坚战的决定》。作为指导当前和今后一个时期脱贫攻坚的纲要性文件，该决定对打赢脱贫攻坚战提出了许多实举措、硬政策。提出到2020年，稳定实现农村贫困人口不愁吃、不愁穿，义务教育、基本医疗和住房安全有保障。实现贫困地区农民人均可支配收入增长幅度高于全国平均水平，基本公共服务主要领域指标接近全国平均水平。确保我国现行标准下农村贫困人口实现脱贫、贫困县全部摘帽，解决区域性整体贫困问题。

2015年12月18日至21日，中央经济工作会议在北京举行。会议强调，推进供给侧结构性改革，是适应我国经济发展新常态的必然要求。会议对城乡一体化工作也提出了新的要求。要扩大有效供给：打好脱贫攻坚战，坚持精准扶贫、精准脱贫，瞄准建档立卡贫困人口，加大资金、政策、工作等投入力度，真抓实干，提高扶贫质量；继续抓好农业生产，保障农产品有效供给，保障口粮安全，保障农民收入稳定增长，加强农业现代化基础建设，落实"藏粮于地、藏粮于技"战略，把资金和政策重点用在保护和提高农业综合生产能力以及农产品质量、效益上。要化解房地产库存：按照加快提高户籍人口城镇化率和深化住房制度改革的要求，通过加快农民工市民化，扩大有效需求，打通供需通道，消化库存，稳定房地产市场；落实户籍制度改革方案，允许农业转移人口等非户籍人口在就业地落户，使他们形成在就业地买房或长期租房的预期和需求。

2016年4月13日，农业部印发《农村改革试验区工作运行管理办法》。提出各试验区要根据农村改革试验区工作的总体部署和要求，围绕所承担的试验任务，在农村改革的重点领域和关键环节开展探索试验和制度创新，为全国深化农村改革探索路子，为促进农村发展注入新的动力，为制定完善有关政策法规提供依据。

2016年10月17日，国务院印发《全国农业现代化规划（2016—2020年）》。提出到2020年，全国农业现代化要取得明显进展，国家粮食安全得到有效保障，农产品供给体系质量和效率显著提高，农业国际竞争力进一步增强，农民生活达到全面小康水平，美丽宜居乡村建设迈上新台阶。东部沿海发达地区、大城市郊区、国有垦区和国家现代农业示范区基本实现农业现代化。

2016年12月14日至16日，中央经济工作会议在北京举行。会议要求要把去库存和促进人口城镇化结合起来，提高三四线城市和特大城市间基础设施的互联互通,提高三四线城市的教育、医疗等公共服务水平,增强对农业转移人口的吸引力。补短板方面,要更有力、更扎实地推进脱贫攻坚各项工作,集中力量攻克薄弱环节,把功夫用到帮助贫困群众解决实际问题上,推动精准扶贫、精准脱贫各项政策措施落地生根。会议提出要深入推进农业供给侧结构性改革,细化和落实承包土地"三权分置"办法,培育新型农业经营主体和服务主体。

2017 年 3 月,国务院印发《国务院关于建立粮食生产功能区和重要农产品生产保护区的指导意见》,为优化农业生产布局,聚焦主要品种和优势产区,实行精准化管理,就建立粮食生产功能区和重要农产品生产保护区提出指导意见。

表 1-10　十八大以来中国城乡经济一体化政策梳理

2013 年 12 月	《2013 年中央经济工作会议公报》
2014 年 6 月	《关于做好 2014 年减轻农民负担工作的意见》
2014 年 11 月	《关于引导农村土地承包经营权有序流转发展农业适度规模经营的意见》
2014 年 11 月	《积极发展农民股份合作赋予集体资产股份权能改革试点方案》
2014 年 12 月	《2014 年中央经济工作会议公报》
2015 年 1 月	《关于认定第三批国家现代农业示范区的通知》
2015 年 12 月	《中共中央国务院关于打赢脱贫攻坚战的决定》
2015 年 12 月	《2015 年中央经济工作会议公报》
2016 年 4 月	《农村改革试验区工作运行管理办法》
2016 年 10 月	《全国农业现代化规划(2016—2020 年)》
2016 年 12 月	《2016 年中央经济工作会议公报》
2017 年 3 月	《国务院关于建立粮食生产功能区和重要农产品生产保护区的指导意见》

1.3.4　中国城乡社会一体化政策梳理与大事回顾

2013 年 10 月 29 日,中共中央政治局就加快推进住房保障体系和供应体系建设进行第 10 次集体学习。中共中央总书记习近平在主持学习时强调,加快推进住房保障和供应体系建设,是满足群众基本住房需求、实现全体人民住有所居目标的重要任务,是促进社会公平正义、保证人民群众共享改革发展成果的必然要求。习近平总书记还十分关心进城务工人员的生活水平,他指出,要"以人的城镇化为核心,更加注重提高户籍人口城镇化率,更加注重城乡基本公共服务均等化"。要下大力气解决进城务工人员的就业、住房和社会保障等问题。“要坚持就业第一，增强就业能力，引导各族群众有序进城就业、就地就近就业、返乡自主创业。要坚持教育优先，培养优秀人才，全面提高入学率，让适龄的孩子们学习在学校、生活在学校、成长在学校。”还要“完善城乡居民养老保险制度，推进基本医疗保险城乡统筹，完善低保、重特大疾病保障和救助制度，抓好房地产市场调控和住房保障工作”。

2014 年 2 月，国务院印发《关于建立统一的城乡居民基本养老保险制度的意见》。要求按照全覆盖、保基本、有弹性、可持续的方针，以增强公平性、适应流动性、保证可持续性为重点，全面推进和不断完善覆盖全体城乡居民的基本养老保险制度，充分发挥社会保险对保障人民基本生活、调节社会收入分配、促进城乡经济社会协调发展的重要作用。

2014 年 7 月，国务院印发《关于进一步推进户籍制度改革的意见》。要求适应推进新型城镇化的需要，进一步推进户籍制度改革，落实放宽户口迁移政策。统筹推进工业化、信息化、城镇化和农业现代化同步发展，推动大中小城市和小城镇协调发展、产业和城镇融合发展。统筹户籍制度改革和相关经济社会领域改革，合理引导农业人口有序向城镇转移，有序推进农业转移人口市民化。

2014 年 9 月，国务院印发《关于进一步做好为农民工服务工作的意见》。要求积极探索中国特色农业劳动力转移道路，着力稳定和扩大农民工就业创业，着力维护农民工的劳动保障权益，着力推动农民工逐步实现平等享受城镇基本公共服务和在城镇落户，着力促进农民工社会融合，有序推进、逐步实现有条件、有意愿的农民工市民化。

2015 年 6 月，国务院办公厅印发《关于支持农民工等人员返乡创业的意见》。指出要加快建立多层次、多样化的返乡创业格局，全面激发农民工等人员的返乡创业热情，创造更多就地就近就业机会，加快输出地新型工业化、城镇化进程。

2015 年 6 月，国务院印发《关于进一步做好城镇棚户区和城乡危房改造及配套基础设施建设有关工作的意见》。要求坚持走以人为核心的新型城镇化道路，以改善群众住房条件为出发点和落脚点，加大城镇棚户区和城乡危房改造力度，加快配套基础设施建设，推动经济社会和谐发展。

2015 年 11 月，国务院发布《关于进一步完善城乡义务教育经费保障机制的通知》。要求适应新型城镇化和户籍制度改革新形势，按照深化财税体制改革、教育领域综合改革的新要求，统筹设计城乡一体化的义务教育经费保障机制，增强政策的统一性、协调性和前瞻性。

2016年1月，国务院发布《关于整合城乡居民基本医疗保险制度的意见》。强调推进城镇居民医保和新农合制度整合，逐步在全国范围内建立起统一的城乡居民医保制度，推动保障更加公平、管理服务更加规范、医疗资源利用更加有效，促进全民医保体系持续、健康发展。

2016年2月，国务院发布《关于加强农村留守儿童关爱保护工作的意见》。要求以促进未成年人健康成长为出发点和落脚点，坚持依法保护，逐步减少儿童留守现象，确保农村留守儿童的安全、健康、受教育等权益得到有效保障。

2016年2月，国务院发布《关于进一步健全特困人员救助供养制度的意见》。强调以解决城乡特困人员突出困难、满足城乡特困人员基本需求为目标，在全国建立起城乡统筹、政策衔接、运行规范、与经济社会发展水平相适应的特困人员救助供养制度，切实维护他们的基本生活权益。

2016年7月，国务院发布《关于统筹推进县域内城乡义务教育一体化改革发展的若干意见》。指出要合理规划城乡义务教育学校布局建设，完善城乡义务教育经费保障机制，统筹城乡教育资源配置，向乡村和城乡接合部倾斜，大力提高乡村教育质量，适度稳定乡村生源，增加城镇义务教育学位和乡镇学校寄宿床位，推进城镇义务教育公共服务常住人口全覆盖，着力解决“乡村弱”和“城镇挤”问题，巩固和均衡发展九年义务教育，加快缩小县域城乡教育差距，为到2020年教育现代化取得重要进展和全面建成小康社会奠定坚实基础。

2016年10月，国务院印发《关于激发重点群体活力带动城乡居民增收的实施意见》。要求坚持以人民为中心的发展思想，做到发展为了人民、发展依靠人民、发展成果由人民共享，进一步深化收入分配制度改革，强化收入分配政策激励导向，分群体施策，不断激发全体劳动者的积极性、主动性、创造性，实现经济增长与居民增收互促共进，使全体人民在共建共享发展中有更多的获得感，朝着共同富裕的方向稳步前进。

2017年1月23日，国务院印发《“十三五”推进基本公共服务均等化规划》。指出到2020年，基本公共服务体系更加完善，体制机制更加健全，在学有所教、劳有所得、病有所医、老有所养、住有所居等方面持续取得新进展，基本公共服务均等化总体实现。均等化水平稳步提高，城乡、区域间基本公共服务大体均衡，贫困地区基本公共服务主要领域指标接近全国平均水平，广大群众享有基本公共服务的可及性显著提高。

表1-11　十八大以来中国城乡社会一体化政策梳理

2014年2月	《国务院关于建立统一的城乡居民基本养老保险制度的意见》
2014年7月	《国务院关于进一步推进户籍制度改革的意见》
2014年9月	《国务院关于进一步做好为农民工服务工作的意见》
2015年6月	《国务院关于支持农民工等人员返乡创业的意见》
2015年6月	《国务院关于进一步做好城镇棚户区和城乡危房改造及配套基础设施建设有关工作的意见》
2015年11月	《国务院关于进一步完善城乡义务教育经费保障机制的通知》
2016年1月	《国务院关于整合城乡居民基本医疗保险制度的意见》
2016年2月	《国务院关于加强农村留守儿童关爱保护工作的意见》
2016年2月	《国务院关于进一步健全特困人员救助供养制度的意见》
2016年7月	《国务院关于统筹推进县域内城乡义务教育一体化改革发展的若干意见》
2016年10月	《国务院关于激发重点群体活力带动城乡居民增收的实施意见》
2017年1月	《国家教育事业发展“十三五”规划》
2017年1月	《“十三五”推进基本公共服务均等化规划》

1.3.5　中国城乡政治文化一体化政策梳理与大事回顾

2014年3月，国务院印发《关于推进文化创意和设计服务与相关产业融合发展的若干意见》。指出要切实提高我国文化创意和设计服务整体质量水平和核心竞争力，大力推进与相关产业融合发展，更好地为经济结构调整、产业转型升级服务，为扩大国内需求、满足城乡人民群众日益增长的物质文化需要服务。

2014年3月5日下午，习近平总书记在参加十二届全国人大二次会议上海代表团的审议时强调，“社会治理的重心必须落到城乡社区，社区服务和管理能力强了，社会治理的基础就实了”。要深入调研治理体制问题，深化拓展网格化管理，尽可能把资源、服务、管理放到基层，使基层有职有权有物，更好地为群众提供精准有效的服务和管理。要加强城市常态化管理，聚焦群众反映强烈的突出问题，狠抓城市管理顽症治理。

2014年12月2日上午，习近平总书记主持召开中央全面深化改革领导小组第七次会议,并发表重要讲话。会议审议了《关于加快构建现代公共文化服务体系的意见》。习近平总书记强调,构建现代公共文化服务体系是保障人民群众基本文化权益、建设社会主义文化强国的重要制度设计。要把现代公共文化服务体系建设作为一项民心工程,统筹城乡和区域文化均等化发展,加快形成覆盖城乡、便捷高效、保基本、促公平的现代公共文化服务体系。要把工作重心放在基层,着力加强贫困地区的公共文化服务体系建设,保障困难群众等的基本文化权益。

2015 年 2 月,中共中央办公厅印发《中共中央关于加强社会主义协商民主建设的意见》,明确了社会主义协商民主的本质属性和基本内涵,对新形势下开展基层协商等作出了全面部署,是指导社会主义协商民主建设的纲领性文件。

2015 年 7 月,中共中央办公厅、国务院办公厅印发《关于加强城乡社区协商的意见》。要求到 2020 年,基本形成协商主体广泛、内容丰富、形式多样、程序科学、制度健全、成效显著的城乡社区协商新局面,充分发挥社会主义制度的优越性。按照协商于民、协商为民的要求,以健全基层党组织领导的充满活力的基层群众自治机制为目标,以扩大有序参与、推进信息公开、加强议事协商、强化权力监督为重点,拓宽协商范围和渠道,丰富协商内容和形式,保障人民群众享有更多、更切实的民主权利。

2015 年 10 月 2 日,国务院办公厅印发《关于推进基层综合性文化服务中心建设的指导意见》。该《意见》分为推进基层综合性文化服务中心建设的重要性和紧迫性,指导思想、基本原则和工作目标,加强基层综合性文化服务中心建设,明确功能定位,丰富服务内容和方式,创新基层公共文化运行管理机制,加强组织实施 7 部分 22 条。

2017 年 5 月,中共中央办公厅、国务院办公厅印发了《国家“十三五”时期文化发展改革规划纲要》。指出“十三五”时期,夺取中国特色社会主义新胜利、推动城乡发展一体化,必须充分发挥文化引领风尚、教育人民、服务社会、推动发展的作用,丰富居民的精神文化生活,提高国民素质和社会文明程度。

表 1-12　十八大以来中国城乡政治文化一体化政策梳理

2015 年 2 月	《中共中央关于加强社会主义协商民主建设的意见》
2015 年 7 月	《关于加强城乡社区协商的意见》
2014 年 3 月	《关于推进文化创意和设计服务与相关产业融合发展的若干意见》
2014 年 12 月	《关于加快构建现代公共文化服务体系的意见》
2015 年 10 月	《国务院关于推进基层综合性文化服务中心建设的指导意见》
2017 年 5 月	《国家“十三五”时期文化发展改革规划纲要》

1.3.6　中国城乡生态环境一体化政策梳理与大事回顾

2013 年 7 月 22 日，习近平总书记在城乡一体化试点的鄂州市长岗镇峒山村调研时，特意强调说：“实现城乡一体化，建设美丽乡村，是要给乡亲们造福，不要把钱花在不必要的事情上，比如说‘涂脂抹粉’，房子外面刷层白灰，一白遮百丑。不能大拆大建，特别是古村落要保护好。”

2013 年 12 月 12 日至 13 日，在中央城镇化工作会议上，习近平总书记再次强调：“在促进城乡一体化发展中，要注意保留村庄原始风貌，慎砍树、不填湖、少拆房，尽可能在原有村庄形态上改善居民生活条件。”建设美丽乡村，强调把乡土文化保护和改善农村居民生活条件结合起来，既能为我们留住乡愁，又能让农村居民过上现代化的生活，为社会主义新农村建设探索出了一条新的发展道。

2013 年 8 月，国务院印发《关于加快发展节能环保产业的意见》。要求牢固树立生态文明理念，促进节能环保产业快速发展，改善环境质量，为保障改善民生和加快生态文明建设做出贡献。

2015 年 4 月，中共中央国务院发布《关于加快推进生态文明建设的意见》。指出要“尊重自然格局，依托现有山水脉络、气象条件等，合理布局城镇各类空间，尽量减少对自然的干扰和损害。保护自然景观，传承历史文化，提倡城镇形态多样性，保持特色风貌，防止‘千城一面’”，要“加快美丽乡村建设。完善县域村庄规划，强化规划的科学性和约束力”，要“维护城乡规划的权威性、严肃性，杜绝大拆大建”。

2016 年 2 月 16 日，国家发改委、水利部、财政部、卫生计生委、环境保护部、住房城乡建设部等六部委联合发布《关于做好“十三五”期间农村饮水安全巩固提升及规划编制工作的通知》。要求各地合理确定“十三五”期间农村饮水安全巩固提升目标任务，进一步提高农村饮水集中供水率、自来水普及率、供水保证率和水质达标率。预期到2020年,全国农村饮水安全集中供水率达到85%以上,自来水普及率达到80%以上;水质达标率整体有较大提高;小型工程供水保证率不低于90%,其他工程的供水保证率不低于95%。推进城镇供水公共服务向农村延伸,使城镇自来水管网覆盖村的比例达到33%。健全农村供水工程运行管护机制,逐步实现良性可持续运行。

2016年5月,国务院发布《土壤污染防治行动计划》。要求控制农业污染,合理使用化肥农药,加强农药包装废弃物回收处理,推行农业清洁生产,开展农业废弃物资源化利用试点,形成一批可复制、可推广的农业面源污染防治技术模式。到2020年,全国主要农作物化肥、农药使用量实现零增长,利用率提高到40%以上,测土配方施肥技术推广覆盖率提高到90%以上。实施农用地分类管理,保障农业生产环境安全。

2016年10月,环境保护部印发《全国生态保护"十三五"规划纲要》。提出"十三五"时期,要提高生活垃圾处理减量化、资源化和无害化水平,全国城市生活垃圾无害化处理率达到95%以上,90%以上村庄的生活垃圾得到有效处理。加快农业农村环境综合治理,持续推进城乡环境卫生整治行动。深化"以奖促治"政策,以南水北调沿线、三峡库区、长江沿线等重要水源地周边为重点,推进新一轮农村环境连片整治,有条件的省份开展全覆盖拉网式整治。因地制宜开展治理,完善农村生活垃圾"村收集、镇转运、县处理"模式,鼓励就地资源化,加快整治"垃圾围村""垃圾围坝"等问题,切实防止城镇垃圾向农村转移。整县推进农村污水处理统一规划、建设、管理。积极推进城镇污水、垃圾处理设施和服务向农村延伸,开展农村厕所无害化改造。继续实施农村清洁工程,开展河道清淤疏浚。到2020年,新增完成环境综合整治建制村13万个。

2017年2月,环境保护部环境规划院发布了由环境保护部、财政部联合印发的《全国农村环境综合整治"十三五"规划》。《规划》明确,到2020年,新增完成环境综合整治的建制村13万个,累计达到全国建制村总数的1/3。建立健全农村环保长效机制,整治过的7.8万个建制村的环境不断改善,确保已建农村环保设施长期、稳定运行。引导、示范和带动全国更多的建制村开展环境综合整治。全国农村饮用水水源地保护得到加强,农村生活污水和垃圾处理、畜禽养殖污染防治水平显著提高,农村人居环境明显改善,农村环境监管能力和农民群众环保意识明显增强。

表 1-13　十八大以来中国城乡生态环境一体化政策梳理

2013 年 8 月	《国务院关于加快发展节能环保产业的意见》
2015 年 4 月	《关于加快推进生态文明建设的意见》
2016 年 2 月	《关于做好“十三五”期间农村饮水安全巩固提升及规划编制工作的通知》
2016 年 5 月	《土壤污染防治行动计划》
2016 年 10 月	《全国生态保护“十三五”规划纲要》
2017 年 2 月	《全国农村环境综合整治“十三五”规划》

2 中国精准扶贫的历史回顾、理论动态与政策梳理

党的十八大以来,根据全面建成小康社会的总体要求与农村仍然存在一定程度的贫困问题的客观现实,党中央制定了新的扶贫战略——精准扶贫战略,进一步加大扶贫力度,力求帮助尚未脱贫的农村人口尽快脱贫致富,助力2020年全面建成小康社会。在新的历史时期,全面总结改革开放近40年来我国扶贫开发的历程、成就与经验,继而对我国的扶贫开发进行展望,具有重要的理论与实践意义。本章将回顾和分析中国扶贫开发的发展历程,梳理扶贫工作的成就、特征及存在的问题,旨在为新时期我国的农村扶贫提供借鉴。

2.1 精准扶贫的历史回顾

2.1.1 中国农村扶贫的演进历程与主要成就

消除贫困、实现共同富裕是社会主义的本质要求,是中国共产党的奋斗目标和崇高使命。新中国成立后,中国共产党带领人民向贫困宣战;改革开放以来,党中央实施了大规模扶贫开发;党的十八大以来,我国持续推进精准扶贫、精准脱贫战略,经过近40年的努力我国的扶贫工作取得了举世瞩目的伟大成就。截至2015年,我国农村贫困人口从1978年的7.7亿减少到5575万人,减少了7.1亿贫困人口,贫困发生率从1978年的97.5%降低到2015年的5.7%(2010年农村扶贫标准)[①],贫困地区的经济条件、基础设施、公共服务得到大幅提升,贫困人口的生产生活条件明显改善。联合国《千年发展目标报告(2015)》显示,中国农村贫困人口占比从1990年的60%以上

① 国家统计局住户调查办公室. 中国农村贫困监测报告2016[M]. 北京:中国统计出版社,2016.

下降到2002年的30%以下,并于2014年进一步下降至4.2%,率先实现了贫困人口比例减半的目标。①

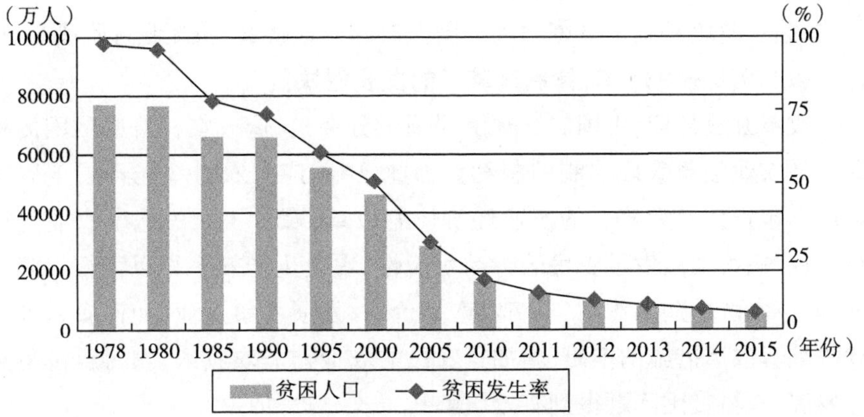

图2-1 1978—2015年中国农村贫困人口规模与贫困发生率

数据来源:《中国农村贫困监测报告2016》(依据2010年农村扶贫标准计算)。

经过30多年的实践探索,我国的扶贫开发逐渐形成了富有中国特色的扶贫模式。与世界其他国家的反贫困模式相比,我国扶贫开发的根本经验是发挥中国特色社会主义制度的优势,集中力量办扶贫开发的大事。中国扶贫模式具有以下三方面特征:一是中国扶贫模式的最大特色是政府主导、多方参与。中央及各级地方政府设置专门的扶贫机构,制定专项扶贫规划,设立专项扶贫资金,充分调动贫困人口、各类企业、民族党派等社会力量积极参与扶贫工作。二是中国扶贫不是单纯依靠生活救济保障贫困人口的基本生活条件,而是通过贫困地区经济发展实现贫困人口脱贫致富。通过推进农村经济社会制度改革,支持贫困地区发展产业,扩大就业加快贫困地区经济发展。通过产业扶贫、教育扶贫、移民搬迁扶贫等方式使贫困人口获得公平的发展机会与发展条件。三是中国扶贫经历了由瞄准贫困县、集中连片特困区等区域性扶贫,向贫困村、贫困户等微观主体的扶贫过程,扶贫对象日益精准,为扶贫工作开展奠定了基础。

改革开放近40年来,我国扶贫开发经历了一个不断演变的历史过程,我们没有按照扶贫政策文本推出时间对我国扶贫开发历程作阶段划分,而是

① 联合国开发计划署.千年发展目标报告(2015年)[R].联合国,2015.

根据扶贫开发的目标瞄准对象的不同，进行阶段划分与描述。据此，我们将中国的扶贫开发历程划分为3个阶段：第一阶段是农村经济体制改革推动的缓解普遍贫困的扶贫阶段，第二阶段是瞄准重点扶贫地区的区域性开发式扶贫，第三阶段是瞄准贫困户和贫困人口的精准扶贫、精准脱贫阶段。

(1)1978—1985年：**体制改革下的发展型扶贫**

改革开放初期，中国农村贫困问题十分突出，造成农村普遍贫困的根本原因是农业经营管理体制的制约。为此，中国广大农村率先开展了以家庭联产承包责任制为核心的农业经济体制改革，赋予了农民从事农业生产的自主权，极大地激发了农民的劳动积极性，农业生产效率得以大幅提高。此外，改革农产品购销体制、提高农产品价格、发展乡镇企业、允许农村人口流动等配套改革措施的推出，增加了农民的农业与非农收入，农村经济得到快速发展，农村贫困问题得到有效缓解①。

在推进农村经济改革以促进经济增长的同时，中央和各级地方政府开展了小范围的区域扶贫。甘肃的河西走廊、定西市以及宁夏的西海固地区气候干旱、土地贫瘠，素有“苦脊甲天下”之称。当地居民人均纯收入44元，贫困人口740万人，贫困发生率达78%。1982年，“三西”地区受了严重旱灾，农民人均有粮仅88公斤，80%的人口缺粮半年以上，70%的农户不能维持温饱。鉴于形势严峻，中央政府实施了“三西扶贫”开发计划，设立了“三西”建设专项资金，每年由财政拨款2亿元，帮助该地区改善生态环境、发展农业生产。

在1978—1985年的8年间，我国粮食总产量由30480万吨增加至37910万吨，农村居民人均纯收入从133.6元提高到397.6元，劳动力平均负担人口由1.74人增加到2.53人，油料、肉类、棉花等主要农产品人均产量持续增长。农村贫困人口从2.5亿人减少到1.25亿人，贫困人口占农村总人口的比例由30.7%下降到14.8%②。

(2)1986—2012年：**区域性开发式扶贫**

20世纪80年代中期以后，随着我国经济体制改革的重心由农村转向城市，农村经济增长放缓，经济增长的减贫效应减弱。而且，在市场化改革的

① 汪三贵．在发展中战胜贫困——对中国30年大规模减贫经验的总结与评价[J]．管理世界，2008(11)：78-88.

② 按照1978年标准(1978年价格每人每年100元)计算得到。

浪潮下农村地区发展不平衡问题越发凸显，经济、社会、文化等方面的发展差距日渐拉大。一部分农村凭借自身的区位或资源优势走上了致富之路，还有一些农村由于环境条件恶劣、资源禀赋较差、交通不便等原因发展缓慢，相当一部分农民的经济收入不能维持其基本的生存需要。在此背景下，中国扶贫工作的重点转向重点贫困地区，通过区域性开发式扶贫支持贫困地区经济发展进而带动贫困人口脱贫致富，取得了良好的脱贫效果。具体来说，又可以分为3个小阶段。

表2-1　中国区域性扶贫开发重点区域

年份	政策文件	重点扶贫区域
1994	《国家八七扶贫攻坚计划》	592个贫困县
2001	《中国农村扶贫开发纲要(2001—2010)》	592个贫困县、14.8万个贫困村
2011	《中国农村扶贫开发纲要(2011-2020)》	592个贫困县、12.8万个贫困村、14个连片特困区

资料来源：笔者整理。

第一小阶段：1986—1993年：扶贫开发起步与正规化阶段

1986年，国务院贫困地区经济开发领导小组及其办公室成立，作为统一规划、指导农村扶贫工作的中央级专门机构，负责安排专项资金，制定专门的优惠政策，并对传统的救济式扶贫进行彻底改革，确定了开发式扶贫的方针。省、市、县等各级地方政府也建立了专门的扶贫机构，标志着我国针对贫困地区的有组织、有计划、大规模的农村扶贫开发活动在全国范围内全面开展，扶贫工作实现正规化、常态化。

在这一时期，我国扶贫工作的重点瞄准国家级贫困县。1986年我国首次提出国家贫困县的评定标准，即根据1985年价格，人均年收入低于150元，少数民族自治县放宽到200元，对革命做出重大贡献的老区县放宽至300元。据此标准，国家划定了273个国定贫困县，1988年增加到331个国家贫困县，初步实现了从分散式扶贫向区域集中式扶贫的转变。鉴于部分发展滞后地区的贫困人口不能维持基本的生存需要，仍然过着“食不果腹、衣不蔽体、房不避风雨”的生活，政府制定和实施了一系列加快贫困地区经济发展、帮助贫困人口脱贫致富的措施：中央和各级地方政府设置了专项财政扶贫资金，制定了信贷优惠、税收优惠、经济开发优惠等一系列扶持贫困县经济社会发展的优惠政策，落实温饱工程、以工代赈、专项贴息贷款等扶

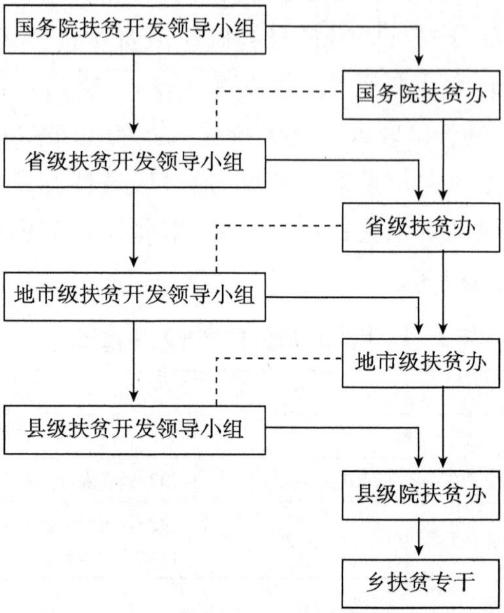

图 2－2　中国各级扶贫组织结构

资料来源:根据《中国农村扶贫开发概要》整理。

贫项目,以劳务输出、基础设施建设、定点对口扶持等手段缓解农村贫困。到 1993 年,国家级贫困县农民人均纯收入提高到 483.7 元,中国农村贫困人口由 1985 年的 1.25 亿人降低到 8000 万人,贫困发生率由 14.8% 下降到 8.7% 。

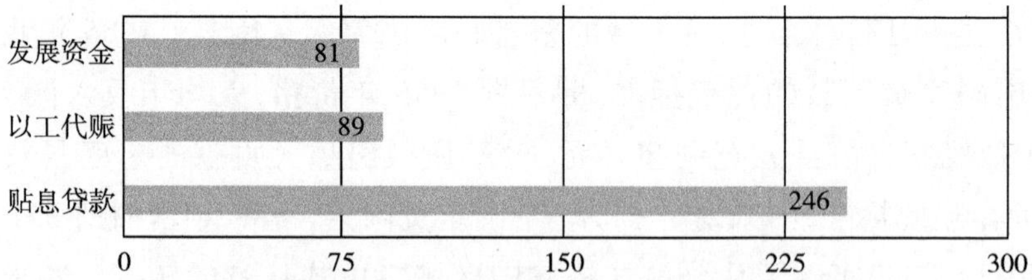

图 2－3　1986—1993 年三大扶贫资金投入(亿元)

数据来源:《中国农村贫困监测报告 2001》。

第二小阶段:1994—2000 年:以贫困县为重点的区域性扶贫开发

1994 年,我国第一个扶贫开发纲领性文件——《国家八七扶贫攻坚计划(1994—2000 年)》颁布,提出集中人力、物力、财力,动员社会各界力量,在 7

年内基本解决 8000 万贫困人口的温饱问题,由此中国扶贫开发进入攻坚阶段。该计划调整了国家贫困县的评价标准,确定了 592 个国家重点扶持的贫困县,这些贫困县分布在全国 27 个省、自治区、直辖市,涵盖了全国 72% 以上的农村贫困人口。

在这一时期,为解决贫困人口的温饱问题,政府采取了一些新的扶贫政策与措施。一是优先发展既能发挥贫困地区资源禀赋优势又能安排贫困户劳动力就业的产业和企业,重点发展投资少、见效快、覆盖广、效益高、有助于直接解决群众温饱问题的种植业、养殖业和相关的加工业和运销业。二是针对不同致贫原因实施差异化的扶贫政策:有组织、有计划地输出劳务,对发展条件特别困难的村庄和农户实施开发式搬迁移民,推行产业扶贫、科技扶贫、生态移民、最低生活救助、康复扶贫等多元化扶贫措施。三是动员工商联、群众团体、大专院校、科研院所、人民解放军和武警部队的社会力量参与扶贫工作,努力争取国际组织和发达国家的援助。四是明确资金、任务、权利、责任"四个到省"的扶贫工作责任制,建立东部沿海地区支持西部欠发达地区的扶贫协作机制①。

表 2-2 国定贫困县调整的评定政策变迁

时间	标 准	数量/个
1986	1985 年人均年收入低于 150 元;少数民族自治县放宽到 200 元;对革命做出重大贡献的老区县放宽至 300 元	273(1988 年调整为 331)
1994	1992 年人均纯收入低于 400 元	592
2001	"631 指数法":贫困人口(60%),人纯收入(30%),人均 GDP、人均财政收入(10%)	592
2011	各省根据"631 指数法"评定标准,按"高出低进,出一进一"的原则进行调整	592

资料来源:笔者整理。

截至 2000 年年底,贫困县工农业增加值分别较 1993 年增长 99.3% 和 54%;地方财政收入增加近 1 倍,年均增长 12.9%;粮食产量增长 12.3%,年均增长 1.9%;农民人均纯收入由 1993 年的 483.7 元增加到 1321 元,贫困地区的行政村通电、通路、通邮、通电话分别达到 95.5%、89%、69% 和 67.7%。

① 杨占国,于跃洋. 当代中国扶贫 30 年(1979—2009)述评[J]. 北京社会科学,2009(5):80-87.

农村绝对贫困人口由 8000 万人下降到 3209 万人,贫困发生率减少到 3.4%。除极少数自然环境恶劣地区的贫困人口及部分伤残人士外,农村贫困人口的温饱问题基本得到解决。

第三小阶段:2001—2012 年:以贫困村为重点的区域性扶贫开发

进入 21 世纪后,我国农村贫困人口分布向更低层次的贫困村集中,扶贫政策的瞄准对象随之降到村级。2001 年,国务院颁布《中国农村扶贫开发纲要(2001—2010)》,将整村推进、劳动力转移培训、产业扶贫作为该时期三大扶贫措施在全国范围内实施①。《纲要(2001—2010)》在 592 个国家贫困县的基础上进一步确定了 14.8 万个贫困村,将扶贫开发的重点从贫困县精细化到贫困村,并将"整村推进"作为重要的扶贫方式。整村推进是通过大规模的扶贫资源投入,在较短的时间内有效改善贫困村的生产生活条件,使贫困人口整体脱贫。政府积极采取"雨露计划",旨在通过就业技能培训促进贫困地区劳动力转移,提高贫困人口的就业、创业能力,做到"一次培训、一生受益,一人培训,全家脱贫"。帮助贫困居民发展有特色、有市场的种养业项目,搞好信息、技术、销售服务,确保增产增收。

这一时期,中国扶贫工作在城市支持农村、工业反哺农业的大背景下进入了城乡统筹的"大扶贫"阶段。中央连续出台了多项支农惠农政策,并于 2006 年在全国范围内取消了农业税,极大地减轻了农民的负担。社会保障在农村取得了重大突破,新型农村合作医疗(2007 年)、农村最低生活保障制度和农村社会养老保险制度相继建立(2009 年),社会保障由此成为有力的扶贫措施。上述一系列支农惠农政策的实施,使得农村贫困现象得到根本性缓解。按照 2010 年确定的每人每年 2300 元的农村扶贫标准,我国农村贫困人口由 2000 年的 46224 万人下降到 2013 年的 8249 万人,贫困发生率由 49.8% 下降到 8.5%。

在此基础上,《中国农村扶贫开发纲要(2010—2020)》进一步指出,我国扶贫开发已经从以解决温饱为主要任务的阶段转入巩固温饱成果、加快脱贫致富、改善生态环境、提高发展能力、缩小发展差距的新阶段。到 2020 年,稳定实现扶贫对象不愁吃、不愁穿,保障其义务教育、基本医疗和住房。在

① 申秋. 中国农村扶贫政策的历史演变和扶贫实践研究反思[J]. 江西财经大学学报,2017,109(1):91-100.

贫困县、贫困村的基础上，政府进一步确定六盘山区、秦巴山区、武陵山区、乌蒙山区、滇桂黔石漠化区、滇西边境山区、大兴安岭南麓山区、燕山—太行山区、吕梁山区、大别山区、罗霄山区、西藏、四省藏区、新疆南疆三地州等14个集中连片特困区作为扶贫攻坚主战场。

(3)2013 **年至今：精准扶贫精准脱贫阶段**

实施开发式扶贫需要满足两个基本条件：一是贫困人口集中在特定地域，二是贫困人口具备自我发展能力。然而，经过多年扶贫开发，农村贫困人口数量及其在农村人口中的占比大幅下降，贫困人口的地理分布呈"大分散、小聚集"的插花式分布，这样区域开发式扶贫势必难以全面覆盖到所有贫困人口。而且，贫困人口中因残疾、大病等丧失劳动力的人群占有相当大比重，开发式扶贫无法惠及这部分人群。并且，区域开发式扶贫本身也存在贫困人口底数不清、致贫原因不明、扶贫措施针对性不强、扶贫资金和扶贫项目指向不准等问题，导致扶贫的边际效应不断下降。这就要求中国扶贫工作必须提高精准度，将扶贫目标聚焦到贫困户、贫困人口，解决"谁是贫困人口""致贫原因是什么""如何针对性帮扶""帮扶效果怎样""是否实现稳定脱贫"等问题。

党的十八大以来，以习近平同志为核心的党中央把扶贫开发工作摆到更加突出的位置，大力实施精准扶贫、精准脱贫工作，为扶贫开发事业开创了新局面。2013 年 11 月，习近平总书记在湖南湘西考察时首次提出了"精准扶贫"的思想。2013 年 12 月，中共中央办公厅、国务院办公厅印发了《关于创新机制扎实推进农村扶贫开发工作的意见》，要求建立精准扶贫工作机制，逐村逐户制定帮扶措施，切实做到扶真贫、真扶贫，确保在规定时间内达到稳定脱贫目标。2015 年 11 月 23 日，中共中央政治局审议通过《关于打赢脱贫攻坚战的决定》，强调把精准扶贫、精准脱贫作为基本方略，举全党全社会之力，坚决打赢脱贫攻坚战。由此，中国扶贫的瞄准对象由贫困县、贫困村进一步聚焦到贫困户、贫困人口。

精准扶贫坚持以人为本的理念与"扶贫先扶人"的原则，增强贫困人口的自我发展能力，综合采取发展农村特色产业、劳务输出、易地移民搬迁、医疗救助、教育资助等多种扶贫方式，支持贫困地区、贫困村加快发展，提升农村贫困居民的理念、健康、技能，改善其生存与发展条件，加快农业生产要素集聚，培育农民增收的载体，帮助贫困农户增收脱贫、提高其发展能力。为贯彻落实精准扶贫战略,习近平总书记提出了“六个精准”的工作要求,构成了精准扶贫战略的思想内涵和操作方法。

扶贫对象精准。精准识别扶贫对象是精准扶贫的基础。精准扶贫瞄准全部14个集中连片特困地区、832个贫困县、12.8万个贫困村、近3000万贫困户和7017万贫困人口①。这一数据是国家统计局抽样调查约7万农村住户并推算得到的。为了防止过分夸大贫困状况,在缺乏可靠的农村居民的收入与消费数据的情况下,识别贫困人口的基本方法是控制总目标,经过基层民主评议确定各地区的贫困人口数量,并为其建档立卡。精准识别的基本原则是“县为单位、规模控制、分级负责”,严格执行农户申请、入户调查、民主评议、公示监督、审核确认、建档立卡等识别程序,最终做到“户有卡、村有册、乡镇有簿、县有档、市有平台”的动态管理。除了基层民主评议,驻村工作队在识别贫困人口过程中发挥着监督、审查的功能,驻村工作队在审查、确认贫困人口时,既要考虑农户的收入与消费状况,也要考虑农户的健康、技能、财产状况等多维因素,尽可能避免识别过程中出现制度排斥、人为排斥问题。特别是在精准识别贫困人口的过程中,应注意识别标准与民主评议脱节的问题,这是因为贫困人口的识别标准根据抽样调查数据估计得到,而基层评议时因缺乏可靠的农户收支数据,常常依靠家庭规模、家庭成员健康、受教育状况等直观感受,可能会导致一部分低收入农户被漏掉。对此,进一步完善贫困人口建档立卡方案,厘清收入标准与多维贫困标准的关系,规范基层评议程序,有助于贫困人口识别的进一步精准化。

项目安排精准。全国贫困人口建档立卡的数据显示,42.1%的贫困户因病致贫,35.5%的贫困户因缺资金致贫,22.4%的贫困农户因缺技术致贫,16.8%的贫困农户因缺劳力致贫②。因此,为贫困人口建档立卡后,应针对贫困户和贫困人口的致贫原因实施针对性的项目帮扶。在找准致贫原因的基础上对贫困家庭安排针对性的帮扶项目。由于致贫原因的多样性与差异性,扶贫项目也应呈现出相应的多样性与差异性。对此,应将扶贫项目的审批权下放到基层政策,因为他们更了解“贫困在哪里,贫困人口最需要什么,

① 赵曦,赵朋飞.我国农村精准扶贫机制构建研究[J].经济纵横,2016(7):58-63.

② 汪三贵,刘未.“六个精准”是精准扶贫的本质要求——习近平精准扶贫系列论述探析[J].毛泽东邓小平理论研究,2016(1):40-44.

脱贫攻坚最需要什么”，以解决“打酱油的瓶子不能买醋”的问题，为针对不同区域、不同类型的贫困人口实施精准帮扶，将扶贫项目小型化、具体化精准地“滴灌”给贫困人口奠定了基础。

资金使用精准。扶贫项目落地应有相应的资金支持。扶贫项目的多样性与差异性要求资金的用途、使用方式、扶持标准必须灵活、高效、精准。为此，扶贫资金的管理不能过于僵化，资金的分配权和使用权应下放至最了解贫困户的基层政府，使其能够根据扶贫项目的需要分配资金，上级政府的工作重点应放在扶贫资金是否滥用的监督与评估上。此外，帮扶资金应严格按照规划拨发给基层组织和贫困户，严禁截留、挤占和挪用，不得用于扶贫以外的开支。建立扶贫资金整合使用条件下的项目审计工作机制，对于需要多方面扶持的贫困户应安排多种扶贫项目，捆绑与整合各类资金，充分发挥帮扶资金的引导作用和乘数效应，最大限度地提高扶贫资金的使用效率。特别是扶贫资金的使用应坚持公平、公正、公开的原则，须定期对帮扶资金的拨付、到位、使用情况进行检查，保证社会各界的知情权。

措施到户精准。项目、资金到户并不能确保贫困群体稳步脱贫，因为贫困户缺乏必要的技术、信息与能力来运用好扶贫项目和资金，这也是以往扶贫项目成效不稳、返贫现象严重的主要原因。措施到户精准就是要根据贫困户的致贫原因与扶贫项目的运作特征，有针对性地确定到户到人脱贫计划和帮扶措施。确定扶贫措施应从小处着手，切实帮助贫困户解决当前最急需、最直接、最迫切的问题，增强他们脱贫致富的信心和能力，真正做到“一村一策、一户一法、一人一方”。对贫困状况严重的地区，应找出贫困户致贫的共性原因，整合扶贫项目、资金、贫困人口的力量，采用“捆绑式”扶贫模式，建立规模化脱贫产业，改善贫困地区发展条件。对贫困发生率低、致贫原因多样化的地区，严格贯彻“措施到户、一户一策”的扶贫政策，针对贫困户、贫困人口的致贫原因实施具体的、小范围、小规模的扶贫措施。若贫困户是无技能致贫，就需要进行技能培训；若贫困户是缺乏资金致贫，就需要为其提供低息或无息贷款；若贫困户是因病致贫，就需要为其提供医疗保障；若贫困户因发展环境太差致贫，就需要进行易地移民搬迁；若贫困户丧失了劳动能力，就需要实施“兜底”扶贫。

因村派人精准。精准扶贫的对象是贫困户、贫困人口，扶贫项目、资金、措施至少需要落实到村一级具体运作，但当前许多贫困村村干部存在能力、精力、动力、创意等不足的问题,贫困村村级治理水平长期处于弱化状态,影响和制约了扶贫攻坚工作的深入推进。这就需要上级政府向贫困村派驻得力干部,提升贫困村村级组织的领导能力,夯实精准扶贫工作队伍力量。目前,各地较为普遍的做法是向贫困村选派第一书记和驻村工作队。第一书记和驻村工作队在扶贫工作中发挥着举足轻重的作用,所以驻村干部不应该只是向基层传达上级政府的指示和政策的传话筒,也不应该只是一味地向贫困村投放扶贫项目、资金,驻村干部应当充分认识和发挥自身的作用,在扶贫工作中真正做到"沉下去、待得住、干得好",为贫困村脱贫致富出谋划策。具体来看,可以向村干部、贫困居民宣传精准扶贫的意义、目标和做法,增强他们脱贫致富的信心和能力;利用原单位和个人的影响力,将外部资源引入贫困村,拓宽扶贫项目、资金的引入渠道;协助贫困村村组织落实扶贫项目和资金,确保贫困人口真正从中受益;监督贫困村精准扶贫工作的具体实施,防止扶贫工作中出现人情关系、弄虚作假、腐败等行为。因此,必须选拔那些综合素质高、工作能力强、了解贫困村实际并愿意为群众服务的优秀干部到贫困村,对表现良好的驻村干部在评选先进、提拔使用、晋升职级等方面优先考虑。

脱贫成效精准。精准扶贫着眼于2020年前帮助贫困地区、贫困人口实现稳定脱贫,这就要求政府科学制订减贫脱贫规划和时间表,明确贫困县、村、人口的退出标准、程序和机制,实现有序退出。既不允许急于求成、弄虚作假,也不允许延宕拖沓、无所作为,切实做到"逐户销号,脱贫到人"。脱贫的成效应经得起各方检验,既要经得起上级政府验收,也要得到群众特别是贫困居民的认同,确保脱贫真实、成效精准。为此,必须对各地扶贫脱贫的成效进行严格评估。评估的内容至少应包括贫困人口识别准确率、帮扶工作群众满意度、脱贫户退出准确率、贫困村退出准确率等4个方面。评估方式有自我评估、上级政府评估及第三方评估3种基本方式,自我评估和第三方评估有助于发现扶贫脱贫过程中存在的问题与短板,及时纠正工作中的失误和漏洞,以迎接上级政府,特别是中央、省政府的评估。

2.1.2 中国农村扶贫的模式及其绩效评价

改革开放以来,随着扶贫开发工作不断推进,我国扶贫政策体系逐渐完善,贫困治理能力大幅提升,逐渐形成了以产业扶贫、整村推进、搬迁扶贫、劳务输出等几种主要扶贫模式。

(1)产业扶贫

我国过去30多年的扶贫方式是区域性开放式扶贫,这种扶贫方式的基本特点是加快贫困地区经济发展,增强贫困人口的自我发展能力,帮助贫困居民实现创收增收。经济发展、创收增收离不开产业发展。产业扶贫本身能够解决大量贫困人口的脱贫问题,移民搬迁、整村推进等其他扶贫方式也都需要产业扶贫作为支撑。因而产业扶贫在各个扶贫阶段、各类扶贫措施中占据核心地位。“八七”扶贫攻坚计划将发展种植业、养殖业和相关的加工定、运销业作为基本途径之一,《中国农村扶贫开发纲要(2001—2010)》指出:“因地制宜发展种养业,是贫困地区增加收入、脱贫致富最有效、最可靠的途径”。《中国农村扶贫开发纲要(2010—2020)》要求“培植壮大特色支柱产业,大力推进旅游扶贫”。

产业扶贫是以贫困地区资源优势为基础,以扶持贫困地区特色产业发展为手段,提升贫困人口的发展能力、增加贫困户收入、促进贫困人口脱贫致富的扶贫方式。在产业选择上,产业扶贫要求充分发挥贫困地区的生态环境和自然资源优势,重点发展投资少、见效快、覆盖广、效益高、有助于直接解决群众温饱问题的产业。在发展方式上,坚持市场化、规模化导向,对具有资源优势和市场需求的产品进行连片规划建设,并提供配套的产前、产中、产后系列服务,推进农工贸一体、产供销一条龙的特色产业链,形成规模化、专业化的区域特色主导产业。在参与主体上,通过“企业+基地+农户”、农民专业合作社等形式,将龙头企业、农村基层组织和贫困农户3个主体联系起来形成经济联合体,发挥参与主体的组织、资金、技术、人才等方面的优势。产业扶贫的优势在于最大限度地发挥了基层政府的组织作用、龙头企业的带动作用和贫困农户的主体作用、在支持贫困地区发展产业的同时,拓展了贫困户的收入渠道,培育了贫困人口的自我发展能力,有助于从根本上解决贫困地区和贫困人口的脱贫发展问题。不过,产业扶贫也存在产业同构和贫困农户利益受损等问题。

对缺乏劳动技能的贫困人口进行专门培训是产业扶贫的重要内容。产业扶贫要求贫困居民具备一定的劳动技能与综合素质,为此需要对贫困群体进行必要的技能培训,以便更好地发挥产业扶贫的效果,2005年以来在全国范围内开展的“雨露计划”就是为贫困居民进行专项技能培训、提高其综合素质的专项扶贫工程。“雨露计划”以提高扶贫对象就业与创业能力为宗旨,以职业教育、创业培训和技能培训为手段,通过提高贫困人口的专业技能和综合素质,实现贫困地区发展生产、增加收入、脱贫致富的目标。“雨露计划”扶贫培训由四大工程组成:一是贫困家庭新生劳动力职业教育培训助学工程。该培训工程的重点是贫困县、连片特困区贫困家庭初中毕业后未能升入普通高中或高中毕业后未能升入大学的应届和往届毕业生(俗称“两后生”),令他们接受中、高级职业教育和一年以上预备制技能培训。二是贫困家庭青壮年劳动力转移就业培训工程。培训对象是中西部省份贫困家庭青壮年务工人员。对滞留在贫困农村的劳动力进行技能培训,帮助他们取得中级以上就业资格证书,对已实现转移就业的劳动力进行培训以提升其从业资格等级。三是贫困家庭劳动力扶贫产业发展技能提升工程。培训对象是贫困村种养殖业及其农产品加工等实用技术人员,帮助他们掌握相关领域的实用技术。四是贫困村产业发展带头人培养工程。培训对象是贫困村党支部、村委会负责人和能够带领本村居民脱贫致富的带头人。通过培训增加贫困村致富带头人领导村民发展地方特色产业、增加本村居民收入的能力。“雨露计划”实施的基本方式是政府主导、社会参与,资源整合、规范管理,面向市场、按需施教,以人为本、注重开发。“雨露计划”帮助贫困地区劳动力掌握新技能、新观念,增强他们脱贫致富的信心和能力,帮助贫困地区劳动力实现就业、增加收入 。

(2)**整村扶贫**

随着扶贫工作的不断深入,以贫困县为重点的扶贫开发方式日益暴露出难以克服的问题:扶贫项目缺乏综合性,扶贫效益单一;大中型扶贫项目尽管覆盖范围广,但对贫困人口的针对性不强,无法惠及项目实施区以外的贫困人口;从项目选择到项目实施整个过程由政府计划、安排,贫困村、贫困户只能被动接受,常常发生扶贫项目与群众需求不相符的现象;为尽快解决本地区贫困问题,地方政府倾向于选择“短、平、快”的扶贫项目,忽视了扶贫对象的实际需求,造成扶贫脱贫的成效不可持续。

2001 年,《中国农村扶贫开发纲要(2001—2010)》提出将扶贫开发的工作重点由贫困县转向贫困村,并将整村推进作为扶贫开发的重要手段在全国范围内推行。整村推进以贫困村经济、社会、文化全面发展为目标,以贫困村扶贫规划为切入点,以贫困村物质资源和劳动力资源为基础,以政府投入为引导,充分调动社会各界力量,使各方面扶贫资源相互配套、形成合力,集中投向贫困村，有重点地分期、分批解决贫困村最突出的问题，提高扶贫资源的使用效率。整村推进扶贫具有以下特点：一是基层参与。整村推进强调贫困村、贫困人口参与的重要性，鼓励贫困户参与扶贫项目的决策、实施和监督，解决扶贫项目与贫困户需求相偏离的问题，令贫困户最大限度地受惠于扶贫项目。二是资金集中。将不同来源、不同类型的扶贫资金捆绑使用，在短时间内集中用于改善重点扶贫村的基础设施、产业发展，改变以往“撒胡椒面”式的扶贫资金使用方法。三是综合开发。在开发资源优势、培训特色产业的同时，对劳动力进行培训，开发人力资源。在发展富农惠农项目的同时，改善贫困村的基础设施、村容村貌。四是可持续。立足于改善贫困村生产生活条件，提高贫困群体自我组织、自我发展的能力，确保在扶贫项目结束后贫困村经济持续发展、贫困人口收入不断增长。

整村推进扶贫要求发挥贫困村、贫困居民的主体作用。贫困村根据自身实际制订脱贫发展规划，充分利用各类扶贫资金，确定扶贫开发项目，将贫困村经济社会建设与贫困户脱贫致富有效结合，体现了“以人为本”“可持续发展”的扶贫思路。整村推进式扶贫采用自下而上的扶贫方式，在充分调动基层组织、贫困人口积极性的同时，扶贫项目选择、扶贫资金投向更符合贫困主体的需求，扶贫效果会更加凸显。整村推进的实施在短时间内较大程度地改善了贫困村基础设施、产业发展和村容村貌，在提高贫困户自我发展能力的基础上实现了稳步脱贫①。截至 2010 年年底，全国 12.6 万个贫困村实施了整村推进扶贫，占贫困村总数的 84%，共投入中央和地方财政资金 789 亿元，平均每个贫困村投入 63 万元。

（3）移民搬迁扶贫

我国贫困地区与生态脆弱区在地理上高度重合，通过易地移民搬迁实现贫困人口稳定脱贫无疑是一种有效方式。长期以来，易地移民搬迁就被视作扶贫脱贫的重要手段，既改善了贫困居民的生产生活条件，帮助他们实现了脱贫致富，又有效遏制了迁出区生态环境恶化的趋势，形成了脱贫致富与生态保护良性互动的效果。自 2001 年起，我国即开展易地扶贫搬迁，截至 2015 年年底，全国已经累计搬迁 1200 万人。

---

① 丁子钺，谷佳. 新时期扶贫开发整村推进的认识与思考[J]. 经济视角（下），2012（6）：128－129.

移民搬迁可用于从根本上解决居住在“一方水土养不起一方人”地区贫困人口的脱贫发展问题。这些贫困人口主要分布在自然条件差、基础设施薄弱、产业发展滞后的深石山区、高寒区、生态脆弱区、灾害频发区和生态保护区,贫困人口中孤寡妇幼、“光棍汉”“五保户”比例偏高,受教育程度普遍偏低,健康水平低下,自我发展的能力偏弱 。对贫困居民而言,原居住地的资源环境状况无法令他们摆脱贫困。这些地区的交通、水利、电力和通信等基础设施和教育、医疗等公共服务十分薄弱,居民长期以来发展受限、生活艰苦,是造成当地贫困率高、贫困居民无法脱贫的根本原因。而贫困居民迁入区靠近城镇、交通便利、信息通畅,为贫困居民从事非农产业、提高收入水平提供了条件。因此,实施移民搬迁能够有效改善贫困人口的生存发展环境。当然,移民搬迁过程中应尊重贫困户的意愿,充分考虑移民迁入地的资源环境条件,着力培养和发展移民迁入地产业,优先选择中小城镇、工业园区实施移民搬迁工程,为贫困户创造就业机会,提高其中就业能力,切实解决移民搬迁贫困人口在生产生活中的问题和困难,确保移民搬迁贫困居民搬得出、稳得住、能致富。

为确保精准扶贫工作的顺利推进和如期实现全面建成小康社会的宏伟目标,党中央、国务院决定加快实施易地扶贫搬迁工程,从根本上解决自然条件严酷、生存环境恶劣、发展条件严重欠缺、贫困人口相对集中的农村贫困地区的脱贫发展问题。国家发展与改革委员会批准的《全国“十三五”易地扶贫搬迁规划》要求在 5 年内通过易地移民搬迁从根本上解决 1000 万贫困人口稳定脱贫问题。移民搬迁作为精准扶贫工作的重要内容得到党中央、国务院的高度重视,资金投入与补助标准大幅提高,贫困人口对运用移民搬迁实现脱贫致富的方式高度认同,地方政府经过多年探索实践,在易地移民搬迁的组织、实施方面积累了丰富经验。

(4)劳务输出扶贫

改革开放以来,随着我国城乡二元经济体制的藩篱不断减弱,城乡劳动力迁移经历了从不流动到流动、从小规模流动到大规模流动的演变历程,贫困人口由农村、欠发达地区向城镇、发达地区转移,劳务输出成为贫困地区、贫困人口脱贫的重要方式。2016 年我国农民工总量达到 28171 万人,其中,本地农民工11237万人,外出农民工16934万人[①]。

贫困农村富余劳动力外出务工,是一项“投资少、见效快、收益大”的富民产业,可为剩余劳动力找到出路的同时,有力地促进贫困地区经济社会发展。我国许多贫困地区经济发展条件较差,难以充分吸收本地劳动力,更无法带动当地居民增加收入、脱贫致富。于是,到工资水平较高的地区务工就成为贫困居民提高收入水平的重要方式,政府也将劳务输出作为扶贫开发的重要方式加以推动。“八七”扶贫攻坚计划明确提出要“有计划、有组织地发展劳务输出,积极引导贫困地区劳动力合理、有序地转移”;《中国农村扶贫开发纲要(2001—2010)》进一步指出“贫困地区和发达地区可以就劳务输出结成对子,开展劳务协作”。

劳务输出是贫困地区“走出去、引进来”战略的重要内容。一般而言,贫困地区环境相对闭塞,缺乏发展必需的资金、技术、人才,本地产业不能充分吸纳所有的剩余劳动力,客观上要求部分劳动力转移就业。就贫困地区劳动力的主观意愿来看,外出务工能够帮助他们增长见识、拓宽视野,提高其个人素质和发展能力。在多方力量的共同推动下,劳动力走出农村、进城务工成为他们脱贫致富的重要手段,劳务输出实现了由无序到有序、由自发到自觉、由个体到群体的跨越。大量劳动力外出务工缓解了贫困地区的耕地、就业压力。外出务工人员将大部分收入寄回家乡,提升了贫困地区居民的消费能力,实现了经济资源的跨地区流动。而且,相较于当地居民,外出务工人员的视野、眼光和能力更高,他们中的相当一部分人逐渐培养起了专项技能,获得了更高的收入。外出务工人员中相对成功的人群经过努力后可以在务工地定居,真正脱离贫困地区,也可以利用外出务工期间积累的资金、技术返乡创业,在实现自身发展的同时带动乡亲们脱贫致富。此外,他们也可以扮演中介角色,将家乡的特色资源在务工地宣传,介绍有投资意向的企业到家乡投资。所以,作为扶贫开发的重要方式,劳务输出能够发挥“输出一人、致富一家”的作用,在一些特殊情况下,甚至能够实现“输出一人、致富一村”。

值得注意的是,贫困地区外出务工人员普遍存在受教育程度低、缺乏专

---

① 中华人民共和国国家统计局. 中华人民共和国2016年国民经济和社会发展统计公报[EB/OL]. http://news.xinhuanet.com/fortune/2017-02/28/c_129497975.htm,2017-02-28.

业技能等问题,这使得他们只能从事建筑、餐饮、轻工等劳动强度大、收入偏低的行业,虽然收入水平比留在家乡有所提高,但在务工地则属于低收入群体。他们的工作、生活条件较为恶劣,且常常遇到工资拖欠、克扣,"五险一金"不交、少交等问题,其合法权益难以得到有效保障。同时,青壮年劳动力外出务工,增加了家中老人、妇女的劳动负担,对子女的照顾、关爱减少,农村空巢老人、留守儿童问题突出。外出务工人员因工伤残后被迫回到家乡,加剧了贫困地区因病返贫,给家庭、当地政府造成沉重的经济社会负担。劳务输出作为贫困地区重要的扶贫方式,在相当长时期内对贫困地区、贫困家庭产生了积极影响。为此,必须加强劳务输出工作的服务力度,促进劳务输出经济健康、有序发展。

2.1.3 中国农村扶贫工作的特点

综观改革开放以来我国农村扶贫工作的演进过程、脉络及其采取的措施,我们可以总结出以下特征。

(1)政府主导、社会参与的"大扶贫"格局

我国经过30多年的大规模扶贫开发,形成了政府主导、社会参与的多主体参与的大扶贫格局,这是由中国贫困人口的分布特点决定的,也是由中国的基本国情与社会制度决定的。中国的绝大多数贫困人口都高度集中在生态环境恶劣、发展条件不足的少数地区。这些地区难以依靠自身努力实现经济发展、脱贫致富,必须依靠政府层面对扶贫工作进行统筹安排。长期以来,中国扶贫开发主要是通过政府行为推动的,中央及各级政府以其强大的政治动员能力和资源整合能力在扶贫政策制定、扶贫对象选择、扶贫资金筹集以及扶贫项目实施、监督、评价等扶贫开发工作中居于主导地位。中央和各级地方政府将扶贫工作纳入经济社会发展规划,成立专门的扶贫机构,制定扶贫开发计划和纲领,安排专项扶贫资金,落实各级政府的扶贫开发目标责任制和评价考核制度。针对贫困地区的自然环境、经济发展和致贫原因,识别贫困人口,制定财政补贴、信贷支持、税收优惠等扶贫政策,选择、安排和落实扶贫项目,搭建扶贫开发服务平台,形成了完备的政府扶贫开发组织体系①。

① 韩建华. 中国农村政府主导型扶贫运作模式的缺陷及其改进[J]. 经济研究导刊,2010(36):36-38.

市场、社会力量的参与在拓展扶贫资源、创新扶贫模式、提高扶贫效率等方面的作用日益突出。鉴于单纯依靠政府扶贫资源投入远远不能满足广大贫困地区的需求，应当充分利用各种社会力量参与扶贫。一是组织动员企业参与对口扶贫。企业是区域产业发展的基本组织形式，是产业扶贫的主要载体，利用企业资金、技术、人才与贫困村、贫困户结对，支持贫困村、贫困户发展致富项目。二是动员社会组织和个人通过多种方式参与扶贫开发。支持社会团体、基金会、民办非企业单位等各类社会组织积极从事扶贫开发，鼓励其创建各类形式的扶贫公益项目，引导广大社会成员通过爱心捐赠、志愿服务、结对帮扶等多种形式参与扶贫，其中具有代表性的有"希望工程""康复扶贫工程"。三是开展国际减贫的合作与交流。借鉴国际社会和其他国家的扶贫减贫的理论与经验，利用国际组织和外国政府的援助发展贫困地区经济。通过"走出去"和"引进来"等多种方式，加强国际反贫困领域的交流。

政府、市场、社会共同参与和协同合作的大扶贫格局已经形成。政府投入大量人力、物力资源用于扶贫开发，统筹安排各类扶贫主体、扶贫资源，在扶贫开发中居于核心、主导地位；市场以其"看不见的手"引导贫困地区产业、企业发展，在加快贫困地区经济发展的同时实现贫困人口脱贫致富。社会力量具备灵活、高效的优势，在政府、市场之外利用慈善救助等方式在扶贫减贫中发挥着辅助作用。政府、市场、社会扶贫力量的相互结合与相互促进，构成了具有中国特色的"三位一体"扶贫体系。

(2)坚持区域性开发式扶贫方针

贫困问题在中国被认为是社会问题而备受关注，并与区域经济增长、收入分配关系密切。在这种反贫困理念的支配下，形成了政府、社会等外部主体广泛参与，促进贫困地区经济发展，帮助贫困人口创收增收的开发式扶贫模式。区域性开发式扶贫是利用外部经济资源扶持贫困地区发展生产，改善生产生活条件，增强贫困地区、贫困户的自我发展能力，使其逐步走上脱贫致富的道路。该模式改变了传统社会救助的"输血式"扶贫方式，可以帮助贫困地区和贫困人口激发其脱贫致富的积极性和创造力，走上自我发展的道路。区域性开发式扶贫将政策扶贫、投资扶持和贫困人口自我发展相结合，通过开发贫困地区特色资源，改善贫困地区发展环境，提升贫困地区、贫困居民自我积累、自我发展的能力，可在加快贫困地区经济社会发展的同时降低贫困发生率。

区域性开发式扶贫具有鲜明的中国特色。第一,将贫困地区经济发展与贫困人口脱贫致富相结合。随着扶贫工作的深入,我国贫困人口的区域分布日益向自然环境恶劣、发展条件不足的地区集中,贫困人口之所以迟迟不能脱贫,当地经济社会发展环境恶劣是重要原因。因而,改善当地发展环境,培育、发展特色致富产业,促进贫困地区经济发展是区域性开发式扶贫的重要内容。第二,将贫困人口脱贫致富与生态环境保护相结合。在我国,贫困地区常常也是生态环境脆弱区,脆弱的生态环境不但使当地难以发展经济,而且生存、安全条件也常常受到威胁,对这些地区的扶贫开发工作必须将环境保护与脱贫致富紧密联系起来,力争采取各种措施同步实现生态环境改善与贫困人口脱贫致富。为此,许多地区将易地移民搬迁作为扶贫开发的重要方式。第三,区域性开放式扶贫强调培养贫困人口的自我发展能力。救济式扶贫只是暂时地解决了贫困人口的生存问题,却无法保证脱贫的长期效果。长期地、根本性地实现脱贫,需要提升贫困人口的脱贫信心和能力。为此,需要加大人力资本投入,提升贫困人口的专业技能与综合素质,使得贫困人口拥有稳定、可持续的收入来源。

区域性开发式扶贫也存在一些不足之处。有学者认为,区域性开发式扶贫要将扶贫对象设定为贫困地区(扶贫重点县、集中连片特困区),而不是贫困户、贫困人口,以支持贫困地区经济发展,带动贫困人口脱贫致富。该模式存在两方面缺陷:一是贫困地区的经济增长明显有利于高收入农户,贫困地区内部的收入分配差距扩大,依靠经济增长降低贫困发生率的难度不断增大。二是国家贫困县退出难。国家贫困县在政策优惠之外,还能够获得专项扶贫资金,导致贫困地区争相进入国家贫困县名单,已经脱贫的贫困县不愿意退出,对贫困地区产生了逆向激励。随着扶贫脱贫工作的深入开展,贫困地区的贫困发生率大幅下降,实施直接针对贫困人口的扶持政策变得更加重要。

(3)扶贫目标从一维转变到多维

长期以来,人们对贫困的认识局限于基本生存条件不能得到保障。在贫困标准的确定上,一般以收入为衡量标准,称之为经济贫困,如世界银行采用的每天1.9美元和3.1美元的贫困标准。此后,对贫困概念的认识逐步由绝对贫困转向相对贫困,将收入远低于平均水平的人口视作贫困人口,如欧盟国家普遍采用"低于家庭收入中位数50%或60%"来衡量贫困。随着人们对贫困内涵认识的深入,贫困不仅仅是单一的收入问题,而是一个多维概念,在收入之外,还包括住房、能力、权利等方面的贫困。联合国《2030年可持续发展议程(2015)》中除了确定国际极端贫困标准,还提出社会保障制度覆盖贫困人口、享受基本社会服务的权利等。联合国发展计划署采用健康、教育、生活标准等三方面内容来衡量多维贫困。

我国的扶贫开发目标也经历了从单一的收入维度向多维度的转变。1986年,我国将每人每年206元以及"食不果腹,衣不遮体,房不蔽风雨"作为绝对贫困标准。该标准是保证每人每天2100大卡的最低营养标准。2000年,我国将每人每年865元作为低收入标准,并于2008年将贫困标准与低收入标准合一,确定2008年的贫困标准为1067元,该标准下可基本保证贫困家庭实现"有吃、有穿"。2010年,我国扶贫开发由解决温饱问题为主要任务转入巩固温饱成果、加快脱贫致富、改善生态环境、提高发展能力、缩小发展差距的新阶段。《中国农村扶贫开发纲要(2010—2020)》将2300元(2010年不变价格)作为新的国家扶贫标准,并且要求稳步实现"两不愁,三保障"的扶贫目标,即扶贫对象不愁吃、不愁穿,义务教育、基本医疗和住房有保障。同时还要求:"贫困地区农民人均纯收入增长幅度高于全国平均水平,基本公共服务主要领域指标接近全国平均水平,扭转发展差距扩大趋势。"这一扶贫目标已经不单是要求增加贫困居民的收入水平,还要求包括住房、教育、医疗等方面的保障,表明我国的扶贫工作已经由解决经济贫困向解决多维贫困转变。

(4)**扶贫对象日益精准**

对扶贫对象严格界定、适时调整是确保扶贫工作高效、持续进行的必要条件。中国扶贫的瞄准目标随着宏观经济环境、扶贫开发工作的推进,经历了从贫困地区、贫困县、贫困村到贫困户的转变。改革开放初期,我国农村贫困普遍存在,贫困地区经济发展落后,贫困发生率较高。基于这一事实,我国选择了区域性开放式扶贫,将贫困地区、贫困县作为扶贫工作的重点地区。1986年,我国确定了第一批273个国定贫困县,1988年增加到331个。1994年根据新的评定标准,调整为592个国家重点扶持的贫困县。2001年颁布的《中国农村扶贫开发纲要(2001—2010)》将扶贫开发的重点从贫困县精细化到贫困村,在592个国家贫困县的基础上进一步确定了14.8万个贫困村,并将"整村推进"作为重要的扶贫方式。2010 年确定了 14 个集中连片特困区作为扶贫攻坚主战场。2014 年开展精准扶贫以来,将扶贫对象进一步明确为贫困户、贫困人口,集中解决近 3000 万贫困户和 7017 万贫困人口的扶贫脱贫问题。

扶贫瞄准对象日益精准一方面是由于我国贫困人口大规模减少,贫困发生率大幅降低,贫困地区、贫困人口的贫困特征越发凸显;另一方面是我国从理论和实践两方面不断总结扶贫开发工作的经验教训,逐渐形成了行之有效的扶贫工作模式。扶贫对象精准有利于中央和各级地方政府厘清贫困人口的基本情况,如贫困人口的数量、分布、致病原因等,采取针对性更强的扶贫措施。

2.1.4 中国扶贫工作的挑战与展望

改革开放近 40 年,尽管中国的扶贫开发取得了举世瞩目的减贫成就,但贫困问题在中国并没有完全解决,未来的扶贫工作仍然面临诸多挑战,战胜贫困仍是中国的长期任务。目前,我国进入全面建成小康社会的关键时期,也是脱贫攻坚的决胜时期,认清扶贫工作的重要性和紧迫性,充分估计脱贫攻坚这一漫长进程中可能遇到的挑战,采取精准、有力的举措,是扶贫工作不断取得新成就的根本保障。

第一,贫困标准上调,相对贫困问题突出。随着我国综合实力和居民生活水平的提高,贫困标准上调是扶贫工作深入开展的内在要求。但贫困标准上调会导致收入增长缓慢的低收入群体进入贫困群体行列,致使贫困人口数量增加。目前,贫困人口的温饱问题已经基本解决,但贫困人口面临就医难、教育难、住房难等发展条件的制约,低收入、低消费群体与社会平均水平差距拉大,意味着我国扶贫工作进入减少相对贫困、缩小发展差距的新阶段。

第二,开发式扶贫的边际效果下降。经过 30 多年的扶贫开发,自身素质较高、发展能力较强的贫困人口多数已经实现脱贫致富。现阶段,贫困人口中妇女、儿童、老人、残疾人等弱势群体在贫困人口中占有很大比重,这部分人群因缺乏劳动能力、无稳定收入来源更容易陷入贫困。对于这些弱势群体脱贫致富,开发式扶贫显然是不能奏效的,建立和完善村居民最低生活保障制度、农村新型合作医疗制度、农村养老保险制度等农村社会保障体系,才是解决上述人群贫困问题的根本途径。

2.2 精准扶贫研究的文献综述

2013 年 11 月,习近平总书记在湖南湘西调研时首次提出了"精准扶贫"这一理念,并指出扶贫工作的开展应"实事求是、因地制宜、分类指导、精准扶贫"。[①] 2014 年,国务院扶贫开发办印发《建立精准扶贫工作机制实施方案》,进一步明确了精准扶贫的内涵、主要任务及目标,即"通过对贫困户和贫困村精准识别、精准帮扶、精准管理和精准考核,引导各类扶贫资源优化配置,实现扶贫到村到户,逐步构建精准扶贫工作长效机制,为科学扶贫奠定坚实基础[②]",这标志着精准扶贫思想进一步落地。作为党中央扶贫方式的创新转变,精准扶贫已成为我国在新阶段扶贫开发工作的核心与重点内容。

通过对已有文献的梳理与分析,我们发现,国内学术界关于精准扶贫的研究主要集中在以下三类问题:一是基于国内外反贫困理论角度,对国内扶贫相关政策及规划进行解读,进而实现对精准扶贫基本内涵的补充和延伸;二是对实施精准扶贫所面临的现实问题进行识别与分析;三是基于扶贫模式、影响机制、实施政策的视角对精准扶贫的创新研究。

2.2.1 对精准扶贫内涵界定的文献综述

国内学术界对于精准扶贫的内涵界定大多是在官方表述的基础上进行补充和延伸,认为精准扶贫是通过国家层面的制度设计进一步将扶贫工作全面化、精细化的过程。

精准扶贫作为我国现阶段扶贫开发工作的核心内容,其内涵的关键在于"精准"二字。学者们普遍认为,精准扶贫主要包括对贫困户进行精准识别和精准帮扶、对扶贫对象的动态管理以及对扶贫效果的精准考核。马尚云(2014)[③]认为精准扶贫是将社会、市场、政府联系在一起的"三位一体"的大扶贫格局,在运用专项扶贫政策措施的同时动用全社会资源,实现对贫困人口精确识别、针对扶持、动态管理、精确考评,切实、有效地提高贫困人口收入并且减少贫困人口数量。汪三贵、郭子豪(2015)[④]则强调精准扶贫要求

① 习近平．加强分类指导实施精准扶贫——在考察湘西十八洞村座谈时的重要讲话[N]．人民日报,2013-12-03 (16).

② 中共中央办公厅,国务院办公厅．建立精准扶贫工作机制实施方案[Z].2013.

③ 马尚云．精准扶贫的困难及对策[J]．学习月刊,2014(19):25-26.

④ 汪三贵,郭子豪．论中国的精准扶贫[J]．贵州社会科学,2015(5):147-150.

扶贫政策和措施要针对真正的贫困家庭和人口,通过对其实施有针对性的帮扶,从根本上消除导致贫困的各种因素和障碍,实现可持续的脱贫目标。黄承伟、覃志敏(2015)①进一步提出"真扶贫、扶真贫"是精准扶贫的核心内容,精准扶贫的实质是使扶贫资源能够更好地瞄准贫困目标人群。

此外,学者们还指出,精准扶贫是一个扶贫资源优化配置的长期动态过程,不仅涉及了初期的精准识别过程,而且涵盖了中期的针对性扶贫、管理过程以及长期的实现可持续发展、考核过程,同时也是一个市场、政府以及全社会共同参与的反贫困过程。庄天慧等(2016)②从扶贫"对象—资源—主体"精准、扶贫"目标—过程—结果"精准以及扶贫层级"微观—中观—宏观"精准3个方面阐释了精准扶贫的内涵,认为精准扶贫应以定点、定时、定量消除贫困为目标,以政府、市场、社会、社区、扶贫对象协同参与为基础,以资源统筹、供需匹配为保障。陆益龙(2016)③认为,精准扶贫包括精确的农村贫困"瞄准"机制、精细的扶贫脱贫计划以及有效的扶贫脱贫行动3个方面的内容,而我国复杂的农村贫困现状要求精准扶贫不仅应具有综合性,还应具有可持续性。范和生、唐惠敏(2017)④则将精准扶贫的基本含义划分为两个层次:一是将扶贫资源的瞄准靶心由贫困县转向贫困村,实现更加合理地利用和配置扶贫资源;二是将扶贫资源下沉至微观层次,防止扶贫资源的错配或遗漏。

2.2.2 精准扶贫现实问题的文献综述

自精准扶贫工作展开以来,全国各地以理论政策为指导并与扶贫实践相结合,整体上取得了良好的扶贫效果。然而,在实践的过程中精准扶贫仍存在一系列现实问题亟待解决,对此,国内学术界普遍针对精准识别、精准帮扶两个方面对精准扶贫的重点及难点展开深入分析与讨论。

(1)精准识别

精准识别是精准扶贫工作开展的首要环节,准确、有效的识别工作对后续的扶贫过程起到了至关重要的作用。因此,如何精准地识别贫困人口成

---

① 黄承伟,覃志敏. 我国农村贫困治理体系演进与精准扶贫[J]. 开发研究,2015(2):56-59.

② 庄天慧,杨帆,曾维忠. 精准扶贫内涵及其与精准脱贫的辩证关系探析[J]. 内蒙古社会科学(汉文版),2016,37(3):6-12.

③ 陆益龙. 构建精准、综合与可持续的农村扶贫新战略[J]. 行政管理改革,2016(2):26-30.

④ 范和生,唐惠敏. 农村贫困治理与精准扶贫的政策改进[J]. 中国特色社会主义研究,2017(1):45-52.

为扶贫实践工作开展过程中的重点和难点问题。目前，国内学术界关于精准识别的研究主要集中在识别方法、目标偏离和瞄准失败等问题。

针对识别方法的研究中，学者们普遍认为，识别方法不仅是精准扶贫工作的重点，更是工作的难点。因此，如何设计出科学、有效的识别方法是精准扶贫能否顺利实施的首要保障，对此学者们纷纷提出了各自不同的建议及对策。李小云（2014）①指出精准识别在计量农户收入时对经济投入、监督成本、信息系统和诚信环境都有较高的要求。左停等（2015）②提出地方以及农户为获得贫困村和贫困户这一身份所附带的扶贫资源而故意多报虚报的这种利益冲动需要通过指标分解等方式加以抑制。王介勇等（2016）③认为贫困人口的精准识别标准过于单一，且在技术实现上具有较大的困难。

对于精准识别过程中所出现的目标偏离、瞄准失败等问题，学者们都基于不同角度作出了相应的解释，主要集中在识别机制、利益分殊等方面。邓维杰（2014）④在研究精准扶贫的执行效果时发现了精准识别环节所显现的排斥现象，主要表现在对贫困人口规模的人为限定所形成的规模排斥、集中连片扶贫开发对片区外贫困群体的区域排斥，以及自上而下的贫困村和贫困户识别过程中对贫困群体的恶意排斥和过失排斥等。汪三贵、郭子豪（2015）⑤提出，民主评议能够较好地解决贫困户识别中可能出现的矛盾和合法性问题，但识别出的贫困户无法在经济困难程度上进行横向比较，导致统计结果失准。陆汉文（2015）⑥则认为，民主评议的方法识别贫困人口，在很大程度上取决于政府对村干部的控制能力和村干部的识别意愿，在实践中存在着较大的不确定性。陆汉文、李文君（2016）⑦指出，不同层级行为主体的利益分殊是导致贫困户识别偏离的根本原因，信息不对称是导致贫困户识别偏离的技术条件。基层政府、村“两委”倾向于有效利用相对于上级的

① 李小云．构建新制度提高扶贫成效［J］．中国老区建设，2014（9）：16.

② 左停，杨雨鑫，钟玲．精准扶贫：技术靶向、理论解析和现实挑战［J］．贵州社会科学，2015（8）：156－162.

③ 王介勇，陈玉福，严茂超．我国精准扶贫政策及其创新路径研究［J］．中国科学院院刊，2016，31（3）：289－295.

④ 邓维杰．精准扶贫的难点、对策与路径选择［J］．农村经济，2014（6）：78－81.

⑤ 汪三贵，郭子豪．论中国的精准扶贫［J］．贵州社会科学，2015（5）：147－150.

⑥ 陆汉文．落实精准扶贫战略的可行途径［J］．国家治理，2015（38）：28－31.

⑦ 陆汉文，李文君．信息不对称条件下贫困户识别偏离的过程与逻辑——以豫西一个建档立卡贫困村为例［J］．中国农村经济，2016（7）：15－22.

信息优势,识别并报告符合本级利益诉求、不一定贫困的“贫困户”,成功实现贫困户识别工作的目标置换。王雨磊(2017)①进一步将精准扶贫的贫困识别分为瞄准贫困村、瞄准贫困户、贫困户核查3个过程,他强调在这三重对焦机制中,福利均分原则、村庄政治结构以及扶贫考核压力都限制了完全按照经济收入来进行贫困识别。

(2)**精准帮扶**

精准帮扶是在精准识别的基础上,深入分析贫困户和贫困村的致贫原因、落实帮扶责任人并逐村逐户制订帮扶计划的过程,从而实现帮扶资源的合理配置。目前,学者们普遍指出,在具体实施过程中精准帮扶措施受诸多因素干扰并产生了一系列现实问题。

针对精准帮扶存在的现实问题,由于受政策执行力、资金投入等多因素的影响,精准帮扶在政策执行过程中存在贫困农户参与不足、帮扶政策缺乏差异性和灵活性、扶贫工作遭遇上访困难以及驻村扶贫工作队效果较差等方面的问题。邓维杰(2014)②指出,即使贫困户被识别出来,在精准帮扶环节中也仍会受到帮扶措施的排斥,包括需求、入门、资金用途、市场、专业、团队、配套、模式以及投入排斥等多个方面。左停等(2015)③就此作了补充,认为在当前的现实中,精准扶贫还面临着规模控制所引起的乡内平均主义思想、农村劳动力转移和市场化背景下的扶贫开发有效手段不足等问题。郑瑞强,曹国庆(2015)④则基于大数据思维,提出扶贫工作在开展过程中受制于信息采集、甄别等因素限制,信息的不对称致使扶贫资源传递成本过高、扶贫项目可持续性受限、精准扶贫给扶持对象的“标签效应”而引发伤害等问题。

除资金投入不足、信息不对称外等问题外,一些关于精准帮扶的研究还将视角聚焦于村治主体。许汉泽、李小云(2017)⑤提出,“第一书记”扶贫工

---

① 王雨磊. 精准扶贫何以“瞄不准”?——扶贫政策落地的三重对焦[J]. 国家行政学院学报,2017(1):88-93.

② 邓维杰. 精准扶贫的难点、对策与路径选择[J]. 农村经济,2014(6):78-81.

③ 左停,杨雨鑫,钟玲. 精准扶贫:技术靶向、理论解析和现实挑战[J]. 贵州社会科学,2015(8):156-162.

④ 郑瑞强,曹国庆. 基于大数据思维的精准扶贫机制研究[J]. 贵州社会科学,2015(8):163-168.

⑤ 许汉泽,李小云. 精准扶贫背景下驻村机制的实践困境及其后果——以豫中J县驻村“第一书记”扶贫为例[J]. 江西财经大学学报,2017(3):82-89.

作的开展一方面受到了上级政府目标设置权责不匹配与原单位有限资源的条件限制；另一方面遭遇了乡镇干部与村干部之间的“共谋”与“乡—村”关系的闭合。这样双重排斥的结构性变化不仅影响了“第一书记”扶贫工作的本身，还导致了驻村帮扶制度的变迁，使得国家对农村基层社会的控制能力弱化。万江红、孙枭雄（2017）①从社会学的角度指出村治主体公共权威的缺失是导致精准扶贫基层实践困境的重要原因。驻村干部对村治主体权力的短暂替代及村民对该种权力的“工具性”认同、利用，致使村治主体公共权威在精准扶贫实践中进一步缺失，以致出现贫民争贫闹访、村民怨气横生，农村基层治理困境进一步凸显。

2.2.3 精准扶贫创新的文献综述

针对精准扶贫的创新研究，国内学术界主要从扶贫模式、影响机制和实施政策 3 个方面进行了深入探究，并提出了很多符合现实情况且实操性较强的建议及对策。

（1）**模式创新**

所谓创新精准扶贫模式，是指依靠现实精准扶贫工作的扶贫经验，基于不同的理论视角，试图探索适合于指导精准扶贫实施的理论工具。学者们结合现实发展状况，提出“互联网 +”“PPP 模式”等多种方式与扶贫相结合的创新模式，从而进一步丰富了精准扶贫的模式。张玉强、李祥（2016）②剖析了秦巴山区甘肃省陇南市首创的“互联网 + 电商”，认为该地区将“互联网 +”融入农村基层组织建设、扶贫项目规划、农村教育培训和优势产业培育等各个工作环节。廉超（2017）③认为，推进“PPP 模式”在精准扶贫中的应用有利于缓解贫困地区资金投入有限的问题，对于贫困地区包括基础设施建设、医疗卫生和教育等公共服务领域的不断完善具有重要意义。当前应正确处理政府与社会资本之间的关系，为项目的合作搭建制度平台。李志平（2017）④通过构建模型研究了 GTP 和 GSP 这两条新路径上贫困户福利和农村福利的动态演变过程，认为“送猪仔”和“折现金”在不同阶段具有不同

---

① 万江红，孙枭雄．权威缺失：精准扶贫实践困境的一个社会学解释——基于我国中部地区花村的调查[J]．华中农业大学学报（社会科学版），2017（2）：15 – 22.

② 张玉强，李祥．集中连片特困地区的精准扶贫模式[J]．重庆社会科学，2016（8）：64 – 70.

③ 廉超．PPP 模式助推精准扶贫、精准脱贫[J]．贵州社会科学，2017（1）：152 – 157.

④ 李志平．“送猪崽”与“折现金”：我国产业精准扶贫的路径分析与政策模拟研究[J]．财经研究，2017，43（4）：68 – 81.

的扶贫效果,产业精准扶贫可以从提高贫困户的技术水平、调动扶贫责任人的积极性、提高贫困户的初始资本额等方面为贫困户提供脱贫的最优路径。

除此之外,学者们还提出,旅游扶贫是具有可持续性的,也是精准扶贫模式创新的有效方式之一。邓维杰(2014)①依托贫困地区的资源优势,通过发展乡村旅游、民族特色旅游、生态旅游等可以构建以社会保障安全网为主要内容的保护式扶贫。杨祎等(2016)②重点分析了安徽省六安市的旅游扶贫案例,提出在对扶贫对象精准扶贫的基础上可以将旅游扶贫模式划分为市场主导型、政府主导型、邻里互助型和景区帮扶型。

(2)**机制创新**

如何结合贫困地区和贫困人口的实际情况,进一步创新精准扶贫的运行机制已成为当下扶贫开发亟待解决的重要课题。因此,精准扶贫运行机制的创新与探索也成为众多学者研究的落脚点。中央党校经济学部精准扶贫课题组(2016)③提出了创新精准扶贫的体制机制,包括创新精准扶贫的政策框架体系、资源管理体系、特色产业体系和服务支撑体系。陆益龙(2016)④认为要建立精准扶贫的综合性机制,需要将政府、市场、社会、社区的扶贫力量综合起来,将经济、政治、社会与文化的扶贫措施综合起来,将扶贫与发展综合起来。黄承伟(2017)⑤从国家治理的宏观角度指出,深化精准扶贫需要把握和处理好脱贫攻坚目标的"当前"与"长远",顶层设计的"理论"与"实践",扶贫脱贫的"主体"与"客体",政府、市场与社会间的"协同"与"动员"等6个方面的辩证关系。李棉管(2017)⑥则提出中国"精准扶贫"的理论研究和战略创新不仅要考虑技术因素,更需要在政治过程中考察和文化因素分析这两方面建构起本土性解释框架和运行机制。

另一部分学者对精准扶贫的机制创新研究则聚焦于更为具体的层面。

---

① 邓维杰.精准扶贫的难点、对策与路径选择[J].农村经济,2014(6):78-81.

② 杨祎,梁宜人,黄润.六安市旅游精准扶贫模式研究[J].皖西学院学报,2016,32(2):19-22.

③ 中央党校经济学部精准扶贫课题组(2016).创新精准扶贫体制机制[J].理论视野,2016(6):28-31.

④ 陆益龙.构建精准、综合与可持续的农村扶贫新战略[J].行政管理改革,2016(2):26-30.

⑤ 黄承伟.深化精准扶贫的路径选择——学习贯彻习近平总书记近期关于脱贫攻坚的重要论述[J].南京农业大学学报(社会科学版),2017,17(4):2-8.

⑥ 李棉管.技术难题、政治过程与文化结果——"瞄准偏差"的三种研究视角及其对中国"精准扶贫"的启示[J].社会学研究,2017,32(1):241-246.

郑瑞强、曹国庆(2015)①基于精准扶贫辩证理解与大数据分析支持的可行性研究,提出应健全扶贫信息系统并不断完善扶贫主客体之间的供需对接机制,以信息联通带动扶贫工作的一体化和高效化。刘彦随等(2016)②在战略层面系统提出了推进创新精准扶贫的路径,包括健全精准扶贫的分级管控体系、建立贫困状况动态监测与识别机制、推进形成贫困乡村发展战略格局、加快贫困地区发展观的全面革新、构筑贫困地区乡村重构的新平台、打造贫困地区乡村转型的新主体、建立贫困地区联动协调的发展机制。李裕瑞等(2016)③认为,精准扶贫是区域性问题,应从区域政策、产业政策和土地政策三方面着力建立和完善能够助推贫困农户脱贫解困的传导机制。赵晓峰、邢成举(2016)④探讨了合作社在精准扶贫中的作用机制,认为农民合作社的制度安排具有益贫性的显著特征,改善合作社的产权构成并完善其治理结构,提高贫困户在合作社中的参与度和自治能力对于可持续脱贫具有重要作用。罗绒战堆、陈健生(2017)⑤通过对西藏社区贫困动态案例分析,提出应将脆弱性纳入贫困动态理论体系中,从建立社会保护机制、生产稳定机制、继续提高扶贫标准、建立精准扶贫动态管理机制等方面对农村脆弱性贫困加以治理。

(3)政策创新

随着学术界对精准扶贫研究的深入,不同学者就如何实现精准扶贫政策进一步创新,提出了更为细致的建议及对策,但基本仍是围绕精准扶贫的主要任务及目标展开的。

在精准识别创新方面,杨圆圆等(2016)⑥、张全红等(2017)⑦提出,应改

---

① 郑瑞强,曹国庆. 基于大数据思维的精准扶贫机制研究[J]. 贵州社会科学,2015(8):163-168.

② 刘彦随,周扬,刘继来. 中国农村贫困化地域分异特征及其精准扶贫策略[J]. 中国科学院院刊,2016,31(3):269-278.

③ 李裕瑞,曹智,郑小玉,刘彦随. 我国实施精准扶贫的区域模式与可持续途径[J]. 中国科学院院刊,2016,31(3):279-288.

④ 赵晓峰,邢成举. 农民合作社与精准扶贫协同发展机制构建:理论逻辑与实践路径[J]. 农业经济问题,2016,37(4):23-29.

⑤ 罗绒战堆,陈健生. 精准扶贫视阈下农村的脆弱性、贫困动态及其治理——基于西藏农村社区案例分析[J]. 财经科学,2017(1):93-104.

⑥ 杨园园,刘彦随,张紫雯. 基于典型调查的精准扶贫政策创新及建议[J]. 中国科学院院刊,2016,31(3):337-345.

⑦ 张全红,李博,周强. 中国多维贫困的动态测算、结构分解与精准扶贫[J]. 财经研究,2017,43(4):31-40.

革以年人均收入作为贫困户识别的单一指标,建立和完善农村贫困多尺度、多维度识别方法。应将农户收入能力、可支配能力、消费能力有机结合起来,建立贫困人口识别与评判综合指标体系,注重消除长期贫困。杨瑚(2017)①指出,应将扶贫对象认定权上移,建筑县级政府在扶贫对象瞄准过程中的主导地位,完善社会力量参与精准扶贫对象瞄准的机制设计,适当利用新兴信息技术工具,提升扶贫对象瞄准的科学性的建议。

在精准帮扶创新方面,左停等(2015)②认为,中国的扶贫应是一个跨部门的主流化的制度架构设置,而要真正实现精准帮扶,就需要以"户"为项目单元。汪三贵、郭子豪(2015)③认为,在帮扶过程中地方政府应重点建立和创新贫困户的受益机制,改革扶贫资金管理体制和加强资金整合。何仁伟等(2017)④提出,构建基于可持续生计的精准扶贫分析框架,贫困农户可被划分为人力资本贫困型、基础型资本贫困型、社会资本贫困型、多维资本贫困型、生计环境恶劣型等 5 种类型,使帮扶措施更具有针对性。莫光辉(2017)⑤则指出,分类精准帮扶是精准扶贫绩效的关键。通过系统分析、科学论证的方式深入剖析不同区域和不同贫困人口致贫的根源,才能对不同的致贫原因进行有针对性的分类帮扶。张李娟(2017)⑥基于金融支持的角度,提出应重视对贫困人工建档立卡、明确帮扶对象、不断完善监管精准扶贫贷款管理模式、实现财政政策与金融政策的协调统一、构建完善的精准扶贫贷款风险补偿机制等加强金融扶贫工作的对策。覃志敏、岑家峰(2017)⑦指出,还应关注帮扶的直接参与者,促进驻村帮扶资源供给的制度化,并强化促进贫困村内源发展,是有助于提升驻村帮扶整体减贫成效的两个重要

① 杨瑚. 精准扶贫的贫困标准与对象瞄准研究[J]. 甘肃社会科学,2017(1):95-100.

② 左停,杨雨鑫,钟玲. 精准扶贫:技术靶向、理论解析和现实挑战[J]. 贵州社会科学,2015(8):156-162.

③ 汪三贵,郭子豪. 论中国的精准扶贫[J]. 贵州社会科学,2015(5):147-150.

④ 何仁伟,李光勤,刘运伟,李立娜,方方. 基于可持续生计的精准扶贫分析方法及应用研究——以四川凉山彝族自治州为例[J]. 地理科学进展,2017,36(2):182-192.

⑤ 莫光辉. 精准扶贫:贫困治理的价值之维与实践突破——精准扶贫绩效提升机制系列研究之五[J]. 改革与战略,2017,33(2):76-81.

⑥ 张李娟. 西部地区金融支持精准扶贫的难点与对策[J]. 改革与战略,2017,33(2):51-54.

⑦ 覃志敏,岑家峰. 精准扶贫视域下干部驻村帮扶的减贫逻辑——以桂南 s 村的驻村帮扶实践为例[J]. 贵州社会科学,2017(1):163-168.

方向。高飞、向德平（2017）①则认为要破除政府单兵作战的被动局面，应构建多元贫困治理主体，丰富贫困治理中“政府—贫困群体”的线性结构，实现减贫主体间的多层次立体良性互动。

在精准管理创新方面，汪三贵、刘未（2016）②认为，应及时更新贫困家庭的基本状况、致贫原因和帮扶措施等方面的详细信息，根据贫困状况的变化动态调整贫困家庭和人口，保证应扶尽扶。杨圆圆等（2016）③提出，应加快建立健全贫困识别和动态监测体系，建档立卡信息与不动产登记、低保、公安系统等信息的衔接，加强部门间协作，建立健全基于大数据思维的精准扶贫机制。郑瑞强、王英（2016）④从农村产权制度改革、贫困人口的动态管理、财政金融政策联动及扶贫开发监测评估等方面提出了建议。

在精准考核创新方面，邓维杰（2014）⑤认为，应购买独立第三方非关键利益相关者（如本土民间机构、科研和大专院校的社会服务机构）的社会服务，从而对扶贫工作实施有效协助和监督。陈爱雪、刘艳（2017）⑥指出，在分析我国精准扶贫实施内核的基础上，应从精准识别、精准帮扶、经济社会发展、基础设施建设、减贫成效等5个方面建立精准扶贫综合评价体系并逐层分析。

2.3 中国扶贫与西部易地扶贫搬迁的政策演进、现状与规律

贫困是制约经济社会发展的最大障碍。在数十年反贫困工作的基础上，为有效破解贫困难题，在新的时代背景下我国提出了精准扶贫的新举措。作为精准扶贫“六个一批”中的其中之一，易地搬迁作为实现精准扶贫的重要路径被提到了新的高度。西部地区受自然环境条件的限制和经济发展水平的制约，为有效破解贫困困局，切实提高贫困地区群众生活水平，在

---

① 高飞，向德平．社会治理视角下精准扶贫的政策启示［J］．南京农业大学学报（社会科学版），2017，17（4）：21－27.

② 汪三贵，刘未．“六个精准”是精准扶贫的本质要求——习近平精准扶贫系列论述探析［J］．毛泽东邓小平理论研究，2016（1）：40－43.

③ 杨园园，刘彦随，张紫雯．基于典型调查的精准扶贫政策创新及建议［J］．中国科学院院刊，2016，31（3）：337－345.

④ 郑瑞强，王英．精准扶贫政策初探［J］．财政研究，2016（2）：17－24.

⑤ 邓维杰．精准扶贫的难点、对策与路径选择［J］．农村经济，2014（6）：78－81.

⑥ 陈爱雪，刘艳．层次分析法的我国精准扶贫实施绩效评价研究［J］．华侨大学学报（哲学社会科学版），2017（1）：116－129.

国家政策引导下积极开展易地扶贫搬迁工作,经过30多年的实践探索,积累了丰富的易地扶贫搬迁经验,并形成了各具特色的搬迁模式。本节基于国家扶贫政策和西部地区易地扶贫搬迁政策的历史演进,总结了西部地区易地扶贫搬迁的政策现状,分析了西部地区易地扶贫搬迁的政策规律。

2.3.1 国家扶贫政策的历史演进

我国幅员辽阔,各地区在区位优势、自然环境、资源禀赋等方面存在较大差别,尤其是农村地区更是存在着巨大差异。部分地区尤其是西部地区农村经济发展缓慢,生活条件较差,贫困人口较多,严重制约着经济社会的进一步发展。因此,各级政府高度重视农村扶贫工作,扶贫政策经历了中央全面管理、中央统筹地方跟进、各级政府多部门协同、全社会共同参与精准扶贫等阶段。

(1)1978—1985年:中央全面管理阶段

1978年以前,我国农村实行计划经济下的人民公社制度,农民缺乏劳动积极性,农村生产效率低下,农民生活困难,加上实行严格的户籍管理制度,城市和农村完全处于二元分割的状态,农村贫困状态呈现出固化加深的态势。根据有关数据统计,1978年,按中国政府确定的贫困标准统计,农村贫困人口超过2.5亿人,贫困发生率达到30.7%。[①] 为了缓解农村贫困问题,释放农村经济发展活力,切实提高农民生活水平,改革开放以来,国家先后废除了人民公社制度并建立了家庭联产承包责任制,放开了农产品价格管控,进行了乡镇企业改革。通过一系列制度改革,农村生产力得到快速发展,农民生活水平显著提高,但是一些地区由于自然条件恶劣、人均土地面积不足、生态环境破坏严重等原因,贫困状态反而有加深的趋势,在这一背景下,中央政府将扶贫重点聚焦于“老、少、边、穷”地区,并采取了一系列具有针对性的措施开展救济式扶贫。其中包括:1980年,中央财政设立“支援经济不发达地区发展资金”。1982年针对西部“三西”地区,即甘肃定西、河西和宁夏西海固地区,制订国家专项扶贫计划,开展专项扶贫工作。1984年,中央政府又在全国范围内划定18个集中连片特困地区进行重点扶持。1978—1985年,农村人均粮食产量增长14%;农民人均纯收入增长了2.6倍;没有解决温饱的贫困人口从2.5亿人减少到1.25亿人,占农村人口的比

① 国家统计局. 中国农村贫困监测报告[M]. 北京:中国统计出版社,2001:7.

例下降到 14.8%。[①]

(2)1986—2000 年:中央统筹地方跟进阶段

随着改革开放的持续深入,农村地区制度改革的效益逐步降低,与此同时,在改革开放中受益的城市和东部沿海地区经济优势越发明显,农村扶贫工作面临新的困难,突出表现为:东部地区和西部地区农民收入差距不断加大,城市和农村收入水平差距持续扩大,农村地区内部收入不平等趋势加剧,"马太效应"凸显,贫困固化、相对贫困问题明显。这一时期,在中央政府的统筹引导下,各地方政府积极行动,开始在全国范围内大力推动有组织、有计划的大规模开发式扶贫工作。

1986 年 5 月,国务院成立了贫困地区经济开发领导小组,这是在我国扶贫历史上首次出现专门的扶贫开发机构,其主要职责包括:制定贫困地区经济发展方针、政策,统筹协调各类扶贫资源,指导贫困地区进行扶贫开发等。随后,各省、市、县分别成立了扶贫开发机构,扶贫开发组织体系开始逐步建立并完善。1986 年,为了充分调动地方积极性,提高扶贫针对性,中央决定以县为扶贫开发的重点单位,并在统一标准的指导下确定了 331 个国家重点扶持贫困县。1991 年,又在 331 个国家重点扶持贫困县的基础上,增加了 256 个 5 亿元扶贫专项贷款县。1994 年,在国务院制定并颁布的《国家八七扶贫攻坚计划》(国发〔1994〕30 号)中,又将国家重点扶持贫困县数量增至 592 个。各级政府设立财政专项扶贫资金,对国家重点扶持贫困县给予了一系列的资金扶持、优惠政策,全面从救济式扶贫转向开发式扶贫,着力增强贫困县的自我发展能力。到 2000 年年底,农村尚未解决温饱问题的贫困人口由 1985 年的 1.25 亿人减少到 2000 年的 3000 万,农村贫困发生率从 30.7%下降到 3%左右。[②]

(3)2001—2013 年:各级政府多部门协同阶段

经过"八七"扶贫攻坚计划以后,国家级贫困县、贫困人口数量不断减少,我国总体贫困规模不断减小,扶贫开发成效显著。进入新的历史时期,我国扶贫工作又面临新的困境,其中包括:贫困人口分布由以前的扶贫开发重点县区向更低层次的村级社区集中,国家重点扶持贫困县贫困人口占全

① 国务院扶贫开发领导小组办公室[R].中国农村扶贫开发概要,2006-11-20.

② 国务院扶贫开发领导小组办公室[R].中国农村扶贫开发概要,2006-11-20.

国贫困人口比例下降到61.9%。[①] 在这一背景下,2001年,国务院颁布并实施了《中国农村扶贫开发纲要(2001—2010)》(国发〔2001〕23号),开始将扶贫开发的重点从贫困县转向贫困村,并充分调动各地区积极性,中央政府和地方政府以及政府各部门之间协同配合,在劳动力转移培训、整村推进、产业扶贫等方面发挥积极作用。在新时期,国家确定了14.81万个贫困村作为扶贫工作重点,这些重点村占全国行政村总数的21%,分布在全国1861个县,覆盖了全国80%的农村贫困人口。2005年党的十六届五中全会提出了建设"社会主义新农村"的建设目标,此后,农村教育、医疗、社会保障等民生服务也被纳入"十一五"时期经济社会发展的主要指标,各级政府、各部门的资源纷纷向农村地区尤其是农村贫困地区倾斜。就整体减贫效果而言,根据2010年1274元的扶贫标准衡量,农村贫困人口从2000年年底的9422万人减少到2010年的2688万人,农村贫困人口占农村人口的比重从2000年的10.2%下降到2010年的2.8%。[②]

(4)2014年**至今:全社会共同参与精准扶贫阶段**

经过改革开放以来近40年的扶贫开发,我国的贫困人口逐步减少,农民温饱问题基本得到解决。但是,在新的历史时期,我国扶贫攻坚任务更加繁重。贫困人口数量依然十分庞大,且这部分贫困人口的贫困程度更深、观念更加保守、脱贫难度更加艰巨,以往的扶贫开发方式已经很难满足需要。

通过将扶贫开发重点从贫困县转向贫困村,能够大大提高扶贫开发工作的针对性和精准度,但是在整村推进贫困村脱贫中,扶贫项目对贫困群体的覆盖率只有16%,而对中等户和富裕户的覆盖率分别为51%和33%。[③] 因此,必须大力提高扶贫开发的精准性。2013年11月3日,习近平在湘西调研时首次提出"精准扶贫"的概念,提出"扶贫要实事求是,因地制宜。要精准扶贫,切忌喊口号,也不要定好高骛远的目标",此后,在陕西、新疆等地的调研中,习近平多次强调了精准扶贫,我国扶贫工作逐渐步入精准阶段。2013年,中央办公厅发布了《关于创新机制扎实推进农村扶贫开发工作的意

① 李小云,张雪梅,唐丽霞.我国中央财政扶贫资金的瞄准分析[J].中国农业大学学报(社会科学版),2005(3).

② 中国农村扶贫开发的新进展[J].北京周报:英文版,2011,54(47):111-117.

③ 李小云,张雪梅,唐丽霞.我国中央财政扶贫资金的瞄准分析[J].中国农业大学学报(社会科学版),2005(3).

见》(中办发〔2013〕25 号),将建立精准扶贫工作机制作为六项扶贫机制创新之一,国务院扶贫办也随后制定了《建立精准扶贫工作机制实施方案》(国扶办发〔2014〕30 号),大力推进精准扶贫工作。在强调扶贫工作精准性的同时,多元社会力量的参与也得到了前所未有的重视。2016 年,国务院印发《十三五脱贫攻坚规划的通知》(国发〔2016〕64 号),在通知中明确提出,要加强东西部扶贫协作,开展各单位定点帮扶以及中央、民营企业帮扶工作,开展军队帮扶、社会组织和志愿者帮扶工作,同时加强国际交流合作。

2.3.2 西部地区易地扶贫搬迁的政策演进

从 20 世纪 80 年代开始,以人口迁移为主要特点的易地扶贫搬迁在国家贫困治理进程中发挥着日益重要的作用,且在不同时期有着不同的特点,基本上可以分为以下 4 个阶段。

(1)1980—1990 **年:中央鼓励移民自愿阶段**

1978 年我国农村贫困人口总量为 2.5 亿,在农村总人口中占比 30.7%,贫困原因主要在于农村经济制度不适应日益变化的生产力发展需求,使得农民缺乏生产积极性、农业生产效率低下。在这种背景下,我国政府于 20 世纪 70 年代末期进行了农村体制改革,调整土地集体经营制转变为家庭联产承包责任制,从根本上激发了广大农民的劳动生产积极性,促进了农业和农村经济加速发展,实现了大规模的减贫。然而,在一些自然条件非常恶劣的地区,经济社会发展依然面临很大的困难,存在严重的发展不平衡现象。很明显,对于这些地区,常规的救济式扶贫难以再发挥效用,从而促使国家开始了运用易地移民搬迁形式推动扶贫的实践探索。

1982 年 12 月,国务院办公厅发布了《关于成立三西(河西、定西、西海固)地区农业建设领导小组的通知》(国办发〔1982〕85 号),宣布成立“三西”地区农业建设领导小组,目标是加快甘肃河西走廊商品粮基地建设,改变甘肃定西、宁夏西海固地区的贫困现状,这是西部也是我国扶贫开发史上第一个有计划、有组织、大规模的区域开发式扶贫行动。[①] 具体途径之一是鼓励定西、西海固等地的贫困农民自愿流向河西、河套谋生,迁出地和迁入地政府提供一定的支持。二是在河西、河套兴建水利工程,有计划地从甘肃中部

---

① 回良玉. 继续发扬“三西”精神 加大扶持力度着力破除制约片区发展的瓶颈[N]. 甘肃日报,2013-08-24.

和西海固招民工实现以工代赈,待工程结束后民工可自愿选择就地安家落户或返乡。[①] 在“三西”农业建设计划的探索中,国家拨付的专项建设资金主要用于农田水利基本建设(47%)和发展林草畜牧业(21%),开荒、移民只占5.9%,资金投放比例较低。总之,这一时期的西部易地扶贫搬迁政策尚处于在特定区域展开初步探索的阶段,除甘肃、宁夏两省区外的西部其他贫困地区尚未施行。

(2)1990—2000年:**中央引导各地跟进阶段**

在农村生产体制根本性变革后的很长一段时间里,我国绝对贫困人口大幅减少,但这一变革的效益却在不断衰减,解决剩余贫困人口温饱问题的难度日益加大,扶贫开发进入了攻坚阶段。另外,前期对于易地扶贫的试点探索取得了一些可喜的成果,有效改善了试点区域的贫困状况。在这种背景下,扶贫移民被正式作为我国农村扶贫开发的基本途径之一,成为可以在符合条件的地区推行的一种常规手段。[②] 这首先体现在,中央政府于1994年颁布实施了《国家“八七”扶贫攻坚计划(1994—2000年)》(国发〔1994〕30号),明确指出我国贫困人口主要分布在中西部的深山区、石山区、荒漠区、高寒山区、黄土高原区、地方病高发区以及水库库区,并且面临着地域偏远、交通不便、生态失调、经济发展缓慢、文化教育落后、人畜饮水困难、生产生活条件极为恶劣等多方面的困难,是扶贫攻坚的主战场。《计划》还强调了要对极少数生存和发展条件特别困难的村庄和农户实行开发式移民。1996年,《中共中央国务院关于尽快解决农村贫困人口温饱问题的决定》又再次强调,“对缺乏基本生产生活条件的少数特困村,要按照农民自愿的原则实行开发式移民”。

在中央的指引下,西部各省、地区也制定和出台了通过易地搬迁进行扶贫的政策,并将其纳入地区扶贫措施体系中。例如,广西先后出台了《广西贫困地区部分群众异地安置试点方案》《自治区石山地区部分群众异地安置工作若干规定》《广西壮族自治区跨地区扶贫异地安置工作若干问题的规定》等省级文件,将大约10.6万人搬迁到条件较好的地区;云南省于1999年出台《云南省人民政府关于实施异地开发扶贫的决定》,对扶贫移民的政策

① 国务院办公厅.国务院批转“三西”地区农业建设领导小组第三次扩大会议的汇报提纲的通知[C].1983-11-28.

② 陆汉文,覃志敏.我国扶贫移民政策的演变与发展趋势[J].贵州社会科学,2015(5).

对象、资金来源、组织领导等问题进行了规定,为后期易地扶贫搬迁政策的完善进一步积累了宝贵经验。

(3)2000—2010 年:**中央布局地方协同阶段**

随着"八七"扶贫攻坚计划的实施,我国的贫困问题得到了缓解,但仍没有从根本上解决贫困问题。在此基础上,2001 年 5 月我国出台了《中国农村扶贫开发纲要(2001—2010)》(国发〔2001〕23 号),其中提到要结合退耕还林还草工程对居住在生存条件恶劣地区的特困人口实行搬迁扶贫;试点先行,搞好规划,稳步推进;坚持自愿原则;做好搬迁后生计发展工作,以保障扶贫开发成果;鼓励经济发达省、市适当吸收贫困地区扶贫搬迁人口;处理好迁入人口和本地人口的关系;做好迁出地退耕还林还草等工作,确保生态环境有明显改善。2001 年 6 月 21 日,国家计委地区司在北京正式确定将西部的宁夏、云南、贵州、内蒙古一起列为国家易地扶贫搬迁试点项目区。这一意见不仅是新世纪扶贫工作的重要要求,也是实施西部大开发战略的重要举措。

在这样的大背景下,西部相关省、区进一步制定了细化政策。例如,内蒙古发展计划委员会于 2001 年出台了《关于实施生态移民和异地扶贫移民试点工程的意见》,提出要结合生态建设扶贫开发和小城镇建设,实施生态移民和异地扶贫移民试点工程,加强农村牧区基础设施建设,改善农牧民居住条件和生产方式,提高其收入和生活质量。云南省于 2001 年年初制订了《云南省易地开发扶贫"十五"规划》,同年 8 月颁布了《云南省 2001 年国家西部易地开发扶贫安置试点工程实施方案》,省扶贫办易地处经过评审并报省政府批准立项的易地开发扶贫项目在"十五"期间达 82 个县、32.35 万人。[①]

2007 年,国家发展改革委员会出台了《异地扶贫搬迁"十一五"规划》,系统阐述了易地扶贫搬迁的形势、指导思想与原则、搬迁对象、搬迁与安置方式、搬迁目标与任务、主要建设内容、资金筹集等。我国易地扶贫搬迁开始从一个政策方向逐步转变成有计划推行的一项系统工程,实现了从探索阶段走向整体规划和设计阶段的转变。而西部地区作为主要的政策区域,

① 赵俊臣. 云南省易地搬迁扶贫开发调研报告[EB/OL]. http://www.cssm.org.cn/view.php?id=15344.

也收获了显著效果,例如,“十一五”期间,广西累计投入资金 10.9 亿余元开展易地扶贫搬迁试点工程,安置贫困群众 4.1 万户,搬迁总人口 18.5 万①;青海投资易地扶贫搬迁资金 2.38 亿元,实施易地移民搬迁扶贫项目 116 个,搬迁安置贫困户 4.7 万人②。

(4)2010—2020 年:多元参与精准发力阶段

扶贫工作经过数十年的稳步开展,农村减贫工作成果显著。步入新的阶段,《中国农村扶贫纲要(2011—2020 年)》(国务院公报〔2011〕35 号)指出“我国扶贫开发已经从以解决温饱为主要任务的阶段转入巩固温饱成果”阶段,并确定了 14 个连片特困区并将其作为新时期扶贫攻坚的主战场,其中大部分都位于中西部地区;建立了精准扶贫体系,并将易地搬迁作为基本方略之一,易地移民搬迁扶贫被摆在了专项扶贫的突出位置加以强调。2012 年,《易地扶贫搬迁(十二五)规划》(发改地区〔2012〕2221 号)确定了“十二五”时期易地移民搬迁扶贫的实施范围是中西部地区(不含新疆和西藏),重点是连片特困地区。提出要根据安置地资源条件和环境承载能力安置资源,行政区内缺乏安置资源的,可创造条件跨区安置,易地移民搬迁扶贫由此进入与城镇化相关联的一个新阶段。其间,陕西省在西部省份中首个制定了高于国家的新扶贫标准,将扶贫标准从国家的 2300 元提高到 2500 元,受益人口扩大了 124 万人。同时,陕西省还建立了省级财政专项扶贫资金稳定增长机制,4 年内共投入财政专项扶贫资金 103.2 亿元,扶持 200 多万贫困户发展特色产业,培训安置 20 多万贫困家庭“两后生”就业,资助贫困家庭大学生达 6.65 万人,在 2070 个贫困村实施了整村推进项目,贫困村互助资金组织发展到 2006 个。③ 同期,甘肃省在建档立卡数据库的基础上,建立了精准扶贫大数据管理平台。该平台利用大数据和移动互联技术对数据进行专业化处理,实现了省、市、县、乡间贫困户和扶贫信息的共享。同时,要求村级绘制贫困人口分布、贫困人口致贫原因统计、贫困村脱贫攻坚目标任务推进、贫困户脱贫目标任务、贫困人口进出动态统计“5 张图”;为贫困农户

---

① 王秋凤.“十一五”期间广西 18.5 万贫困群众实现易地搬迁[EB/OL]. https://www.gov.cn/jrzg/2010-10/27/content_1731435.htm.

② 孙世成.“十一五”期间我省易地安置贫困群众超万户[N]. 青海日报,2011-01-05.

③ 陕西省扶贫办. 陕西省精准扶贫、精准脱贫有关情况新闻发布会[Z]. 2015-10-16.

建立脱贫计划、帮扶措施、工作台账“3 本账”①，切实开展精准扶贫工作。

在党中央和省委的要求下，西部各省、市积极创新易地移民搬迁扶贫开发投融资模式和组织方式，贵州、青海、陕西、甘肃等省市于“十二五”末及“十三五”初先后组建了省级扶贫开发投资有限公司或易地扶贫搬迁投资有限公司，目的都是为推进易地搬迁工程精准扶贫提供资金保障。2016 年 9 月，《全国“十三五”易地扶贫搬迁规划》(国发〔2016〕64 号)强调要实施革命老区振兴发展行动计划、民族地区奔小康行动、沿边地区开发开放行动三大措施，其中的民族地区与沿边地区也都再一次反映了西部地区开展易地扶贫搬迁工程的重要意义。

综上所述，关于易地扶贫搬迁政策的历史演进如表 2－3 所示。

表 2－3　易地扶贫搬迁政策历史梳理

阶段	政策目标	政策主体	政策背景	政策内容	政策手段
1980—1990 年中央鼓励移民自愿阶段	改善土地制度改革后的发展不平衡	政策社群	经济建设刚刚起步，政策社群可运用的经济资源有限	“三西”计划：鼓励定西、西海固等地贫困农民自愿流向河西、河套谋生；在河西、河套兴建水利工程以工代赈	建立试点区域，鼓励移民自愿，相关政府提供支持
1991—2000 年中央引导各地跟进阶段	解决剩余贫困人口温饱问题	政策社群 府际网络 专家网络	救济式扶贫效益减弱，扶贫开发进入攻坚阶段	中央：《国家八七扶贫攻坚计划》等； 地方：《广西贫困地区部分群众异地安置试点方案》《云南省人民政府关于实施异地开发扶贫的决定》等	中央宏观引导，西部制定具体政策
2001—2010 年中央布局地方协同阶段	进一步解决剩余贫困人口温饱问题	政策社群 府际网络 专家网络	综合扶贫效果式微，贫困问题解决难度日益加大	中央：《中国农村扶贫开发纲要(2001—2010 年)》《异地扶贫搬迁“十一五”规划》等； 地方：《关于实施生态移民和异地扶贫移民试点工程的意见》(内蒙古)等	中央整体规划进行布局，西部四省作为试点积极协同

① 甘肃省委，省政府．关于打赢脱贫攻坚战的实施意见[C]．2016－05－20.

续表

阶段	政策目标	政策主体	政策背景	政策内容	政策手段
2011—2020年多元参与精准发力阶段	巩固前期扶贫成果,增强扶贫精准程度	政策社群府际网络专家网络议题网络企业网络	传统易地扶贫协调难度大、扶贫资源配置低效,社会合力没有形成	中央:《中国农村扶贫纲要(2010—2020年)》,确定14个连片特困区和精准扶贫体系; 地方:将精准扶贫应用于地方易地移民搬迁扶贫工程,提高扶贫标准、建设大数据管理平台、成立省级扶贫开发投资有限公司等	中央指挥,地方落实,社会力量积极参与,共同推动易地扶贫精准化

2.3.3 西部地区易地扶贫搬迁的政策现状

“十三五”时期,为在全国范围内深入推进易地扶贫搬迁工作,切实发挥好易地移民搬迁在精准扶贫中的重要作用,在国家层面先后制定了《全国“十三五”易地扶贫搬迁规划》(国发〔2016〕64号)、《关于做好农村最低生活保障制度与扶贫开发政策有效衔接指导意见的通知》(国办发〔2016〕70号)、《关于切实做好就业扶贫工作的指导意见》(人社部发〔2016〕119号)、《关于进一步加强医疗救助与城乡居民大病保险有效衔接的通知》(民发〔2017〕12号)、《关于进一步加强全面改善贫困地区义务教育薄弱学校基本办学条件中期基本有关工作的通知》(教督〔2017〕9号)、《关于切实做好社会保险扶贫工作的意见》(人社部发〔2017〕59号)等相关政策。西部各省(市、自治区)在国家规划及相关政策精神的指导下,分别制定了符合本地区实际的搬迁规划及相关政策以指导本地区的易地扶贫搬迁工作。以下分别从财税、金融、土地、社会治理、社会保障和人力资本等政策方面,对西部地区的甘肃、广西、贵州、内蒙古、宁夏、青海、陕西、四川、云南、重庆等省(市、自治区)的易地扶贫搬迁政策进行梳理。

(1)**甘肃省**

甘肃省先后制定及发布了《关于精准扶贫易地搬迁支持计划的实施方案》《甘肃省“十三五”易地扶贫搬迁规划》(甘政办发〔2016〕116号)。“十三五”期间,甘肃省确定了17.39万户73.14万人的易地移民搬迁规模,其中建档立卡户11.96万户50万人,同步搬迁户5.43万户23.14万人。

第一,财税政策。一是财政资金筹措。充足的财政资金支持是实施易地扶贫搬迁的物质基础,为确保相关工作的顺利推进,甘肃省多方筹措易地移民搬迁资金，其中，申请中央预算内补助40.58亿元，争取国家专项建设基金25亿元，发行省级政府债券48.7亿元，申请省级财政补助资金11.57亿元，县级配套3.4亿元。二是税费减免。甘肃省相关政策规定，对于安置区建设用地耕地开垦费和新增建设用地土地有偿使用费地方留成部分实行免收处理。易地扶贫搬迁安置区建设中，国有未利用土地以无偿划拨方式提供；农村集体土地，当地政府要给予一定的补偿。为有效鼓励安置区附近企业积极吸纳建档立卡贫困户务工就业，政府采取相关税费减免和支持政策等方式进行鼓励引导。对于重点生态功能区的易地扶贫搬迁，地方政府给予相应的生态补偿，同时加大迁出区退耕还林（草）的实施力度，搬迁户仍然享受相关后续扶持政策，以此确保搬迁户相关权益收益不受损。三是搬迁补助标准。甘肃省在中央预算内资金的分配上对建档立卡户实行差异化补助政策，甘南州和天祝县按照人均1万元标准补助，其他地区按照人均8000元标准进行补助。地方政府债券、专项建设基金对建档立卡户采取相同的补助标准，分别为人均9740元、人均5000元。甘南州和天祝县将达到人均2.4万元的标准，其他地区达到人均2.27万元的标准。对于同步搬迁户，人均给予5000元的省级建房补助。

第二，金融政策。通过省级融资平台向开发银行、农业发展银行申请长期低息贷款228.34亿元，以此对易地移民搬迁财政资金进行补充。对建档立卡贫困户给予20年期的长期低息贷款，利率执行基准利率下浮10%的优惠，对于同步搬迁户给予户均10万元10年期低息贷款政策，利率标准与建档立卡户一致，同时在贷款3~5年期限内，搬迁户只付息不需偿还本金。

第三，土地政策。一是土地整治。甘肃省对迁出区基本农田实施改造，开展旧宅基地复垦工作，增加有效耕地面积，同时加强迁出区生态修复和安置区生态环境治理，与退耕还林、天然防护林保护、三北防护林建设、地质灾害防治、生态综合治理等工程相结合。二是易地搬迁安置方式。甘肃省易地移民搬迁的具体安置方式有：行政村内就近集中安置、建设移民新村集中安置、依托小城镇安置或产业园区安置、依托乡村旅游区安置、插花安置、投亲靠友等、其他安置方式（主要为城镇购房方式）。其中，河西地区主要依托国有农林场、新开垦的水浇耕地作为安置用地，实施“下山入川”工程；中部干旱区和陇东地区主要以就近搬迁安置模式为主，依托县城、小城镇、中心村、产业园区等进行安置；南部山区采取“就近搬迁、改善条件”的安置方式，主要采取插花安置、城镇化安置等方式。三是房屋面积标准。中央补助的建档立卡搬迁群众在农村建房,人均住房面积不超过20平方米,依据家庭实际人口数,将住房建筑面积标准范围控制在60～100平方米以内;对于城镇购房安置的搬迁户,将住房建筑面积标准范围控制在60～90平方米以内。对于农村一、二类低保群众、农村五保供养对象和残疾人等特困群体,安置住房建筑面积人均不超过15平方米,总面积控制在60平方米以内。此外,规定易地搬迁安置用房10年内不得出售。

第四,社会治理政策。加强安置区配套基础设施建设,统一规划建设水、电、路、气、网等基础设施,同时在安置区周边配套建设教育、卫生、文化等公共服务设施。对进入城镇、具有稳定收入来源、自愿办理城市户口的易地扶贫搬迁农户,按规定享受子女上学、社会保险、劳动就业等政策优惠。

第五,社会保障政策。加大安置区卫生室建设力度,同时提高建档立卡搬迁群众城乡居民医疗保险和大病保险报销比例,将建档立卡搬迁群众全部纳入重特大疾病救助范围,易地扶贫搬迁农户符合条件的继续享受低保政策。

第六,人力资本政策。一是搬迁户就业安置方式。根据安置区条件发展日光温室、塑料大棚等设施农业;养殖业;特色种植业,主要发展经济作物、经济林果、中药材等,通过扶持产业发展带动搬迁户就业脱贫。根据贫困地区不同类型农村转移就业劳动者的需求,分类组织实施各具特色的职业培训。鼓励和支持农村青年、乡土能人、返乡人员、大学生等,围绕农村电子商务、休闲农业、农产品深加工、民俗工艺制品、乡村旅游、农村服务业等因地制宜地开展创业,推动发展家庭农场、专业合作社等新型农业经营主体。二是搬迁家庭子女教育扶贫。易地扶贫搬迁户接受学前教育的子女免除(补助)保教费,接受义务教育免除学杂费,接受中等职业教育免除学费,落实义务教育营养改善计划。对易地扶贫搬迁建档立卡户就读普通高中学生免除(补助)学杂费和书本费,就读省内高职院校免除(补助)学费和书本费。

(2)**广西壮族自治区**

“十三五”期间,广西先后制定出台了《关于贯彻落实中央扶贫开发工作重大决策部署坚决打赢“十三五”脱贫攻坚战的决定》(桂发〔2015〕15号)、《广西易地扶贫搬迁十三五规划》(桂政办发〔2016〕7号)、《脱贫攻坚移民搬迁实施方案》,为易地移民搬迁扶贫工作提供了有利的政策保障。“十三五”期间,广西计划完成移民搬迁 110 万人的目标,其中建档立卡贫困人口 100 万人,同步搬迁户 10 万人。具体目标为 2016 年搬迁 33 万人,2017 年搬迁 44 万人,2018 年搬迁 33 万人,2019—2020 年完成搬迁收尾工作。

第一,财税政策。一是财政资金筹措。筹集中央专项补助投资 22.86 亿元,自治区本级财政相关专项资金 10.54 亿元,市县政府专项配套资金 2.19 亿元。二是税费减免。自治区政策规定,对于吸收建档立卡搬迁移民就业达到 35%或 500 名以上的工业园区和农民工创业园,给予新增用地计划指标奖励扶持,在自治区权限内,减免办理土地征收使用等相关费用。三是搬迁补助标准。自治区按不同区域确定基准补助标准:其中滇桂黔石漠化片区县、国家扶贫开发工作重点县基准补助金额每人不低于 2.4 万元;自治区扶贫开发工作重点县、滇桂黔石漠化片区“天窗县”、享受待遇县基准补助金额每人不低于 1.8 万元;其他县基准补助金额每人不低于 1.35 万元。以县人民政府精准识别划定的建档立卡贫困户分数线为基准,将搬迁对象按一般贫困、中等贫困、特别贫困、极端贫困 4 种情形进行分档补助,上、下档之间补助标准相差不超过 15%。安置到边境 0 ~ 3 公里范围或属于人口较少民族的搬迁对象,在相应档次补助标准的基础上略微增加。

第二,金融政策。建档立卡搬迁户新建或购买住房申请贷款贴息,由各县按每户最高不超过 10 万元的额度和不高于同期人民银行基准利率给予全额贴息补助,连续贴息期限不超过 3 年,特别贫困的搬迁户连续贴息期限不超过 5 年。

第三,土地政策。一是土地流转。原迁出的宅基地交由村委会统一处置,同时对搬迁移民给予适当的资金补助。鼓励搬迁户在自愿的前提下全部流转土地(山林)承包经营权,并鼓励向专业大户、家庭农场、农民专业合作社有序流转。二是土地整治。加强基本农田整治和水利建设,加强旱(坡)地整治,复垦整治原有宅基地。三是易地搬迁安置方式。自治区采取集中安置为主、分散安置为辅的方式,计划建设集中安置点 737 个,安置 925692 人,占比 84.15%;分散安置 174308 人,占比 15.85%。实施梯度搬迁安置方式,对贫困群众中有劳动能力、家庭经济条件相对较好,尤其是已有家庭成员在县城或产业园区、旅游景区务工的,引导进县城、产业园区、景区进行集中安置;对条件稍差或要求留在乡镇安置的搬迁对象,集中安置到乡镇所在地;对没有离乡意愿、自身条件差(包括一些“五保户”、智障和残疾人员)、打算长期在农村发展的贫困人口,搬迁安置到中心村(包括敬老院、养老院)。四是房屋面积标准。严格执行住房建筑面积不超过25平方米,户均住房建筑面积不超过90平方米,其中单人户不超过40平方米、5人户以上每户不超过120平方米,户均宅基地面积不超过80平方米。搬迁农户拥有房屋产权,可按规定进行权属登记,在取得房屋所有权的10年内不得进行转让。

第四,社会治理政策。一是户籍管理。自治区统一对搬迁移民实施免准迁证。对无意愿将原户籍户口迁入城镇的移民,允许保留农村户口,支持他们继续享受原来的政策待遇,属跨县安置的,可通过办理居住登记享受城镇居民待遇;属本县范围内的安置搬迁户,可直接享受城镇居民待遇。二是社区建设与社区治理。对靠近县城、产业园、旅游区的移民集中安置点,和乡镇1000人以上的移民安置点,以及整体搬迁移民来自两个以上行政村,且规模在500人以上的中心村集中安置点引入社区建设和管理。同时着力加强社区软硬件设施建设,配套建设水电路、绿化亮化、科教文卫、学校、医院、菜市场、商业店铺、安保等基础设施和社区服务设施;组建社区党组织,帮助搬迁移民党员向社区服务党组织转化;成立社区居委会及物业、文化、计生养老等服务中心,对符合条件的安置点安排公安、民政、社保、教育等单位进点帮扶。实施“社区管房、管人、管社会事务,原村委管林、管地、管惠农补助”的“人地分离”的管理方式。

第五,社会保障政策。搬迁移民养老保险按属地管理的原则,险种转移接续、基金管理等,搬迁当年由迁出地乡镇人民政府负责办理,此后由迁入地乡镇人民政府负责办理。搬迁移民参加新型农村合作医疗或城镇居民医疗保险,由户口迁入地医疗机构负责提供基本医疗卫生服务,人社、卫生计生部门负责医疗保险接转。对搬迁进城镇、产业园区的特殊困难移民,户口转移到城镇,享受城镇低保待遇;户口不转移,可继续享受农村低保待遇。

第六,人力资本政策。一是搬迁户就业安置方式。通过打造精品农业基地、绿色有机农业基地、现代服务业基地、乡村旅游基地、产城融合发展基地,广泛吸纳搬迁户就业。免费推荐搬迁移民到园区企业等用人单位就业;对符合就业困难条件的安置区移民,同等条件下优先推荐就业或提供公益性岗位。对搬迁移民实行“一扶四免三优先一确保”的就业扶持政策,扶持符合条件的搬迁移民按规定申请创业担保贷款进行自主创业。二是搬迁户技能培训。搬迁移民可免费参加园区企业培训、创业培训、技能培训等就业培训;大力开展农村实用技术免费培训;在自治区推行职业资格证书和学历证书互认制度,重点打造提升"八桂月嫂""八桂泥水工""八桂洁务"等劳务品牌。三是搬迁家庭子女教育扶贫。初中毕业未考入高中、高中毕业未考入大学的搬迁户子女,在当地县级中等职业学校按规定享受中等职业教育免学费政策。搬迁移民子女免学费就读本地市、县职高;对搬迁贫困户"两后生"开展2~3年的职业技能学历教育,按照规定给予培训补助和生活补助。

(3)**贵州省**

"十三五"时期,贵州省先后出台制定了《贵州省创新发展扶贫小额信贷实施意见》《贵州省2016年易地扶贫搬迁工程实施方案的通知》(黔府办发〔2016〕1号)、《省人民政府关于深入推进新时期易地扶贫搬迁工作的意见》(黔府〔2016〕22号)、《贵州省易地扶贫搬迁就业和产业扶持实施意见》《贵州省农村最低生活保障制度与扶贫开发政策有效衔接实施方案的通知》(黔府办函〔2016〕255号)、《贵州省易地扶贫搬迁工程实施规划》《关于精准实施易地扶贫搬迁的若干政策意见》(黔党发〔2017〕6号)等易地移民搬迁扶贫政策。"十三五"期间,贵州省将对"一方水土养不起一方人"的地方的130万建档立卡贫困人口、32.5万同步搬迁户实施易地扶贫搬迁,其中2016年已实施搬迁45万人,2017年计划实施搬迁75万人,2018年计划实施搬迁42.5万人。

第一,财税政策。一是税费减免。税务部门对易地扶贫搬迁住房及配套设施建设、移民产业发展和创业就业等,以及对吸纳一定比例易地扶贫搬迁对象就业的企业,依法给予最大限度的税收优惠;有关部门对工程涉及的相关行政事业性收费按有关规定予以减免。二是搬迁补助标准。对易地扶贫搬迁住房建设实行差别化补助和奖励政策:建档立卡贫困人口人均住房补助2万元,非贫困人口人均住房补助1.2万元;签订旧房拆除协议并按期拆除的,人均奖励1.5万元。鳏寡孤独残(无生活来源、无劳动能力、无法定抚养义务人的"三无"人员)等特困户先由民政供养服务机构进行安置,民政供养服务机构不能安置的,再由政府根据家庭实际人口统一提供相应的安置房,免费居住,产权归政府所有。2012—2015年实施的扶贫生态移民搬迁户,完成旧房拆除,并对原有宅基地复垦复绿,经验收合格后给予人均1.5万元奖励。

第二,金融政策。脱贫攻坚"特惠贷"等金融优惠产品对易地扶贫搬迁对象予以重点支持,鼓励金融机构进一步加快金融产品创新,进一步提高金融服务水平,对搬迁对象创业和吸纳搬迁对象就业的小微企业给予信贷倾斜支持;积极支持易地扶贫搬迁户安置房产权、林权和土地承包经营权等"三权"抵押贷款。

第三,土地政策。一是土地流转。对承包耕地进行确权登记颁证,对山林地权归属进行界定,实施旧房拆除和宅基地复垦,复垦后形成的土地分类确权颁证给搬迁户,赋予搬迁户相应的承包经营权,确保搬迁群众按照政策享受的各项土地惠利不变。在土地确权的基础上,对有价值的承包地、山林地,引导组织搬迁群众采取市场化方式进行流转经营;一时难以流转经营的土地,由县级国有经营主体按保底价收储流转或统一打包开发经营;不能耕种的承包地实施退耕还林,优先安排宜林荒山造林,搬迁群众因地享有的涉林政策性补贴维持不变。对于因拆除旧房和整村整组搬迁而闲置、废弃的农村集体建设用地和宅基地,经复垦复绿后全部优先纳入城乡建设用地增减挂钩项目安排,产生的指标增值收益全部用于偿还易地扶贫搬迁贷款。二是宅基地复垦。搬迁农户在签订易地扶贫搬迁协议时同步签订旧房拆除协议,县级政府在核定搬迁安置方案时同步编制宅基地复垦复绿项目计划书,地方政府统筹组织旧房拆除和土地复垦复绿,按规定兑现奖励。三是易地搬迁安置方式。从实际出发,贵州省全省实行城镇化集中安置,以市(自治州)政府所在城市和县城安置为主、中心集镇安置为补充,根据可就业岗位、可脱贫产业合理确定安置容量和安置点建设规模,安置容量不足的县,鼓励跨县(市、区)、跨市(自治州)安置。四是房屋面积标准。人均住房面积城镇安置不超过20平方米,农村安置不超过25平方米,每户住房面积根据家庭实际人口合理确定。五是新房产权归属。对使用国有土地建设的安置房,地方政府及时办理产权手续,对使用农村集体建设用地的搬迁房,及时办理确权登记,安置房5年内不得上市交易。

第四,社会治理政策。一是社区基础设施建设。在社区内建设便民服务设施,设立移民、人力资源社会保障、公安、民政、卫生计生等便民服务窗口,同时建设安置区老年人活动中心、儿童托管中心等服务场所,建设文化活动广场。二是社区管理服务水平建设。建设便民微田园，在有条件的安置区附近流转一定面积的农业生产用地，划块提供给年纪较大、依恋故土、依恋农耕生活和难以在非农领域就业的搬迁群众耕作，以解决他们的日常生活所需。着力化解移民搬迁群众的融合融入难题，对同乡、同村、同组及具有亲友关系的搬迁群众尽量实行集中"亲情"安置，以增强搬迁群众的亲情感、安全感、归属感和幸福感。在安置区内建立党的基层组织和居民委员会，构建社区数字化网格化管理平台，实现党的领导和群众自治相结合。

第五，社会保障政策。一是最低生活保障制度。原已享受农村最低生活保障的易地扶贫搬迁群众，搬迁后按安置地标准享受低保待遇。搬迁到城镇区域的享受安置地城市最低生活保障待遇，所享受的生产性补贴等不计入家庭收入。各县（市、区）对迁居初期因收入减少、支出增加造成家庭生活临时困难的搬迁群众发放过渡性生活补助，保障搬迁群众生活水平不下降并实现稳步提升。二是养老保险转移接续。搬迁群众迁入城镇安置后，根据就业情况，自愿选择参加城乡居民养老保险或城镇职工养老保险。对于缴纳城乡居民养老保险有困难的搬迁群众，由县级财政整合相关资金给予资助。三是医疗保险转移接续。加强迁出地和迁入地的城乡医保转移接续，实现"一站式"即时结算服务，确保搬迁群众享受有效的基本医疗保险。搬迁群众迁入城镇居住后，自愿选择参加安置地城镇居民基本医疗保险或新型合作医疗保险，有稳定劳动关系的应参加职工基本医疗保险。对于参保个人缴费确有困难的搬迁群众，由县级财政整合相关资金给予资助。

第六，人力资本政策。一是搬迁户就业安置方式。加强转移就业，开展针对性的社会化培训，组织劳务输出；同时拓宽安置点就业渠道，对自主创业补贴、创业场所租赁补贴、创业担保贷款、职业培训等各项就业创业扶持政策予以落实，对符合条件的易地扶贫搬迁群众按照"控制总量、适度开发"的原则合理安排公益性岗位就业。二是搬迁家庭子女教育扶贫。贫困户搬迁后继续享受教育扶贫资助政策，即高中阶段（含中职）"两助三免"即国家助学金、扶贫专项助学金、免（补助）学费、免（补助）教科书费、免（补助）住宿费，普通高校本专科（含高职）"两免一补"即国家助学金、扶贫专项助学金、免（补助）学费。

（4）内蒙古自治区

"十三五"时期，内蒙古自治区先后出台制定了《关于做好金融扶贫富民工程贷款贴息工作的通知》《内蒙古自治区扶贫贷款贴息资金管理暂行办法》(内财农〔2013〕1969号)、《关于加快推进全区易地扶贫搬迁工作的指导意见》(内扶办发〔2016〕89号)等相关政策,并制定了全区完成20万(建档立卡贫困户6.9万户20万人;同步搬迁户3.5万户10万人)建档立卡贫困人口搬迁安置与脱贫任务的目标。

第一,财税政策。一是财政资金筹措。其中中央预算内投资16亿元;通过调整地方政府债务结构发行地方债19.5亿元;自治区本级每年安排生态脆弱地区扶贫移民资金6.1亿元,5年共计30.5亿元,优先用于同步搬迁人口住房补助和本级承担贴息。二是税费减免。在税费减免上,对用工企业给予税费减免等政策支持。三是搬迁补助标准。对建档立卡贫困人口人均补助建房资金2万元,其中中央预算内资金补助0.8万元,自治区本级补助1.2万元。对同步搬迁人口,自治区本级安排专项资金给予人均1万元的建房资金补助。盟、市根据当地实际情况对搬迁户(含同步搬迁人口)拆除旧房及宅基地复垦进行适当奖励。

第二,金融政策。自治区通过国家开发银行内蒙古分行、农业发展银行内蒙古分行发行专项建设债券设立专项建设基金10亿元;由国家开发银行内蒙古分行、农业发展银行内蒙古分行为自治区级投融资主体提供易地扶贫搬迁长期低息贷款70亿元;承还贷主体均为自治区投融资主体,自治区政府授权扶贫办与投融资主体签订政府购买服务协议,投融资主体依据该协议进行融资。自治区、盟市、旗县的还贷比例为5∶1∶4,从2020年开始,还款期为15年。

第三,土地政策。一是宅基地复垦。所有搬迁户建设新房以后必须拆除旧房,实行土地复垦、生态修复。搬迁腾退的原宅基地及其附属设施用地由当地政府统一组织复垦,扣除安置点新增建设用地面积后,节约指标作为城乡建设用地增减挂钩建新指标。二是易地搬迁安置方式。自治区主要采取集中安置和分散安置两种方式,以集中安置为主。集中安置主要包括:村内就近安置;建设移民新村安置,依托新开垦或调整使用耕地,在相邻旗县接壤处、苏木乡镇或嘎查村规划建设移民新村集中安置;小城镇或产业园区安置,在旗县所在地、小城镇或依托工业园区、物流园区以及种植、养殖园区建设安置区集中安置。乡村旅游区安置,因地制宜地打造乡村旅游重点嘎查村或旅游景区,引导搬迁对象适度集中安置。特困人员集中供养安置,五保对象、残疾智障等需集中供养的特殊贫困人口，通过建设互助幸福院等专门住房集中供养安置。分散安置方式主要包括：自主搬迁（插花安置），依托安置区已有的公共设施、空置房屋等资源，由当地政府采取回购空置房屋、配套相应耕地等办法进行安置。其他安置，主要为自主选择进城务工、投亲靠友等方式安置的建档立卡搬迁人口。三是房屋面积标准。建档立卡搬迁户住房建设面积严格执行不超过25平方米/人的标准。2口人家庭建筑面积控制在50平方米，3口人家庭建筑面积控制在60平方米，3口人以上家庭建筑面积控制在80平方米。年老体弱及1口人家庭可入住互助幸福院，产权归集体所有。宅基地面积原则上不超350平方米。

第四，社会治理政策。搬迁群众户籍实行属地管理，对户籍转换和户口迁移中的各类费用予以减免。

第五，社会保障政策。确保搬迁群众充分享受与当地居民同等的社会保障政策，保障搬迁群众中适龄儿童就近接受义务教育。

第六，人力资本政策。鼓励建设项目优先使用本地搬迁群众务工，本地企业优先吸纳建档立卡搬迁户就业，重点支持建档立卡搬迁户发展特色种养业、农畜产品加工、电子商务、民俗工艺、乡村旅游等产业，同时享受相关行业的有关优惠政策。

（5）**宁夏回族自治区**

宁夏回族自治区政府先后出台了《关于进一步推进金融扶贫工作的若干意见》《关于开展金融扶贫小额信贷工作的指导意见》《宁夏"十三五"易地扶贫搬迁规划的通知》（宁政发〔2016〕66号）、《宁夏"十三五"易地扶贫搬迁管理办法》（宁开办发〔2017〕3号）等相关政策，计划到2018年完成8万人建档立卡贫困人口易地搬迁，移民安置区基本公共服务达到贫困村脱贫标准，到2020年使移民生产生活条件得到明显改善。

第一，财税政策。一是财政资金筹措。争取中央预算内投资6.4亿元，自治区自发自还地方政府债券7.8亿元，专项建设资金4亿元，政策性银行长期贷款28亿元，自治区财政统筹安排资金1.34亿元。二是搬迁补助标准。县内就近安置易地搬迁移民，人均建房补助投资2.4万元；劳务移民住房，人均补助投资4.7万元；农村插花安置，移民住房人均建房补助投资3.7万元；小规模开发土地安置，人均建房补助投资3.2万元。迁出区拆除旧宅基地内房屋及附属设施，并对硬化部分进行铲除，对建筑垃圾进行全面清运或深埋,最终恢复为农用地,每户补助2000元;参照“十二五”移民及相关补贴标准,所有搬迁户每户补助搬迁安置费2000元、搬迁入住的前两年补助水费及取暖费2000元。

第二,金融政策。由投融资主体分年度承接国开行宁夏分行、农发行宁夏分行长期贷款共28亿元,争取贷款期限为20年,投融资主体采取“统贷统还”的办法,统一还本付息。

第三,土地政策。一是土地流转。县内就近安置搬迁户原土地承包关系不变;劳务移民、县外安置搬迁户,搬迁定居1年后,解除原土地承包关系;县内安置搬迁户,原土地承包关系解除期限由各县(区)自行确定;小规模开发土地安置搬迁户,人均安排1亩水浇地,移民在搬迁时解除原土地承包关系。农村插花安置搬迁户由安置县政府在尊重农民意愿的前提下,有偿置换已进城农民的原农村土地承包经营权,人均安排1亩水浇地,移民在搬迁时解除原土地承包关系。迁出区回收的土地全部收归国有,由县级人民政府统一管理,组织实施生态修复。二是易地搬迁安置方式。采取山区与川区结合、城镇与农村结合、集中与插花结合、政府组织与市场化推动结合等多种途径,创新移民安置方式。包括县内就近安置(依托中心村、乡村旅游区)、劳务移民安置(依托沿黄城市带、清水河城镇产业带、重点城镇、工业园区、产业基地以及山区大县城,新建或回购符合标准的现有存量商品住房)、小规模开发土地安置、农村插花安置(回购当地农民进城后闲置在农村的房屋和土地,安置少量移民)。三是房屋面积标准。各县(区)结合当地建房成本,合理确定搬迁户建房或购房面积,人均住房面积不低于15平方米/人,不超过25平方米/人。四是房屋产权归属。移民户在缴清建房自筹款、核转户籍、拆除迁出区原住房及附属设施后,可办理住房产权证书,产权归移民所有。移民住房和宅基地5年内不准出租、转让,无正当理由闲置两年的住房,由当地县级人民政府收回,重新安置移民。

第四,社会治理政策。一是户籍管理。移民户籍实行属地管理,搬迁移民免收在户籍转换和户口迁移中发生的一切行政性收费,放宽移民进城落户条件。县外农村插花安置、县外小规模开发土地安置搬迁户,搬迁时核转户籍;县外安置劳务移民,搬迁定居2年内核转户籍;县内安置劳务移民,各县根据实际自行确定核转户籍期限。二是社区建设。县内就近安置区、小规模开发土地安置区统一配套建设饮水、供电、道路、防洪、排水、护坡、公厕、垃圾点等配套设施；劳务移民安置区配套基础设施纳入住房建设工程，农村插花安置不再新建配套基础设施。在县内就近安置、劳务移民安置、小规模开发土地安置区，规划新建幼儿园、改（扩）建学校，新建社区服务站（村级组织、劳务服务、科技、文化、医疗、计生）等公共服务设施。

第五，社会保障政策。移民在搬迁定居核转户籍后，迁出县（区）和迁入县（市、区）相关部门按照相关规定为其办理养老、医疗等社会保险关系的转移接续等工作。移民搬迁后，实行属地管理，与当地居民享有同等的教育、医疗卫生、基本医疗保险、养老保险和社会救助等社会保障政策。对于符合救助条件的移民困难户，及时纳入救助范围。对于劳务移民家庭的主要劳动力，由安置地政府协调和督促，与用人单位签订劳动合同，参加基本养老保险、医疗保险。

第六，人力资本政策。一是搬迁户就业安置方式。因地制宜地发展草畜、马铃薯、冷凉蔬菜、压砂瓜、枸杞、红枣、中药材、苗木等特色种养业。同时，积极发展设施农业、节水种植、高效养殖等特色产业。鼓励移民发展手工艺、农资店、批发零售、餐饮、运输、家政服务、乡村旅游、农村电商等服务业，开展多种经营。二是搬迁户技能培训。将移民技能培训纳入城乡劳动力职业技能培训范围，补贴标准按照职业（工种）A、B、C 类别，分别给予 900 元、800 元、700 元补贴。强化移民就业技能和创业能力培训，统筹整合技能培训、创业培训、新型农民培训以及贫困地区劳动力转移中长期培训等相关培训资源，采取灵活的培训方式，开展符合市场需求的“订单式”培训，确保移民户主要劳动力掌握至少 1 门致富技能。免费为移民提供就业创业政策法规咨询、职业供求信息、培训信息、职业指导、职业介绍等服务。强化劳务移民就业意愿调查摸底、技能培训教育、岗位储备对接、劳务合同签订、社会保障等各环节服务工作。对在移民就业工作中做出贡献的劳务经纪人、中介机构、劳务派遣公司等进行表彰奖励。三是搬迁家庭子女教育扶贫。中南部地区移民子女参加中考、高考时，继续享受相关照顾政策。对经济困难移民家庭中职、高职学生补助生活费。争取对经济困难移民子女实施普通高中免除学杂费、补助生活费。

（6）青海省

“十三五”期间，青海省先后出台了《关于解决易地扶贫项目安置地的意见》《青海省发展产业、易地搬迁等七个脱贫攻坚行动计划和交通、水利等九个行业扶贫专项方案的通知》(青政办〔2016〕29号)等相关政策,其间,青海省将完成建档立卡易地搬迁贫困户33377户118869人、同步搬迁户19103户81198人的搬迁工作。

第一,财税政策。一是财政资金筹措。争取中央预算内投资11.89亿元,通过调整地方政府债务结构,向省级投融资平台注入资本金11.89亿元,申请专项建设基金5.94亿元,申请长期低息贷款40.5亿元,申请农村困难群众危房改造中央财政预算内资金1.62亿元,省、市(州)、县财政筹措资金7.61亿元,共计9.23亿元,用于集中安置非建档立卡户建房补助。二是搬迁补助标准。集中安置建档立卡贫困户,西宁市、海东市每户补助8万元,藏区六州每户补助9万元。自主安置建档立卡贫困户一次性补助10万元。同步搬迁户西宁市、海东市每户补助4.5万元(含农村危房改造资金2.5万元),藏区六州每户补助5.5万元(含农村危房改造资金2.5万元)。

第二,金融政策。由青海省扶贫开发投资有限责任公司作为承贷主体,注入资本金17.83亿元,其中,地方政府债券11.89亿元、国家专项建设基金5.94亿元。向国家开发银行和农业发展银行申请长期低息贷款40.5亿元,贷款期限为20年,贷款利率按国家确定的基准利率执行,中央财政对贷款给予90%的贴息,省上承担10%的利息。在贫困户个人金融扶贫方面,加快建立金融扶贫档案,扩大信贷投放,逐年增加对农牧区的信贷投放规模,同时加大创业创新贷款、助学贷款、妇女小额贷款、康复扶贫贷款投放力度,对政策性农牧业保险提质扩面,每年增加1个至2个县开展藏系羊、牦牛保险。积极发展农牧民养老健康保险、小额人身保险(丧葬保险)等普惠业务。

第三,土地政策。一是宅基地复垦。实施易地扶贫搬迁的农牧民,签订原宅基地复垦协议,拆除旧房、退出宅基地;对整村整社搬迁的农牧民原宅基地实施复垦;将零散搬迁户的零星宅基地和不具备复垦条件的其他宅基地,转化为农村建设用地。二是易地搬迁安置方式。主要采取集中安置与自主安置两种形式,其中集中安置人数占比为85%,主要有依托中心村集中安置、建设新村集中安置、小城镇或工业园区集中安置、乡村旅游区安置;自主安置人数占比为15%,主要有插花安置,投亲靠友。

第四,社会治理政策。加强安置点供水、道路、供电、通信网络、环卫等基础设施建设,并根据不同安置方式划分不同的建设要求及建设标准。完善搬迁安置区的教育、卫生、文化、体育等基本公共服务设施,提高基本公共服务能力。

第五,社会保障政策。一是医疗保障。实施贫困人口就医“一免七减”,即免普通挂号费,住院病人药费、诊查费、检查费、检验费、麻醉费、手术费、住院床位费减免10%;实施医疗服务“十覆盖”,切实减轻贫困人口的就医负担;建立参保专项补助制度,贫困人口参加城乡居民基本医保个人缴费部分,由民政部门给予全额资助,确保贫困人口全部纳入医疗保险范围;实施贫困人口重特大疾病门诊救助、住院救助和重特大疾病医疗救助政策。二是最低生活保障制度。逐年提高农村低保标准,2015年年底,农村最低生活保障标准实现低保标准和扶贫标准“两线合一”,2016年、2017年和2018年年底农村最低生活保障标准分别提高到每年3316元、3532元和3762元,到2019年农村最低生活保障标准达到4000元以上。对全省农村、牧区低保对象按3种类型进行动态管理和实施分档补助,对无劳动能力或部分丧失劳动能力的家庭,平均每人每年补助2500元,实行完全兜底保障,不再安排扶贫项目和资金;对原低保对象中有劳动能力的家庭,平均每人每年补助2016元,扶贫部门安排扶贫项目和资金;对新增低保对象(扶贫建档立卡户),平均按每人每年补助400元。

第六,人力资本政策。一是搬迁户就业安置方式。在产业就业方面,大力发展特色种养业、农畜产品加工业、乡村旅游业、商贸服务业、特色文化业,同时根据东部地区、环湖地区、青南地区差异化发展条件因地制宜地制定产业发展规划,进行产业扶持。在转移就业方面,鼓励企业吸纳就业,对吸纳建档立卡贫困人口达到一定规模的企业给予相应补助和政策优惠;加大转移就业力度,对在贫困人口转移就业中发挥积极作用的中介机构、劳务经纪人给予适当补助;做大劳务品牌,巩固提升“拉面经济”“金秋采棉”“枸杞采摘”“土乡农家乐”“热贡艺术”等劳务品牌;强化能人带动,鼓励并支持农民工、大学生和退役士兵等返乡创业,对带动贫困家庭劳动力就业的创业者给予相关政策优惠;适度开发扶贫公益性岗位;同时加强用工岗位信息宣传对接工作。二是搬迁户技能培训。各市(州)依托基层扶贫开发、农牧技术推广机构和公共就业服务平台,深入贫困户家庭开展培训需求调查,侧重培训周期短、易学易会、脱贫增收见效快的“短平快”职业技能。充分利用农闲时间开展就业技能培训。鼓励农村贫困家庭子女初、高中毕业后接受职业教育,对暂未找到就业岗位的贫困家庭劳动力组织开展以“订单定向”为主的技能培训。鼓励优质培训机构根据贫困家庭劳动力地域分布,就近就地开展培训,学员不足的因地制宜开展小班培训。对于贫困地区就业困难人员和三江源地区农牧民,培训期间每人每天给予20元的生活费补贴;异地参加培训,按市(州)外省内300元、省外800元给予每人一次性交通和住宿费补贴,以减轻贫困家庭负担,对于藏区六州和六盘山贫困地区,就业技能培训课时和补贴标准向上浮10%。企业新招聘贫困家庭劳动力并与其签订6个月以上劳动合同的,自劳动合同签订之日起6个月内开展岗前培训,按每人600元给予企业职业培训补贴。企业采取校企合作等方式开展劳动预备制培训,培训1至2年的按物价部门确定的年学费标准给予企业或培训机构1年的培训补贴,3年及以上的给予2年的补贴。三是搬迁家庭子女教育扶贫。不断扩大学前教育资源覆盖面,采取新建、改扩建幼儿园,设置学前班,建立巡回支教点,以及在边远、高寒且人口分散的牧区举办流动幼儿园或幼儿季节班等方式,积极发展学前教育。全面普及15年免费教育。对学前3年免除保教费;对义务教育9年免除学杂费和教科书费,对寄宿生给予生活补助;对高中阶段3年(普通高中、中职)免除学杂费和教科书费,继续提供助学金。对流动人口中在城镇就读的义务教育阶段贫困家庭子女实现"两免一补"和生均公用经费基准定额资金随学生流动。进一步完善奖(助)学金、助学贷款等多元高等教育资助体系,对建档立卡贫困家庭大学生优先予以资助,优先安排助学贷款,做到应助尽助。

(7)**陕西省**

陕西省"十三五"期间先后出台了《陕西省健康扶贫实施方案》(陕卫规划发〔2016〕48号)、《陕西省"十三五"易地扶贫搬迁工作实施方案》(陕扶办发〔2016〕17号)、《关于加强易地扶贫搬迁资金管理的意见》《陕西省移民(脱贫)搬迁工作实施细则》《陕西省"十三五"农村脱贫攻坚规划(2016—2020年)》(陕扶办发〔2016〕33号)等相关政策,为易地移民搬迁提供全方位的政策支撑和政策指导。"十三五"期间,陕西省易地扶贫搬迁总规模约为66万户235万人,其中建档立卡贫困人口35.5万户125万人,同步搬迁户30.5万户110万人,主要分布于国家连片特困地区秦巴山区、吕梁山区、六盘山区和省级白于山区、黄河沿岸土石山区及其他国家扶贫开发工作重点县。

第一,财税政策。一是财政资金筹措。中央预算内投资100亿元;发行地方政府债券121.8亿元;国家开发银行和中国农业发展银行专项建设基金62.5亿元。二是搬迁户补助标准。集中安置按每户15万元的标准筹措。建房补助资金,按每户7万元,由县(区)政府按陕西省有关规定补助和实施。对“五保户”和特困户进行优先安排,“五保户”实行集中供养,特困户由政府免费提供产权到户住房。宅基地腾退复垦按每户1万元的标准进行补助,腾退复垦后的宅基地用于耕地占补平衡和增减挂钩。对于易地扶贫搬迁贫困户产业发展,按每户3万元的标准进行资金安排,由县(区)统筹安排使用。分散安置按每户8万元的标准筹措,其中建房补助4万元、产业扶持3万元、宅基地腾退复垦1万元。

第二,金融政策。通过国家开发银行和中国农业发展银行承接专项建设基金,注入项目资本金62.5亿元;贷款期限为20~30年,宽限期为3~5年。建档立卡贫困人口搬迁资金由财政全额贴息(中央财政贴息90%,省财政贴息10%),同步搬迁农户贷款不予贴息。

第三,土地政策。一是土地流转。按照“搬出地管理林和地、迁入地管理房和人”的基本思路,保障搬迁户在原集体经济组织的耕地、林地承包经营权及相关权益。鼓励搬迁群众在自愿、有偿的前提下,流转承包地、林地经营权。二是宅基地复垦。农村宅基地按照“一户一宅、一宅一证,建新腾旧,先腾退、后兑付补助”的办法,进行旧宅腾退。腾退的宅基地按照“宜耕则耕、宜林则林、宜草则草”的原则,进行复垦或还林还草。三是易地搬迁安置方式。坚持集中安置与分散安置相结合,以集中安置为主。集中安置主要包括县城、小城镇或产业园区、乡村旅游区、新型农村社区和中心村安置等5种方式。分散安置主要包括插花安置、进城务工和投亲靠友、省内跨区安置等。集中安置以市为单位,陕南地区不低于80%,陕北和关中地区不低于90%。安置点原则上规模不小于30户。四是房屋面积标准。建档立卡贫困人口搬迁人均住房建设面积原则上不超过25平方米,户型面积可按60平方米、80平方米、100平方米建设,集中安置最大建房面积不超过125平方米,分散安置最大不超过140平方米。

第四,社会治理政策。一是社区基础设施建设。加强安置点住房和必要的附属设施建设,如水、电、路、气、网等基本生产生活设施建设,配套建设教育、卫生、文化等公共服务设施。二是社区管理。搬迁群众在迁入地平等享有基本养老、低保、就业、就医等社会保障和公民权利,公平参与基层组织建设。按照搬迁安置社区的规模大小,对安置社区进行类型划分,分别为独立型社区、融合型社区、挂靠型社区等。各级组织部门安排专项资金支持安置社区党组织建设,并发挥基层党组织的引领示范作用;民政部门对各类安置社区进行登记认可,并加强管理。组织开展群众文体娱乐活动,推动感情融合,亲近邻里关系。

第五,社会保障政策。新型农村合作医疗和城乡居民大病保险制度覆盖所有贫困人口。对于农村特困供养人员参加新型农村合作医疗的个人缴费部分由财政进行全额资助,农村低保对象参加新型农村合作医疗的个人缴费部分财政给予定额补贴。新型农村合作医疗和城乡居民大病保险制度对农村贫困人口实行政策倾斜,提高报销比例。实行县域内农村贫困人口先诊疗、后付费的结算机制,实现基本医保、大病保险、医疗救助和社会慈善救助“一站式”信息交换和即时结算服务。优先为农村贫困人口每人建立1份动态管理的电子健康档案和1张服务功能比较完善的健康卡,推动贫困家庭与乡村医生或乡镇卫生院医生签约服务,提供健康教育、预防接种等基本公共卫生和医疗服务,加强健康管理。

第六,人力资本政策。一是搬迁户就业安置方式。依托陕南、陕北、关中区域的资源禀赋,支持发展“一县一业”“一村一品”特色产业。同步规划建设特色产业园区,鼓励和引导省属大型企业生产基地、民营企业向搬迁区靠近,基础设施向搬迁区倾斜,培育安置区(点)农民合作社,实现搬迁区、城镇化区、产业园区“三区合一”,引导搬迁群众就近就业。二是搬迁家庭子女教育扶贫。学前教育扶贫,每生每年补助1300元,免除保教费和补助公用经费,资助贫困家庭幼儿、孤儿和残疾儿童接受学前教育,每生每年750元。同时对贫困家庭幼儿、孤儿和残疾儿童接受学前教育进行资助。义务教育扶贫,全面落实城乡义务教育“两免一补”政策,对贫困家庭寄宿生按照每生每年小学1000元、初中1250元的标准补助生活费。实施农村义务教育学生营养改善计划。高中阶段和中等职业教育扶贫,对全省普通高中学生免除学费。对贫困家庭普通高中学生每生每年发放2500元助学金生活补助,对中等职业学校一、二年级在校贫困家庭学生每生每年发放2000元助学金生活补助。对贫困家庭的中等职业学校和高等职业学校在校生,除享受国家教育资助政策外,每人再一次性给予3000元扶贫助学补助。大学教育扶贫,对建档立卡贫困家庭大学生每生每年发放6000元的助学金生活补助,学费、住宿费高出国家助学贷款限额部分,以及助学金生活补助超出国家助学金标准部分由所在高校从资助专项基金中全额补助。积极争取国家增加陕西省农村贫困地区、集中连片特殊困难县和国家扶贫开发工作重点县定向招生专项计划,提高中央部门高校和地方本科一批招生学校招收陕西省贫困地区学生人数的比例。实施“省属重点高校招收农村学生专项计划”和省属自主招生试点高校面向农村学生单独招生计划,使更多的农村学生享受到优质高等教育资源。

(8)**四川省**

“十三五”期间,四川省先后出台了《四川省支持易地扶贫搬迁的有关政策》《四川省十三五脱贫攻坚规划》等政策,计划对全省116万农村建档立卡贫困人口实施易地扶贫搬迁。

第一,财税政策。在搬迁补助标准上,对建档立卡贫困户建房补助实行区域差异化政策,高原藏区和大小凉山彝区,按不低于平均建房成本的80%给予支持;秦巴山、乌蒙山片区,按不低于平均建房成本的70%给予支持;而其他地区,按不低于平均建房成本的60%给予支持。

第二,金融政策。强化对易地搬迁户的金融扶持力度,鼓励和引导金融机构开展创业担保贷款、扶贫贴息贷款、小微企业贷款、扶贫小额信用贷款和联保贷款等业务。

第三,土地政策。一是易地搬迁安置方式。采取行政村内就近集中安置,建设移民新村安置,依托小城镇、特色产业园区和乡村旅游区等集中安置51.5万人;采取插花、自主搬迁、投亲靠友等方式分散安置64.9万人。二是房屋面积标准。建档立卡搬迁户人均住房建筑面积严格执行不超过25平方米/人的标准。

第四,社会治理政策。在配套基础设施和公共服务设施建设上,配套建设安置区水、电、路、基础电信网络及垃圾、污水处理等基础设施,同步建设教育、卫生、文化体育,以及商业网点、便民超市、集贸市场等公共服务设施。

第五,社会保障政策。完善农村最低生活保障制度,将所有符合条件的搬迁对象全部纳入低保范围。有条件、有需求的地区可实施“以粮代赈”。搬迁对象基本医疗保险实行属地管理并加强迁出地、迁入地关系转移接续工作。

第六,人力资本政策。在搬迁户就业安置上,大力发展特色优势产业,包括特色种养业、林下经济和设施农业;发展劳务经济,引导搬迁户向工业、旅游服务业、商贸流通业、交通运输业等产业转移,同时加大劳务输出培训投入,加强转移就业地区间对接;发展现代服务业,扶持建档立卡户从事农副产品营销、餐饮、家政、仓储、配送等服务业。

(9)**云南省**

"十三五"期间,云南省先后制定出台了《云南省脱贫攻坚文件汇编》《云南省易地扶贫工作整改方案》(云政办发〔2017〕31号)、《关于贯彻落实城乡建设用地增减挂钩政策支持脱贫攻坚的实施意见》等相关政策。根据《云南省易地扶贫搬迁三年行动计划》(云办发〔2015〕27号)的规定,云南省从2016年开始,将通过3年时间,投入600亿元,基本完成30万户100万人和3000个以上安置点新村建设的易地扶贫搬迁,同步推进产业培育和转移就业,有效解决搬迁农户"出行难、吃水难、看病难、上学难、发展难"的问题。

第一,财政政策。一是财政资金筹措。云南省整合国家易地扶贫搬迁专项地方政府债券资金63亿元,筹措其他相关资金52亿元,省级财政筹集易地扶贫搬迁资金115亿元,分别用于注入项目承贷公司资本金和搬迁户建房补助。二是搬迁户补助标准。省级财政统筹省以上项目资金,按贫困户户均4万元、非贫困户户均1.2万元的补助标准测算补助到县。

第二,金融政策。一是金融资金整合。农业发展银行按照贷款利率基础上下浮20%以内、贷款规模每县8亿元以内,向符合条件的市县项目承贷公司发放易地扶贫搬迁专项贷款,农业发展银行云南省分行向全省总计提供专项贷款400亿元。对于新村基础设施建设贷款,由县级负责偿还本金,利息由市县按2:1分担。二是搬迁农户贷款和贴息。有贷款意愿的搬迁农户可向项目承贷公司申请6万元的住房建设转贷资金,并享受3年期限的政府贴息补助,3年内农户自行承担2%的年利率,其余部分由政府承担。3年政府贴息补助部分,由省、州、县三级按1:1:1比例分担。由于云南省部分财政政策和金融政策与国家政策精神相违背,2017年国家发改委下发了《国家发展改革委办公厅关于请云南省抓紧开展易地扶贫搬迁整改工作的通知》,云南省以2017年2月28日为界展开相关工作的整改。①调整补助方式及补助标准。将按户补助调整为按人补助,由每户补助6万元调整为人均补助2万元,签订旧房拆除协议并按期拆除的建档立卡贫困户人均奖励0.6万元,总计每人补助2.6万元。对于同步搬迁户户均补助不低于1.5万元。

②在贷款政策方面，纳入国家规划的65万建档立卡贫困人口，取消目前每户可向县级平台公司申请不超过6万元低成本长期借贷的政策。对于同步搬迁户借款不超过6万元的政策不变。

第三，土地政策。一是土地增减挂钩。加大对脱贫攻坚及易地扶贫搬迁县（市、区）增减挂钩指标的支持，重点对贫困程度深、搬迁任务重、复垦潜力好的地区给予倾斜。二是宅基地复垦。根据《云南省土地管理条例》的规定，一户易地搬迁户只能拥有一块宅基地，新房建成以后必须拆除旧房，对于签订旧房拆除协议并按期拆除的建档立卡贫困户人均奖励0.6万元。腾退的宅基地按照“宜耕则耕、宜林则林、宜草则草”的原则，由县区人民政府组织复垦复绿。三是易地搬迁安置方式。主要有集中安置与分散安置两种，集中安置要求“三符合”，即符合主体功能区规划、土地利用总体规划和城乡总体规划。“四避开”，避开地震断裂带、地质灾害隐患区、洪涝灾害威胁区和永久基本农田。“五靠近”，靠近县城、重点乡镇、产业园区、旅游景区和中心村。“五种方式”，集中安置方式包括行政村内就近安置、建设移民新村安置、小城镇或工业园区安置、乡村旅游区安置、其他安置等5种方式。分散安置包括插花安置和其他安置两种方式，选择城镇或具有一定人口聚集规模、公共基础及公共服务设施相对较好、有增收致富条件的中心村进行安置。四是房屋面积标准。建档立卡搬迁人口人均住房面积不超过25平方米，并根据家庭实际人口，按照50平方米、75平方米、100平方米、125平方米、150平方米等户型进行设计和建设，最大户型面积不超过150平方米，其中新房产权归搬迁户所有。

第四，社会治理政策。易地搬迁安置点饮用水、电网、公路、学校、卫生室（所）等基础设施建设完备。对于易地扶贫搬迁进入城镇的农户，具有稳定生活条件的，给予办理农转非手续，在公租房、廉租房、城市低保、子女上学、社会保障、社区管理等方面与市民同等对待。

第五，社会保障政策。

一是最低生活保障制度。云南省按照“社会保障兜底一批”的要求，在农村贫困户最低生活保障方面主要采取了以下措施：全省持续提高农村低保标准，到2018年全省农村低保保障标准与扶贫标准实现“两线合一”；将保障对象分为三类：将完全丧失劳动能力或生活自理能力、家庭生活常年陷入困难的极困家庭，列为重点保障户（A类）；将因年老、残疾、患重特大疾病或长期慢性病等原因,部分丧失劳动能力或自理能力,家庭人均收入低于当地保障标准且家庭财产符合有关规定的比较困难家庭列为基本保障户(B类);将因其他原因造成家庭人均收入低于当地标准且家庭财产符合有关规定的一般困难家庭,列为一般保障户(C类)。对三类保障对象实施差别保障,同时加强精准识别与动态管理。

二是医疗救助。加强医疗救助工作,推动建立省级及州(市)级统筹的重特大疾病医疗救助基金,建立和完善基金的管理和运作机制,实行城乡统筹、州(市)统一的重特大疾病医疗救助标准,将重特大疾病救助封顶线提高到一个合理水平。加大对贫困地区、贫困人口医疗救助的倾斜力度。同时加快建设信息平台,通过云南省社会救助信息系统和民政统计台账,及时更新和完善低保数据信息,实现社会救助、扶贫开发信息互联共享。依托全省居民家庭经济状况核查系统,尽快实现民政与扶贫、公安、人社、住建、金融、工商、税务、住房公积金、保险等部门的信息互联共享。

三是社会保险。加强保险业对精准扶贫、精准脱贫的助推作用,包括:①精准对接农业保险服务需求,适当降低贫困地区费率水平,开发针对专业合作社、农业龙头企业等新型农业经营主体的农业保险产品。②扩大特色保险覆盖面,因地制宜地开展特色优势农产品保险,逐步扩大苹果、咖啡等的保险试点范围,完善烟叶、甘蔗、橡胶、咖啡等的保险服务,重点发展茶叶、花卉、中药材等优势产业保险,继续完善云南省野生动物肇事公众责任保险。③落实健康保险政策,加强大病保险向贫困人口倾斜,加强基本医保、大病保险、商业健康保险、医疗救助、疾病应急救助和社会慈善等衔接。④大力发展农房保险,大力发展针对农村人口的“财产 + 意外伤害 + 人身综合”等适合农户需求的组合型保险产品。⑤积极发展扶贫小额贷款保证保险,探索开展土地承包经营权抵押贷款保证保险、农房财产权抵押贷款保证保险,扩宽保险增信途径。

第六,人力资本政策。

一是搬迁户就业安置方式。着力通过依托乡村建设和地方特色产业,带动一批农村劳动力就近实现产业间转移就业;依托城镇化和路网、航空网、能源网、水网、互联网“五网”建设,带动一批劳动力实现城乡间转移就业;依托区域经济发展,带动一批农村劳动力实现省区间转移就业;依托驻外劳务服务机构,组织一批农村劳动力实现省际转移就业;依托区位优势,组织一批劳动力实现国际转移就业。

二是搬迁户技能培训方式。农业部门大力开展新型职业农民培育工作,并以当地种养大户、家庭农场主、农民专业合作社骨干、农业庄园主、龙头企业为重点对象;人力资源部门要以"农民工职业技能提升计划""云岭职工素质建设工程""雨露计划""青年技能人才培养工程"等技能人才培养项目为载体,根据本地及东部沿海地区的用工需求开展订单式培训;加强对贫困家庭子女就读技工院校、职业院校的资助力度,对建档立卡贫困学生,除享受现有的资助以外,由扶贫部门"雨露计划"培训资金给予每生每年3000元左右的补助,支持贫困县发展职业教育;加快推动创业基地建设,对于评审认定的创业园、众创空间给予财政资助,加大创业扶持政策力度,为创业者提供场地、创业资讯、创业指导服务等便利条件,提供贷款支持。

三是搬迁户技能培训内容。重点开展农村电商、农家乐、家庭农场、农村专业合作社、乡村旅游、民族工艺、家政服务、物流配送、居家养老等方面的技能培训。组织有职业培训意愿的残疾劳动者参加当地民族手工工艺制作、刺绣、家电维修、按摩等工种的就业技能培训,提升残疾人的就业能力。

四是搬迁家庭子女教育扶贫。学前教育扶贫,将经县以上教育行政部门批准的在公办、民办幼儿园就读的建档立卡户、城乡低保户等家庭经济困难幼儿全部纳入学前资助范围,每人每年资助300元。义务教育扶贫,建档立卡户小学和初中家庭经济困难学生除享受"两免一补"和"营养改善计划"外,各地根据财力状况逐步提高对贫困生的生活补助标准;做好"控辍保学"工作,提高九年义务教育巩固率;完善留守儿童登记、社会救助、医疗保健和安全保障等工作制度,建设"乡村少年宫""留守儿童之家"等关爱阵地,实施代理家长、寄宿之家、托管之家、亲属代管等教育管理方式;启动实施义务教育阶段中小学校"1+1"城乡结对帮扶共建工程。高中教育扶贫,实施建档立卡户、城乡低保家庭子女就读公办普通高中免除学杂费政策,逐步提高高中阶段助学金标准;动员组织贫困地区未升学的全部初、高中毕业生到中等职业学校就读;加强贫困地区普通高中建设,给予适当的政策倾斜。职业教育扶贫,加大"现代职业教育质量提升计划"中央专项资金、"省级中等职业教育专项资金"等向贫困地区的转移支付力度。加强贫困地区职业院校基础能力建设,改善基本办学条件。建档立卡贫困家庭学生除享受国家规定的助学金、奖学金政策外,对怒江、迪庆籍学生入读定点技工院校,享受每人每年2500元的生活费补贴,对子女接受技工教育的农村建档立卡贫困家庭,每人每年享受3000元左右补助。高等教育扶贫,实施重点高校面向贫困地区定向招生专项计划,加大对贫困家庭大学生的救助力度。建档立卡等贫困户子女享受每年8000元的国家生源地助学贷款,还款期限延长至20年。考入一本院校的建档立卡贫困户子女,在本科学习期间,除享受其他政策外,由省级财政给予每人每年5000元学费奖励。加大招生倾斜力度,实施国家、地方和高校专项计划,实行订单定向免费医学生计划和免费师范生招生计划,实施藏区专项招生计划。

(10)**重庆市**

重庆市结合本地区精准扶贫的实际状况,将生态保护与脱贫攻坚有机结合,全力推动本地区高山生态扶贫搬迁工作,先后出台了《关于加快推进高山生态扶贫搬迁工作的意见》(渝府发〔2013〕9号)、《重庆市财政专项扶贫资金管理实施办法》(渝财农〔2012〕477号)、《重庆市农房建设改造项目管理办法(试行)》(渝村镇发〔2010〕17号),计划在2013—2017年完成50万人的高山生态扶贫搬迁目标。

第一,财税政策。一是财政资金筹措。多方筹措高山生态扶贫搬迁资金,包括中央预算内易地扶贫搬迁工程资金、生态移民资金,中央和市级财政专项扶贫资金,中央和市级农村危房改造资金,市财政预算安排其他专项资金,市级统筹基建资金,区县财政预算安排专项资金等。二是搬迁补助标准。市政府按照8000元/人的标准将资金下拨到区、县(自治县),由区、县(自治县)统筹安排使用,区、县(自治县)根据安置条件、贫富状况的不同,制定差异化分类补助标准,重点支持建档立卡贫困户、农村低保户等特殊困难群体。

第二,金融政策。对高山生态移民贫困户搬迁给予担保公司担保和银行“三权”抵押贷款支持,并由扶贫资金给予适当担保费补助和扶贫小额到户贷款贴息。

第三,土地政策。一是土地流转。高山生态移民搬迁户原有承包地、林地使用权不变,同时鼓励其自愿流转或参股专业合作组织。二是宅基地复垦。高山生态扶贫搬迁腾退的宅基地及附属设施用地,优先纳入农村建设用地复垦,扣除新增建设用地面积后,节约出的指标可作为地票交易或增减挂钩建设用地指标使用。三是易地搬迁安置方式。重庆市易地搬迁安置方式主要有:转户进城安置、梯度转移安置(继续从事农业生产的搬迁对象,实行高转低、远转近进行集中安置)、旅游服务业安置、“五保”集中供养安置、其他安置方式(投亲靠友、跨行政区域易地安置)。

第四,社会治理政策。转户进城安置户除享受高山生态扶贫搬迁政策外,享受农民工户籍制度改革政策赋予的社会保障、公租房配租、职业教育与就业培训、子女入学、中职就学免费等相关待遇。

第五,社会保障政策。重庆市对没有搬迁能力的单人户、五保户、重残疾户等深度贫困户实行政府兜底搬迁,确保深度贫困户能够搬得出。充分发挥城乡合作医疗保险、民政医疗救助、大病补充商业保险的保障作用,开展医生—贫困户结对帮扶活动。

第六,人力资本政策。农业部门加大特色产业资金投入,引导龙头企业参与安置区产业扶贫,帮助安置区打造优质蔬菜、标准果园、优质烟草、草本药材等特色效益产业。

2.3.4 易地扶贫搬迁政策的规律总结

政策的历史演进实质上就是一种政策变迁,是行动者在一定环境的制约下改变旧制度、创造新制度的过程,这个过程会受到3个基本因素的影响,即环境、行动者和制度。[①] 其中,行动者和制度与政策网络模型中的行动者和行动规则相对应,环境则可认为是资源纽带(内环境)和网络边界(外环境)的总和。因此,政策演进过程与政策网络模型有着相当程度的内在契合性,通过政策网络模型来分析政策演进的规律,可行且具有理论和现实的双重意义。

(1)政策社群高位推动易地扶贫搬迁政策

在政策网络格局中,各方主体虽然都能够影响政策过程,但由于资源分布的不均衡性使得这些主体对政策过程的影响力存在差异。从易地扶贫搬迁政策的历史演进中可以看出,以高层政府为代表的政策社群始终发挥着主导作用,在强调群众自愿的基础上引导并规划易地扶贫搬迁工程,但从初期到现在也呈现出了一些不同的特点。

20世纪80年代,由于国家经济建设尚处于起步阶段,政策社群掌握的

① 周光礼.中国大学办学自主权(1952—2012)政策变迁的制度解释[J].中国地质大学学报(社会科学版),2012(5).

经济资源还很有限,但扶贫搬迁的工作需要耗费巨大的资金。因此,政策社群只选择了宁夏、甘肃等极个别地区作为试点,同时以“三西”计划为代表的项目通过以工代赈等方式鼓励贫户自愿搬迁,造成了搬迁初期“两头有家、来去自由”的“吊庄移民”形式。这样原始的易地扶贫搬迁不仅不能保证扶贫的效果,甚至连易地的形式都未能真正实现。由于迁入其他地区后,原有生产资料的丧失与社会适应的困难使得很多搬迁户即便改变了生产生活环境也无法真正实现脱贫,甚至又自行返回原址生活。

随着改革开放进程的不断推进,政策社群在原有政治资源的基础上掌握了更多的经济资源,更加有能力科学、完整地指导与安排易地扶贫搬迁工程,相应地这一政策也在不断完善。从异地扶贫到易地扶贫再到生态移民的不同政策命题,也在一定程度上体现了政策社群对于易地扶贫搬迁政策内涵与价值的认识深化。在精准扶贫阶段,更是从精准识别、精准管理、精准帮扶、精准考核4个环节出发,对易地扶贫搬迁提出了重要指导。

(2)府际网络积极协同易地扶贫搬迁政策

地方政府组成的府际关系网络是易地扶贫搬迁政策的具体实施主体,它们直接参与和影响政策的实施。在前文易地扶贫搬迁政策的梳理中,从一开始的国家规定试点地区直接领导工程开展,到后期地方政府因地制宜、积极实践,我们可以发现,地方政府的自主性越来越强。同时,《易地扶贫搬迁“十二五”规划》还提出“行政区内缺乏安置资源的,可创造条件跨区安置”,也体现了中央政府对地方政府加强彼此间合作的期望与要求。

实践中,西部各省、市政府把尊重群众意愿作为前提,根据自身发展条件,探索符合各自实际的易地搬迁方案,逐步实现了从消极接受行政命令到主动参与政策实践的转变。在强调精准的扶贫新阶段,地方政府立足于地方,进一步发挥自身制策施策的主动性,如甘肃省在就近搬迁安置模式的基础上,探索出了新开发土地大规模集中安置、城镇化安置、国有农(林)场安置、依托园区安置、跨县区安置等多种方式。[①] 安康市则通过集中安置,集中配套学校、医院、文化广场等公共服务设施,提升了城镇化、公共服务均等化

① 国家发改委政策研究室. 国家发改委扎实推进易地扶贫搬迁成效显著[EB/OL]. http://www.ndrc.gov.cn/xwzx/xwfh/201510/t20161016_75495/.html.

水平。同时，通过搬迁盘活农村土地、宅基地等资源，加速农村土地流转，催化现代农业园区、家庭农场、农业大户，还探索了社区工厂等经营模式，对区域经济产生了良好的推动力。①

（3）多元网络共同参与易地扶贫搬迁政策

生产者网络、专家网络、议题网络在传统的政策网络格局中往往地位较低，对政策运行的影响力非常有限。但随着社会进步与民主意识的提高，这3类主体在政治生活中也拥有了越来越多的话语权，其政策需求与意见越来越多地被纳入政策社群的考虑当中。

就生产者网络来说，在易地扶贫搬迁较早的阶段，政府始终是推动这一工程的核心力量，鲜少涉及生产者网络力量的发挥。但在新的时期，无论是在《全国"十三五"易地扶贫搬迁规划》中，还是西部省、市的具体实践中，都出现了市场化运作的投融资主体。通过省级投融资主体统一承接地方政府债、专项建设基金、中长期贷款等资金，统一偿还易地移民扶贫搬迁相关债务，体现了生产者网络在拓宽易地扶贫融资渠道方面的作用。

就专家网络而言，也在政府主导的易地扶贫搬迁工程中发挥了日益重要的作用。专家学者们通过自发、受邀、受聘等多种形式深入基层开展实地调研、参与政策评估等，向政策主体提供经验与建议。正是在专家网络的支持下，政策主体先后印发了关于易地扶贫搬迁的多项规划与方案，易地移民搬迁扶贫政策的科学性不断提高。例如，针对土地资源稀缺的现状，越来越多的学者倡导以"无土安置"取代"有土安置"，实质上是以产业、生态、教育、医疗等多种可持续扶贫形式代替以往单纯的土地保留或补偿。

以人民群众为核心的议题网络的政策需求更是推动易地扶贫搬迁政策不断完善的直接动力。随着易地扶贫搬迁工作的开展，政策社群网络对于贫困户的情感需求也给予了一定的考虑与照顾，开始考虑移民社会融入与后续发展能力等问题。在精准扶贫阶段，对易地搬迁的考核目标就是始终围绕贫困户的"搬得出、稳得住、能致富"，充分体现了政策社群乃至整个政策网络对于民意价值的重视。例如，《甘肃省"十三五"易地扶贫搬迁规划》中明确提出要发挥搬迁群众的主动性，选派搬迁群众代表全程跟踪监督项

① 张太东．集中安置，统筹推进，安康搬迁经验在全国推广[EB/OL]. http://www.toutiao.com/i6398739572318011906

目建设过程;建立健全工程质量责任保障体系,严格执行项目法人制、招投标制、监理制、合同管理制、公示制,落实工程质量责任制,确保建设质量让群众满意放心。[①]

① 甘肃省人民政府办公厅.关于印发《甘肃省"十三五"易地扶贫搬迁规划》的通知[Z].2016-08-01.

水平评价篇

3 中国省域城乡发展一体化水平评价指标体系

在对城乡发展一体化和精准扶贫的历史发展、理论研究新动态和党的十八大以来的政策进行梳理的基础上，我们转入对我国省域城乡发展一体化水平的评价。本章将首先明确城乡发展一体化的含义与主要内容，进而构建新的中国省域城乡发展一体化水平评价指标体系，最后确定水平评价方法。

3.1 城乡发展一体化的含义与主要内容

城乡发展一体化是当工业化和城市化发展到一定阶段，在保持城乡发展特色和功能分工的前提下，打破城乡分割旧格局，建立城乡互动发展新机制，实现城乡空间、经济、政治、社会、文化、生态环境等在时间上同步增长，在内容上互相渗透，在动力上彼此互动，在过程中融为一体的过程。城乡发展一体化是一个长期的历史过程，其关键是在城乡共同发展的前提下，生产要素在城乡之间自由流动、公共资源在城乡之间均衡配置，城乡差距不断缩小，城乡空间、经济、政治、社会、文化、生态环境等高度融合。

我们对城乡发展一体化的认识和党中央提出的“经济建设、政治建设、文化建设、社会建设、生态文明建设‘五位一体’的中国特色社会主义事业总体布局”①是高度一致的。我们团队的研究也表明，中国城乡间存在空间、经济、政治、社会、文化、生态环境六重二元结构②。但在城乡发展一体化水平评价中，城乡政治一体化存在着指标设计与数据可得性的双重困难，很难有

① 胡锦涛．坚定不移沿着中国特色社会主义道路前进 为全面建设小康社会而奋斗——在中国共产党第十八次会议上的报告[M]．北京：人民出版社，2012.

② 白永秀，等．中国省域城乡发展一体化水平评价报告（2013）[M]．北京：中国经济出版社，2013.

效地进行评价。所以本报告将从空间、经济、社会、文化、生态环境5个维度来构建城乡发展一体化的评价维度。为了更全面地评价城乡发展一体化水平,本报告与2016年的评价维度相比增加了文化维度。

(1)**城乡空间一体化**

空间不仅是人类社会生活和生产的场所,也承载着生产要素在城乡间的流动。随着城乡关系的发展,城市与农村在空间布局、结构形态上都会发生较大的变化。发达国家城市化的经验表明,当城市化率低于30%时,城市文明普及率与城市化率是同步的,此时占主导地位的聚集效应使得大量生产要素从农村流向城市;当城市化率达到30%时,城市文明逐步加快并向农村渗透和传播,仍占主导地位的聚集效应使得生产要素从农村流向城市;当城市化率达到50%时,城乡文明普及率呈现出加速增长的趋势,"涓流效应"开始显现,生产要素开始双向流动;城市化率达到70%时,占据主导地位的"涓流效应"使得生产要素加速回流到农村,城乡差别明显缩小,城乡融合步伐加快;当城市化率在70%以上时,城乡基本实现发展一体化①。

城乡空间一体化是指城市与农村在人口分布、交通往来、信息交互等方面的一种状态,是实现城乡发展一体化的空间基础。城乡空间一体化要求对城乡的空间结构进行科学规划与布局,使城乡之间由点到点的线状结构转化为面到面的网状结构。因此,要推进城乡空间一体化,就要将城市和乡村两种典型的空间组织形式有效结合,充分发挥规划的引导和调控作用,有计划、有步骤地推进城镇化战略与小城镇建设,使人口在城乡之间合理布局;要在城乡之间建立通达、快捷的交通通信网络,使城乡往来更加便捷、信息传递更加迅速;要增加城乡商业网点数量和优化商业网点布局,健全城乡商贸流通体系,使城乡产品流通更加高效、快捷。

(2)**城乡经济一体化**

城乡经济一体化是在城乡发展一体化学术研究中最被关注的内容。早在20世纪六七十年代,发展经济学家就形成了一系列著名的城乡经济一体化理论,如以拉尼斯—费景汉二元经济理论和罗森斯坦—罗丹"大推进"理论为代表的城乡协调发展理论、以霍华德田园城市理论为代表的城乡一体化发展理论等。

---

① 陈秀山,张可云. 区域经济理论[M]. 北京:商务出版社,2010.

城乡空间一体化承载着生产要素的流动，城乡经济一体化则直接代表着生产要素的流动。资本、劳动力、技术等生产要素在城乡之间的流动与分配，实质是城乡市场经济发展一体化，而中国的城乡经济差距实际上是源于城镇与农村市场化进程的差异。市场经济是要素集聚经济和规模经济，农村较低的市场化程度和较分散的生产要素造成了农村经济发展缓慢与社会进步不足，导致了城乡二元经济结构。因此，要推进城乡经济一体化进程，就要在城乡尤其是农村大力发展现代市场经济，促进现代农业和富农产业发展，推动农村经济社会进步。

城乡经济一体化是指城市和农村在平等的经济政策下，通过资源与生产要素在城乡之间的自由流动，在互补性基础上实现资源共享和合理配置，实现城乡经济持续协调和共同发展的过程。城乡经济一体化是城乡发展一体化的物质基础。在加快城市化与非农化进程中，应重点促进城乡市场特别是农村市场的发展，提高农副产品及农村其他产品的市场化程度；国家应加大力度促进农村自身的发展，利用其比较优势来缩小城乡差距；职能部门应通过自由合理的人流、物流、信息流、资金流、技术流，使城市要素、产业与职能向农村有序扩散，在不同产业间有序流动和优化组合，促进产业在城乡间的布局不断优化，以达到资源配置的高效率，促使城乡经济协同发展，消除城乡二元经济结构，形成区域整体的市场竞争优势，实现城乡居民的共同富裕。

(3)城乡社会一体化

城乡社会一体化是指城乡社会事业协调发展，城乡居民在住房、就业、教育、医疗、卫生、社会保障、基础设施等方面享受同等待遇，最大限度地缩小城乡差别，使高度发展的物质文明达到城乡共享。城乡社会一体化是城乡发展一体化的表现结果。

改革开放以来，中国社会事业发展取得长足进步。然而，赶超战略下实施的以户籍制度等为代表的城市偏向制度造成了城乡二元社会结构以及城乡居民在国民待遇方面存在巨大差距，农村居民和城镇居民享有不均等的教育、医疗、社会保障等公共服务。城乡社会不均衡发展，拉大了城乡差距，成为阻碍城乡发展一体化进程的最重要因素。李雪萍(2008)①以社会保障

① 李雪萍．基本公共服务均等化的区域对比与城乡比较——以社会保障为例[J]．华中师范大学学报(人文社会科学版)，2008(5)：18－25.

为例,选取社会保障中的财政支出、社会保险、低保、救济服务等指标,考察了城乡之间公共服务非均等化的现状与问题,研究表明,基本公共服务的差距主要表现在城乡差距,基本公共服务均等化最突出的问题是机会不均等。迟福林(2009)①的研究表明,若把义务教育、基本医疗等基本公共服务的因素考虑在内,城乡实际收入之比为5∶1~6∶1,公共服务在城乡实际收入差距中的影响高达30%~40%。可以认为,城乡社会一体化的关键在于城乡公共服务均等化。

因此,要实现城乡社会一体化,缩小城乡之间在社会体系、公共服务等方面的差距,就需要对过去赶超战略下形成的户籍制度、就业制度、社会保障制度、公共住房制度等一系列城市偏向制度进行改革,在制度层面上保障城乡社会发展的一体化,形成城乡平等的社会体系和社会环境。

(4)**城乡文化一体化**

文化是人类在社会历史实践中所创造的精神财富,表现为精神信仰与文学艺术、风俗习惯、价值取向和道德情操等。当今时代,城乡文化一方面在精神内涵和呈现方式上存在差异——城市文化是工业化、现代化社会的精英文化和主流文化,农村文化则是一种“自在自为”的小传统文化,农村的风俗节日、家族文化及人际交往等习俗文化明显不同于城市文化;另一方面在公共文化资源配置中也存在不均等——城市集聚了绝大多数的文艺人才、文化产品和公共文化服务设施。

蔡武(2013)认为,城镇化一方面表现为农村人口向城市的转移和第一产业人口向第二、第三产业的转移,以及由此引起的城乡结构变化;另一方面表现为城市文明的扩展和城乡文化的融合②。党的十七届六中全会通过的《中共中央关于深化文化体制改革推动社会主义文化大发展大繁荣若干重大问题的决定》也深刻阐述了加快城乡文化发展一体化发的重要性:“增加农村文化服务总量,缩小城乡文化发展差距,对推进社会主义新农村建设、形成城乡经济社会发展一体化新格局具有重大意义。”

城乡文化一体化是在承认城乡文化异质性和互补性的基础上,用社会主义核心价值观将城乡文化统一起来,增强文化的包容性和厚重性,实现城

① 迟福林. 我国统筹城乡发展的基本公共服务均等化因素[J]. 东南学术,2009(6):4-9.

② 蔡武. 城镇化不能只有物质经济的现代化[N]. 中国文化报,2013-03-11.

乡文化相互融合的过程;是通过公共文化资源在城乡间的合理配置,增加农村文化服务总量、缩小城乡公共文化差距的过程。城乡文化一体化是城乡发展一体化的文化基础。要推进城乡文化一体化,就要统筹城乡文化产业发展和文化市场管理,以城市文化辐射带动农村文化,将农民文化艺术引入城市,促进城乡文化交流与融合;就要因地制宜地培植具有地方特色的乡土文化,推动农村民俗文化产业、农村旅游产业的发展;就要统筹城乡文化政策支撑和文化体制改革,实现文化产品和服务在城乡之间的合理配置。

(5)**城乡生态环境一体化**

改革开放以来,中国虽然实现了经济社会的跨越式发展,但也付出了巨大的资源环境代价。在粗放型经济增长方式下,自然资源被过度开采,生态环境遭受重创,中国经济增长长期依赖的“资源红利”发生退减,生态环境对经济社会发展的约束日益加强。2012 年党的十八大报告中指出:“必须树立尊重自然、顺应自然、保护自然的生态文明理念,把生态文明建设放在突出地位,融入经济建设、政治建设、文化建设、社会建设各方面和全过程,努力建设美丽中国,实现中华民族永续发展。”①2015 年 10 月,党的十八届五中全会强调,要实现“十三五”时期的发展目标、破解发展难题、厚植发展优势,就必须牢固树立并切实贯彻创新、协调、绿色、开放、共享的发展理念,其中,绿色发展就是要通过转变发展方式、保护生态环境,实现可持续发展。

城乡发展一体化,必然要求城乡生态环境一体化。但考察现实,中国城乡生态环境却呈现出复杂的二元结构特征:大部分城市空气污染严重、自然环境劣于农村,但是环境治理水平高于农村;大部分农村自然环境都明显好于城市,但是垃圾处理、污水处理等尚处于起步阶段,环境治理水平弱于城市。学术研究也表明,中国城乡生态环境存在二元性特征,沈清基(2012)从城乡生态效益指标体系、城乡生态效益总体状态及类型评价、城乡生态效益关联性、城乡生态效益协调性、城乡生态效益的共生性等方面阐述了城乡生态效益的内容与分析框架,结果显示中国城乡生态环境存在明显的二元化倾向,即城乡在生态环境的结构、功能、质量等方面存在差异②。

① 胡锦涛．坚定不移沿着中国特色社会主义道路前进　为全面建设小康社会而奋斗——在中国共产党第十八次会议上的报告[M]．北京:人民出版社,2012.

② 沈清基．城乡生态环境一体化规划框架探讨——基于生态效益的思考[J]．城市规划,2012(12):33－40.

针对城乡二元生态环境的特征及表现，我们认为城乡生态环境一体化是指通过将城市与农村生态环境统一纳入系统中，进行协同、全面治理，改变城乡生态环境现状，努力形成城乡生态环境高度融合互补、经济社会与生态协调发展的城乡生态格局，让城市与农村、人类与自然生态和谐相处。

城乡生态环境一体化是城乡发展一体化的重要保障。城乡发展一体化不仅要求城乡在空间对比上差距逐渐缩小，而且要求合理调整其输入、输出关系，完善物质、能量循环途径，严格控制污染源，保护生态物种多样性，使城市生态乡村化、乡村环境城市化。在实现城乡生态环境一体化过程中，既要建立绿色的经济发展模式，打造绿色产业；又要杜绝以牺牲农村的生态环境来建设城市的生态环境（如“大树进城”运动①），从而最终实现城乡生态环境融合，为城乡发展一体化的整体实现提供生态环境保障。

3.2 中国省域城乡发展一体化水平评价指标体系构建的原则

城乡发展一体化包含属性各异的众多因素，因此，为构建一套科学且能全面兼顾各类因素的评价指标体系，以客观、准确地刻画城乡发展一体化的程度，我们在设计评价指标体系时应遵循以下原则：

第一，全面原则。城乡发展一体化涵盖城乡空间、经济、社会、文化、生态环境 5 个维度，每个维度又涉及多个层次，指标体系也应从上述维度选择反映城乡发展一体化的指标，以满足评价的全面性。

第二，科学原则。评价指标体系必须能够明确地反映目标与指标间的支配关系，指标体系的设置应有一定的科学性，避免指标体系过大、指标层次过多、指标过细。

第三，可比原则。评价指标体系中选用的指标要有稳定的数据来源，同时所选指标的口径（年份、单位、含义等）对每个区域的城乡必须一致。在进行城乡比较时，尽量选取城乡之间具有可比性的指标。

第四，区域均等原则。城乡发展一体化是一个区域性、整体性概念，是建立在地区经济发展水平基础之上的。在对其进行评价时，不仅应包括对比性指标，而且还应包括一些宏观指标，如城镇化水平、人均 GDP 水平等指

---

① 相关研究可见：张兆曙．“大树进城”中的城乡关系[J]．人文杂志，2010(4)：148－154.

标,以体现该区域的总体发展状况。

第五,典型代表原则。评价学是一门大概率统计事件,只能反映评价对象的主要特征,因此,选取的指标必须能够反映评价对象的主要特征与主要方面,应该具有典型代表性。

第六,可操作原则。所选指标的含义必须明确、易于理解,选用的指标要有可靠的数据来源,确保数据的质量,对无稳定数据来源或无法计算的指标暂不列入指标体系;指标体系要符合实际工作的需要,以便于实际部门实施及具体操作。

3.3　中国省域城乡发展一体化水平评价指标选取的方法

对基础指标的选取主要采用3种方法:第1种——理论分析法,是指通过明确界定城乡发展一体化的内涵与外延,来选择那些能够反映城乡发展一体化内涵的指标,确定城乡发展一体化的分维度选项时,应遵循“基础性、广泛性、可行性”3个标准来界定城乡发展一体化的内容。基础性是指那些对城乡发展一体化有根本影响的指标;广泛性是指那些对每一个省份都有影响的城乡发展一体化指标应纳入指标体系;可行性是指选取指标的相关数据应能够获取,而且这些数据应是社会和学术界都能够认可的数据。第2种——频度分析法,是指通过对已有研究中涉及的有关城乡发展一体化评价指标进行频度统计,从中选择使用频率较高的指标。第3种——专家咨询法,是指首先初步提出评价指标,然后通过征询专家意见,从而对指标进行调整完善。

本报告综合使用理论分析法、频度统计法、专家咨询法来构建城乡发展一体化水平评价指标体系。首先,在二级指标构建中,采用理论分析法对城乡发展一体化的理论内涵与外延进行明确界定,确定城乡发展一体化评价的5个维度:城乡空间一体化、城乡经济一体化、城乡社会一体化、城乡文化一体化、城乡生态环境一体化,这和我们在《中国省域城乡发展一体化水平评价报告》(2012)、《中国省域城乡发展一体化水平评价报告》(2013)中的研究结论是相一致的。其次,通过对学术界已有相关文献的梳理,继续使用理论分析法来确定能反映城乡发展一体化每一具体维度主要特征的分项指标内容。如根据理论分析法,确定城乡空间一体化应从城乡空间聚集、城乡往来和城乡信息交互3个方面来考察。再次,在基础指标(三级指标)的选择中,主要依据频度统计法重点选取已有研究中使用频度较高的指标,如能够反映城乡往来的"城乡交通网密度(千米/万平方千米)""城乡每百户家用汽车拥有量比",能够综合反映城乡信息往来的"城乡每百户计算机拥有量比""城乡每百户移动电话拥有量比"等。最后,结合各个指标数据的获得性,通过咨询专家意见进行合理的调整与完善,最终形成如表3-1所示的中国省域城乡发展一体化水平评价指标体系。

3.4 中国省域城乡发展一体化水平评价指标体系的构建

我们用城乡发展一体化指数来反映城乡发展一体化水平。由于城乡发展一体化涉及的内容非常广泛,在指标体系构建过程中难以也无法涵盖城乡发展一体化的所有方面,仅能反映城乡发展一体化的主要方面,从可量化的角度对城乡发展一体化状态进行基本判断。根据城乡发展一体化的内涵、内容以及指标体系的构建原则与方法,我们构建的城乡发展一体化指数包括城乡空间一体化、城乡经济一体化、城乡社会一体化、城乡文化一体化、城乡生态环境一体化5个维度,每个维度又由若干基础指标综合反映。

(1)**城乡空间一体化基础指标选取**

城乡空间一体化主要反映城乡空间集聚状态、城乡往来程度和城乡信息交互三方面内容。曾磊等①(2002)在评价城乡关联度时,以城镇密度、铁路网密度、公路网密度反映城乡要素流载体发展水平,以限额批发零售市场反映城乡物质流状况。吴建楠等②(2010)在城乡统筹发展评价指标体系中选取城镇化率反映城乡统筹状态,以百户互联网用户数、百户本地电话用户数反映城乡统筹保障状态。

结合数据的可获得性,考虑到已有研究中基础指标的使用情况,我们选取了8项基础指标综合刻画城乡空间一体化。其中,反映城乡空间聚集状态的基础指标是"城市化水平";反映城乡往来程度的基础指标是"交通网密度""城乡人均道路面积比""旅客周转量"和"城乡每百户家用汽车拥有量比";反映城乡信息交互的基础指标是"城乡每百户移动电话拥有量比""城

---

① 曾磊,雷军,等. 我国城乡关联度评价指标体系构建及区域比较分析[J]. 地理研究,2002(12):763-771.

② 吴建楠,姚士谋,曹有挥,王成新. 长江三角洲城市群城乡统筹发展的空间差别化研究[J]. 长江流域资源与环境,2010(S1):21-26.

乡每百户计算机拥有量比”和“人均长途光缆线路长度”。本报告的空间维度基础指标,与2016年《报告》相比增加了“城乡人均道路面积比”。

(2)城乡经济一体化基础指标选取

借鉴我们团队写作的《中国省域城乡经济一体化水平评价(2015)》中设计的城乡经济一体化的指标体系,从经济增长的基础理论出发,同时考量二元经济结构的特征,我们提出,城乡经济一体化主要表现在城乡经济总体水平、资本形成、城乡技术进步、城乡产业结构、城乡就业结构、城乡居民收入和消费6个方面。

城乡经济总体水平需要衡量一个地区经济运行总体状况以及居民收入、生活状况,在城乡发展一体化指标体系中是一个标志性和综合性的指标。① 因此,我们选择“人均GDP”来完成这一任务,既能反映城乡经济运行总体水平,也能大致反映一个地区城乡居民的生活水平。

资本积累和形成是一个国家或地区经济增长和发展的一个主要动因。苏春江(2009)②的研究表明,财政支农投入和人均财政支出及其比值等因素对城乡一体化程度的影响很大。惠宁等(2011)③、刘红梅等(2012)④的研究均表明,城乡固定资产差距是阻碍城乡一体化发展与扩大城乡差距的主要因素。结合数据可得性,我们选择了“城乡人均固定资产投资比”和“财政支农比”来反映城乡资本形成。与2016年《报告》相比,本报告用更精准的“城乡人均固定资产投资比”代替了“城乡全社会固定资产投资比”。

除资本外,另一个驱动经济增长和发展的主要动因是技术进步,我们在城乡经济一体化这部分指标体系中也关注到了城乡间存在的技术差距。王春兰(2010)⑤在城乡经济均衡发展水平评价指标体系中采用工农业专业技术人员比来衡量城乡技术差距。同时,我们还注意到能反映城市技术进步的指标较多,而反映农村技术进步的指标较少,为全面反映城乡技术进步水平,我们还选取了农业机械化水平。所以,我们选取“城乡技术人员比重比”

---

① 顾益康,许勇军.城乡一体化评估指标体系研究[J].浙江社会科学,2004(6):28-34.

② 苏春江.财政支农投入与城乡一体化关系研究[J].技术经济,2009(5):76-80.

③ 惠宁,熊正潭.城乡固定资产投资与城乡收入差距研究——基于1980—2009年的时间序列数据[J].西北大学学报(哲学社会科学版),2011(7):45-52.

④ 刘红梅,张忠杰,王克强.中国城乡一体化影响因素分析——基于省级面板数据的引力模型[J].中国农村经济2012(8):4-15.

⑤ 王春兰.城乡经济均衡发展水平的评价的指标体系[J].统计与决策,2010(3):44-46.

和“农业机械化水平”来刻画城乡技术进步水平。由于统计口径发生了变化,“大中型工业企业研发人员数”代表的城市产业技术人员数数据不可得,所以本报告用“城乡技术人员比重比”取代了“城乡产业技术人员数比”。

城乡间的资本和技术差距是要素投入的差距,这最终会导致城乡经济结构在结果方面的差异,主要表现在城乡产业结构和城乡就业结构的差距。在城乡产业结构方面,任保平(2004)、蔡雪雄(2009)等对此有代表性的研究实践,结合数据的可获得性,我们选取“非农产业与农业产值比”“二元对比系数”“二元反差系数”这3个指标来反映。

产业结构差异直接导致了就业结构差异,也可以认为就业结构也是产业结构的一部分内容。在城乡就业结构方面,我们选取“非农从业人员与农业从业人员比”“农村从业人员非农比”来反映城乡就业结构变化。

进一步地,城乡产业结构和就业结构是城乡经济的供给侧,那么城乡经济的需求侧应该如何刻画呢?学术界普遍采用“城乡居民人均收入比”“城乡居民人均工资性收入比”“城乡居民人均消费支出比”与“城乡恩格尔系数比”来反映。结合数据可得性,我们选择“城乡居民人均收入比”“城乡家庭人均消费比”“城乡恩格尔系数比”来反映城乡居民在收入和消费上的一体化程度。

(3)**城乡社会一体化基础指标选取**

城乡社会一体化主要表现在城乡基础教育、城乡医疗卫生、城乡社会保障3个方面。这和本团队在2014年《中国省域城乡社会一体化水平评价报告》中对城乡社会一体化维度的划分相一致。

在城乡基础教育方面,张金英(2010)[①]从城乡教育机会一体化、教育资源配置一体化和教育质量一体化3个方面构建指标体系,囊括了“城乡生均教育经费差异”“城乡生师比差异”在内的9项指标。在已有学者研究的基础上,我们从比较城乡教育资源配置的众多基础指标中,择取了“财政中用于教育支出比重”和“城乡小学生师比重比”两项指标,前者反映城乡整体教育资源投入水平,后者反映城乡教育质量差异程度。

在城乡医疗卫生方面,我们择取“城乡医疗保险覆盖率比”“城乡医疗保健支出比重比”两项指标,第一个反映城乡医疗保险的差异,第二个反映城

① 张金英. 城乡教育一体化的动力机制与战略研究[D]. 天津:天津大学,2010.

乡医疗卫生经费的差距。与2016年《报告》相比,本报告一方面将"城乡人均医疗保健支出比"更正为"城乡医疗保健支出比重比";另一方面剔除了由于统计口径发生变化而数据不可得的"城乡千人医院床位数比""城乡千人医护人员数比"两个指标。

在城乡社会保障方面,实际上能反映社会保障水平的指标众多,至少包括基本社会养老保障、基本医疗保障和最低生活保障3个方面。本书中,为避免基础指标体系过于冗繁以及和城乡基础教育、城乡医疗卫生所选取指标的信息重叠,我们将重点放在了城乡最低生活保障方面,选取了"城乡低保支出水平比""城乡居民最低生活保障人数比重比"两个指标。与2016年《报告》相比,本报告将"城乡最低生活保障水平比"更正为"城乡低保支出水平比";将"城乡社会救济人数比重比"更正为"城乡居民最低生活保障人数比重比";剔除由于统计口径发生变化而数据不可得的"农村劳动力参加就业技能培训人数比重"。

(4)**城乡文化一体化基础指标选取**

城乡文化一体化主要表现在城乡艺术、城乡群众文化和城乡文化事业3个方面。

顾丽娟等①在中国区域城乡文化系统关联耦合分析中,将城乡文化分为5个方面,即城乡文化团体基本情况、城乡公共文化生活、城乡文化的公共财政投入、城乡文化市场建设和城乡私人文化投入,其中,用城乡艺术表演团体及表演场总个数及从业人员总人数、城乡艺术团体原创首演节目、城乡艺术团体演出收入来衡量城乡文化团体基本情况;用城乡艺术表演团体及表演场在国内的演出场次及其观众总人次、城乡艺术表演团体及表演场在城市的演出场次、主要演出城市或农村观众人次来衡量城乡公共文化生活;用城乡艺术表演团体及表演场的财政拨款来衡量城乡公共财政投入;用城乡文化市场经营机构、执法机构和文物机构总数及从业人员总数、文物藏品数量来衡量城乡文化市场建设;用城乡家庭人均纯收入、消费水平、家庭消费支出、教育文化娱乐支出、劳动力文化水平来衡量基本收入与私人文化投入。在此基础上,本报告综合理论分析法和数据可得性设计出城乡文化一体化的基础指标,通过咨询专家意见确定了最终的城乡文化一体化指标,这

① 顾丽娟,曾菊新. 中国区域城乡文化系统关联耦合分析[J]. 经济地理,2013,33(1).

也是本团队2017年的一大创新之处。

在城乡艺术方面,我们选取“城乡人均艺术演出场次比”“城乡艺术演出观众比重比”两个指标来反映文化部门艺术表演团体演出在城乡间的普及度;在城乡群众文化方面,我们选取“城乡文化机构组织文艺活动人均次数比”“城乡文化机构人均支出比”两个指标来反映城乡群众文化机构的活跃度与规模;在城乡文化事业方面,我们选取“人均文化事业费”作为标志性和综合性指标。

(5)城乡生态环境一体化基础指标选取

城乡生态环境一体化主要表现在城乡节能减排、城乡绿化、城乡生活环境3个方面。

张静等(2009)①在生态文明指标体系构建中,以环境与经济、人与自然和谐发展为目标,确立了包括人口发展支持系统、资源节约系统、环境保护系统、经济社会支持系统4个子体系的生态文明指标体系,其中组成资源节约支持系统的基础指标有“单位GDP能耗”“万元工业增加值能耗”“森林覆盖率”“人均公共绿地面积”等,构成环境保护支持系统的基础指标有“环保投资占GDP比重”“工业固体废物综合利用率”“城市污水集中处理率”“三废综合利用产值占GDP比重”等。但是,生态环境方面农村的数据严重缺失,所以,在数据可获得的前提下,我们尽量选取了一些城乡对比指标。具体来说,我们选取“城乡人均生活消费煤合计比”“环境污染治理投资占GDP比重”这两个指标来反映城乡节能减排情况;选取“城乡人均绿化覆盖面积比”“森林覆盖率”作为衡量城乡绿化的状态指标;选取“城乡卫生厕所普及率比”和“城乡燃气普及率比”两项基础指标来衡量城乡生活环境差距。与2016年《报告》相比,本报告剔除了数据不合理的“城乡安全饮用水普及率比”;用城乡对比指标“城乡人均生活消费煤合计比”代替了综合性指标“万元GDP能耗”;用城乡对比指标“城乡人均绿化覆盖面积比”代替了“人均绿地面积”;新增“城乡燃气普及率比”指标来衡量城乡生活环境差距。

最终,根据城乡发展一体化水平评价的内涵与主要内容,依循指标体系构建的原则、指标选取的方法,我们构建了评价中国省域城乡发展一体化水平的指标体系(见表3-1)。

① 张静,夏海勇.生态文明指标体系的构建与评价方法[J].统计与决策,2009(21):60-63.

表 3-1　中国省域城乡发展一体化水平评价指标体系

目标	维度指标	基础指标		指标属性	指标含义或算法
城乡发展一体化	城乡空间一体化	城乡空间集聚	X1 城市化水平	正向	城镇人口/总人口
		城乡往来	X2 交通网密度（公里/平方千米）	正向	（公路运营里程 + 铁路运营里程）/区域土地面积
			X3 城乡人均道路面积比	逆向	城市人均道路面积/乡村人均道路面积
			X4 旅客周转量（亿人次/公里）	正向	旅客周转量
			X5 城乡每百户家用汽车拥有量比	逆向	城市每百户家用汽车拥有量/农村每百户家用汽车拥有量
		城乡信息交互	X6 城乡每百户移动电话拥有量比	逆向	城市每百户移动电话拥有量/农村每百户移动电话拥有量
			X7 城乡每百户计算机拥有量比	逆向	城市每百户计算机拥有量/农村每百户计算机拥有量
			X8 人均长途光缆线路长度（公里/万人）	正向	长途光缆线路长度/总人口
	城乡经济一体化	城乡经济总量	X9 人均 GDP（元/人）	正向	人均 GDP
		城乡资本形成	X10 城乡人均固定资产投资比	逆向	城镇人均固定资产投资/农村人均固定资产投资
			X11 人均财政支农比	正向	地方农林水事务人均支出/地方一般公共预算人均支出
		城乡技术进步	X12 城乡技术人员比重比	逆向	公有经济企事业单位非农业技术人员占城镇人口比重/公有经济企事业单位农业技术人员占农村人口比重
			X13 农业机械化水平（千瓦/公顷）	正向	农业机械总动力/区域耕地面积
		城乡产业结构	X14 非农产业与农业产值比	正向	（第二产业产值 + 第三产业产值）/第一产业产值
			X15 二元对比系数	正向	（第一产业产值占比/第一产业从业人员占比）/（非第一产业产值占比/非第一产业从业人员占比）
			X16 二元反差系数	逆向	（非农产业产值占比 - 非农产业从业人员占比）
		城乡就业结构	X17 非农从业人员与农业从业人员比	正向	非第一产业从业人员/第一产业从业人员

续表

目标	维度指标	基础指标		指标属性	指标含义或算法
城乡发展一体化			X18 农村从业人员非农比	正向	1－第一产业从业人员/乡村从业人员
		城乡居民收入和消费	X19 城乡居民人均收入比	逆向	城镇居民家庭平均每人全年可支配收入/农村居民家庭平均每人全年纯收入
			X20 城乡家庭人均消费比	逆向	城市家庭人均消费/农村家庭人均消费
			X21 城乡恩格尔系数比	正向	城市恩格尔系数/农村恩格尔系数
	城乡社会一体化	城乡基础教育	X22 财政中用于教育支出比重	正向	教育支出/一般预算公共支出
			X23 城乡小学生师比重比	正向	(城镇小学在校学生数/城镇小学专任教师数)/(农村小学在校学生数/农村小学专任教师数)
		城乡医疗卫生	X24 城乡医疗保险覆盖率比	逆向	城镇居民和职工基本医疗保险参保人数比/参加新农合人数比
			X25 城乡医疗保健支出比重比	逆向	城镇居民医疗保健支出占消费性支出比重/农村居民医疗保健支出占消费性支出比重
		城乡社会保障	X26 城乡低保支出水平比	逆向	城市人均低保资金全年计划支出/农村人均低保资金全年计划支出
			X27 城乡居民最低生活保障人数比重比	逆向	(城镇居民最低生活保障人数/城镇人口)/(农村居民最低生活保障人数/农村人口)
	城乡文化一体化	城乡艺术	X28 城乡人均艺术演出场次比	逆向	文化部门艺术表演团体城市人均演出场次)/文化部门艺术表演团体农村人均演出场次
			X29 城乡艺术演出观众比重比	逆向	(文化部门艺术表演团体国内演出城市观众人次/城市人口)/(文化部门艺术表演团体国内演出农村观众人次/农村人口)
		城乡群众文化	X30 城乡文化机构组织文艺活动人均次数比	逆向	城市群众文化机构组织文艺活动人均次数/乡镇文化站组织文艺活动人均次数
			X31 城乡文化机构人均支出比	逆向	城市群众文化机构人均支出/乡镇文化站人均支出
		城乡文化事业	X32 人均文化事业费(元/人)	正向	人均文化事业费

续表

目标	维度指标	基础指标		指标属性	指标含义或算法
城乡发展一体化	城乡生态环境一体化	城乡节能减排	X33 城乡人均生活消费煤合计比	正向	城镇人均生活消费煤合计/农村人均生活消费煤合计
			X34 环境污染治理投资占GDP比重	正向	环境污染治理投资额/GDP
		城乡绿化	X35 城乡人均绿化覆盖面积比	逆向	城镇人均绿化覆盖面积/乡人均绿化覆盖面积
			X36 森林覆盖率	正向	森林覆盖率
		城乡生活环境	X37 城乡卫生厕所普及率比	逆向	城市卫生厕所普及率/农村卫生厕所普及率
			X38 城乡燃气普及率比	逆向	(城镇天然气用气人口/城镇人口)/(乡天然气用气人口/乡人口)

3.5 中国省域城乡发展一体化水平评价方法的选择

3.5.1 时序全局主成分分析法

在明确城乡发展一体化的含义与主要内容、构建中国省域城乡发展一体化水平评价指标体系的基础上，本报告最终确定运用时序全局主成分分析法来作为中国省域城乡发展一体化水平评价方法。

首先，由于本报告的基础指标有38个，主成分分析的降维处理技术能较好地满足多指标评价的要求。本报告中进行水平评价的38项基础指标构成了一个多维空间，被评价的各省域成为多维空间的样本点。样本点在某项指标上变差（方差）越大，说明样本在这一指标维度上的距离越大，对样本之间城乡发展一体化发展水平差距的作用水平（权重）就越大。由多项指标进行综合评价时，要以各项指标的总变差反映样本在多维空间的相对位置。然而由于基础指标间往往存在一定的相关性，在指标合成时会产生信息重叠，特别是在评价指标较多的情况下，需要在方差信息损失最小的前提下进行降维工作，即采用较少的变量代替较多的原始变量。主成分分析方法通过对原始变量进行线性变换，合成彼此独立的分量，可以在保证原始变量大部分信息的情况下实现降维。

其次，两步主成分分析进行多指标综合评价时的权数处理有其自身的特点。在数理统计中，权数实质上是对评价指标自身的评价，按性质可分为重要性权和信息量权。重要性权属于主观赋权,信息量权属于客观赋权。两步主成分分析在进行多指标综合评价时,权数主要通过数据信息确定,是一种客观赋权。其中第一步以相关矩阵各特征向量分作权,合成各主成分,第二步以方差贡献率作权,合成最终综合评价值。因此,两步主成分分析法合成的城乡发展一体化指数具有客观性。

最后,两步时序全局主成分分析能够处理面板数据。本团队之前进行中国省域城乡发展一体化水平评价、城乡社会一体化水平评价、城乡经济一体化水平评价等研究采用的是两步经典主成分分析,这种经典主成分分析只能分别测度时间序列数据与横截面数据,无法对两者统一的面板数据进行计算。时序全局主成分在技术上实现了对面板数据的测度,测度出来的得分可以横向比较和纵向比较,所以本报告借鉴周江燕、白永秀(2014)测度中国城乡发展一体化时运用的两步时序全局主成分分析法,不仅对面板数据测度总体指数,而且能够测度分维度指数。其中,第一步时序全局主成分分析法是以各维度指数的基础指标经过处理后的面板数据作为主成分分析法的输入,来确定各基础指标在分维度指数中的权重以合成分维度指数;第二步主成分分析法是以各维度指数得分的面板数据作为主成分分析法的输入,得到各维度指数在城乡发展一体化指数中的权重以合成城乡发展一体化总指数。

综上所述,本报告运用时序全局主成分分析法来测度中国省域城乡发展一体化水平,下面具体介绍时序全局主成分分析模型和步骤。

3.5.2 时序全局主成分分析模型与步骤

记 X 是一个有 n 个样本、t 个年份、P 个变量的数据表,即

$X = (xij)_{nxtxp} = \begin{vmatrix} e_l^T \\ \cdots \\ e_n^T \end{vmatrix} = [X_l^t, X_2^t, \cdots{}_P^t]$式中,样本点 $e_i = (x_{i1}^t, x_{i2}^t, \cdots, x_{ip}^t)^T \in R^p$;变量 $x_j = (x_{1j}^t, x_{2j}^t, \cdots, x_{nj}^t) \in R^n, i = 1, 2, \cdots, n, j = 1, 2, \cdots, p$。那么,第 i 个主成分就可以表示为

$$F_i = \alpha_{li}X_1 + \alpha_{2j}X_2 + \cdots + \alpha_{pi}X_p$$

满足:①$\alpha_{li}{}^2 + \alpha_{li}{}^2 + \cdots + \alpha_{pi}{}^2 = 1$

②F_i 与 $F_j(i \neq j, i, j = 1, 2, \cdots, p)$不相关;

③$Var(F_i^t) = \lambda_i$,其中 λ_i 为矩阵 X 的协方差矩阵 V 特征根。

时序全局主成分分析的一般步骤为:

①设综合评价共有 P 项指标,将指标同趋势化——逆向指标转为正向指标。

②进行无量纲化。

③计算指标的相关矩阵 V,求 V 的前 M 个特征值记为 $\lambda_1 \geqslant \lambda_2 \geqslant \cdots \geqslant \lambda_m > 0$,相应的正交化特征向量 $\alpha_i = (\alpha_{li}, \alpha_{2i}, \cdots, \alpha_{pi}), i = 1, 2, \cdots, m$。

④设方差累计贡献率 $Q_m = \sum_{h=1}^{m} var(F_h) / \sum_{j=1}^{p} s_j^2 \lambda_h / \sum_{j=1}^{p} s_j^2$,当累积方差贡献率 Q_m 达到一定数值时,取 m 个主成分 $F_i = \alpha_{li} X_l + \alpha_{2i} X_2 + + \alpha_{pi} X_p (i = 1, 2, \cdots, p)$,得到综合评价函数 $I = (Q_1 F_1 + Q_2 F_2 + \cdots + Q_m F_m) / \sum_{i=1}^{m} Q_i$,其中 Q_m 表示,主成分 $F_1, F_2, \cdots, F_m$ 可以 Q_m 的精度概括原来的 P 个指标。

⑤将样本的均值化数值代入上式求得各样本的综合评价函数值,根据综合评级函数值对各样本进行分析评价。

3.5.3 时序全局主成分分析技术处理

要准确测算城乡发展一体化指数,合理运用时序全局主成分分析方法,需要尤其关注下面 4 个技术问题。

第一,逆向指标正向化。我们的指标体系包含了正向指标、逆向指标两类属性指标。在合成城乡发展一体化指数时,需要将逆向指标作正向化处理来实现所有指标的同向化。在实际应用中,逆向指标正向化处理常常采用倒数法①。

第二,无量纲化。城乡发展一体化水平评价指标体系的各基础指标具有不同的量纲和量级,直接采用原始测度指标会造成时序全局主成分过分偏重于具有较大方差或数量级的指标。因此,我们需要对原始指标进行无量纲化处理。时序全局主成分分析中经常使用的无量纲处理方法有极值化法、标准化法和均值化法。传统的标准化方法会消除各指标在变异程度上的差异,导致一部分信息的丢失。为此,我们采用均值化方法②进行无量纲处理,这种处理不仅消除了各基础指标在量纲和量级上的差异,而且保留了

---

① 相关研究表明,逆向指标正向化处理的方法有两种:一种是取倒数形式,另一种是取负数,由于本书的逆向指标均为城乡的比值或比率形式,无论是从经济含义还是从数学形式上来看,取倒数的正向化处理方法均是科学、合理的。

② 均值化方法处理为:$y_{ij} = x_{ij} \sqrt{x_j}$。

原始数据的全部信息。

第三,特征向量方向确定。协方差矩阵每一个特征根都对应一正一负的两个单位特征向量,正负特征向量的选择将直接影响各样本主成分得分。针对这个问题,我们采用最优样本与最劣样本比较法确定特征方向。首先,从均值化矩阵中挑选出每个指标最优值,把这些值组合在一起作为一个最优样本;同理,挑选出各指标最劣值形成一个最劣样本。其次,通过特征向量分别求出最优样本和最劣样本的各主成分值,若最优样本主成分值大于最劣样本主成分值,特征向量方向确定;否则,特征向量取相反方向。

第四,主成分个数选取。主成分个数的确定需要在主成分方差累计贡献率与主成分变量个数两者之间做出平衡。主成分提取个数少会方便计算,个数多能提高精度。一般而言,实践中提取主成分通行的方法有以下几种:一是 $Q_m \geqslant 85\%$ 准则[①]。根据国内外学者使用主成分分析进行多指标综合评价的研究实践,$Q_m \geqslant 85\%$ 通常可以保证样本排序的稳定。二是 $\lambda_i > \lambda^-$ 准则。先计算特征根 λ_i 的均值 λ^-。然后选取 $\lambda_i > \lambda^-$ 的前 k 个主成分。三是选取第一主成分用于综合评价。通过实际操作,根据计算结果,我们一致采用 $Q_m \geqslant 85\%$ 准则。

① Q_m 是指累计方差贡献率。

4 2015 年中国省域城乡发展一体化水平总体评价

上一章主要介绍了城乡发展一体化的评价指标体系构建，本章将在此基础上对 2015 年中国省域城乡发展一体化水平进行总体评价。首先介绍进行水平评价所用的数据来源、指标处理方法和权重的生成；然后按照城乡发展一体化指数得分来评价 2015 年中国 30 个省域的城乡发展一体化水平；最后根据指数和指标权重来分析中国省域城乡发展一体化的影响因素。

4.1 数据来源、指标处理方法和权重的生成

4.1.1 数据来源与指标处理方法

(1)数据来源

本章及本书前文所用的基础数据来源于《中国统计年鉴》《中国城乡建设统计年鉴》《中国科技统计年鉴》《中国卫生统计年鉴》《中国教育统计年鉴》《中国民政统计年鉴》《中国文化文物统计年鉴》《中国能源统计年鉴》《中国环境统计年鉴》《中国农村统计年鉴》等。由于部分省份缺失数据，在保证与全国性统计年鉴统计口径一致的情况下，还查询了各省、区、直辖市的统计年鉴、统计快报，以及 CNKI 中国经济社会发展统计数据库。

(2)指标处理方法

在城乡发展一体化指数构成中，由于基础指标之间具有不可公度性①，我们无法对其直接进行计算。因此，需要对基础指标数据进行一定的变换与处理(以后每章的指标处理方法同此)。根据时序全局主成分分析的技术

① 可公度性也可称为可通度性或可通约性，可公度性是指如果两个量是可合并计算，那么它们可以被用同一个单位来衡量，不可公度性则恰恰相反。

处理方法,我们首先对逆向指标通过取倒数的方法实现其正向化,其次用均值方法来实现无量纲化。

4.1.2 基础指标与分维度指数权重的确定

对2015年中国省域城乡发展一体化的基础指标进行预处理后,将所得数据以协方差矩阵的形式作为主成分输入,采用两步时序全局主成分分析法与权重计算方法,得到城乡发展一体化指数及5个维度指数的统计特征与权重(见表4-1、表4-2)。表4-3中是2015年中国各省域城乡发展一体化总指数值。

在第一步主成分分析中,城乡空间维度,提取了4个主成分,累计方差贡献率达91.545%;城乡经济维度,提取了2个主成分,累计方差贡献率达90.703%;城乡社会维度,提取了3个主成分,累计方差贡献率达91.861%;城乡文化维度,提取了3个主成分,累计方差贡献率达90.492%;城乡生态环境维度,提取了3个主成分,累计方差贡献率达87.359。在第二步主成分分析中,城乡发展一体化指数提取了2个主成分,累计方差贡献率达89.275%。由此可见,在两步主成分分析中,主成分的提取科学、合理,能够反映原始数据的绝大部分信息,累计方差贡献率均达到85%以上。

表4-1 各级指标的统计特征

维度	成分	方差贡献率(%)	累计方差贡献率(%)
城乡空间	1	39.783	39.783
	2	23.829	63.612
	3	17.766	81.378
	4	10.167	91.545
城乡经济	1	73.930	73.930
	2	16.773	90.703
城乡社会	1	63.957	63.957
	2	19.401	83.358
	3	8.504	91.861
城乡文化	1	49.571	49.571
	2	32.499	82.070
	3	8.422	90.492

续表

维度	成分	方差贡献率(%)	累计方差贡献率(%)
城乡生态环境	1	39.227	39.227
	2	30.849	70.076
	3	17.284	87.359
城乡发展一体化	1	79.259	79.259
	2	10.016	89.275

经过两步主成分分析,可以计算出5个维度指标的权重,城乡空间、城乡经济、城乡社会、城乡文化、城乡生态环境形成的权重分别为0.2056678、0.7743114、0.0987437、0.3862072、0.0050024。

表4-2 各维度指标的系数向量与相应权重

维度指标	主成分系数		权重
城乡空间	0.491	0.174	0.2056678
城乡经济	2.189	-0.300	0.7743114
城乡社会	0.114	0.428	0.0987437
城乡文化	0.809	0.646	0.3862072
城乡生态环境	0.014	-0.003	0.0050024

第一步主成分分析可以得到城乡发展一体化5个分维度指数,第二步主成分分析可以计算出5个分维度的基础指标权重并最终计算出2015年中国30个省域的城乡发展一体化指数。城乡发展一体化5个分维度指数和总指数的最终结果如表4-3所示。

表4-3 2015年中国省域城乡发展一体化水平测度结果汇总

地区	分维度指数					城乡发展一体化指数
	城乡空间	城乡经济	城乡社会	城乡文化	城乡生态环境	
北京	1.569509	9.886733	1.274122	3.549063	0.473412	9.477061
天津	0.778888	5.363155	1.417097	1.458523	0.274245	5.017538
河北	0.763854	1.099324	1.30037	1.210357	0.185306	1.605098
山西	0.647068	1.189749	0.903263	1.9023	0.194609	1.879164
内蒙古	-0.32606	1.086761	1.035759	1.427931	-0.00067	1.428179
辽宁	0.80086	1.357294	1.001554	0.787067	0.364306	1.62037
吉林	0.517534	1.041471	0.477356	1.039405	0.371351	1.363282

续表

地区	分维度指数					城乡发展一体化指数
	城乡空间	城乡经济	城乡社会	城乡文化	城乡生态环境	
黑龙江	0.47119	1.041834	0.485364	0.632472	0.580968	1.19871
上海	1.609925	12.69136	0.583803	5.678851	1.144742	12.41476
江苏	0.992175	1.982226	2.510614	1.795092	0.101539	2.680611
浙江	0.880816	2.738337	4.090808	4.300688	0.384329	4.368301
安徽	0.656105	1.102688	1.075323	1.370039	0.180186	1.624965
福建	0.696287	1.626017	2.820704	3.268293	0.443197	2.945229
江西	0.611662	1.163027	0.901475	1.504489	0.366566	1.698237
山东	1.019083	1.349269	2.534838	1.530522	0.266627	2.097078
河南	0.887851	0.950066	1.111588	1.569288	0.360925	1.635887
湖北	0.793765	1.005835	1.050179	1.333784	0.390065	1.562849
湖南	0.646176	0.979033	0.863637	1.091848	0.384493	1.399855
广东	0.940841	1.805472	3.107428	2.239864	0.491603	2.765848
广西	0.348383	0.777097	2.053916	0.771745	0.274173	1.175602
海南	0.507138	0.950368	0.945491	1.671588	0.948962	1.58387
重庆	0.816462	1.218827	0.762579	2.997634	0.196438	2.345662
四川	0.390039	0.92381	0.880955	1.050978	0.224148	1.28954
贵州	0.317605	0.617383	1.963632	0.861969	0.336384	1.071846
云南	0.140749	0.691879	1.205652	0.76778	0.226896	0.981385
陕西	0.560109	0.934235	1.306226	1.503901	0.203438	1.549402
甘肃	0.114742	0.624379	1.211152	1.395477	0.088413	1.166042
青海	-1.79628	1.064243	1.372315	1.676403	0.077785	1.237955
宁夏	0.091266	0.998412	1.240353	1.201758	-0.11039	1.377905

4.2 2015年中国省域城乡发展一体化水平整体评价

按照城乡发展一体化指数得分，首先对各省、自治区、直辖市进行城乡发展一体化水平排名，其次对2015年中国30个省域城乡发展一体化水平的区域差异进行比较。

4.2.1 2015年中国省域城乡发展一体化水平排名

从表4-4、图4-1可以看出，2015年中国省域城乡发展一体化水平排名前3位的分别是3个直辖市，即上海、北京和天津，得分分别是12.41、

9.48 和 5.02；排名后 3 位的分别是甘肃、贵州和云南，得分分别是 1.17、1.07 和 0.98。需要说明的是，城乡发展一体化指数得分是一个相对值——数值仅代表相对大小，并不代表其城乡发展一体化绝对水平。下面对结果进行具体分析。

表 4－4　2015 年中国省域城乡发展一体化得分及排名

排名	地区	城乡发展一体化指数
1	上海	12.41
2	北京	9.48
3	天津	5.02
4	浙江	4.37
5	福建	2.95
6	广东	2.77
7	江苏	2.68
8	重庆	2.35
9	山东	2.10
10	山西	1.88
11	江西	1.70
12	河南	1.64
13	安徽	1.62
14	辽宁	1.62
15	河北	1.61
16	海南	1.58
17	湖北	1.56
18	陕西	1.55
19	内蒙古	1.43
20	湖南	1.40
21	宁夏	1.38
22	吉林	1.36
23	新疆	1.32
24	四川	1.29
25	青海	1.24
26	黑龙江	1.20
27	广西	1.18

续表

排名	地区	城乡发展一体化指数
28	甘肃	1.17
29	贵州	1.07
30	云南	0.98

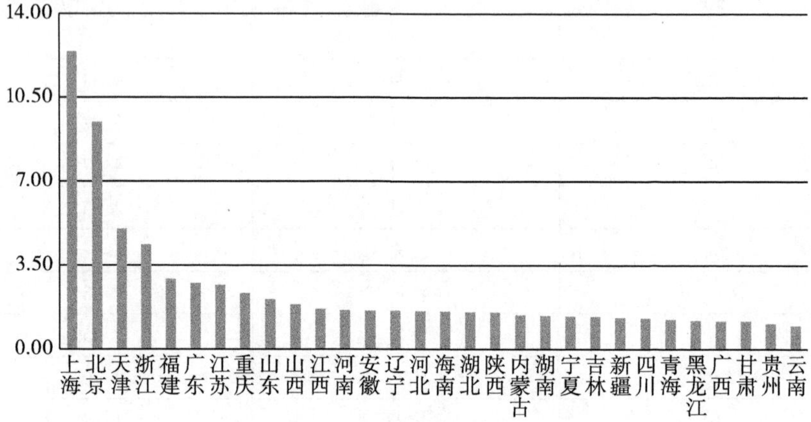

图 4-1　2015 年中国省域城乡发展一体化得分及全国排名

从得分结果来看,城乡发展一体化指数得分范围为 0.98 到 12.41 之间,排名前 10 位的省份是上海、北京、天津、浙江、福建、广东、江苏、重庆、山东、山西,指数得分范围是 1.88 ~ 12.41;排名中间 10 位的省份是江西、河南、安徽、辽宁、河北、海南、湖北、陕西、内蒙古、湖南,指数得分范围是 1.40 ~ 1.70;排名后 10 位的省份是宁夏、吉林、新疆、四川、青海、黑龙江、广西、甘肃、贵州、云南,指数得分范围是 -0.98 ~ 1.38。从得分结果来看,排名前 10 位的省份城乡发展一体化指数差别较大,经历了快速的下降,但是排名后 20 位的省份城乡发展一体化指数差别不大,省与省之间得分都很接近。

从区域分布来看:城乡发展一体化指数得分排名前 10 位的省份中,东部省份有 8 个,分别是上海(1)、北京(2)、天津(3)、浙江(4)、福建(5)、广东(6)、江苏(7)、山东(9);来自中部的省份有 1 个,即山西(10);来自西部的省份有 1 个,即重庆(8)。这表明,中国城乡发展一体化呈现出明显的区域差异,东部省份城乡发展一体化水平高,中部和西部省份城乡发展一体化水平低。

城乡发展一体化指数得分排名中间 10 位的省份中,来自东部的省份有

2个,即河北(15)、海南(16);来自中部的省份有5个,即江西(11)、河南(12)、安徽(13)、湖北(17)、湖南(20);来自西部的省份有2个,分别是陕西(18)、内蒙古(19);来自东北地区的省份有1个,即辽宁(14)。

城乡发展一体化指数得分排名后10位的省份中,来自西部的省份有8个,即宁夏(21)、新疆(23)、四川(24)、青海(25)、广西(27)、甘肃(28)、贵州(29)、云南(30);来自东北地区的省份有2个,即吉林(22)、黑龙江(26)。

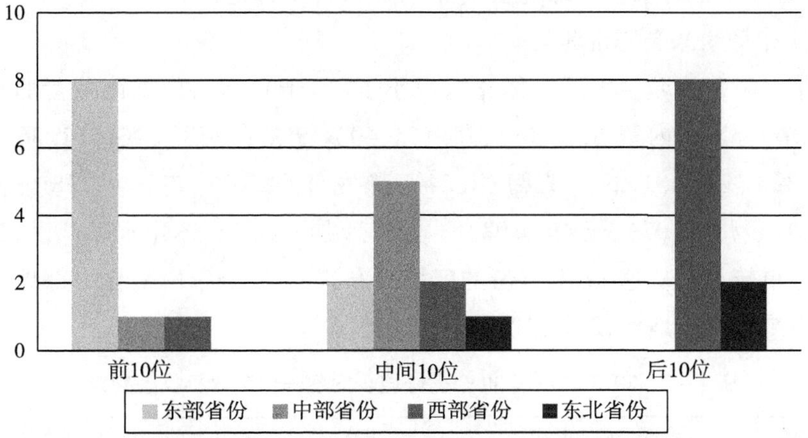

图4-2 2015年四大区域省份城乡发展一体化指数在前10位、中间10位、后10位的分布

可以初步得出以下结论:2015年中国省域城乡发展一体化水平呈现出由东部到西部逐渐递减的趋势。具体来看,东部地区城乡发展一体化水平最高,中部次之,西部最低,东北地区处于中低水平。

4.2.2 2015年中国省域城乡发展一体化类型判定

在对2015年中国省域城乡发展一体化指数得分进行排名并分析其区域分布特点的基础上,本报告需要进一步判断中国各省域城乡发展一体化的类型,并作具体分析。根据城乡发展一体化指数分布的特点,并结合K均值聚类分析的结果,将2015年中国30个省份的城乡发展一体化水平分为三大阵营:

第一阵营的城乡发展一体化指数大于1.88,位于该阵营的省份有9个,分别是上海(12.41)、北京(9.48)、天津(5.02)、浙江(4.37)、福建(2.95)、广东(2.77)、江苏(2.68)、重庆(2.35)、山东(2.10)。该阵营城乡发展一体化水平高,其中上海、北京、天津、浙江的得分远高于其他省份,指数得分差距较大。从这9个省份的区域分布来看,除了重庆是来自西部地区外,其他8个均来自东部地区。

第二阵营的城乡发展一体化指数得分在1.43到1.88之间,位于该阵营的省份有9个,分别是山西(1.88)、江西(1.70)、河南(1.64)、安徽(1.62)、辽宁(1.62)、河北(1.61)、海南(1.58)、湖北(1.56)、陕西(1.55)。该阵营城乡发展一体化居中等水平,指数得分差距也居中。从这9个省份的区域分布看,有2个省份来自东部地区,5个省份来自中部地区,1个省份来自西部地区,1个省份来自东北地区。

第三阵营的城乡发展一体化指数小于(等于)1.43,位于该阵营的省份有12个,分别是内蒙古(1.43)、湖南(1.40)、宁夏(1.38)、吉林(1.36)、新疆(1.32)、四川(1.29)、青海(1.24)、黑龙江(1.20)、广西(1.18)、甘肃(1.17)、贵州(1.07)、云南(0.98)。该阵营城乡发展一体化水平低,指数得分差距也较小。从这12个省份的区域分布来看,1个省份来自中部地区,9个省份来自西部地区,2个省份来自东北地区。

表4-5 2015年中国30个省域城乡发展一体化水平类型判定

类型	标准	省份	个数/个	占比(%)
第一阵营	城乡发展一体化指数>1.88	上海、北京、天津、浙江、福建、广东、江苏、重庆、山东	9	30
第二阵营	1.88≥城乡发展一体化指数>1.43	山西、江西、河南、安徽、辽宁、河北、海南、湖北、陕西	9	30
第三阵营	城乡发展一体化指数≤1.43	内蒙古、湖南、宁夏、吉林、新疆、四川、青海、黑龙江、广西、甘肃、贵州、云南	12	40

从指数得分的分类结果来看,2015年中国省域城乡发展一体化水平呈金字塔形分布,水平高的省份相对较少,水平低的省份则相对较多。具体来说,9个省份位于城乡发展一体化水平高的第一阵营,占比达30%;9个省份位于城乡发展一体化水平居中的第二阵营,占比达30%;12个省份位于城乡发展一体化水平低的第三阵营,占比达40%。

2015年城乡发展一体化水平的这种分布状况与中中国省域经济发展的不平衡性相一致。具体来看,城乡发展一体化水平最高的9个省份中8个来自东部地区;城乡发展一体化水平居中的9个省份中5个来自中部地区;城乡发展一体化水平最低的12个省份中9个来自西部地区。

4.3　2015 年中国省域城乡发展一体化的影响因素

4.3.1　分维度指标权重

通过分析城乡发展一体化 5 个维度指标的权重正负和大小，可以发现其对城乡发展一体化的影响方向和影响力。从指标权重的符号来看，2015 年城乡空间、城乡经济、城乡社会、城乡文化和城乡生态环境的权重为正，表明其对省域城乡发展一体化的影响都是促进性的。从指标权重的大小来看，城乡经济的权重是 0. 7743114，其对城乡发展一体化的影响最大；城乡文化的权重是 0. 3862072，其对城乡发展一体化的影响较大；城乡空间的权重是 0. 2056678，其对城乡发展一体化的影响居中；城乡社会的权重是 0. 0987437，其对城乡发展一体化的权重较小；城乡生态环境的权重是 0. 0050024，其对城乡发展一体化的影响最小（见图 4 – 3）。

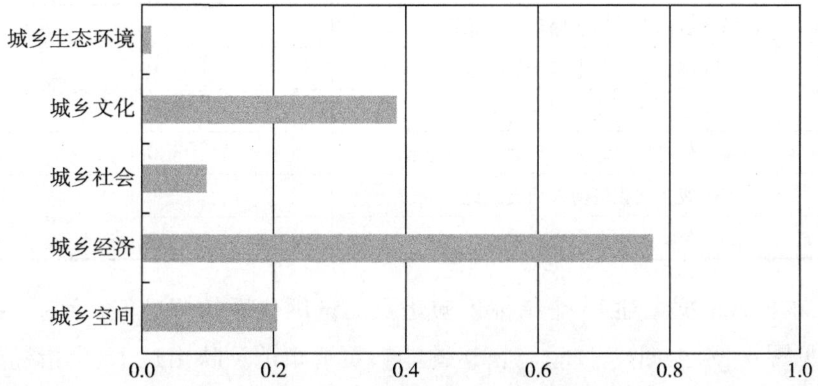

图 4 – 3　5 个维度指数的相应权重

4.3.2　基础指标权重

对基础指标的权重进行分析时，本报告首先通过计算“各分维度指标的权重 × 相应分维度中具体指标权重”，可以得出 38 个基础指标在城乡发展一体化指数中的相应权重；其次重点对权重绝对值大于 0. 1 的 13 个基础指标进行分析（见表 4 – 6）。对城乡发展一体化影响较大的基础指标包括“城乡人均道路面积比”（0. 1）、“城乡每百户计算机拥有量比”（0. 1）、“人均 GDP”（0. 1）、“城乡人均固定资产投资比”（0. 3）、“非农产业与农业产值比”（0. 4）、“二元反差系数”（0. 2）、“非农从业人员与农业从业人员比”（0. 4）、

"城乡居民最低生活保障人数比重比"(0.1)、"城乡人均艺术演出场次比"(0.1)、"城乡艺术演出观众比重比"(0.1)、"城乡文化机构组织文艺活动人均次数比"(0.1)、"城乡文化机构人均支出比"(0.1)、"人均文化事业费"(0.1)。

表4-6 城乡发展一体化指数中权重较大的基础指标

基础指标	基础指标在总指数中的权重
X3 城乡人均道路面积比	0.1
X7 城乡每百户计算机拥有量比	0.1
X9 人均 GDP	0.1
X10 城乡人均固定资产投资比	0.3
X14 非农产业与农业产值比	0.4
X16 二元反差系数	0.2
X17 非农从业人员与农业从业人员比	0.4
X27 城乡居民最低生活保障人数比重比	0.1
X28 城乡人均艺术演出场次比	0.1
X29 城乡艺术演出观众比重比	0.1
X30 城乡文化机构组织文艺活动人均次数比	0.1
X31 城乡文化机构人均支出比	0.1
X32 人均文化事业费	0.1

本报告依据上述13个指标正向化及无量纲化后的标准值,绘制了雷达图(见图4-4至图4-16)。雷达图能够更清晰地反映出这13个指标分别在全国不同省域的发展情况,从而了解各省份的优势与不足,进而采取具有针对性的改善措施。

考察基础指标X3"城乡人均道路面积比",其在总指数中的权重是0.1。从图4-4中可以看出,这一指标各省份之间的差距较小,数值分布在0.5到2.8之间。该指标的标准值排名在前5位的省份是上海、北京、黑龙江、新疆和辽宁;排名在后5位的省份是内蒙古、宁夏、安徽、河北、天津。

考察基础指标X7"城乡每百户计算机拥有量比",其在总指数中的权重是0.1。从图4-5中可以看出,这一指标各省份之间的差距较小,数值分布在0.5到3.3之间。该指标的标准值排名在前5位的省份是北京、天津、河北、浙江、吉林;排名在后5位的省份是青海、广西、海南、贵州、云南。

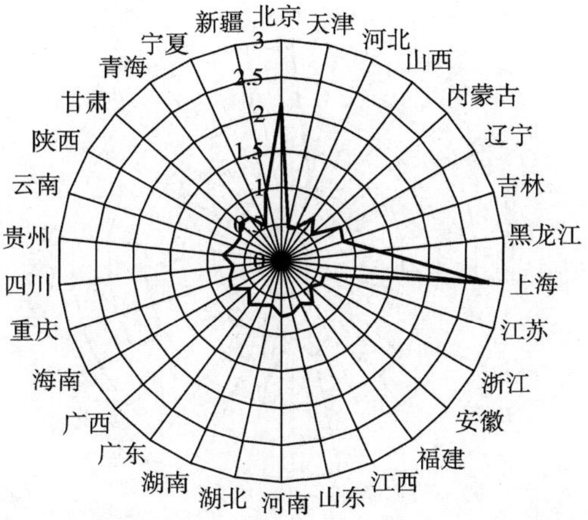

图 4－4　2015 年全国 30 个省份城乡人均道路面积比

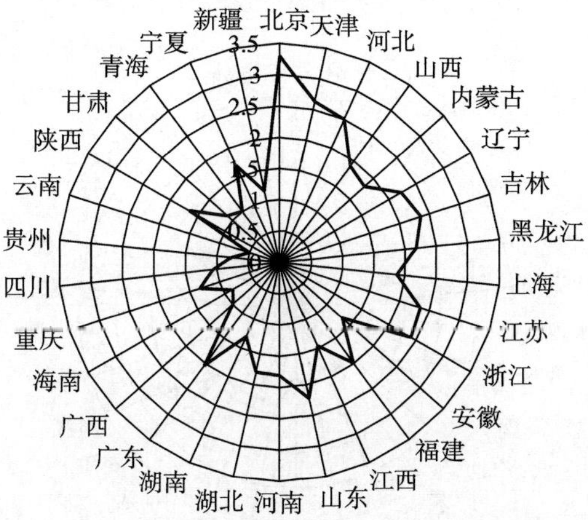

图 4－5　2015 年全国 30 个省份城乡每百户计算机拥有量比

考察基础指标 X9“人均 GDP”，其在总指数中的权重是 0.1。从图 4－6 中可以看出，这一指标各省份之间的差距较小，数值分布在 0.7 到 2.9 之间。该指标的标准值排名在前 5 位的省份是天津、北京、上海、江苏、浙江；排名在后 5 位的省份是广西、山西、贵州、云南、甘肃。

考察基础指标 X10“城乡人均固定资产投资比”，其在总指数中的权重是 0.3。从图 4－7 中可以看出，这一指标各省份之间的差距较小，数值分布在 0 到 0.5 之间。该指标的标准值排名在前 5 位的省份是浙江、黑龙江、北

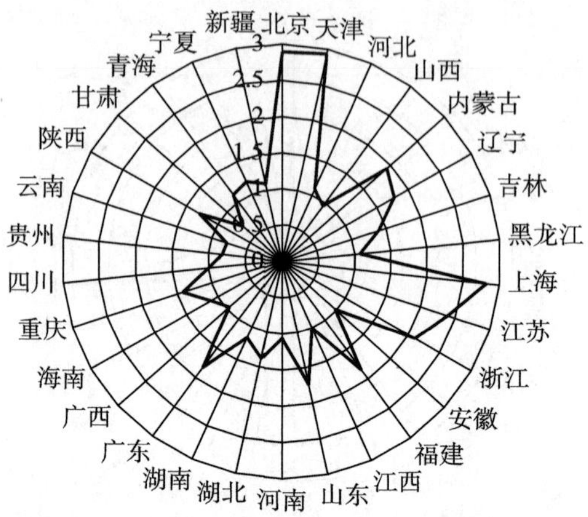

图 4-6　2015 年全国 30 个省份人均 GDP

京、海南、广西;排名在后 5 位的省份是重庆、江苏、甘肃、天津、上海。

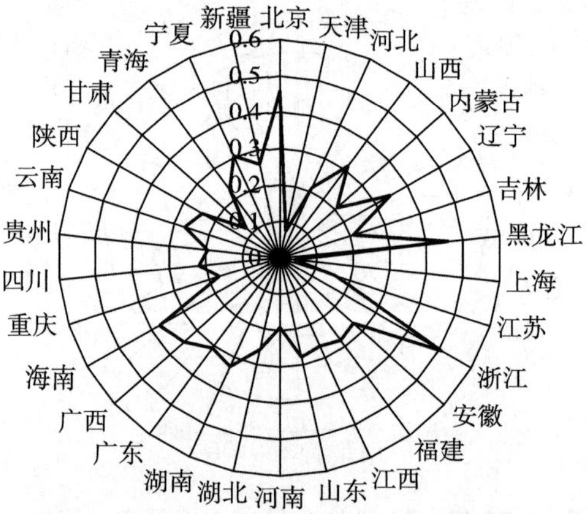

图 4-7　2015 年全国 30 个省份城乡人均固定资产投资比

考察基础指标 X14“非农产业与农业产值比”,其在总指数中的权重是 0.4。从图 4-8 中可以看出,这一指标各省份之间的差距较大,数值分布在 0.2 到 12 之间。该指标的标准值排名在前 5 位的省份是上海、北京、天津、浙江、广东;排名在后 5 位的省份是广西、贵州、新疆、黑龙江、海南。

考察基础指标 X16“二元反差系数”,其在总指数中的权重是 0.2。从图 4-9 中可以看出,这一指标各省份之间的差距较大,数值分布在 0.4 到 6.1

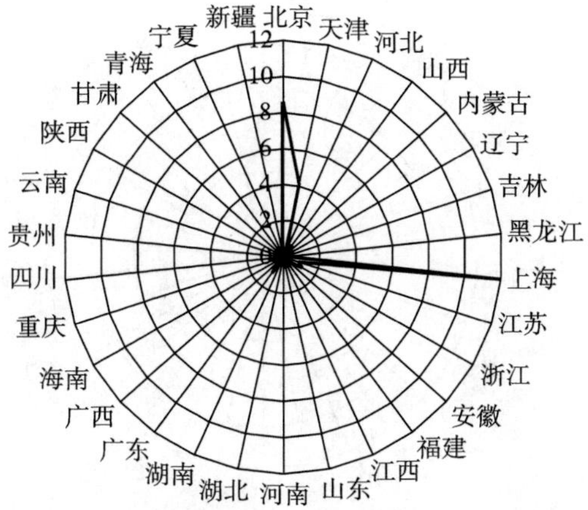

图 4－8　2015 年全国 30 个省份非农产业与农业产值比

之间。该指标的标准值排名在前 5 位的省份是上海、北京、天津、浙江、江苏；排名在后 5 位的省份是宁夏、陕西、云南、甘肃、贵州。

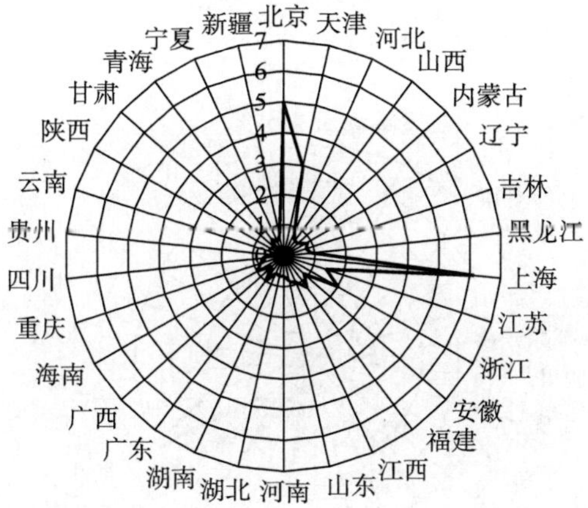

图 4－9　2015 年全国 30 个省份二元反差系数

考察基础指标 X17“非农从业人员与农业从业人员比”，其在总指数中的权重是 0.4。从图 4－10 中可以看出，这一指标各省份之间的差距较大，数值分布在 0.2 到 9.0 之间。该指标的标准值排名在前 5 位的省份是上海、北京、天津、浙江、江苏；排名在后 5 位的省份是陕西、广西、云南、甘肃、贵州。

考察基础指标 X27“城乡居民最低生活保障人数比重比”，其在总指数

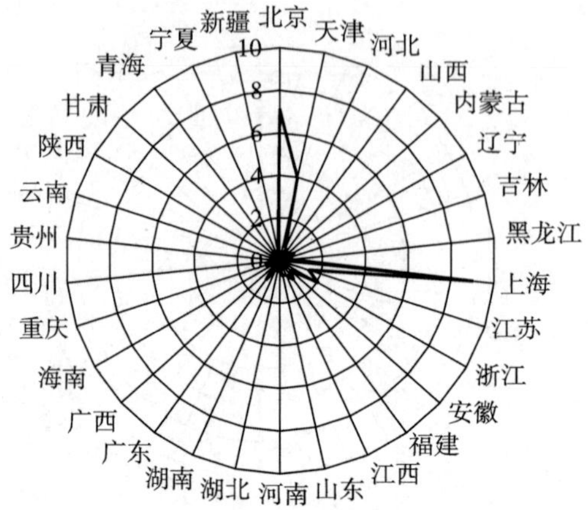

图 4-10　2015 年全国 30 个省份非农从业人员与农业从业人员比

中的权重是0.1。从图 4-11 中可以看出,这一指标各省份之间的差距较大,数值分布在0.5 到5.5 之间。该指标的标准值排名在前5 位的省份是浙江、广东、福建、山东、江苏;排名在后5 位的省份是青海、黑龙江、吉林、新疆、上海。

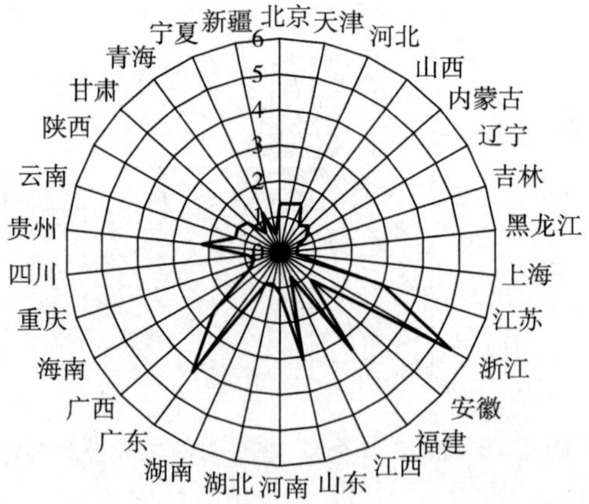

图 4-11 2015 年全国 30 个省份城乡居民最低生活保障人数比重比

考察基础指标 X28"城乡人均艺术演出场次比",其在总指数中的权重是0.1。从图 4-12 中可以看出,这一指标各省份之间的差距较大,数值分布在0.2 到5.2 之间。该指标的标准值排名在前5 位的省份是浙江、重庆、福建、河南、山西;排名在后5 位的省份是天津、四川、广西、黑龙江、云南。

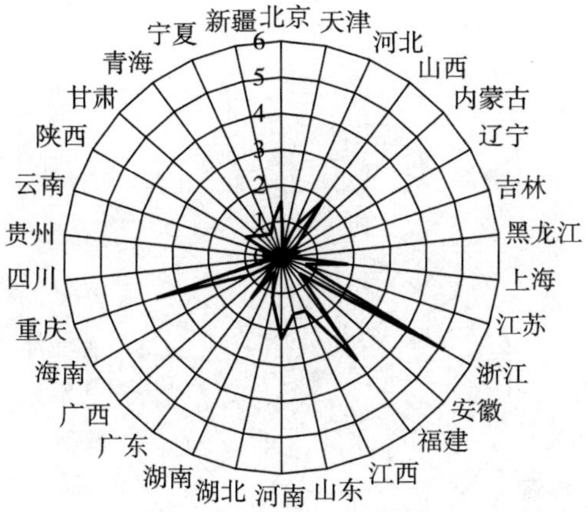

图 4－12　2015 年全国 30 个省份城乡人均艺术演出场次比

考察基础指标 X29“城乡艺术演出观众比重比”，其在总指数中的权重是 0.1。从图 4－13 中可以看出，这一指标各省份之间的差距较大，数值分布在 0.1 到 4.2 之间。该指标的标准值排名在前 5 位的省份是浙江、福建、广东、山西、重庆；排名在后 5 位的省份是河南、黑龙江、云南、贵州、广西。

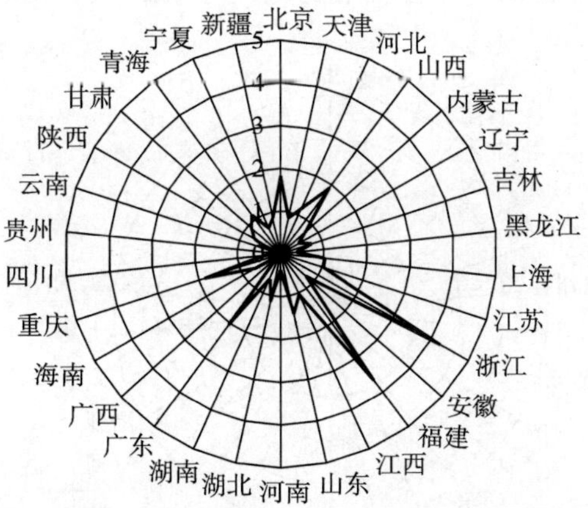

图 4－13　2015 年全国 30 个省份城乡艺术演出观众比重比

考察基础指标 X30“城乡文化机构组织文艺活动人均次数比”，其在总指数中的权重是 0.1。从图 4－14 中可以看出，这一指标各省份之间的差距较小，数值分布在 0.4 到 3.3 之间。该指标的标准值排名在前 5 位的省份是北京、海南、上海、安徽、福建;排名在后5位的省份是湖北、青海、辽宁、宁夏、黑龙江。

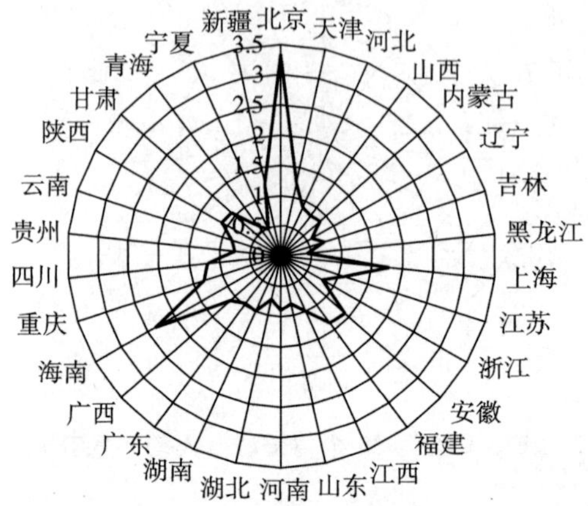

图4-14　2015年全国30个省份城乡文化机构组织文艺活动人均次数比

考察基础指标X31"城乡文化机构人均支出比",其在总指数中的权重是0.1。从图4-15中可以看出,这一指标各省份之间的差距较大,数值分布在0.4到9.6之间。该指标的标准值排名在前5位的省份是上海、北京、江苏、广东、浙江;排名在后5位的省份是辽宁、山东、宁夏、吉林、黑龙江。

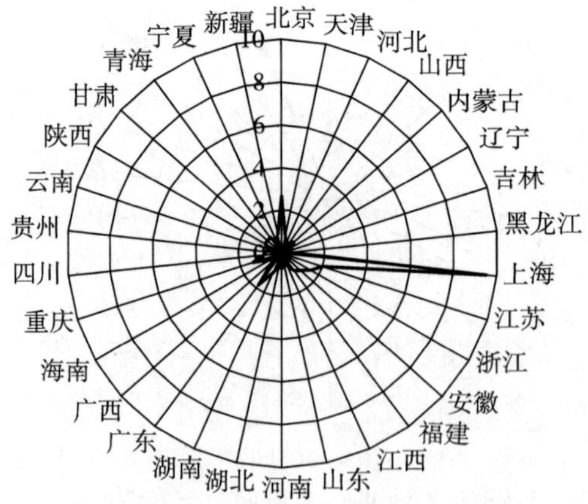

图4-15　2015年全国30个省份城乡文化机构人均支出比

考察基础指标X32"人均文化事业费",其在总指数中的权重是0.1。从图4-16中可以看出,这一指标各省份之间的差距较小,数值分布在0.6到

4.4 之间。该指标的标准值排名在前 5 位的省份是上海、北京、青海、天津、内蒙古；排名在后 5 位的省份是湖南、江西、河北、安徽、河南。

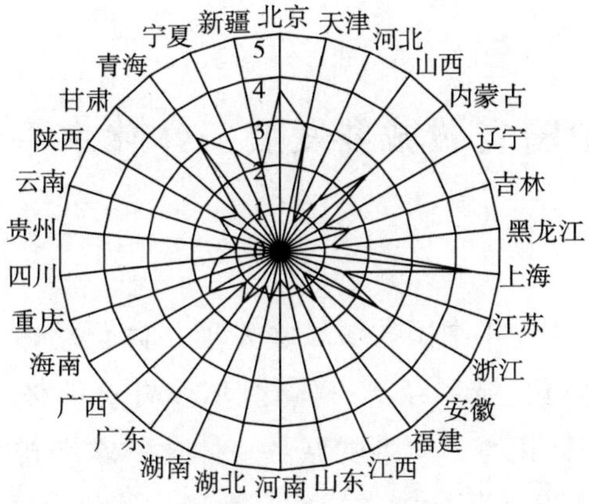

图 4－16　2015 年全国 30 个省份人均文化事业费

5 2015年中国省域城乡发展一体化水平分维度评价

上一章评价了2015年中国省域城乡发展一体化总体水平，本章将进一步研究城乡空间一体化、城乡经济一体化、城乡社会一体化、城乡文化一体化、城乡生态环境一体化等5个维度城乡一体化的水平排名、类型判定和影响因素，来深入分析2015年中国省域城乡发展一体化水平的更多方面。

5.1 2015年中国省域城乡空间一体化水平评价

根据2015年中国省域城乡空间一体化指数得分，本报告首先对各省、自治区、直辖市进行排名，其次进行城乡空间一体化的类型判定，最后分析影响省域城乡空间一体化水平的因素。

5.1.1 2015年中国省域城乡空间一体化水平排名

从表5－1、图5－1中可以看出，2015年中国省域城乡空间一体化得分在－1.80到1.61之间，排在前3名的省份是上海(1.61)、北京(1.57)和山东(1.02)，排在后3名的省份是新疆(0.06)、内蒙古(－0.33)、青海(－1.80)。

表5－1 2015年中国省域城乡空间一体化得分排名

排名	地区	城乡空间一体化指数
1	上海	1.61
2	北京	1.57
3	山东	1.02
4	江苏	0.99
5	广东	0.94
6	河南	0.89
7	浙江	0.88
8	重庆	0.82

续表

排名	地区	城乡空间一体化指数
9	辽宁	0.80
10	湖北	0.79
11	天津	0.78
12	河北	0.76
13	福建	0.70
14	安徽	0.66
15	山西	0.65
16	湖南	0.65
17	江西	0.61
18	陕西	0.56
19	吉林	0.52
20	海南	0.51
21	黑龙江	0.47
22	四川	0.39
23	广西	0.35
24	贵州	0.32
25	云南	0.14
26	甘肃	0.11
27	宁夏	0.09
28	新疆	0.06
29	内蒙古	-0.33
30	青海	-1.80

从各省份的得分分布来看：排在前10名的省份是上海、北京、山东、江苏、广东、河南、浙江、重庆、辽宁、湖北，指数得分范围是0.79～1.61，各省之间的差距相对较小；排在中间10名的省份是天津、河北、福建、安徽、山西、湖南、江西、陕西、吉林、海南，指数得分范围是0.51～0.78，各省份之间的差距最小；排在后10名的省份是黑龙江、四川、广西、贵州、云南、甘肃、宁夏、新疆、内蒙古、青海，指数得分范围是-1.80～0.47，各省之间的差距相对较大。

从各省份的区域分布来看，排在前10名的省份中，来自东部地区的省份有上海（1）、北京（2）、山东（3）、江苏（4）、广东（5）、浙江（7）共6个；来自中部地区的省份有河南（6）、湖北（10）共2个；来自西部地区的省份有1

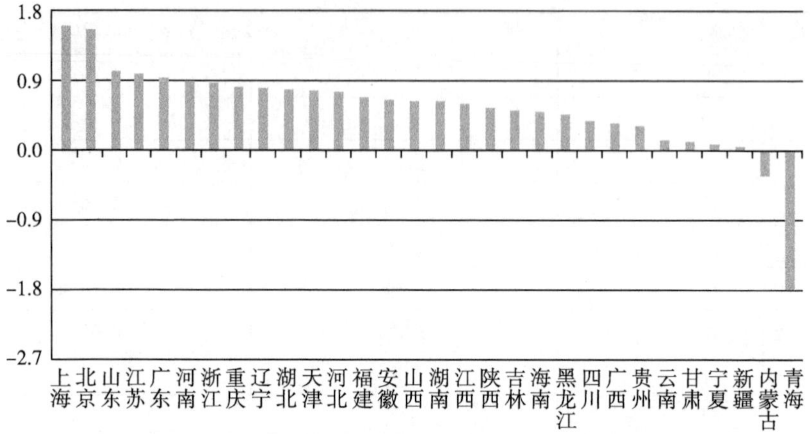

图 5－1　2015 年中国省域城乡空间一体化得分排名

个——重庆(8),来自东北地区的省份有 1 个——辽宁(9)。

排在中间 10 名的省份中,来自东部地区的省份有天津(11)、河北(12)、福建(13)、海南(20)共 4 个;来自中部地区的省份有安徽(14)、山西(15)、湖南(16)、江西(17)共 4 个;来自西部地区的省份有 1 个——陕西(18);来自东北地区的省份有 1 个——吉林(19)。

排在后 10 名的省份中,来自西部地区的省份有四川(22)、广西(23)、贵州(24)、云南(25)、甘肃(26)、宁夏(27)、新疆(28)、内蒙古(29)、青海(30)共 9 个;来自东北地区的省份有 1 个——黑龙江(21)。

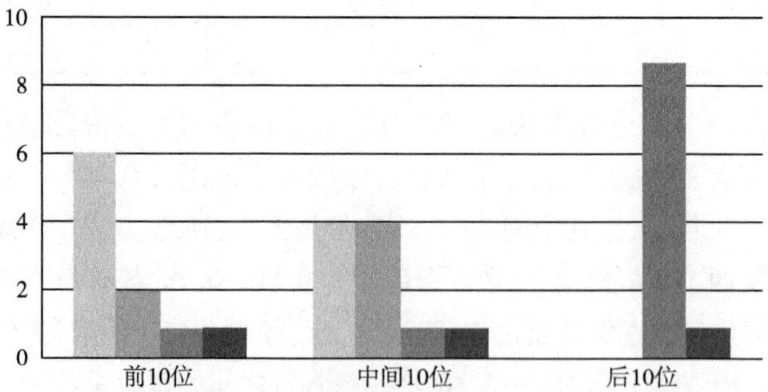

图 5－2　2015 年四大区域省份城乡空间一体化指数在前 10 位、中间 10 位、后 10 位的分布

通过上述分析发现,2015 年中国省域城乡空间一体化水平呈现出从东部向西部逐渐降低的状态。具体来看,排在前 10 名的省份主要来自东部地区,排在中间 10 名的省份主要来自东部、中部地区,排在后 10 名的省份主要来自西部地区,东北三省穿插其中,这与中国经济发展的区域不平衡态势是一致的。

5.1.2 2015 年中国省域城乡空间一体化类型判定

在对 2015 年中国省域城乡空间一体化指数得分进行排名、分析其结果和区域分布的基础上,本报告将进一步判定中国省域城乡空间一体化的类型。根据城乡空间一体化指数分布的特点,并结合 K 均值聚类分析的结果,可以将 2015 年中国 30 个省份的城乡空间一体化水平大致分为三大阵营。

第一阵营为城乡空间一体化指数大于 1.51 的省份,共有 5 个,分别是北京、上海、江苏、广东、山东,该阵营内的 5 个省份均来自东部地区。城乡空间一体化指数得分最高的北京(2.07)和得分最低的山东(1.61)之间差距不大,该阵营整体水平较为平稳。

第二阵营为城乡空间一体化指数小于(等于)1.51 并且大于 1.01 的省份,共有 14 个,分别是河北、浙江、湖北、河南、天津、福建、辽宁、吉林、重庆、山西、安徽、江西、陕西和黑龙江。城乡空间一体化指数得分最高的河北(1.51)和得分最低的黑龙江(1.10)之间的差距并不大。从区域分布来看,该阵营内的 14 个省份中有 4 个省份来自东部地区,5 个省份来自中部地区,2 个来自西部地区,3 个来自东北地区。

第三阵营为城乡空间一体化指数小于(等于)1.01 的省份,共有 11 个,分别是云南、宁夏、广西、甘肃、湖南、海南、四川、新疆、贵州、内蒙古、青海。从得分情况来看,指数得分最高的云南(1.01)和指数得分最低的青海(-0.17)之间的差距较大。从区域分布来看,1 个省份来自东部地区,1 个省份来自中部地区,9 个省份来自西部地区。

表 5-2 2015 年全国 30 个省域城乡空间一体化按指数分组

类型	标准	省 份	个数/个	占比(%)
第一阵营	城乡空间一体化指数 >0.99	北京、上海、山东	3	10

续表

类型	标准	省 份	个数/个	占比(%)
第二阵营	0.99≥城乡空间一体化指数>0.14	江苏、广东、河南、浙江、重庆、辽宁、湖北、天津、河北、福建、安徽、山西、湖南、江西、陕西、吉林、海南、黑龙江、四川、广西、贵州	21	70
第三阵营	0.14≥城乡空间一体化指数	云南、甘肃、宁夏、新疆、内蒙古、青海	6	20

从指数得分分类的结果来看,中国省域城乡空间一体化指数呈现出“纺锤形”分布,大多数省份的城乡空间一体化水平都处于中间位置,而城乡空间一体化水平较高和较低的省份相对较少。具体来看,城乡空间一体化水平较高的省份有3个,所占的比例为10%;城乡空间一体化水平居中的省份有21个,所占的比例为70%;城乡空间一体化水平较低的省份有6个,所占的比例为20%。

5.1.3 2015年中国省域城乡空间一体化水平影响因素

从城乡空间一体化的基础指标权重来看,除“城乡每百户家用汽车拥有量比”和“人均长途光缆线路长度”外的6个基础指标对城乡空间一体化水平的影响都是正的。其中,“城乡人均道路面积比”和“城乡每百户计算机拥有量比”对城乡空间一体化水平的影响最大,其权重分别为0.270和0.266;“交通网密度”和“城市化水平”对城乡空间一体化水平的影响较大,其权重分别为0.175和0.090;“旅客周转量”和“城乡每百户移动电话拥有量比”对城乡空间一体化水平的影响较小,其权重分别为0.047和0.027;“人均长途光缆线路长度”和“城乡每百户家用汽车拥有量比”对城乡空间一体化水平的影响为负,权重分别为-0.238和-0.254。

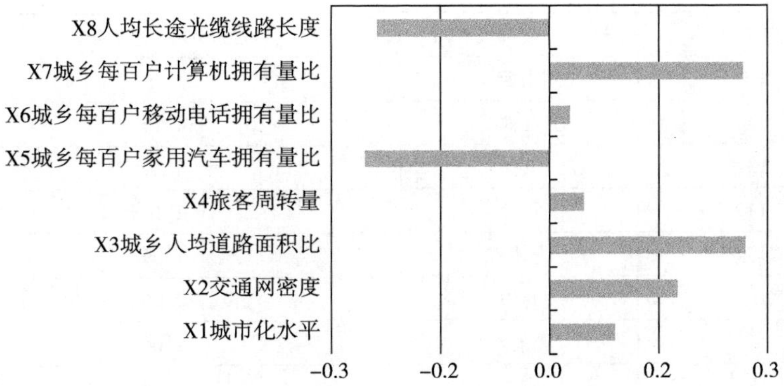

图 5-3　城乡空间一体化 8 个基础指标的权重

5.2　2015 年中国省域城乡经济一体化水平评价

根据 2015 年中国省域城乡经济一体化指数得分，本报告首先对各省、自治区、直辖市进行排名，其次进行城乡经济一体化的类型判定，最后分析影响省域城乡经济一体化水平的因素。

5.2.1　2015 年中国省域城乡经济一体化水平排名

由表 5-3、图 5-4 可以看出，2015 年中国省域城乡经济一体化得分在 0.62 到 12.69 之间，排在前 3 名的省份是上海（12.69）、北京（9.89）和天津（5.36），排在后 3 名的省份是云南（0.69）、甘肃（0.62）、贵州（0.62）。

表 5-3　2015 年中国省域城乡经济一体化得分排名

排名	地区	城乡经济一体化指数
1	上海	12.69
2	北京	9.89
3	天津	5.36
4	浙江	2.74
5	江苏	1.98
6	广东	1.81
7	福建	1.63
8	辽宁	1.36
9	山东	1.35
10	重庆	1.22

续表

排名	地区	城乡经济一体化指数
11	山西	1.19
12	江西	1.16
13	安徽	1.10
14	河北	1.10
15	内蒙古	1.09
16	青海	1.06
17	黑龙江	1.04
18	吉林	1.04
19	湖北	1.01
20	宁夏	1.00
21	湖南	0.98
22	海南	0.95
23	河南	0.95
24	陕西	0.93
25	四川	0.92
26	新疆	0.83
27	广西	0.78
28	云南	0.69
29	甘肃	0.62
30	贵州	0.62

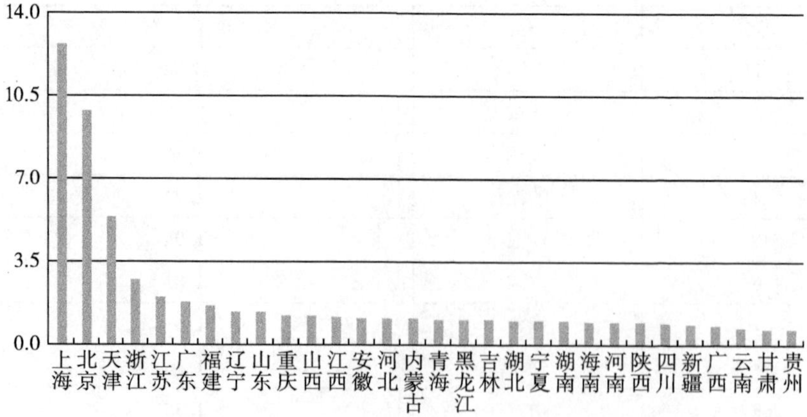

图 5-4　2015 年中国省域城乡经济一体化得分排名

从各省份的得分分布来看：排在前10名的省份是上海、北京、天津、浙江、江苏、广东、福建、辽宁、山东、重庆，指数得分范围是1.22～12.69，各省之间的差距最大；排在中间10名的省份是山西、江西、安徽、河北、内蒙古、青海、黑龙江、吉林、湖北、宁夏，指数得分范围是1.00～1.19，各省份之间的差距最小；排在后10名的省份是湖南、海南、河南、陕西、四川、新疆、广西、云南、甘肃、贵州，指数得分范围是0.62～0.98，各省之间的差距相对较小。

从各省份的区域分布来看，排在前10名的省份中，来自东部地区的省份有上海(1)、北京(2)、天津(3)、浙江(4)、江苏(5)、广东(6)、福建(7)、山东(9)共8个；来自西部地区的省份有1个——重庆(10)；来自东北地区的省份有1个——辽宁(8)。

排在中间10名的省份中，来自东部地区的省份有1个——河北(14)；来自中部地区的省份有山西(11)、江西(12)、安徽(13)、湖北(19)共4个；来自西部地区的省份有内蒙古(15)、青海(16)、宁夏(20)共3个；来自东北地区的省份有黑龙江(17)、吉林(18)共2个。

排在后10名的省份中，来自东部地区的省份有1个——海南(22)；来自中部地区的省份有湖南(21)、河南(23)共2个；来自西部地区的省份有陕西(24)、四川(25)、新疆(26)、广西(27)、云南(28)、甘肃(29)、贵州(30)共7个。

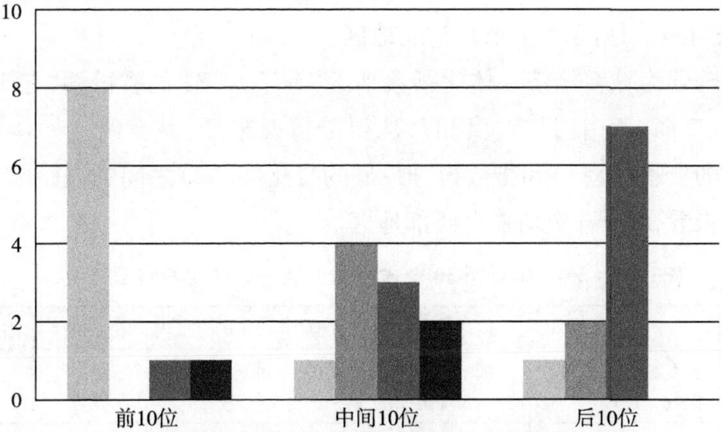

图5-5　2015年四大区域省份城乡经济一体化指数在前10位、中间10位、后10位的分布

通过上述分析发现:2015 年中国省域城乡经济一体化水平呈现出从东部向西部逐渐降低的状态。具体来看,排在前 10 名的省份主要来自东部地区,排在中间 10 名的省份主要来自中部地区,排在后 10 名的省份主要来自西部地区,东北三省穿插其中,这与中国经济发展的区域不平衡态势是一致的。

5.2.2 2015 年中国省域城乡经济一体化类型判定

在对 2015 年中国省域城乡经济一体化指数得分进行排名、分析其结果和区域分布的基础上,本报告将进一步判定中国省域城乡经济一体化的类型。根据城乡经济一体化指数分布的特点,并结合 K 均值聚类分析的结果,可以将 2015 年中国 30 个省份的城乡经济一体化水平大致分为三大阵营。

第一阵营为城乡经济一体化指数大于 1.22 的省份,共有 9 个,分别是上海、北京、天津、浙江、江苏、广东、福建、辽宁、山东。城乡经济一体化指数得分最高的上海(12.69)和得分最低的山东(1.35)之间的差距最大。该阵营内的 9 个省份中 8 个来自东部地区,1 个来自东北地区。

第二阵营为城乡经济一体化指数小于(等于)1.22 并且大于 0.83 的省份,共有 16 个,分别是重庆、山西、江西、安徽、河北、内蒙古、青海、黑龙江、吉林、湖北、宁夏、湖南、海南、河南、陕西、四川。城乡经济一体化指数得分最高的重庆(1.22)和得分最低的四川(0.92)之间的差距并不大。从区域分布来看,该阵营内的 16 个省份中有 2 个省份来自东部,6 个省份来自中部地区,6 个来自西部地区,2 个来自东北地区。

第三阵营为城乡经济一体化指数小于(等于)0.83 的省份,共有 5 个,分别是新疆、广西、云南、甘肃、贵州。从得分情况来看,城乡经济一体化指数得分最高的新疆(0.83)和指数得分最低的贵州(0.62)之间的差距较小。从区域分布来看,5 个省份均来自西部地区。

表 5-4 2015 年全国 30 个省域城乡经济一体化按指数分组

类型	标准	省 份	个数/个	占比(%)
第一阵营	城乡经济一体化指数 >1.22	上海、北京、天津、浙江、江苏、广东、福建、辽宁、山东	9	30
第二阵营	1.22≥城乡经济一体化指数 >0.83	重庆、山西、江西、安徽、河北、内蒙古、青海、黑龙江、吉林、湖北、宁夏、湖南、海南、河南、陕西、四川	16	53.3

续表

类型	标准	省　份	个数/个	占比(%)
第三阵营	0.83 ≥ 城乡经济一体化指数	新疆、广西、云南、甘肃、贵州	5	16.7

从指数得分分类的结果来看，中国省域城乡经济一体化指数呈现出“纺锤形”分布，大多数省份的城乡经济一体化水平都处于中间位置，而城乡经济一体化水平较高和较低的省份相对较少。具体来看，城乡经济一体化水平较高的省份有9个，所占的比例为30%；城乡经济一体化水平居中的省份有16个，所占的比例为53.3%；城乡经济一体化水平较低的省份有5个，所占的比例为16.7%。

5.2.3　2015年中国省域城乡经济一体化水平影响因素

从城乡经济一体化的基础指标权重来看，除“二元对比系数”外的12个基础指标对城乡经济一体化水平的影响都是正的。其中，“非农产业与农业产值比”“非农从业人员与农业从业人员比”“城乡人均固定资产投资比”“二元反差系数”对城乡经济一体化水平的影响最大，其权重分别为0.509、0.468、0.329、0.312；“人均GDP”“人均财政支农比”“农业机械化水平”“城乡居民人均收入比”对城乡经济一体化水平的影响较大，其权重分别为0.106、0.033、0.028、0.027；“城乡家庭人均消费比”和“城乡技术人员比重比”“城乡恩格尔系数比”“农村从业人员非农比”对城乡经济一体化水平的影响较小，其权重分别为0.019、0.005、0.003和0.0000041；“二元对比系数”对城乡经济一体化水平的影响为负，其权重为-0.012。

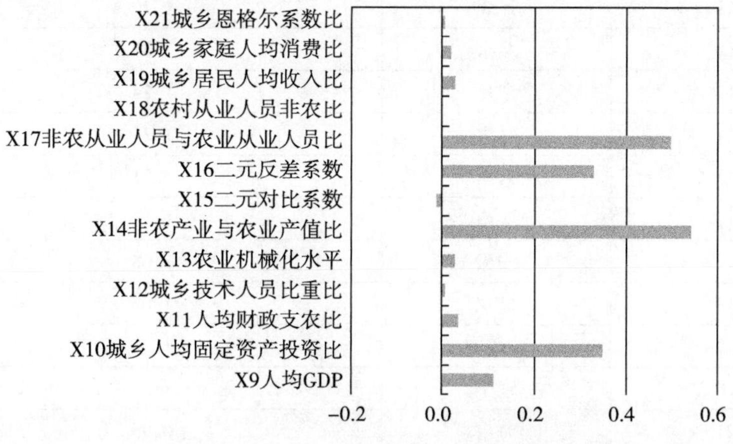

图5-6　城乡经济一体化13个基础指标权重

5.3 2015 年中国省域城乡社会一体化水平评价

根据2015年中国省域城乡社会一体化指数得分,本报告首先对各省、自治区、直辖市进行排名,其次进行城乡社会一体化的类型判定,最后分析影响省域城乡社会一体化水平的因素。

5.3.1 2015 年中国省域城乡社会一体化水平排名

由表5-5、图5-7可以看出,2015年中国省域城乡社会一体化得分在0.48到4.09之间,排在前3名的省份是浙江(4.09)、广东(3.11)和福建(2.82),排在后3名的省份是新疆(0.50)、黑龙江(0.49)、吉林(0.48)。

表5-5 2015年中国省域城乡社会一体化得分排名

排名	地区	城乡社会一体化指数
1	浙江	4.09
2	广东	3.11
3	福建	2.82
4	山东	2.53
5	江苏	2.51
6	广西	2.05
7	贵州	1.96
8	天津	1.42
9	青海	1.37
10	陕西	1.31
11	河北	1.30
12	北京	1.27
13	宁夏	1.24
14	甘肃	1.21
15	云南	1.21
16	河南	1.11
17	安徽	1.08
18	湖北	1.05
19	内蒙古	1.04
20	辽宁	1.00
21	海南	0.95

续表

排名	地区	城乡社会一体化指数
22	山西	0.90
23	江西	0.90
24	四川	0.88
25	湖南	0.86
26	重庆	0.76
27	上海	0.58
28	新疆	0.50
29	黑龙江	0.49
30	吉林	0.48

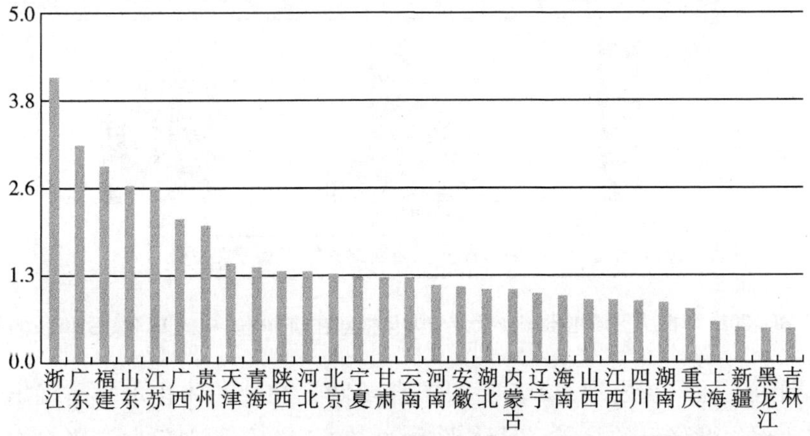

图5-7 2015年中国省域城乡社会一体化得分排名

从各省份的得分分布来看：排在前10名的省份是浙江、广东、福建、山东、江苏、广西、贵州、天津、青海、陕西，指数得分范围是1.31～4.09，各省之间的差距相对较大；排在中间10名的省份是河北、北京、宁夏、甘肃、云南、河南、安徽、湖北、内蒙古、辽宁，指数得分范围是1.00～1.30，各省份之间的差距最小；排在后10名的省份是海南、山西、江西、四川、湖南、重庆、上海、新疆、黑龙江、吉林，指数得分范围是0.48～0.95，各省之间的差距相对较小。

从各省份的区域分布来看，排在前10名的省份中，来自东部地区的省份有浙江(1)、广东(2)、福建(3)、山东(4)、江苏(5)、天津(8)共6个；来自西部地区的省份有广西(6)、贵州(7)、青海(9)、陕西(10)共4个。

排在中间10名的省份中,来自东部地区的省份有河北(11)、北京(12)共2个;来自中部地区的省份有河南(16)、安徽(17)、湖北(18)共3个;来自西部地区的省份有宁夏(13)、甘肃(14)、云南(15)、内蒙古(19)共4个;来自东北地区的省份有1个——辽宁(20)。

排在后10名的省份中,来自东部地区的省份有海南(21)、上海(27)共2个;来自中部地区的省份有山西(22)、江西(23)、湖南(25)共3个;来自西部地区的省份有四川(24)、重庆(26)、新疆(28)共3个;来自东北地区的省份有黑龙江(29)、吉林(30)共2个。

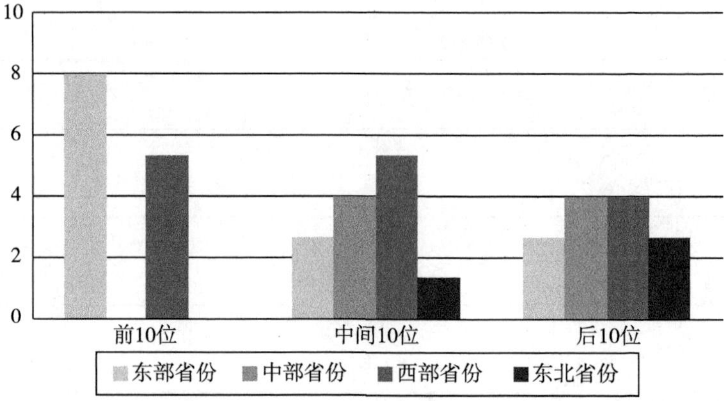

图5-8 2015年四大区域省份城乡社会一体化指数在前10位、中间10位、后10位的分布

通过上述分析发现:2015年中国省域城乡社会一体化水平呈现出从东部向西部逐渐降低的状态。具体来看,排在前10名的省份主要来自东部地区,排在中间10名的省份主要来自中部、西部地区,排在后10名的省份主要来自中部、西部地区,东北三省穿插其中,这与中国经济发展的区域不平衡态势是一致的。

5.3.2 2015年中国省域城乡社会一体化类型判定

在对2015年中国省域城乡社会一体化指数得分进行排名、分析其结果和区域分布的基础上,本报告将进一步判定中国省域城乡社会一体化的类型。根据城乡社会一体化指数分布的特点,并结合K均值聚类分析的结果,可以将2015年中国30个省份的城乡社会一体化水平大致分为三大阵营。

第一阵营为城乡社会一体化指数大于2.05的省份,共有5个,分别是浙江、广东、福建、山东、江苏。城乡社会一体化指数得分最高的浙江(4.09)和得分最低的江苏(2.51)之间的差距相对较大。该阵营内的5个省份均来自东部地区。

第二阵营为城乡社会一体化指数小于(等于)2.05并且大于1.21的省份,共有8个,分别是广西、贵州、天津、青海、陕西、河北、北京、宁夏。城乡社会一体化指数得分最高的广西(2.05)和得分最低的宁夏(1.24)之间的差距较小。从区域分布来看,该阵营内的8个省份中有3个省份来自东部地区,5个来自西部地区。

第三阵营为城乡社会一体化指数小于(等于)1.21的省份,共有17个,分别是甘肃、云南、河南、安徽、湖北、内蒙古、辽宁、海南、山西、江西、四川、湖南、重庆、上海、新疆、黑龙江、吉林。从得分情况来看,城乡社会一体化指数得分最高的甘肃(1.21)和指数得分最低的吉林(0.48)之间的差距较小。从区域分布来看,该阵营内的17个省份中有2个省份来自东部地区,6个省份来自中部地区,6个来自西部地区,3个是东北地区省份。

表5-6　2015年全国30个省域城乡社会一体化按指数分组

类型	标准	省　份	个数/个	占比(%)
第一阵营	城乡社会一体化指数>2.05	浙江、广东、福建、山东、江苏	5	16.6
第二阵营	2.05≥城乡社会一体化指数>1.21	广西、贵州、天津、青海、陕西、河北、北京、宁夏	8	26.7
第三阵营	1.21≥城乡社会一体化指数	甘肃、云南、河南、安徽、湖北、内蒙古、辽宁、海南、山西、江西、四川、湖南、重庆、上海、新疆、黑龙江、吉林	17	56.7

从指数得分分类的结果来看,中国省域城乡社会一体化指数呈现出“金字塔”形分布,大多数省份的城乡社会一体化水平都处于较低位置,而城乡社会一体化水平居中的省份相对较少、城乡社会一体化水平较高的省份最少。具体来看,城乡社会一体化水平较高的省份有5个,所占的比例为16.6%;城乡社会一体化水平居中的省份有8个,所占的比例为26.7%;城乡社会一体化水平较低的省份有17个,所占的比例为56.7%。

5.3.3　2015年中国省域城乡社会一体化水平影响因素

从城乡社会一体化的基础指标权重来看,除“城乡小学生师比重比”外的5个基础指标对城乡社会一体化水平的影响都是正的。其中,“城乡居民最低生活保障人数比重比”对城乡社会一体化水平的影响最大,其权重为

0.697;“城乡医疗保险覆盖率比”和“城乡低保支出水平比”对城乡社会一体化水平的影响较大,其权重分别为0.178、0.122;“财政中用于教育支出比重”和“城乡医疗保健支出比重比”对城乡社会一体化水平的影响较小,其权重分别为0.063、0.019;“城乡小学生师比重比”对城乡社会一体化水平的影响为负,权重为-0.039。

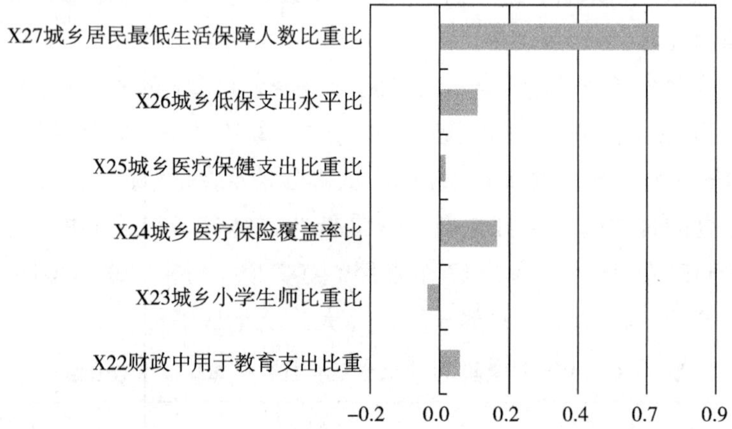

图5-9　城乡社会一体化6个基础指标权重

5.4　2015年中国省域城乡文化一体化水平评价

根据2015年中国省域城乡文化一体化指数得分,本报告首先对各省、自治区、直辖市进行排名,其次进行城乡文化一体化的类型判定,最后分析影响省域城乡文化一体化水平的因素。

5.4.1　2015年中国省域城乡文化一体化水平排名

由表5-7、图5-10可以看出,2015年中国省域城乡文化一体化得分在0.63到5.68之间,排在前3名的省份是上海(5.68)、浙江(4.30)、北京(3.55),排在后3名的省份是广西(0.77)、云南(0.77)、黑龙江(0.63)。

表5-7　2015年中国省域城乡文化一体化得分排名

排名	地区	城乡文化一体化指数
1	上海	5.68
2	浙江	4.30
3	北京	3.55

续表

排名	地区	城乡文化一体化指数
4	福建	3. 27
5	重庆	3. 00
6	广东	2. 24
7	山西	1. 90
8	江苏	1. 80
9	青海	1. 68
10	海南	1. 67
11	新疆	1. 60
12	河南	1. 57
13	山东	1. 53
14	江西	1. 50
15	陕西	1. 50
16	天津	1. 46
17	内蒙古	1. 43
18	甘肃	1. 40
19	安徽	1. 37
20	湖北	1. 33
21	河北	1. 21
22	宁夏	1. 20
23	湖南	1. 09
24	四川	1. 05
25	吉林	1. 04
26	贵州	0. 86
27	辽宁	0. 79
28	广西	0. 77
29	云南	0. 77
30	黑龙江	0. 63

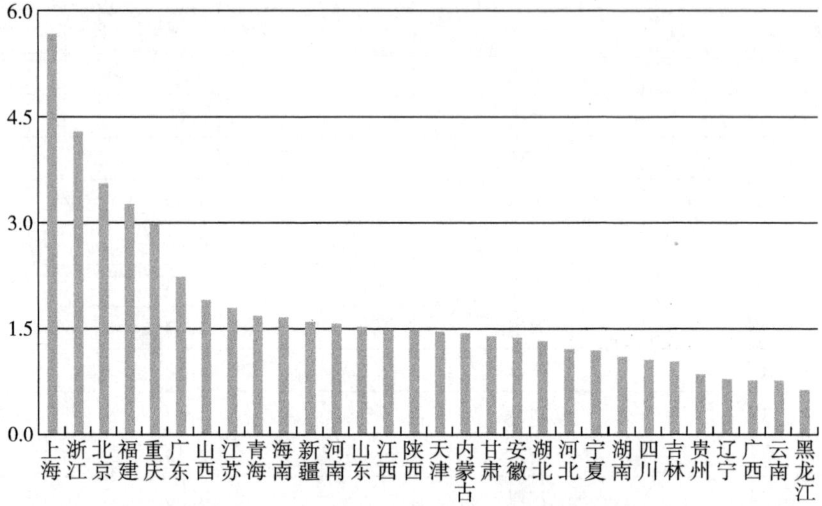

图 5-10　2015 年中国省域城乡文化一体化得分排名

从各省份的得分分布来看:排在前 10 名的省份是上海、浙江、北京、福建、重庆、广东、山西、江苏、青海、海南,指数得分范围是 1.67 ~5.68,各省之间的差距最大;排在中间 10 名的省份是新疆、河南、山东、江西、陕西、天津、内蒙古、甘肃、安徽、湖北,指数得分范围是 1.33 ~1.60,各省份之间的差距最小;排在后 10 名的省份是河北、宁夏、湖南、四川、吉林、贵州、辽宁、广西、云南、黑龙江,指数得分范围是 0.63 ~1.21,各省之间的差距相对较小。

从各省份的区域分布来看,排在前 10 名的省份中,来自东部地区的省份有上海(1)、浙江(2)、北京(3)、福建(4)、广东(6)、江苏(8)、海南(10)共 7 个;来自中部地区的省份有 1 个——山西(7);来自西部地区的省份有重庆(5)、青海(9)共 2 个。

排在中间 10 名的省份中,来自东部地区的省份有山东(13)、天津(16)共 2 个;来自中部地区的省份有河南(12)、江西(14)、安徽(19)、湖北(20)共 4 个;来自西部地区的省份有新疆(11)、陕西(15)、内蒙古(17)、甘肃(18)共 4 个。

排在后 10 名的省份中,来自东部地区的省份有 1 个——河北(1);来自中部地区的省份有 1 个——湖南(3);来自西部地区的省份有宁夏(2)、四川(4)、贵州(6)、广西(8)、云南(9)共 5 个;来自东北地区的省份有吉林(5)、辽宁(7)、黑龙江(10)共 3 个。

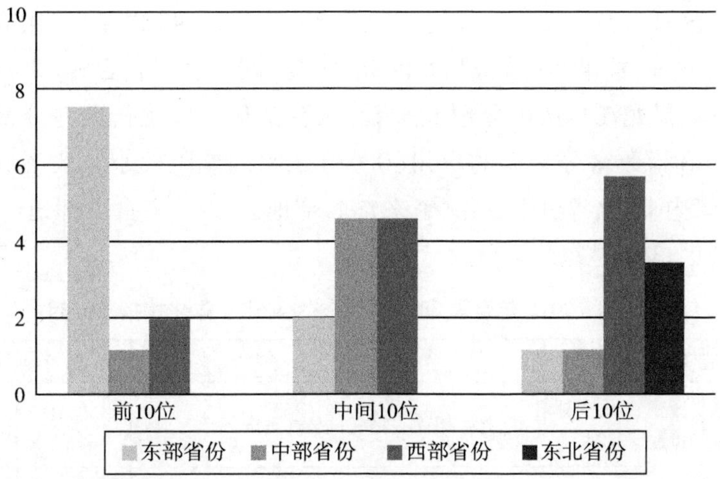

图 5－11　2015 年四大区域省份城乡文化一体化指数在前 10 位、中间 10 位、后 10 位的分布

通过上述分析发现:2015 年中国省域城乡文化一体化水平呈现出从东部向西部逐渐降低的状态。具体来看,排在前 10 名的省份主要来自东部地区,排在中间 10 名的省份主要来自中部、西部地区,排在后 10 名的省份主要来自西部地区,东北三省全部分布在后 10 名中,这与中国经济发展的区域不平衡态势是一致的。

5.4.2　2015 年中国省域城乡文化一体化类型判定

在对 2015 年中国省域城乡文化一体化指数得分进行排名、分析其结果和区域分布的基础上,本报告将进一步判定中国省域城乡文化一体化的类型。根据城乡文化一体化指数分布的特点,并结合 K 均值聚类分析的结果,可以将 2015 年中国 30 个省份的城乡文化一体化水平大致分为三大阵营。

第一阵营为城乡文化一体化指数大于 2.24 的省份,共有 5 个,分别是上海、浙江、北京、福建、重庆。城乡文化一体化指数得分最高的上海(5.68)和得分最低的山东(3.00)之间的差距相对较大。该阵营内的 5 个省份中,4 个来自东部地区,1 个来自西部地区。

第二阵营为城乡文化一体化指数小于(等于)2.24 并且大于 1.43 的省份,共有 11 个,分别是广东、山西、江苏、青海、海南、新疆、河南、山东、江西、陕西、天津。城乡文化一体化指数得分最高的广东(2.24)和得分最低的天津(1.46)之间的差距较小。从区域分布来看,该阵营内的 11 个省份中,有 5

个省份来自东部,3 个省份来自中部地区,3 个来自西部地区。

第三阵营为城乡文化一体化指数小于(等于)1.43 的省份,共有 14 个,分别是内蒙古、甘肃、安徽、湖北、河北、宁夏、湖南、四川、吉林、贵州、辽宁、广西、云南、黑龙江。从得分情况来看,城乡文化一体化指数得分最高的新疆(1.43)和指数得分最低的贵州(0.63)之间的差距较小。从区域分布来看,该阵营内 14 个省份中,有 7 个来自西部地区,3 个来自中部地区,1 个来自东部地区,3 个是东北省份。

表 5-8　2015 年全国 30 个省域城乡文化一体化按指数分组

类型	标准	省　份	个数/个	占比(%)
第一阵营	城乡文化一体化指数 > 2.24	上海、浙江、北京、福建、重庆	5	16.6
第二阵营	2.24 ≥ 城乡文化一体化指数 > 1.43	广东、山西、江苏、青海、海南、新疆、河南、山东、江西、陕西、天津	11	26.7
第三阵营	1.43 ≥ 城乡文化一体化指数	内蒙古、甘肃、安徽、湖北、河北、宁夏、湖南、四川、吉林、贵州、辽宁、广西、云南、黑龙江	14	56.7

从指数得分分类的结果来看,中国省域城乡文化一体化指数呈现出“金字塔”形分布,大多数省份的城乡文化一体化水平都处于较低位置,而城乡文化一体化水平居中的省份相对较少,城乡文化一体化水平较高的省份最少。具体来看,城乡文化一体化水平较高的省份有 5 个,所占的比例为 16.7%;城乡文化一体化水平居中的省份有 11 个,所占的比例为 26.7%;城乡文化一体化水平较低的省份有 14 个,所占的比例为 56.7%。

5.4.3　2015 年中国省域城乡文化一体化水平影响因素

从城乡文化一体化的基础指标权重来看,5 个基础指标对城乡文化一体化水平的影响都是正的。其中,“城乡人均艺术演出场次比”和“城乡文化机构人均支出比”对城乡文化一体化水平的影响最大,其权重分别为 0.381 和 0.361;“城乡艺术演出观众比重比”和“城乡文化机构组织文艺活动人均次数比”对城乡文化一体化水平的影响较大,其权重分别为 0.259 和 0.248;“人均文化事业费”对城乡文化一体化水平的影响较小,其权重为 0.183。

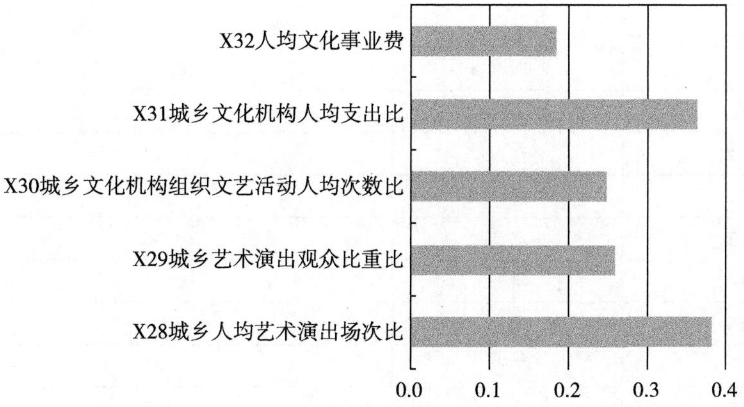

图5-12　城乡文化一体化5个基础指标权重

5.5　2015年中国省域城乡生态环境一体化水平评价

根据2015年中国省域城乡生态环境一体化指数得分，本报告首先对各省、自治区、直辖市进行排名，其次进行城乡生态环境一体化的类型判定，最后分析影响省域城乡生态环境一体化水平的因素。

5.5.1　2015年中国省域城乡生态环境一体化水平排名

由表5-9、图5-13可以看出，2015年中国省域城乡生态环境一体化得分在-0.11到1.14之间，排在前3名的省份是上海（1.14）、海南（0.95）、黑龙江（0.58），排在后3名的省份是青海（0.08）、内蒙古（-0.0007）、宁夏（-0.01）。

表5-9　2015年中国省域城乡生态环境一体化得分排名

排名	地区	城乡生态环境一体化指数
1	上海	1.14
2	海南	0.95
3	黑龙江	0.58
4	广东	0.49
5	北京	0.47
6	福建	0.44
7	湖北	0.39
8	湖南	0.38

续表

排名	地区	城乡生态环境一体化指数
9	浙江	0.38
10	吉林	0.37
11	江西	0.37
12	辽宁	0.36
13	河南	0.36
14	贵州	0.34
15	天津	0.27
16	广西	0.27
17	山东	0.27
18	新疆	0.25
19	云南	0.23
20	四川	0.22
21	陕西	0.20
22	重庆	0.20
23	山西	0.19
24	河北	0.19
25	安徽	0.18
26	江苏	0.10
27	甘肃	0.09
28	青海	0.08
29	内蒙古	0.00
30	宁夏	-0.11

从各省份的得分分布来看：排在前10名的省份是上海、海南、黑龙江、广东、北京、福建、湖北、湖南、浙江、吉林，指数得分范围是0.37~1.14，各省之间的差距最大；排在中间10名的省份是江西、辽宁、河南、贵州、天津、广西、山东、新疆、云南、四川，指数得分范围是0.22~0.37，各省份之间的差距最小；排在后10名的省份是陕西、重庆、山西、河北、安徽、江苏、甘肃、青海、内蒙古、宁夏，指数得分范围是-0.11~0.20，各省之间的差距相对较小。

从各省份的区域分布来看，排在前10名的省份中，来自东部地区的省份有上海(1)、海南(2)、广东(4)、北京(5)、福建(6)、浙江(9)共6个；来自中

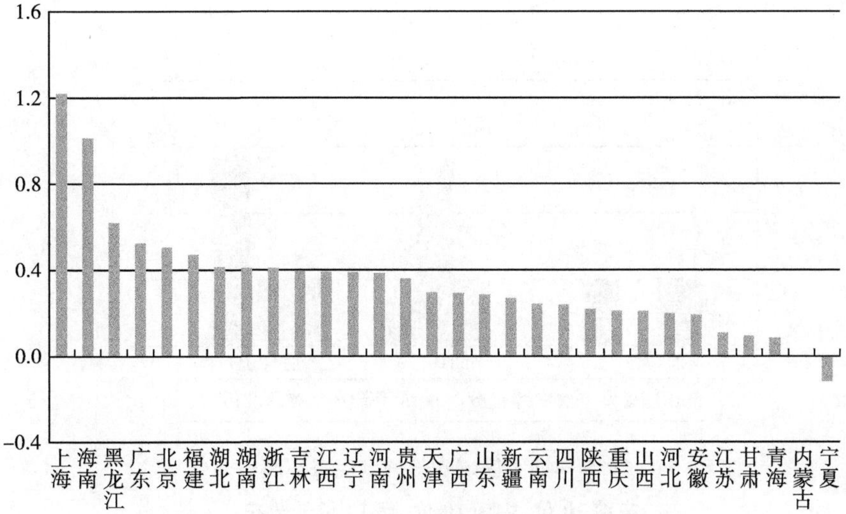

图 5－13　2015 年中国省域城乡生态环境一体化得分排名

部地区的省份有湖北（7）、湖南（8）共 2 个；来自东北地区的省份有黑龙江（3）、吉林（10）共 2 个。

排在中间 10 名的省份中，来自东部地区的省份有天津（15）、山东（17）共 2 个；来自中部地区的省份有江西（11）、河南（13）共 2 个；来自西部地区的省份有贵州（14）、广西（16）、新疆（18）、云南（19）、四川（20）共 5 个；来自东北地区的省份有 1 个——辽宁（12）。

排在后 10 名的省份中，来自东部地区的省份有河北（24）、江苏（26）共 2 个；来自中部地区的省份有山西（23）、安徽（25）共 2 个；来自西部地区的省份有陕西（21）、重庆（22）、甘肃（27）、青海（28）、内蒙古（29）、宁夏（30）共6 个。

通过上述分析发现：2015 年中国省域城乡生态环境一体化水平呈现出从东部向西部逐渐降低的状态。具体来看，排在前 10 名的省份主要来自东部地区，排在中间 10 名的省份主要来自西部地区，排在后 10 名的省份主要来自西部地区，中部省份穿插其中，这与中国经济发展的区域不平衡态势是一致的。

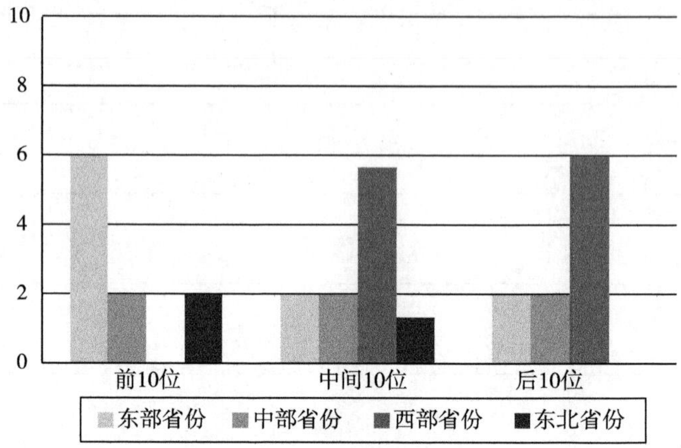

图 5 - 14　2015 年四大区域省份城乡生态环境一体化指数在前 10 位、中间 10 位、后 10 位的分布

5.5.2　2015 年中国省域城乡生态环境一体化类型判定

在对 2015 年中国省域城乡生态环境一体化指数得分进行排名、分析其结果和区域分布的基础上,本报告将进一步判定中国省域城乡生态环境一体化的类型。根据城乡生态环境一体化指数分布的特点,并结合 K 均值聚类分析的结果,可以将 2015 年中国 30 个省份的城乡生态环境一体化水平大致分为三大阵营。

第一阵营为城乡生态环境一体化指数大于 0.44 的省份,共有 5 个,分别是上海、海南、黑龙江、广东、北京。城乡生态环境一体化指数得分最高的上海(1.14)和得分最低的北京(0.47)之间的差距最大。该阵营内的 5 个省份中,4 个来自东部地区,1 个来自东北地区。

第二阵营为城乡生态环境一体化指数小于(等于)0.44 并且大于 0.23 的省份,共有 13 个,分别是福建、湖北、湖南、浙江、吉林、江西、辽宁、河南、贵州、天津、广西、山东、新疆。城乡生态环境一体化指数得分最高的福建(0.44)和得分最低的新疆(0.25)之间的差距最小。从区域分布来看,该阵营内的 13 个省份中,有 4 个省份来自东部地区,4 个省份来自中部地区,3 个来自西部地区,2 个来自东北地区。

第三阵营为城乡生态环境一体化指数小于(等于)0.23 的省份,共有 12 个,分别是云南、四川、陕西、重庆、山西、河北、安徽、江苏、甘肃、青海、内蒙古、宁夏。从得分情况来看，城乡生态环境一体化指数得分最高的云南（0.23）和指数得分最低的贵州（-0.11）之间的差距相对较小。从区域分布来看，该阵营内的12个省份中，8个来自西部地区，2个来自中部地区，2个来自东部地区。

表5-10　2015年全国30个省域城乡生态环境一体化按指数分组

类型	标准	省　份	个数/个	占比（%）
第一阵营	城乡生态环境一体化指数>0.44	上海、海南、黑龙江、广东、北京	5	16.7
第二阵营	0.44≥城乡生态环境一体化指数>0.23	福建、湖北、湖南、浙江、吉林、江西、辽宁、河南、贵州、天津、广西、山东、新疆	13	43.3
第三阵营	0.23≥城乡生态环境一体化指数	云南、四川、陕西、重庆、山西、河北、安徽、江苏、甘肃、青海、内蒙古、宁夏	12	40

从指数得分分类的结果来看，中国省域城乡生态环境一体化指数呈现出弱“纺锤形”分布，大多数省份的城乡生态环境一体化水平都处于中间位置，其次是城乡生态环境一体化水平较低的省份；城乡生态环境一体化水平较高的省份非常少。具体来看，城乡生态环境一体化水平较高的省份有5个，所占的比例为16.7%；城乡生态环境一体化水平居中的省份有13个，所占的比例为43.3%；城乡生态环境一体化水平较低的省份有12个，所占的比例为40%。

5.5.3　2015年中国省域城乡生态环境一体化水平影响因素

从城乡生态环境一体化的基础指标权重来看，除“环境污染治理投资额占GDP比重”外的5个基础指标对城乡生态环境一体化水平的影响都是正的。其中，“城乡燃气普及率比”和“城乡人均生活消费煤合计比”对城乡生态环境一体化水平的影响最大，其权重分别为0.513和0.246；“森林覆盖率”和“城乡人均绿化覆盖面积比”对城乡生态环境一体化水平的影响较大，其权重分别为0.148和0.084；“城乡卫生厕所普及率比”对城乡生态环境一体化水平的影响较小，其权重为0.042；“环境污染治理投资额占GDP比重”对城乡生态环境一体化水平的影响为负，其权重为-0.105。

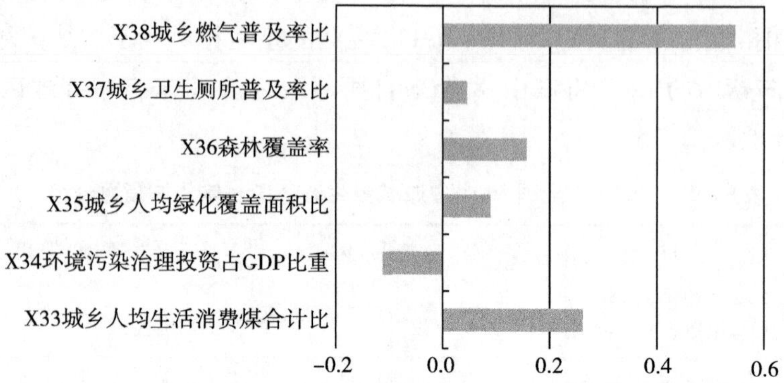

图 5-15　城乡生态环境一体化 6 个基础指标权重

6　2006—2015 年中国省域城乡发展一体化水平变化分析

上一章对 2015 年中国省域城乡发展一体化情况进行了详细分析，在厘清中国省域城乡发展一体化现状后，有必要进一步考察近年来中国各省域城乡发展一体化水平的变化。在本章中，我们首先按照相同的方法，对 2006—2015 年中国省域城乡发展一体化基础指标数据进行预处理，其次采取两步主成分分析法与权重计算方法，得到 2006—2015 年中国城乡发展一体化的各方面指数与最终指数。在对每年数据进行分析的基础上，进一步对 2006—2015 年中国省域城乡发展一体化水平的变化进行分析，以期分析具体省份城乡发展一体化水平在全国排名中的变化情况。

6.1　2006—2015 年中国城乡发展一体化水平的分年度评价

2006 年中国城乡发展一体化的各维度指数与最终指数如表 6－1 所示，城乡发展一体化排名如图 6－1 所示。2006 年我国城乡发展一体化指数排在前 5 位的省份分别是上海、北京、天津、浙江和广东，值得注意的是，上海和北京的空间、经济和文化一体化程度非常高，特别是上海的经济一体化和文化一体化指数分别高达 8.87 和 6.45，其总体指数为 9.81，这使上海城乡社会发展一体化排名遥遥领先，而排在后 5 位的省份则是宁夏、甘肃、青海、贵州、云南，排后 5 位的省份总体指数得分相差不大。从分维度指数来看，城乡经济一体化指数得分最低的是云南，城乡社会一体化指数得分最低的是宁夏，城乡文化一体化指数最低的是贵州，城乡空间一体化和城乡环境一体化指数得分均最低的都是宁夏。

表6-1　2006年中国省域城乡发展一体化分维度与总体指数测度结果

地区	分维度指数					城乡发展一体化指数
	空间一体化	经济一体化	社会一体化	文化一体化	生态环境一体化	
上海	1.74	8.87	0.96	6.45	0.43	9.81
北京	1.83	7.50	0.92	2.14	0.28	7.10
天津	0.07	3.63	0.53	2.02	0.25	3.66
浙江	0.55	3.23	2.34	1.29	0.45	3.35
广东	1.63	2.41	1.89	1.71	0.48	3.05
江苏	0.80	2.44	0.99	0.95	0.56	2.52
山西	0.01	1.19	0.46	2.65	0.27	1.99
山东	0.44	1.68	0.60	0.69	0.34	1.73
河北	0.24	1.27	0.49	1.36	0.38	1.61
福建	0.29	1.21	1.31	1.20	0.42	1.59
辽宁	0.19	1.64	0.43	0.43	0.57	1.52
海南	0.47	0.70	0.56	1.73	1.43	1.37
重庆	0.46	0.90	0.49	0.88	0.07	1.18
河南	0.06	0.95	0.54	0.96	0.68	1.18
湖南	0.22	0.98	0.39	0.81	0.47	1.16
江西	0.19	1.03	0.43	0.59	0.50	1.11
湖北	0.24	0.88	0.34	0.79	0.44	1.07
黑龙江	0.12	1.07	0.38	0.43	0.83	1.06
吉林	0.19	1.02	0.37	0.41	0.90	1.03
安徽	0.17	0.94	0.32	0.35	1.13	0.94
内蒙古	-0.10	0.68	0.40	1.01	0.33	0.93
广西	0.10	0.72	0.49	0.61	1.57	0.87
陕西	-0.71	0.84	0.53	0.76	1.08	0.86
新疆	0.00	0.77	0.24	0.48	0.28	0.81
四川	0.08	0.78	0.42	0.38	0.28	0.81
宁夏	-1.47	1.04	0.35	0.55	-0.06	0.75
甘肃	-0.47	0.61	0.73	0.72	0.20	0.73
青海	-0.95	0.80	0.50	0.54	0.15	0.68
贵州	0.16	0.56	0.40	0.31	0.19	0.63
云南	0.05	0.55	0.39	0.35	0.39	0.61

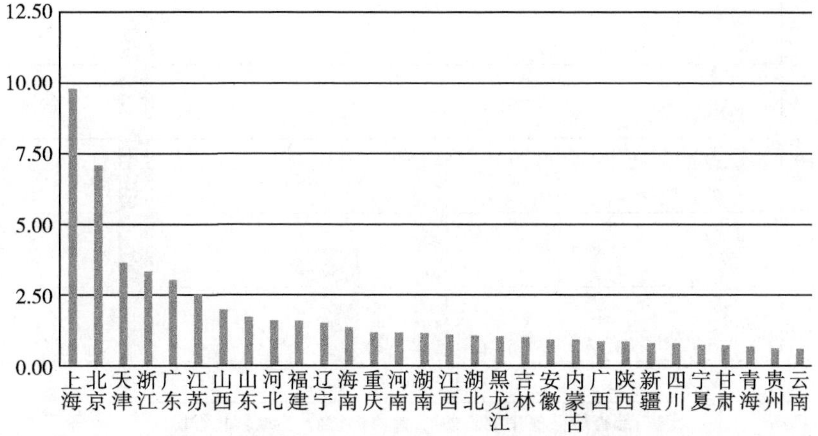

图 6－1　2006 年中国省域城乡发展一体化指数排名

进一步分析不同省份的空间分布情况，如图 6－2 所示，排名前 10 位的省份中，东部省份占 9 席，除了前 5 位外，其他东部省份分别有江苏（6）、山东（8）、河北（9）和福建（10），另一个省份是来自中部的山西（7）。西部 11 个省份和东北 3 个省份均未进入前 10 强。城乡发展一体化总体指数得分排中间 10 位的省域按顺序排名分别是辽宁、海南、重庆、河南、湖南、江西、湖北、黑龙江、吉林、安徽。来自东部的 1 个省份是海南（12），来自中部的省份有 5 个，分别是河南（14）、湖南（15）、江西（16）、湖北（17）、安徽（20），来自西部的 1 个省份是重庆（13），来自东北地区的有 3 个，分别是辽宁（11）、黑龙江（18）和吉林（19）。排名后 10 位省份全部来自西部地区，分别是内蒙古、广西、陕西、新疆、四川、宁夏、甘肃、青海、贵州和云南。

2007 年中国省域城乡发展一体化的分维度指数与最终指数如表 6－2 所示，城乡发展一体化排名如图 6－3 所示。2007 年我国城乡发展一体化指数排在前 5 位的省份分别是上海、北京、浙江、天津和广东。与 2006 年相比，城乡发展一体化排名前 5 位的省份依然是上海、北京、浙江、天津和广东。上海和北京依然占据前两位，天津和浙江的名次发生了对调，广东依然排名第 5。而排在后 5 位的省份则是甘肃、新疆、云南、贵州和青海。在分维度指数得分中，空间一体化和生态一体化得分最低的是宁夏，经济一体化和文化一体化得分最低的是贵州，社会一体化得分最低的是吉林。

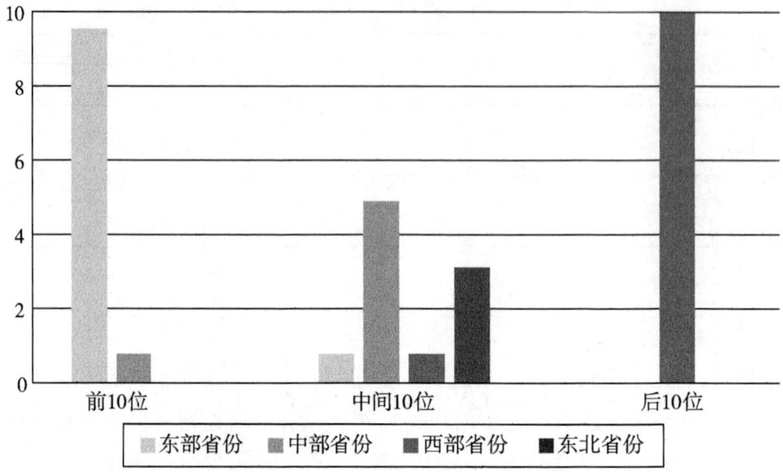

图 6-2 2006 年四大区域省份城乡发展一体化指数前 10 位、中间 10 位、后 10 位的分布

表 6-2 2007 年中国省域城乡发展一体化分维度与总体指数测度结果

地区	分维度指数					城乡发展一体化指数
	空间一体化	经济一体化	社会一体化	文化一体化	生态环境一体化	
上海	2.43	8.27	0.95	4.56	0.48	8.76
北京	1.52	7.50	0.99	2.66	0.38	7.25
浙江	0.61	3.48	2.56	2.65	0.43	4.10
天津	0.22	3.89	0.62	1.97	0.19	3.88
广东	0.72	2.72	2.01	1.99	0.49	3.23
江苏	0.82	2.61	1.11	1.08	0.41	2.72
山西	0.09	1.29	0.59	2.86	0.22	2.18
福建	0.44	1.33	1.39	1.46	0.48	1.82
山东	0.47	1.62	1.09	0.78	0.30	1.76
海南	0.39	0.71	0.62	2.61	0.96	1.70
辽宁	0.22	1.63	0.54	0.58	0.52	1.58
河北	0.20	1.26	0.69	1.27	0.28	1.58
河南	0.30	1.02	0.68	1.11	0.57	1.35
江西	-0.02	1.04	0.55	1.08	0.43	1.28
重庆	0.46	0.92	0.69	0.92	0.08	1.23
湖南	0.19	1.01	0.64	0.85	0.31	1.21

续表

地区	分维度指数					城乡发展一体化指数
	空间一体化	经济一体化	社会一体化	文化一体化	生态环境一体化	
陕西	-0.26	0.88	0.80	1.08	0.71	1.13
湖北	0.26	0.92	0.52	0.79	0.57	1.12
黑龙江	0.23	1.08	0.43	0.46	0.63	1.10
安徽	0.09	0.99	0.54	0.67	0.93	1.10
吉林	-0.01	1.04	0.42	0.46	0.84	1.03
宁夏	-1.30	1.07	0.55	0.84	-0.05	0.94
内蒙古	-0.04	0.72	0.57	0.84	0.33	0.94
四川	0.14	0.81	0.54	0.54	0.26	0.92
广西	0.08	0.75	0.90	0.51	1.11	0.89
甘肃	-0.21	0.65	0.54	0.77	0.19	0.81
新疆	-0.56	0.83	0.48	0.57	0.22	0.79
云南	0.03	0.63	0.77	0.53	0.37	0.78
贵州	0.07	0.62	0.89	0.42	0.19	0.75
青海	-1.29	0.92	0.51	0.48	0.12	0.68

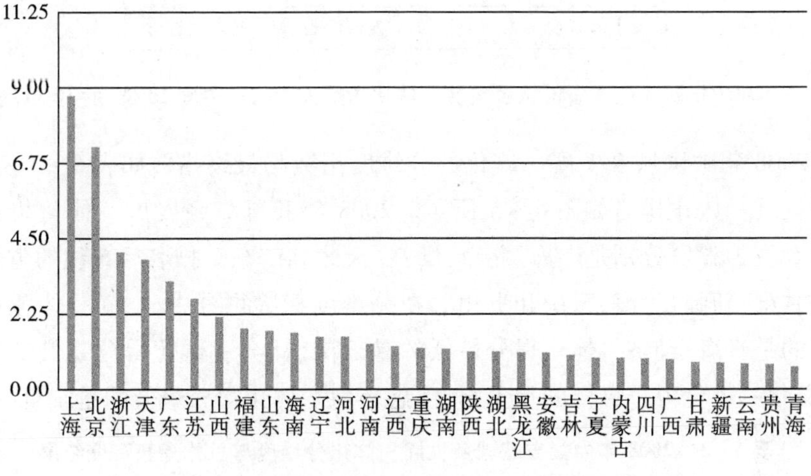

图 6-3　2007 年中国省域城乡发展一体化指数排名

进一步分析不同省份的空间分布情况，如图 6-4 所示，排名前 10 位中，9 席都是来自东部的省份，除了前面提到的前 5 位，还有江苏(6)、福建(8)、山东(9)和海南(10),来自中部的省份有1个山西(7)。中间10位中,来自东部的省份有1个,是河北(12);来自中部的省份有5个,分别是河南(13)、江西(14)、湖南(16)、湖北(18)和安徽(20);来自西部的省份有2个,分别是重庆(15)和陕西(17);来自东北的省份有2个,分别是辽宁(11)和黑龙江(19)。排名后10位的省份中,来自东北的省份有1个,是吉林(21),其余的9个全部来自西部地区,分别是宁夏、内蒙古、四川、广西、甘肃、新疆、云南、贵州和青海。

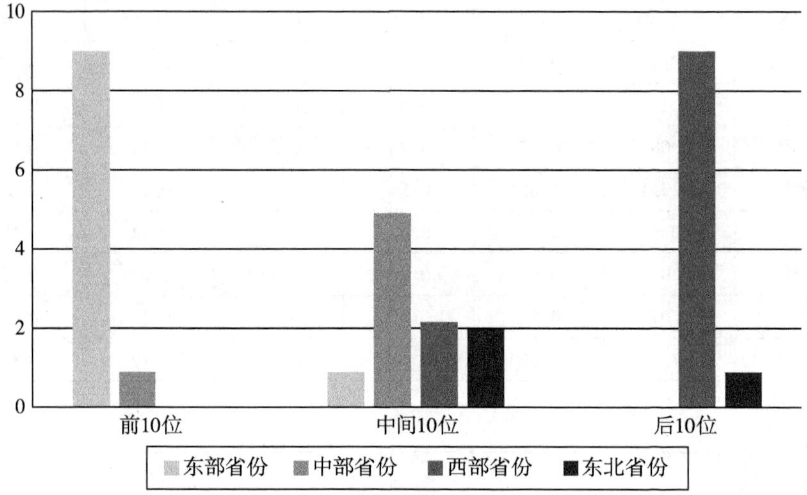

图6-4 2007年四大区域省份城乡发展一体化指数前10位、中间10位、后10位的分布

2008年中国城乡发展一体化的分维度指数与最终指数如表6-3所示,城乡发展一体化排名如图6-5所示。2008年我国城乡发展一体化指数排在前5位的省份分别是上海、北京、浙江、天津和广东。排名后5位的省份分别是甘肃、新疆、青海、云南和贵州。在分维度指数得分中,空间一体化得分最低的是青海,经济一体化得分最低的是云南,社会一体化得分最低的是吉林,文化一体化得分最低的是贵州,生态环境一体化得分最低的是宁夏。

表6-3 2008年中国省域城乡发展一体化分维度与总体指数测度结果

地区	分维度指数					城乡发展一体化指数
	空间一体化	经济一体化	社会一体化	文化一体化	生态环境一体化	
上海	2.54	9.27	0.93	5.69	0.56	9.99

续表

地区	分维度指数					城乡发展一体化指数
	空间一体化	经济一体化	社会一体化	文化一体化	生态环境一体化	
北京	1.63	7.42	1.05	1.96	0.44	6.94
浙江	0.71	3.69	2.64	1.89	0.30	4.00
天津	0.20	4.21	0.68	1.04	0.20	3.77
福建	0.52	1.45	1.47	4.40	0.42	3.08
广东	0.72	2.70	2.27	0.99	0.52	2.84
江苏	0.61	2.64	1.23	1.10	0.36	2.71
山西	0.38	1.43	0.66	1.93	0.32	2.00
山东	0.63	1.65	1.20	0.93	0.60	1.89
海南	0.35	0.75	0.66	2.49	0.98	1.69
辽宁	0.50	1.67	0.56	0.49	0.44	1.64
河南	0.55	1.07	0.78	1.60	0.44	1.64
河北	0.26	1.27	0.82	1.31	0.33	1.62
江西	0.24	1.03	0.64	1.56	0.44	1.52
重庆	0.47	0.99	0.84	1.10	0.08	1.37
湖南	0.23	1.07	0.80	0.90	0.35	1.30
吉林	0.33	1.08	0.47	0.85	0.97	1.28
宁夏	-1.34	1.11	0.65	1.58	-0.03	1.26
湖北	0.44	0.92	0.62	0.97	0.55	1.24
陕西	-0.25	0.92	0.93	1.13	0.60	1.19
安徽	0.15	1.02	0.77	0.67	0.98	1.17
黑龙江	0.26	1.10	0.58	0.48	0.40	1.15
广西	0.18	0.78	1.08	0.63	1.59	1.00
四川	0.21	0.87	0.68	0.51	0.26	0.98
内蒙古	-0.27	0.80	0.69	0.88	0.35	0.98
甘肃	-0.21	0.69	0.76	0.93	0.22	0.93
新疆	-0.19	0.86	0.54	0.59	0.20	0.91
青海	-1.57	1.05	0.62	0.80	0.11	0.86
云南	0.12	0.62	0.89	0.60	0.33	0.83
贵州	0.06	0.64	1.11	0.47	0.42	0.80

进一步分析不同省份的空间分布情况，如图 6-6 所示，排名前 10 位中，

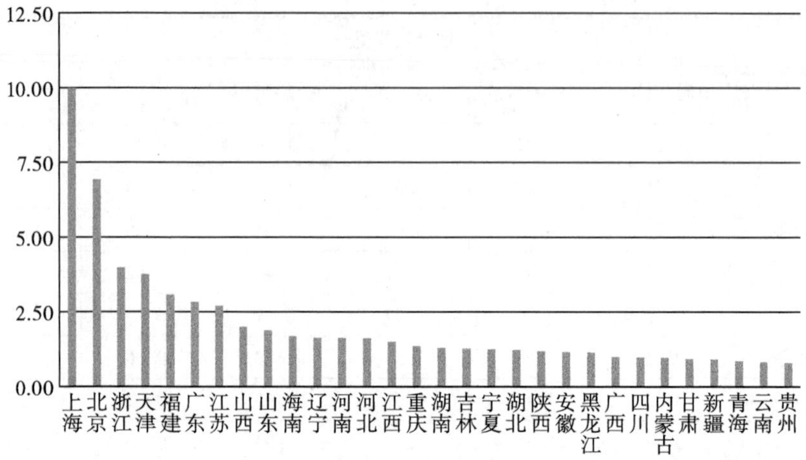

图 6－5　2008 年中国省域城乡发展一体化指数排名

9 席都是来自东部的省份,除了前 5 位,还有广东(6)、江苏(7)、山东(9)和海南(10),和来自中部的 1 个省份——山西(8)。中间 10 位中,来自东部的省份有河北(13),来自中部的省份有 4 个,分别是河南(12)、江西(14)、湖南(16)和湖北(19);来自西部的省份有 3 个,分别是重庆(15)、宁夏(18)和陕西(20);来自东北的省份有辽宁(11)和吉林(17)。排名后 10 位中,有 1 个来自中部的省份安徽(21)和 1 个来自东北的省份黑龙江,其余 8 个都是来自西部地区的省份,分别是广西、四川、内蒙古、甘肃、新疆、青海、云南和贵州。

2009 年中国城乡发展一体化的分维度指数与最终指数如表 6－4 所示,城乡发展一体化排名如图 6－7 所示。2009 年我国城乡发展一体化指数排在前 5 位的省份分别是上海、北京、浙江、天津和广东,上海和北京的城乡发展一体化指数仍然较高,再看分维度指数,北京和上海两个城市的经济一体化水平都很高,排名第 1 位的上海的经济一体化指数为 9.47,排名第 2 位的北京,指数为 7.97,远远高于第 3 名浙江的 3.87,所以,上海和北京两个城市总体指数较高是由经济一体化水平贡献的。而排在后 5 位的省份则是内蒙古、青海、贵州、甘肃和云南。在分维度指数得分中,云南的空间一体化指数得分和经济一体化指数得分最低,吉林的社会一体化得分最低,贵州的文化一体化得分最低,青海的生态环境一体化得分最低。

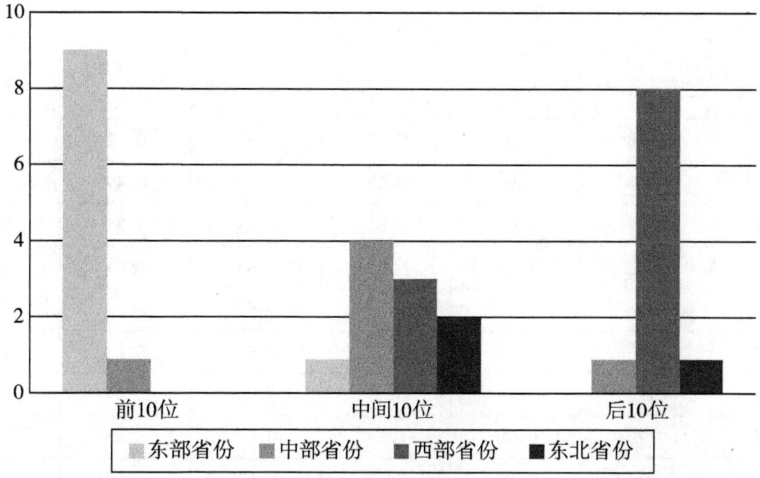

图 6－6　2008 年四大区域省份城乡发展一体化指数前 10 位、中间 10 位、后 10 位的分布

表 6－4　2009 年中国省域城乡发展一体化分维度与总体指数测度结果

地区	分维度指数					城乡发展一体化指数
	空间一体化	经济一体化	社会一体化	文化一体化	生态环境一体化	
上海	3. 68	9. 47	0. 79	4. 31	0. 75	9. 84
北京	1. 55	7. 97	1. 05	2. 10	0. 39	7. 41
浙江	0. 76	3. 87	2. 58	1. 93	0. 42	4. 16
天津	0. 36	4. 44	0. 71	1. 17	0. 14	4. 03
广东	0. 76	2. 74	2. 23	1. 50	0. 50	3. 08
江苏	0. 62	2. 87	1. 29	1. 31	0. 27	2. 98
福建	0. 51	1. 52	1. 44	3. 52	0. 44	2. 79
山东	0. 69	1. 71	1. 18	1. 03	0. 60	1. 99
山西	0. 43	1. 24	0. 66	1. 46	0. 31	1. 68
海南	0. 39	0. 75	0. 62	2. 16	0. 94	1. 56
河北	0. 31	1. 28	0. 78	0. 94	0. 37	1. 50
江西	0. 28	1. 11	0. 62	1. 30	0. 41	1. 48
辽宁	0. 52	1. 36	0. 55	0. 60	0. 47	1. 45
陕西	0. 26	0. 92	0. 86	1. 51	0. 39	1. 43
河南	0. 56	1. 09	0. 75	0. 91	0. 44	1. 39
安徽	0. 17	1. 08	0. 75	1. 09	0. 83	1. 37

续表

地区	分维度指数					城乡发展一体化指数
	空间一体化	经济一体化	社会一体化	文化一体化	生态环境一体化	
重庆	0.48	1.06	0.87	0.93	0.12	1.36
湖北	0.45	0.96	0.58	1.19	0.49	1.35
湖南	0.27	1.03	0.67	1.04	0.35	1.32
吉林	0.42	1.03	0.46	0.84	0.93	1.26
四川	0.16	1.20	0.68	0.52	0.24	1.23
黑龙江	0.35	1.02	0.48	0.60	0.44	1.15
宁夏	-1.27	1.18	0.61	1.06	0.04	1.12
广西	0.22	0.79	1.18	0.67	1.83	1.04
新疆	-0.13	0.87	0.53	0.83	0.16	1.02
内蒙古	-0.28	0.86	0.69	0.86	0.36	1.01
青海	-1.72	1.16	0.67	0.77	0.11	0.91
贵州	0.09	0.72	1.06	0.51	0.45	0.88
甘肃	-0.19	0.71	0.69	0.67	0.24	0.84
云南	-4.85	0.64	0.86	0.60	0.39	-0.19

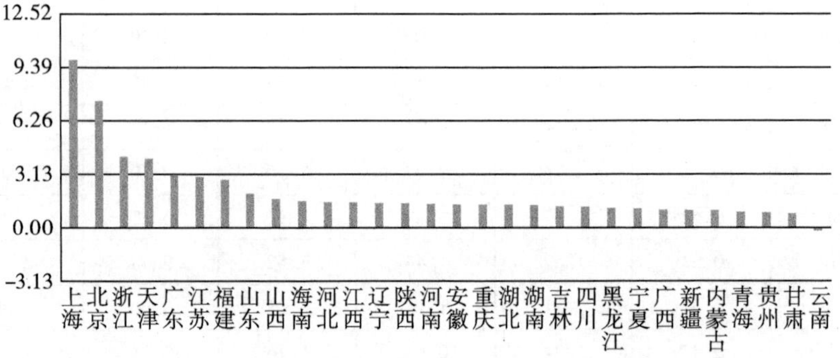

图 6-7 2009 年中国省域城乡发展一体化指数排名

再进一步分析不同省份的空间分布情况，如图 6-8 所示，排名前 10 位中，有 9 个均是来自东部的省份，除了前面提到的前 5 名以外，还有江苏(6)、福建(7)、山东(8)和海南(10)，另一个省份是来自中部的山西(9)。中间 10 位中，来自东部的有 1 个省份河北(11)；来自中部的省份有 5 个，依次为江西(12)、河南(15)、安徽(16)、湖北(18)和湖南(19)；其余的 4 个是来自西部的陕西(14)和重庆(17)及东北部的辽宁(13)和吉林(20)。后10位中,除了黑龙江(22)来自东北,其余9位均来自西部,除了前面提到的后5位,还有四川(21)、宁夏(23)、广西(24)和新疆(25)。

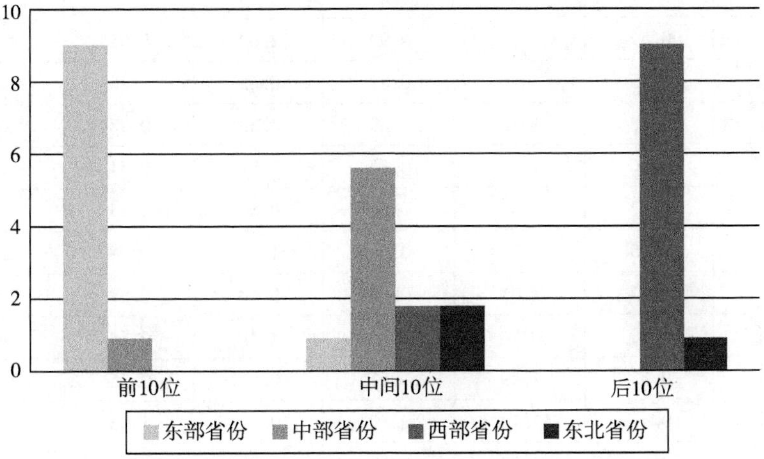

图6-8　2009年四大区域省份城乡发展一体化指数前10位、中间10位、后10位的分布

2010年中国城乡发展一体化的分维度指数与最终指数如表6-5所示,城乡发展一体化排名如图6-9所示。2010年我国城乡发展一体化指数排在前5位的省份分别是上海、北京、浙江、天津和江苏。排在后5位的省份则是内蒙古、广西、新疆、甘肃和云南,在分维度排名中,空间一体化水平最低的是青海,经济一体化水平最低的是云南,社会一体化水平最低的是吉林,文化一体化水平最低的是广东,生态环境一体化水平最低的是宁夏。

表6-5　2010年中国省域城乡发展一体化分维度与总体指数测度结果

地区	分维度指数					城乡发展一体化指数
	空间一体化	经济一体化	社会一体化	文化一体化	生态环境一体化	
上海	2.51	13.65	0.72	2.84	0.53	12.26
北京	1.72	8.97	1.17	2.06	0.49	8.21
浙江	0.85	4.71	3.05	1.65	0.38	4.76
天津	0.57	4.20	0.87	1.12	0.25	3.89
江苏	0.67	3.33	1.67	1.43	0.29	3.44
福建	0.54	1.66	1.73	2.69	0.41	2.61

续表

地区	分维度指数					城乡发展一体化指数
	空间一体化	经济一体化	社会一体化	文化一体化	生态环境一体化	
山东	0.77	1.81	1.26	0.93	0.56	2.05
重庆	0.59	1.17	0.93	2.02	0.08	1.90
广东	0.75	1.80	0.81	0.45	0.86	1.81
山西	0.48	1.32	0.69	1.33	0.28	1.71
河南	0.66	1.21	0.87	1.31	0.34	1.67
河北	0.42	1.33	0.82	0.84	0.35	1.52
海南	0.35	0.79	0.64	1.95	0.94	1.51
辽宁	0.57	1.45	0.58	0.48	0.59	1.49
陕西	0.30	0.96	0.89	1.49	0.36	1.47
江西	0.33	1.19	0.61	0.91	0.35	1.40
安徽	0.61	1.10	0.80	0.87	1.02	1.40
湖北	0.54	1.02	0.69	1.09	0.66	1.39
湖南	0.36	1.06	0.71	1.10	0.39	1.39
黑龙江	0.44	1.15	0.47	0.53	0.97	1.23
吉林	0.40	1.02	0.46	0.73	0.95	1.20
宁夏	-1.17	1.24	0.69	1.04	0.01	1.19
四川	0.26	1.13	0.68	0.47	0.25	1.18
青海	-1.77	1.39	0.69	1.00	0.09	1.17
贵州	0.25	0.93	1.66	0.52	0.40	1.14
内蒙古	-0.27	0.92	0.71	0.88	0.42	1.07
广西	0.25	0.79	1.26	0.60	2.01	1.03
新疆	-0.09	0.92	0.51	0.71	0.20	1.02
甘肃	0.09	0.74	0.85	0.83	0.21	1.00
云南	0.16	0.67	0.91	0.54	0.37	0.85

进一步分析不同省份的空间分布情况，如图6-10所示。前10位中，东部省份占了8席，除了前5位，还有福建(6)、山东(7)、广东(9)，另外两席是来自西部的重庆(8)和来自中部的山西(10)。中间10位中，来自东部的省份有河北(12)、海南(13)2个，来自中部的省份有5个，分别是河南(11)、江西(16)、安徽(17)、湖北(18)和湖南(19)，来自西部的省份有陕西(15)，来

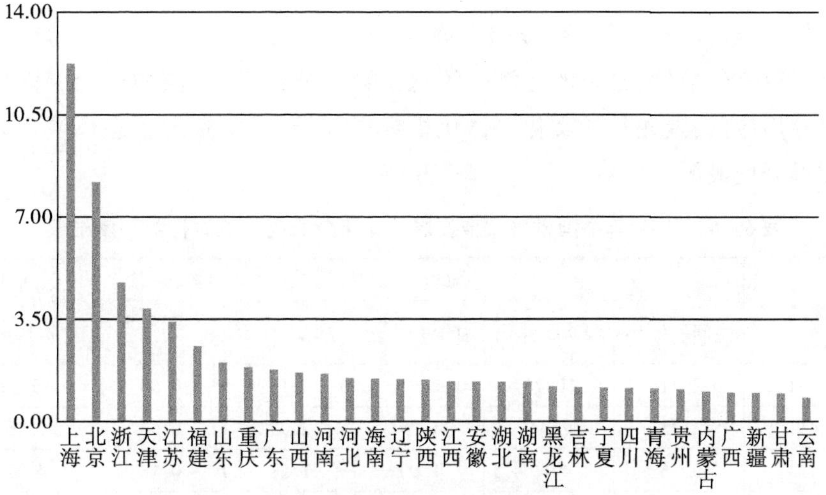

图 6－9　2010 年中国省域城乡发展一体化指数排名

自东北部的省份 2 个，分别是辽宁（14）和黑龙江（20）。后 10 位中，来自西部的占有 9 席，除了排名后 5 位，还有宁夏（22）、四川（23）、青海（24）和贵州（25）。另外 1 席则是来自东北的吉林（21）。

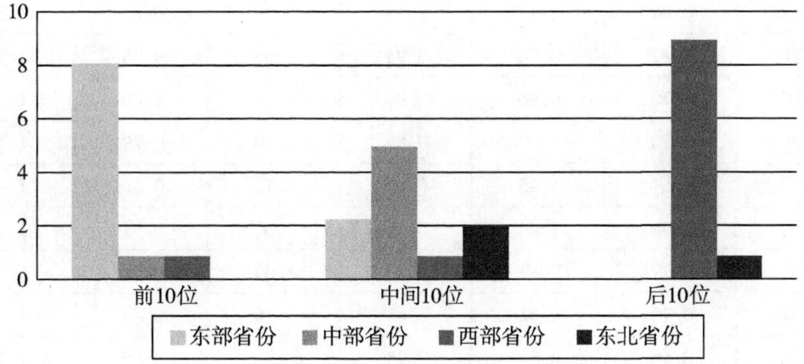

图 6－10　2010 年四大区域省份城乡发展一体化指数前 10 位、中间 10 位、后 10 位的分布

2011 年中国城乡发展一体化的分维度指数与最终指数如表 6－6 所示，城乡发展一体化排名如图 6－11 所示。2011 年我国城乡发展一体化指数排在前 5 位的省份分别是上海、北京、天津、福建和浙江，排第 1 位的上海，城乡发展一体化指数高达 10.88，远远高于第 2 名的北京（7.10）。究其背后的原因可以发现，上海的城乡经济一体化水平非常高，高达 10.78，所以上海的城乡经济一体化水平对其城乡发展一体化水平贡献较大。而排在后5位的省份则是新疆、甘肃、贵州、青海和云南，在分维度指数排名中，青海的空间一体化指数得分最低，甘肃的经济一体化指数得分最低，新疆的社会一体化指数得分均最低，黑龙江的文化一体化指数得分最低，宁夏的生态环境一体化指数得分均最低。

表 6-6　2011 年中国省域城乡发展一体化分维度与总体指数测度结果

地区	分维度指数					城乡发展一体化指数
	空间一体化	经济一体化	社会一体化	文化一体化	生态环境一体化	
上海	2.31	10.78	0.68	5.15	0.54	10.88
北京	1.72	7.54	1.29	2.03	0.53	7.10
天津	0.76	4.39	1.00	1.58	0.18	4.27
福建	0.62	1.36	1.81	7.38	0.39	4.21
浙江	0.87	2.49	3.22	2.31	0.40	3.32
广东	0.93	1.72	2.71	1.73	0.50	2.46
江苏	1.04	1.69	1.84	1.73	0.14	2.37
山西	0.67	1.18	0.73	2.02	0.27	1.90
海南	0.42	0.79	0.67	2.12	0.94	1.59
山东	0.84	1.17	1.33	0.88	0.52	1.56
陕西	0.42	0.96	0.95	1.55	0.38	1.52
重庆	0.70	0.96	0.96	1.39	0.06	1.52
河北	0.70	1.02	0.89	1.10	0.29	1.45
辽宁	0.61	1.25	0.65	0.72	0.50	1.44
江西	0.46	1.04	0.83	1.00	0.31	1.37
河南	0.79	0.87	0.83	1.09	0.37	1.34
湖南	0.48	0.88	0.68	1.16	0.44	1.30
湖北	0.66	0.85	0.78	0.99	0.65	1.26
吉林	0.40	0.90	0.46	1.03	1.01	1.23
安徽	-0.18	0.91	0.88	1.13	0.41	1.19
内蒙古	-0.26	0.92	0.74	1.13	0.57	1.17
黑龙江	0.47	0.99	0.52	0.58	0.83	1.14
四川	0.26	0.83	0.73	0.75	0.21	1.06
广西	0.30	0.71	1.43	0.73	1.83	1.042

续表

地区	分维度指数					城乡发展一体化指数
	空间一体化	经济一体化	社会一体化	文化一体化	生态环境一体化	
宁夏	-1.09	0.91	0.78	1.02	-0.04	0.95
新疆	-0.04	0.75	0.51	0.83	0.14	0.95
甘肃	-0.04	0.57	0.85	1.02	0.24	0.91
贵州	0.13	0.59	1.70	0.62	0.39	0.89
青海	-1.63	1.02	0.70	0.94	0.05	0.88
云南	0.17	0.60	1.01	0.61	0.25	0.84

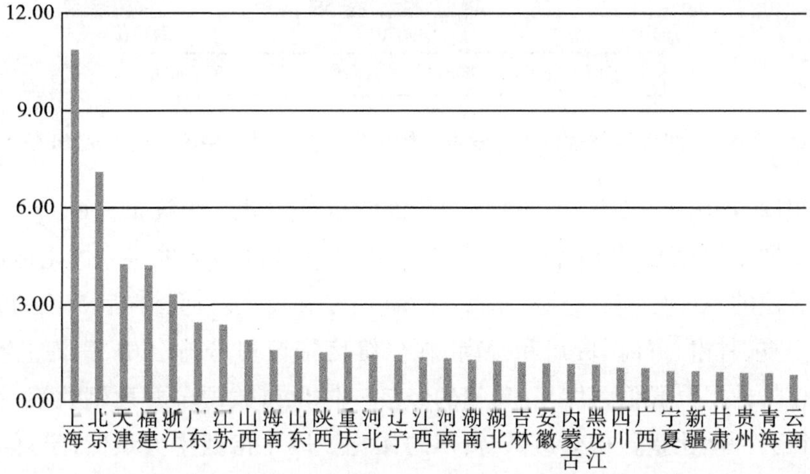

图 6-11　2011 年中国省域城乡发展一体化指数排名

进一步来分析不同省份的空间分布情况，如图 6-12 所示，排前 10 位的省份中，东部省份占了 9 席，其中前 7 强都是来自东部，除了前面提到的前 5 位，还有广东(6)、江苏(7)、海南(9)和山东(10)，另一个是来自中部的山西(8)，西部和东北省份没有一个进入前 10 名。排名中间 10 位中，有 1 个来自东部的省份河北(13)，5 个来自中部的省份，按顺序分别是江西(15)、河南(16)、湖南(17)、湖北(18)和安徽(20)，来自西部的有 2 个，分别是陕西(11)和重庆(12)，另外 2 个是来自东北的辽宁(14)和吉林(19)。排名后 10 位中，没有来自东部的省份，来自东北部的 1 个是黑龙江(22)，其余 9 位均来自西部省份，除了前面提到的后 5 位，还有内蒙古(21)、四川(23)、广西

(24)和宁夏(25)。

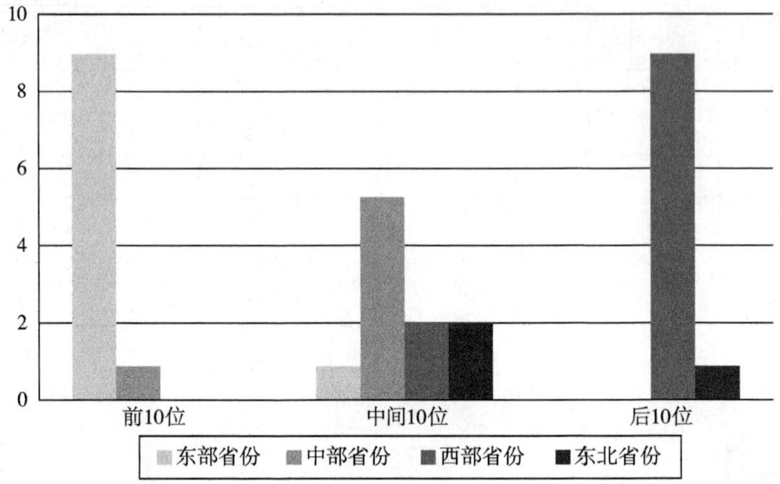

图 6-12　2011 年四大区域省份城乡发展一体化指数前 10 位、中间 10 位、后 10 位的分布

2012 年中国城乡发展一体化的分维度指数与最终指数如表 6-7 所示，城乡发展一体化排名如图 6-13 所示。2012 年我国城乡发展一体化指数排在前 5 位的省份分别是上海、北京、天津、浙江和福建。而排在后 5 位的省份则是宁夏、甘肃、青海、贵州和云南，在分维度指数得分排名中，青海的空间一体化指数得分最低，甘肃和贵州的经济一体化指数得分并列倒数第一，吉林的社会一体化指数得分最低，贵州的文化一体化指数得分最低，宁夏的生态环境指数得分最低。

表 6-7　2012 年中国省域城乡发展一体化分维度与总体指数测度结果

地区	分维度指数					城乡发展一体化指数
	空间一体化	经济一体化	社会一体化	文化一体化	生态环境一体化	
上海	2.23	9.71	0.61	5.63	0.55	10.21
北京	1.52	7.76	1.26	2.21	0.46	7.30
天津	0.93	4.70	1.15	1.23	0.21	4.42
浙江	0.90	2.54	3.58	3.10	0.37	3.70
福建	0.65	1.43	2.08	3.80	0.39	2.92
广东	0.97	1.74	2.74	2.52	0.49	2.80
江苏	1.12	1.74	2.00	1.58	0.11	2.39

续表

地区	分维度指数					城乡发展一体化指数
	空间一体化	经济一体化	社会一体化	文化一体化	生态环境一体化	
山西	0.71	1.21	0.83	1.92	0.22	1.90
重庆	0.74	1.02	0.84	1.79	0.13	1.72
山东	0.90	1.22	1.72	1.01	0.40	1.69
安徽	0.66	0.96	0.94	1.63	0.37	1.61
辽宁	0.67	1.29	0.71	0.74	0.36	1.49
河北	0.81	1.04	1.00	1.04	0.32	1.47
河南	0.86	0.90	0.93	1.28	0.35	1.46
海南	0.44	0.84	0.71	1.67	0.89	1.46
江西	0.52	1.10	0.69	1.04	0.27	1.43
陕西	0.42	0.85	1.05	1.50	0.34	1.43
湖北	0.72	0.89	0.85	1.05	0.47	1.33
湖南	0.49	0.91	0.75	1.11	0.38	1.31
吉林	0.45	0.94	0.47	1.08	0.96	1.29
内蒙古	-0.23	0.95	0.82	1.32	0.52	1.28
四川	0.34	0.85	0.80	1.03	0.20	1.20
黑龙江	0.51	0.95	0.53	0.66	0.72	1.15
新疆	0.05	0.79	0.52	1.07	0.02	1.09
广西	0.32	0.72	1.69	0.63	1.59	1.04
宁夏	-1.03	0.92	0.92	1.10	-0.02	1.02
甘肃	-0.03	0.58	0.94	0.98	0.15	0.92
青海	-1.82	1.04	0.78	1.01	0.08	0.90
贵州	0.15	0.58	1.78	0.61	0.35	0.90
云南	0.20	0.62	1.18	0.66	0.26	0.90

进一步分析不同省份空间分布情况，如图 6-14 所示，排名前 10 位中，东部省份占了 8 席，除了前 5 强，还有广东（6）、江苏（7）和山东（10），中部省份山西（8）占了 1 席，还有西部省份重庆（9）占了 1 席。排名中间 10 位中，来自东部省份的有河北（13）和海南（15）2 个；来自中部的省份有 5 个，分别是河南（14）、江西（16）、湖北（18）和湖南（19）；来自西部的有陕西（17）；来自东北的有 2 个省份，分别是辽宁（12）和吉林（20）。排名

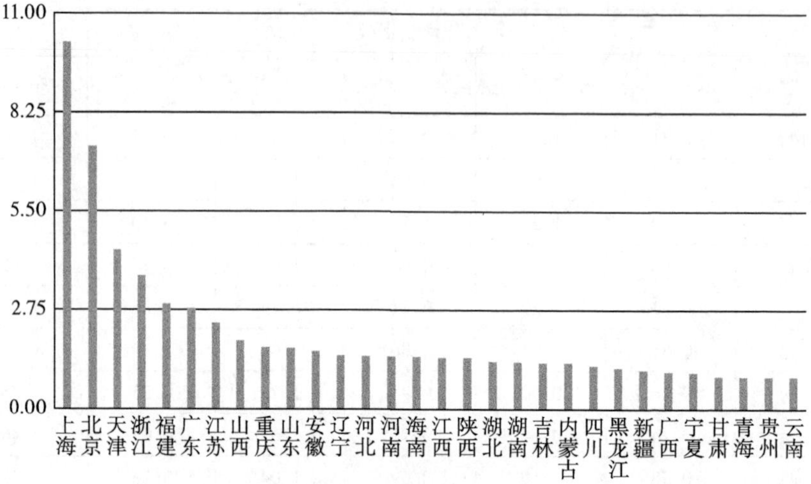

图 6-13 2012 年中国省域城乡发展一体化指数排名

后 10 位中，没有来自东部和中部的省份，除了黑龙江(23)来自东北，其余 9 个省份均来自西部，除后 5 位外，还有内蒙古(21)、四川(22)、新疆(24)和广西(25)。

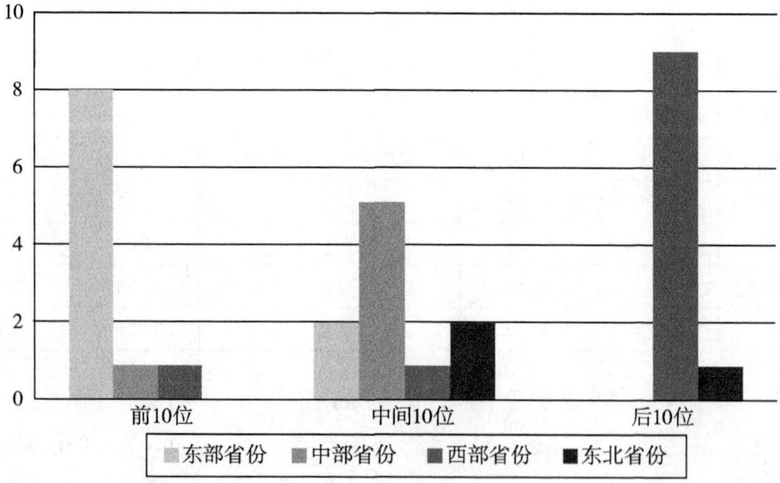

图 6-14 2012 年四大区域省份城乡发展一体化指数前 10 位、中间 10 位、后 10 位的分布

2013 年中国城乡发展一体化的分维度指数与最终指数如表 6-8 所示，城乡发展一体化排名如图 6-15 所示。2013 年我国城乡发展一体化指数排在前5位的省份分别是上海、北京、天津、浙江和福建，而排在后5位的省份则是广西、甘肃、贵州、青海和云南。在分维度指数排名中，青海的空间一体化指数得分最低，甘肃的经济一体化指数得分均最低，吉林的社会一体化指数得分均最低，黑龙江的文化一体化得分最低，宁夏的生态环境一体化指数得分均最低。

表6-8　2013年中国省域城乡发展一体化分维度与总体指数测度结果

地区	分维度指数					城乡发展一体化指数
	空间一体化	经济一体化	社会一体化	文化一体化	生态环境一体化	
上海	2.26	10.16	0.60	5.93	0.56	10.69
北京	1.15	8.19	1.25	2.52	0.24	7.67
天津	0.99	5.02	1.24	1.47	0.22	4.78
浙江	0.92	2.62	3.84	3.06	0.43	3.78
福建	0.76	1.50	2.31	4.30	0.39	3.21
广东	0.90	1.79	2.79	2.36	0.50	2.76
江苏	0.96	1.83	2.13	1.55	0.12	2.42
山西	0.60	1.21	0.85	2.54	0.18	2.12
重庆	0.69	1.09	0.75	2.11	0.17	1.88
山东	0.85	1.26	1.97	0.99	0.26	1.73
安徽	0.51	1.02	1.01	1.64	0.16	1.63
海南	0.35	0.89	0.78	1.89	1.03	1.57
河北	0.78	1.08	1.12	1.18	0.16	1.56
辽宁	0.63	1.37	0.75	0.73	0.40	1.55
江西	0.54	1.11	0.73	1.20	0.35	1.51
陕西	0.47	0.88	1.16	1.59	0.41	1.51
湖北	0.74	0.93	0.91	1.10	0.42	1.39
内蒙古	-0.25	1.00	0.87	1.38	0.01	1.34
河南	0.75	0.91	1.00	0.95	0.37	1.32
吉林	0.44	1.00	0.48	1.04	0.38	1.31
湖南	0.48	0.94	0.77	1.02	0.44	1.30
四川	0.31	0.88	0.85	1.01	0.19	1.22
宁夏	0.10	0.95	0.85	0.98	-0.07	1.22
新疆	-0.07	0.83	0.54	1.27	-0.02	1.17

续表

地区	分维度指数					城乡发展一体化指数
	空间一体化	经济一体化	社会一体化	文化一体化	生态环境一体化	
黑龙江	0.45	0.93	0.53	0.48	0.80	1.05
广西	0.17	0.71	1.86	0.70	0.73	1.04
甘肃	-0.05	0.60	0.99	1.26	0.06	1.04
贵州	0.10	0.62	1.83	0.80	0.29	0.99
青海	-1.65	1.03	0.78	1.16	0.04	0.98
云南	0.17	0.65	1.17	0.72	0.22	0.93

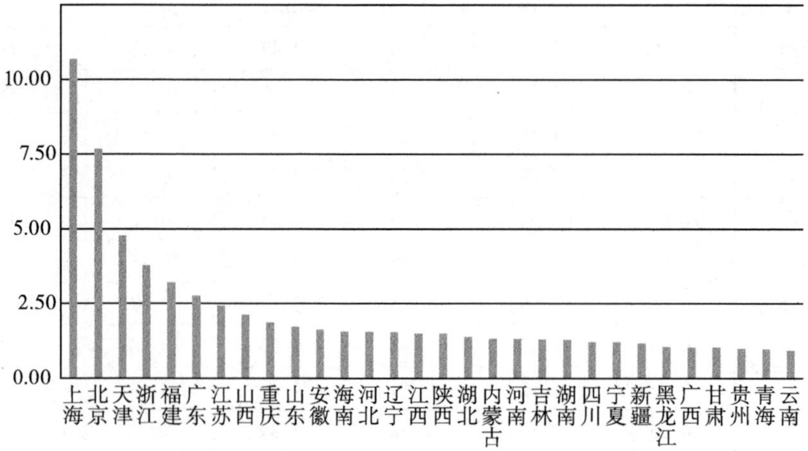

图 6-15　2013 年中国省域城乡发展一体化指数排名

进一步分析不同省份的空间分布情况,如图 6-16 所示,排名前 10 位的省份中,东部省份占了 8 席,除了前 5 强,还有广东(6)、江苏(7)和山东(10),另外两个省份分别是来自中部的山西(8)和西部的重庆(9)。中间 10 位中,来自东部的省份有海南(12)和河北(13);来自中部的省份有 4 个,分别是安徽(11)、江西(15)、湖北(17)和河南(19);来自西部的省份有 2 个,分别是陕西(16)和内蒙古(18);来自东北部的省份有 2 个,分别是辽宁(14)和吉林(20)。后 10 位中,没有来自东部的省份,来自中部的省份有湖南(21),来自东北的省份有黑龙江(25),其余 8 个省份都来自西部,除了前面提到的 5 个,其余的分别是四川(22)、宁夏(23)、新疆(24)。

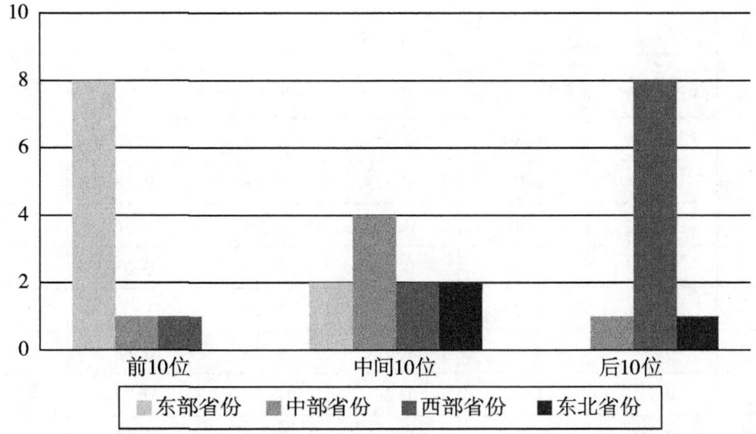

图 6 –16　2013 年四大区域省份城乡发展一体化指数前 10 位、中间 10 位、后 10 位的分布

2014 年中国城乡发展一体化的分维度指数与最终指数如表 6 –9 所示，城乡发展一体化排名如图 6 –17 所示。2014 年我国城乡发展一体化指数排在前 5 位的省份分别是上海、北京、天津、浙江和福建，而排在后 5 位的省份则是广西、甘肃、青海、贵州和云南。在分维度指数排名中，青海的空间一体化指数得分最低，贵州的经济一体化指数得分均最低，吉林的社会一体化指数得分均最低，黑龙江的文化一体化指数得分最低，宁夏和新疆的生态环境一体化指数得分并列最低。

表 6 –9　2014 年中国省域城乡发展一体化分维度与总体指数测度结果

地区	分维度指数					城乡发展一体化指数
	空间一体化	经济一体化	社会一体化	文化一体化	生态环境一体化	
上海	1.60	11.90	0.64	6.11	0.50	11.97
北京	1.15	8.79	1.28	3.31	0.16	8.45
天津	0.97	5.21	1.34	1.50	0.21	4.95
浙江	0.83	2.69	4.04	2.86	0.37	3.76
福建	0.74	1.56	2.52	3.89	0.47	3.11
广东	1.01	1.80	2.93	1.98	0.51	2.66
江苏	0.96	1.91	2.29	1.63	0.13	2.53
重庆	0.80	1.14	0.74	2.67	0.19	2.15
山西	0.63	1.19	0.91	2.24	0.21	2.01

续表

地区	分维度指数					城乡发展一体化指数
	空间一体化	经济一体化	社会一体化	文化一体化	生态环境一体化	
山东	0.96	1.30	2.15	1.37	0.26	1.95
安徽	0.65	1.08	1.11	1.71	0.18	1.75
辽宁	0.79	1.39	0.78	1.04	0.36	1.72
江西	0.60	1.15	0.82	1.49	0.37	1.67
海南	0.52	0.89	0.83	1.95	1.04	1.64
陕西	0.54	0.91	1.22	1.73	0.38	1.60
河北	0.80	1.08	1.24	1.19	0.17	1.59
湖北	0.79	0.96	0.99	1.22	0.38	1.48
内蒙古	-0.35	1.05	0.94	1.54	-0.01	1.43
河南	0.85	0.90	1.11	1.02	0.36	1.38
湖南	0.63	0.97	0.91	1.02	0.46	1.37
吉林	0.53	1.03	0.52	0.90	0.38	1.30
四川	0.32	0.91	0.88	1.11	0.19	1.29
宁夏	0.12	1.00	0.92	0.94	-0.07	1.25
新疆	-0.04	0.85	0.60	1.40	-0.07	1.25
黑龙江	0.52	1.04	0.56	0.56	0.82	1.19
广西	0.30	0.76	2.04	0.76	0.70	1.15
甘肃	-0.05	0.62	0.95	1.47	0.10	1.13
青海	-1.85	1.04	1.43	1.40	0.06	1.11
贵州	0.30	0.61	1.92	0.87	0.24	1.06
云南	0.16	0.69	1.16	0.62	0.26	0.92

进一步分析不同省份的空间分布情况,如图 6 - 18 所示,前 10 位中,东部省份占了 8 席,除了前 5 强,还有广东(6)、江苏(7)和山东(10),另外两个省份分别是中部的山西(9)和西部的重庆(8)。中间 10 位中,来自东部的省份有海南(14)和河北(16);来自中部的省份有 5 个,分别是安徽(11)、江西(13)、湖北(17)、河南(19)和湖南(20);来自西部的有 2 个,分别是陕西(15)和内蒙古(18);来自东北部的省份有辽宁(12)。后 10 位中,没有来自东部和中部的省份,来自东北的省份有吉林(21)和黑龙江(25),其余 8 个省份全部来自西部,除了前面提到的 5 位,还有四川(22)、宁夏(23)和新疆(24)。

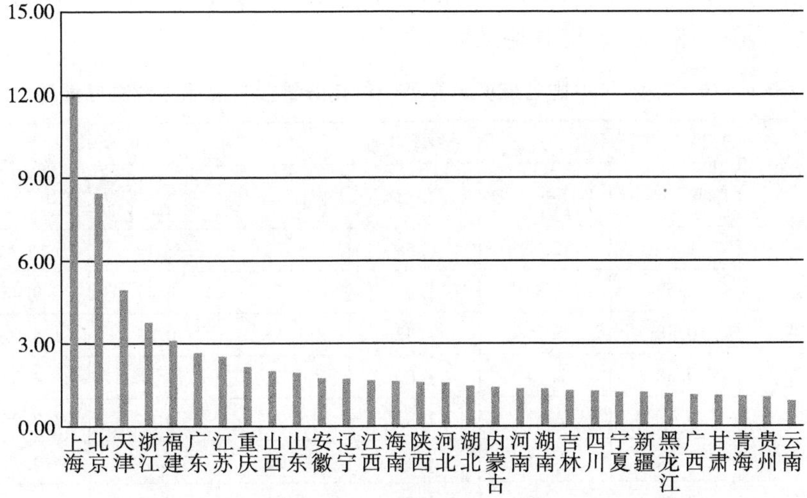

图 6－17　2014 年中国省域城乡发展一体化指数排名

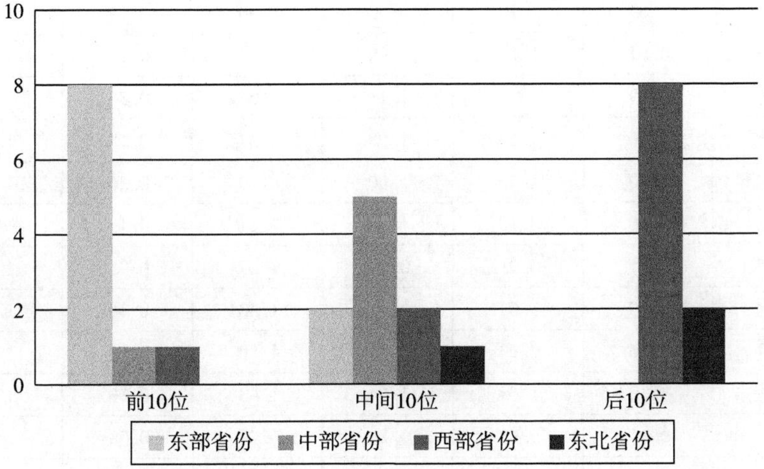

图 6－18　2014 年四大区域省份城乡发展一体化指数前 10 位、中间 10 位、后 10 位的分布

2015 年中国城乡发展一体化的分维度指数与最终指数如表 6－10 所示，城乡发展一体化排名如图 6－19 所示。2015 年，我国城乡发展一体化指数排在前 5 位的省份分别是上海、北京、天津、浙江和福建，而排在后 5 位的省份则是黑龙江、广西、甘肃、贵州和云南。在分维度指数排名中，青海的空间一体化指数得分最低，贵州和甘肃的经济一体化指数得分并列最低，吉林的社会一体化指数得分均最低,黑龙江的文化一体化指数得分均最低,宁夏的生态环境一体化指数得分均最低。

表6-10 2015年中国省域城乡发展一体化分维度与总体指数测度结果

地区	分维度指数					城乡发展一体化指数
	空间一体化	经济一体化	社会一体化	文化一体化	生态环境一体化	
上海	1.61	12.69	0.58	5.68	1.14	12.41
北京	1.57	9.89	1.27	3.55	0.47	9.48
天津	0.78	5.36	1.42	1.46	0.27	5.02
浙江	0.88	2.74	4.09	4.30	0.38	4.37
福建	0.70	1.63	2.82	3.27	0.44	2.95
广东	0.94	1.81	3.11	2.24	0.49	2.77
江苏	0.99	1.98	2.51	1.80	0.10	2.68
重庆	0.82	1.22	0.76	3.00	0.20	2.35
山东	1.02	1.35	2.53	1.53	0.27	2.10
山西	0.65	1.19	0.90	1.90	0.19	1.88
江西	0.61	1.16	0.90	1.50	0.37	1.70
河南	0.89	0.95	1.11	1.57	0.36	1.64
安徽	0.66	1.10	1.08	1.37	0.18	1.62
辽宁	0.80	1.36	1.00	0.79	0.36	1.62
河北	0.76	1.10	1.30	1.21	0.19	1.61
海南	0.51	0.95	0.95	1.67	0.95	1.58
湖北	0.79	1.01	1.05	1.33	0.39	1.56
陕西	0.56	0.93	1.31	1.50	0.20	1.55
内蒙古	-0.33	1.09	1.04	1.43	0.00	1.43
湖南	0.65	0.98	0.86	1.09	0.38	1.40
宁夏	0.09	1.00	1.24	1.20	-0.11	1.38
吉林	0.52	1.04	0.48	1.04	0.37	1.36
新疆	0.06	0.83	0.50	1.60	0.25	1.32
四川	0.39	0.92	0.88	1.05	0.22	1.29
青海	-1.80	1.06	1.37	1.68	0.08	1.24
黑龙江	0.47	1.04	0.49	0.63	0.58	1.20
广西	0.35	0.78	2.05	0.77	0.27	1.18

续表

地区	分维度指数					城乡发展一体化指数
	空间一体化	经济一体化	社会一体化	文化一体化	生态环境一体化	
甘肃	0.11	0.62	1.21	1.40	0.09	1.17
贵州	0.32	0.62	1.96	0.86	0.34	1.07
云南	0.14	0.69	1.21	0.77	0.23	0.98

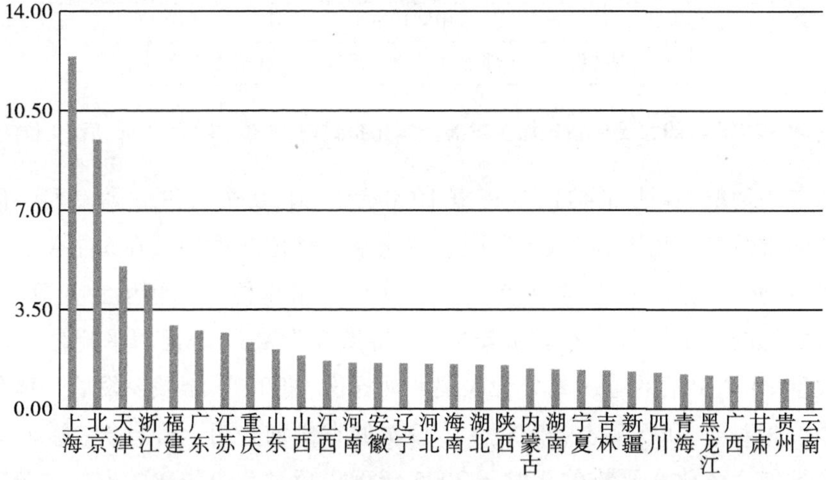

图 6-19　2015 年中国省域城乡发展一体化指数排名

进一步分析不同省份的空间分布情况，如图 6-20 所示，前 10 位中，东部省份占了 8 席，除了前 5 强，还有广东(6)、江苏(7)和山东(9)，另外两个省份分别是西部的重庆(8)和中部的山西(10)。中间 10 位中，来自东部的省份有河北(15)和海南(16)；来自中部的省份有 5 个，分别是江西(11)、河南(12)、安徽(13)、湖北(17)和湖南(20)；来自西部有 2 个，分别是陕西(18)和内蒙古(19)；来自东北部的省份有辽宁(14)。后 10 位中，没有来自东部和中部的省份，来自东北部的省份有 2 个，分别是吉林(22)和黑龙江(26)；来自西部的省份有 8 个，除了前面提到的后 5 位中的 4 个，还有宁夏(21)、新疆(23)、四川(24)和青海(25)。

6.2　2006—2015 年中国省域城乡发展一体化水平的变化分析

在本节中，我们进一步考察 2006—2015 年中国省域城乡发展一体化水

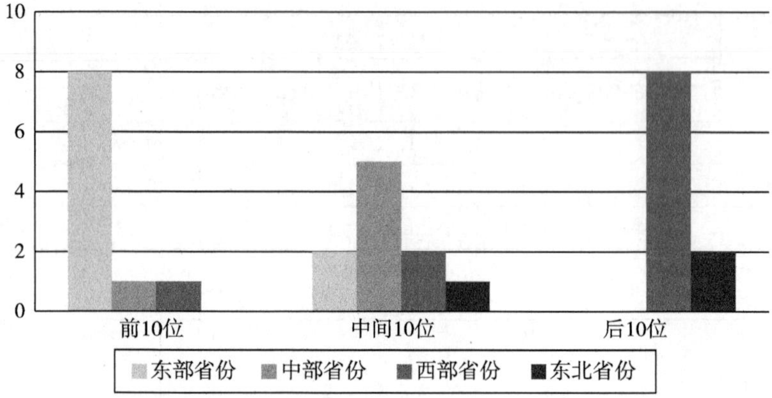

图6-20　2015年四大区域省份城乡发展一体化指数前10位、中间10位、后10位的分布

平的变动情况(见表6-11)。根据10年间中国30个省份城乡发展一体化指数的排位变化情况,将城乡发展一体化水平排位波动幅度在5个位次之内的省份划分为稳定省份,将城乡发展一体化水平排位波动幅度在6到10个位次之间的省份划分为小幅波动省份,将城乡发展一体化水平排位波动幅度大于10个位次的省份划分为大幅波动省份,将2015年城乡发展一体化水平排位相对于2006年上升超过5个位次的省份划分为上升省份,将2015年城乡发展一体化水平排位相对于2006年下降超过5个位次的省份划分为下降省份。

根据标准,我们可以将30个省份大致分为以下五类:城乡发展一体化水平排位稳定省份、城乡发展一体化水平排位小幅波动省份、城乡发展一体化水平排位大幅波动省份、城乡发展一体化水平排位上升省份和城乡发展一体化水平排位下降省份。其中,我们对城乡发展一体化水平排位上升和下降省份进行具体分析,而对城乡发展一体化水平排位基本稳定、小幅波动和大幅波动的省份只作描述性分析。

表6-11　2006—2015年中国省域城乡发展一体化指数排名变化

省份	2006	2007	2008	2009	2010	2011	2012	2013	2014	2015
上海	1	1	1	1	1	1	1	1	1	1
北京	2	2	2	2	2	2	2	2	2	2
天津	3	4	4	4	4	3	3	3	3	3
浙江	4	3	3	3	3	5	4	4	4	4

续表

省份	2006	2007	2008	2009	2010	2011	2012	2013	2014	2015
福建	10	8	5	7	6	4	5	5	5	5
广东	5	5	6	5	9	6	6	6	6	6
江苏	6	6	7	6	5	7	7	7	7	7
重庆	13	15	15	17	8	12	9	9	8	8
山东	8	9	9	8	7	10	10	10	10	9
山西	7	7	8	9	10	8	8	8	9	10
江西	16	14	14	12	16	15	16	15	13	11
河南	14	13	12	15	11	16	14	19	18	12
安徽	20	20	21	16	17	20	11	11	11	13
辽宁	11	11	11	13	14	14	12	14	12	14
河北	9	12	13	11	12	13	13	13	16	15
海南	12	10	10	10	13	9	15	12	14	16
湖北	17	18	19	18	18	18	18	17	17	17
陕西	23	17	20	14	15	11	17	16	15	18
内蒙古	21	23	25	26	26	21	21	18	18	19
湖南	15	16	16	19	19	17	19	21	20	20
宁夏	26	22	18	23	22	25	26	23	23	21
吉林	19	21	17	20	21	19	20	20	21	22
新疆	24	27	27	25	28	26	24	24	24	23
四川	25	24	24	21	23	23	22	22	22	24
青海	28	30	28	27	24	29	28	29	28	25
黑龙江	18	19	22	22	20	22	23	25	25	26
广西	22	25	23	24	27	24	25	26	26	27
甘肃	27	26	26	29	29	27	27	27	27	28
贵州	29	29	30	28	25	27	29	28	29	29
云南	30	28	29	30	30	30	30	30	30	30

注:本表第一列省份排序是根据最近一个考察期,即2015年的排名顺序列出。

6.2.1 城乡发展一体化排位稳定省份

城乡发展一体化排位稳定省份可以大致分为三类:第一类是2006—2015年10年间其排位主要在前10位,我们将其称为中高水平稳定省份;第二类是2006—2015年10年间其排位主要在中间10位,我们将其称为中等水平稳定省份;第三类是2006—2015年10年间其排位主要在后10位,我们将其称为中低水平稳定省份。

城乡发展一体化排位中高水平稳定省份包括上海、北京、天津、浙江、广东、江苏、山东和山西。2015年这8个省份的城乡发展一体化指数排名分别位列全国第1、第2、第3、第4、第6、第7、第9、第10位,2006—2015年这10年间,城乡发展一体化水平排位波动幅度在5个位次之内,具体来看,其中前两名的省份10年间没有发生任何变化,分别是上海和北京,说明这2个直辖市的城乡发展一体化工作起步早、水平高,从2006年以来一直处于领先位置。天津的城乡发展一体化水平一直在第3位和第4位之间波动,一直处于高水平的稳定状态。浙江的城乡发展一体化水平在第3位和第5位之间波动,说明浙江的城乡发展一体化工作一直保持着较高的水准。广东、江苏和山东的城乡发展一体化水平波动也很小,虽然不如上海和北京,但是也保持了中高水平的稳定。值得注意的是山西,这是中高水平稳定省份中唯一一个来自中部的省份,这说明山西的城乡发展一体化水平已经超越了其他中西部省份,跻身中高水平行列(见图6-21)。

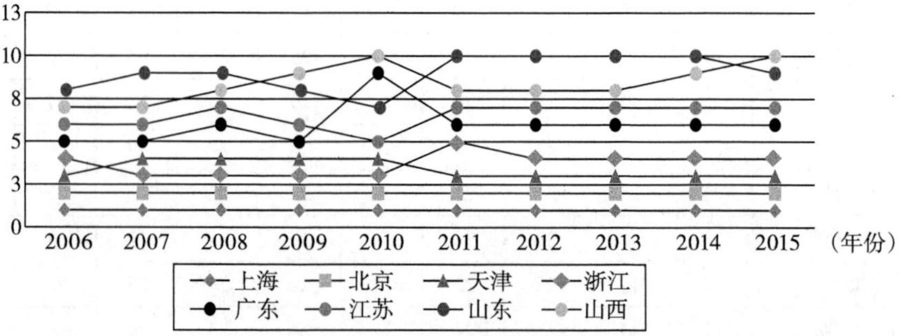

图6-21 2006—2015年城乡发展一体化排位中高水平稳定省份

城乡发展一体化排位中等水平稳定省份包括江西、辽宁和湖北3个省份。2015年,这3个省份的城乡发展一体化排名分别列全国第11、第14、第17位。2006—2015年10年间,波动幅度均在5个位次之内。具体来说,2006—2015年,江西城乡发展一体化排名稳定在第11位到第16位之间,辽宁城乡发展一体化水平排名稳定在第11位到第14位之间,湖北城乡发展一体化水平排名稳定在第17位到第19位之间(见图6-22)。

城乡发展一体化排位中低水平稳定省份包括吉林、新疆、四川、广西、甘

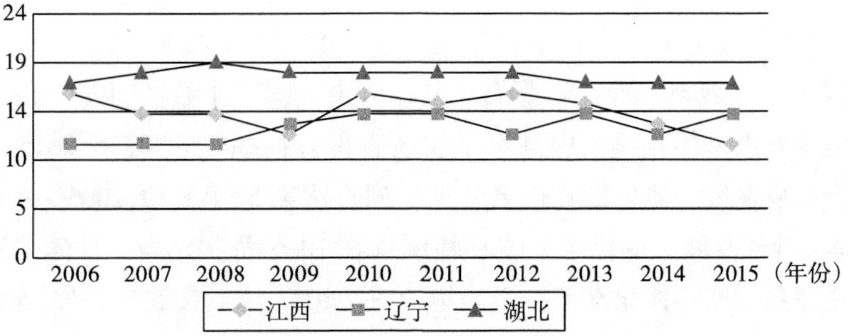

图 6－22　2006—2015 年城乡发展一体化排位中等水平稳定省份

肃、贵州和云南 7 个省份。2015 年，这 7 个省份的城乡发展一体化排名分别列全国第 22、第 23、第 24、第 27、第 28、第 29、第 30 位。2006—2015 年 10 年间，波动幅度均在 5 个位次之内。具体来说，2006—2015 年，吉林城乡发展一体化排名稳定在第 17 位至第 22 位之间，新疆城乡发展一体化排名稳定在第 23 位至第 28 位之间，四川城乡发展一体化排名稳定在第 21 位至第 25 位之间，广西城乡发展一体化排名稳定在第 22 位至第 27 位之间，甘肃城乡发展一体化排名稳定在第 26 位至第 29 位之间，贵州城乡发展一体化排名稳定在第 25 位至第 30 位之间，云南城乡发展一体化排名稳定在第 28 位至第 30 位之间（见图 6－23）。

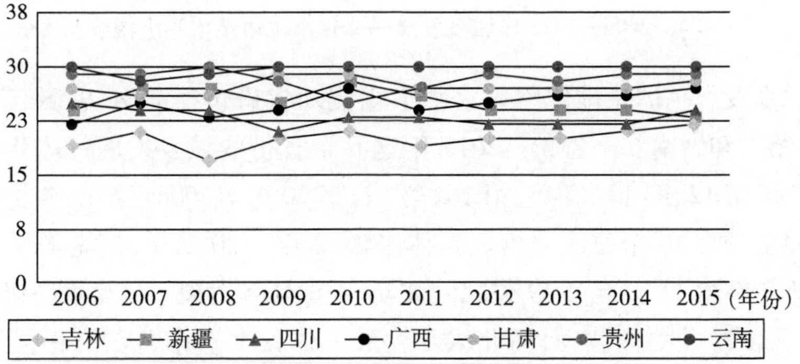

图 6－23　2006—2015 年城乡发展一体化排位中低水平稳定省份

6.2.2　城乡发展一体化排位小幅波动省份

城乡发展一体化排位小幅波动省份可以大致分为三类：第一类是 2006—2015 年 10 年间其排位主要在前 10 位波动，我们将其称为中高水平小幅波动省份;第二类是2006—2015年10年间其排位主要在中间10位波动,我们将其称为中等水平小幅波动省份;第三类是2006—2015年10年间其排位主要在后10位波动,我们将其称为中低水平小幅波动省份。

城乡发展一体化排位中高水平波动省份包括福建和重庆。2015年,这5个省份城乡发展一体化指数排名分别位列全国第5、第8位,2006—2015年这10年间,城乡发展一体化水平波动幅度均在10个位次之内。具体来看,2006年福建城乡发展一体化水平排名为第10位,2007年上升到第8位,2008年上升到第5位,之后略有下降,到2011年上升到第4位,之后保持相对稳定,2015年稳定在第5位。重庆城乡发展一体化水平排名2006年处于第13位,之后一直在第15位和第8位之间波动,最终于2015年稳定在第8位(见图6-24)。

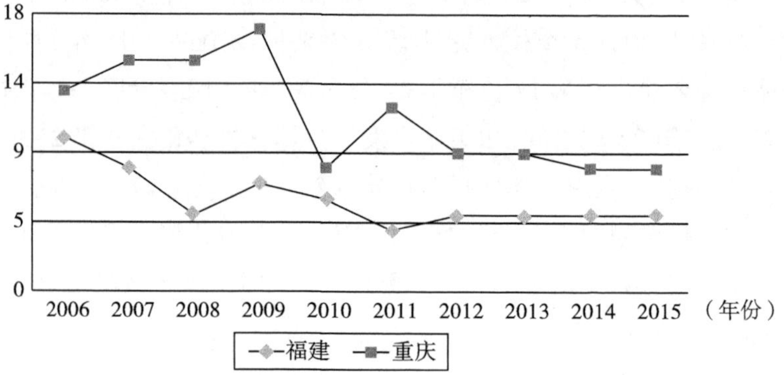

图6-24 2006—2015年城乡发展一体化排位中高水平小幅波动省份

城乡发展一体化排位中等水平小幅波动省份包括河南、安徽、河北、海南、内蒙古和湖南6个省份。2015年这6个省份的城乡发展一体化排名分别列全国第12、第13、第15、第16、第19、第20位。2006—2015年10年间,波动幅度均在10个位次之内。具体来说,2006—2015年,河南城乡发展一体化排名在第11位至第19位之间波动,安徽城乡发展一体化水平排名在第11位至第21位之间波动,河北城乡发展一体化水平排名在第9位至第16位之间波动,海南城乡发展一体化水平排名在第9位至第16位之间波动,内蒙古城乡发展一体化水平排名在第18位至第26位之间波动,湖南城乡发展一体化水平排名在第15位至第21位之间波动(见图6-25)。

城乡发展一体化排位中低水平小幅波动省份包括宁夏、青海和黑龙江3个省份。2015年,这3个省份的城乡发展一体化排名分别列全国第21、第

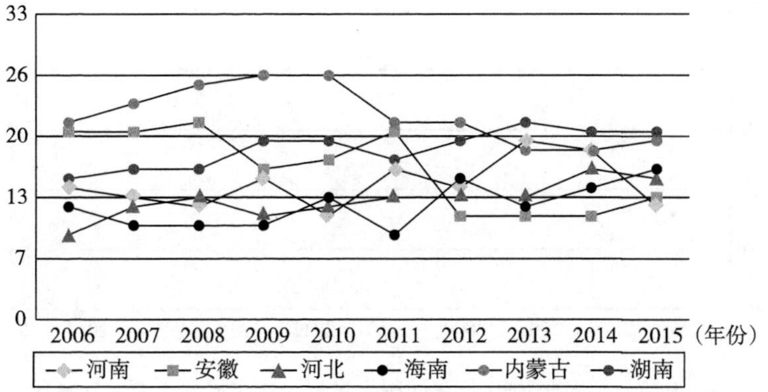

图 6－25　2006—2015 年城乡发展一体化排位中等水平小幅波动省份

25、第 26 位。2006—2015 年 10 年间，波动幅度均在第 10 个位次之内。具体来说，2006—2015 年，宁夏城乡发展一体化排名在第 18 位至第 26 位之间波动，青海城乡发展一体化排名在第 24 位至第 30 位之间波动，黑龙江城乡发展一体化排名在第 18 位至第 26 位之间波动（见图 6－26）。

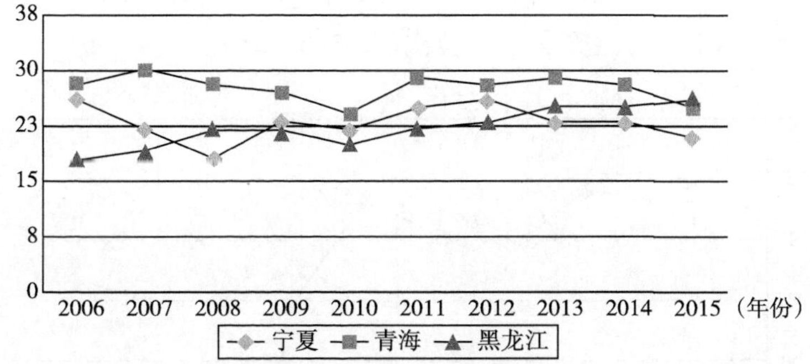

图 6－26　2006—2015 年城乡发展一体化排位中低水平小幅波动省份

6.2.3　城乡发展一体化水平大幅波动省份

我们将城乡发展一体化水平排位变动在 10 个位次之上的省份称为大幅波动省份，城乡发展一体化排位大幅波动省份只有陕西 1 个省份。2006—2015 年 10 年间，陕西城乡发展一体化水平波动幅度达到 12 位，是所有省份中排名波动最大的省份。2006 年陕西城乡发展一体化排名为第 23 位，之后基本处于上升状态，到 2011 年上升到最好名次第 11 位，随后又处于下降状态，到 2015 年最终达到第 18 位（见图 6－27）。

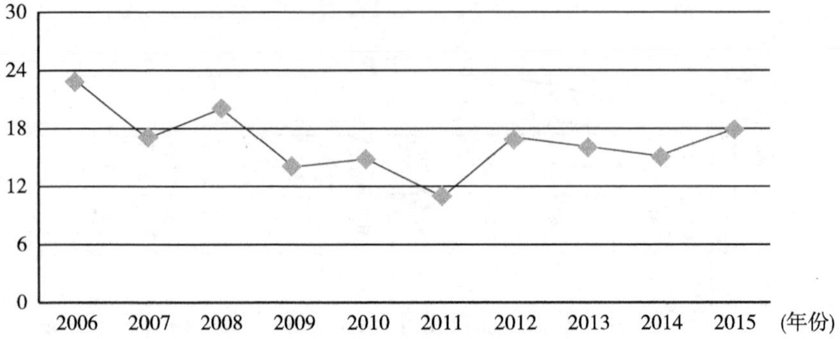

图 6－27　2006—2015 年陕西城乡发展一体化排位大幅波动省份

6.2.4　城乡发展一体化水平上升省份

如前文所述,我们将 2015 年城乡发展一体化水平排名相对于 2006 年城乡发展一体化水平排名上升超过 5 个位次的省份划分为上升省份,则在全国 30 个省域中,城乡发展一体化排位明显上升的省份只有安徽。2006—2015 年,安徽的排名大体呈上升状态。具体来说,安徽的城乡发展一体化水平排名从 2006 年的第 20 位开始上升,中间虽然也有一些波动,但是最终在 2015 年达到全国第 13 位,上升了 7 个位次(见图 6－28)。

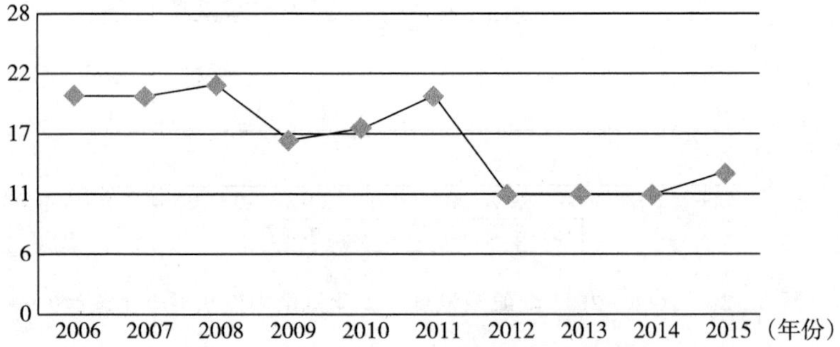

图 6－28　2006—2015 年安徽城乡发展一体化排位上升省份

通过进一步观察可以发现,2011 年、2012 年是安徽城乡发展一体化排位上升最明显的关键年份,其排位从第 20 位上升到第 11 位。我们对这两年的情况进行考察。

首先,需明确安徽位次上升是由哪些分项一体化排名的上升引起的。对于城乡空间一体化,2011 年安徽排名是第 27 位,2012 年排名是第 14 位;

对于城乡经济一体化，2011 年安徽排名是第 19 位，2012 年排名是第 15 位；对于城乡社会一体化，2011 年安徽排名是第 14 位，2012 年是第 14 位；对于城乡文化一体化，2011 年安徽排名是第 13 位，2012 年是第 9 位；对于城乡生态一体化，2011 年安徽排名是第 13 位，2012 年是第 13 位。由此可以看出，2011—2012 年安徽的城乡社会一体化水平和城乡生态环境一体化水平没有发生变动，城乡空间一体化水平、城乡经济一体化水平和城乡文化一体化水平都有所提升，其中城乡空间一体化水平的提升最为明显，提升了 13 个位次，所以 2006—2015 年安徽城乡发展一体化水平排名的上升，贡献主要来自城乡空间一体化水平排名的提升。

进一步地，我们对安徽城乡空间一体化水平排名的提升进行具体分析。表 6－12 是 2011 年、2012 年安徽城乡空间一体化基础指标的原始数据，通过对比可以发现，“城市化水平”从 2011 年的 0.45 上升到 2012 年的 0.47；“交通网密度”从 2011 年的 1.17 公里/平方千米上升到 2012 年的 1.30 公里/平方千米；“旅客周转量”从 2011 年的 1627.16 亿人次/公里上升到 2012 年的 1824.57 亿人次/公里；“城乡每百户计算机拥有量比”从 2011 年的 7.13 下降到 2012 年的 5.74；“人均长途光缆线路长度”从 2011 年的 4.32 公里/万人上升到 2012 年的 4.39 公里/万人。可以看出，安徽在推动城乡发展一体化方面做出了巨大的努力，通过加强在道路交通基础设施和通信基础设施方面的建设以及在推进城市化进程方面的努力，提升了安徽的城乡空间一体化水平，进而带动城乡发展一体化水平排名不断提升。

表 6－12　2011 年、2012 年安徽城乡空间一体化基础指标的变化

年份	X1 城市化水平	X2 交通网密度（公里/平方千米）	X3 城乡人均道路面积比	X4 旅客周转量（亿人次/公里）	X5 城乡每百户家用汽车拥有量比	X6 城乡每百户移动电话拥有量比	X7 城乡每百户计算机拥有量比	X8 人均长途光缆线路长度（公里/万人）
2011	0.45	1.17	1.30	1627.16	0.53	1.16	7.13	4.32
2012	0.47	1.30	1.34	1824.57	4.97	1.16	5.74	4.39

6.2.5　城乡发展一体化水平下降省份

如前文所述，我们将 2015 年城乡发展一体化水平排名相对于 2006 年城乡发展一体化水平排名下降超过 5 个位次的省份划分为下降省份，则在全国 30 个省域中，城乡发展一体化排位明显下降的省份有 2 个，分别是河北和黑龙江。2015 年这 2 个省份的排名分别是第 15、第 26 位。2006—2015 年,这 2 个省份的排名都有明显下降。具体来说,河北城乡发展一体化排名 2006—2013 年一直在第 9 位和第 13 位之间波动,到 2014 年下降到第 16 位,最终于 2015 年达到第 15 位,10 年间共下降了 6 个位次。黑龙江城乡发展一体化排名在 2006 年为第 18 位,之后一直处于缓慢下降状态,最终到 2015 年下降到第 26 位,10 年间共下降了 8 个位次(见图 6 - 29)。

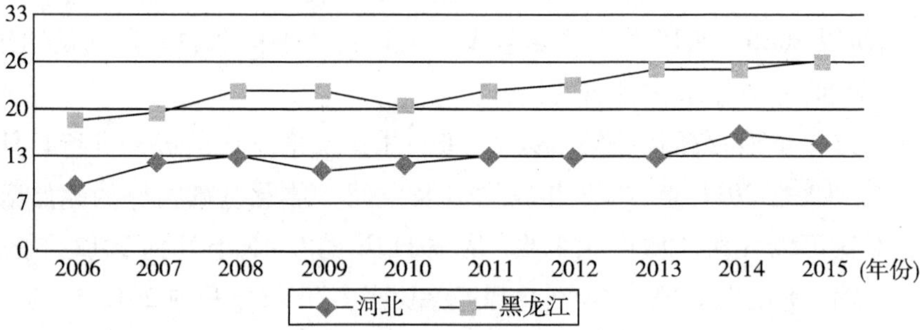

图 6 - 29　2006—2015 年城乡发展一体化排位下降省份

(1)河北

通过进一步观察可以发现,2013 年、2014 年是河北城乡发展一体化排位下降的关键年份,从第 13 位下降到第 16 位。我们对这两年的情况进行考察。

首先,需明确河北位次下降是由哪些分项一体化排名的下降引起的。对于城乡空间一体化,2013 年河北排名是第 8 位,2014 年排名是第 9 位;对于城乡经济一体化,2013 年河北排名是第 13 位,2014 年排名是第 14 位;对于城乡社会一体化,2013 年河北排名是第 12 位,2014 年是第 11 位;对于城乡文化一体化,2013 年河北排名是第 17 位,2014 年排名是第 20 位;对于城乡生态环境一体化,2013 年河北排名是第 23 位,2014 年是第 23 位。由此可以看出,2013—2014 年城乡社会一体化水平有所提升,城乡生态环境一体化水平没有变化,城乡空间一体化水平、城乡经济一体化水平以及城乡文化一体化水平均有所下降,其中城乡文化一体化水平下降最为明显,下降了 3 个位次,所以 2006—2015 年河北城乡发展一体化水平排名的下降,主要源于城乡文化一体化水平排名的下降。

进一步地,我们对河北城乡文化一体化水平排名的下降进行具体分析。

表6－13是2013—2014年河北城乡文化一体化基础指标的原始数据，通过对比可以发现，“城乡人均艺术演出场次比”从2013年的0.51上升到2014年的0.57；“城乡文化机构人均支出比”从2013年的1.62上升到2014年的1.63。这些指标的变化是导致河北城乡文化一体化水平排名下降的主要因素。即使“城乡艺术演出观众比重比”从2013年的0.41下降到2014年的0.39；“城乡文化机构组织文艺活动人均次数比”从2013年的0.72下降到2014的0.69，“人均文化事业费”从2013年的17.42元/人上升到2014年的19.47元/人，也未能改变河北城乡文化一体化水平排名下降的趋势。

表6－13　2013—2014年河北城乡文化一体化基础指标的变化

年份	X28 城乡人均艺术演出场次比	X29 城乡艺术演出观众比重比	X30 城乡文化机构组织文艺活动人均次数比	X31 城乡文化机构人均支出比	X32 人均文化事业费（元/人）
2013	0.51	0.41	0.72	1.62	17.42
2014	0.57	0.39	0.69	1.63	19.47

（2）黑龙江

通过进一步观察可以发现，黑龙江2006—2015年的城乡发展一体化水平排名一直处于缓慢下降的状态，其中2007年、2008年是黑龙江城乡发展一体化排位下降的关键年份，从第19位下降到第22位。我们对这两年的情况进行考察。

首先，需明确黑龙江位次下降是由哪些分项一体化排名的下降引起的。对于城乡空间一体化，2007年黑龙江排名是第12位，2008年排名是第11位；对于城乡经济一体化，2007年黑龙江排名是第12位，2008年排名是第22位；对于城乡社会一体化，2007年黑龙江排名是第29位，2008年是第25位；对于城乡文化一体化，2007年黑龙江排名是第29位，2008年是第16位；对于城乡生态环境一体化，2007年黑龙江排名是第6位，2008年是第8位。由此可以看出，2007—2008年黑龙江的城乡空间一体化水平和城乡社会一体化水平以及城乡文化一体化水平都有所提高，其中城乡文化一体化化水平提高最为明显，提升了13个位次。城乡经济一体化水平和城乡生态环境一体化水平都有所下降，其中城乡经济一体化水平下降最为明显，下降了10个位次，所以2006—2015年黑龙江城乡发展一体化水平排名的下降，主要源于城乡经济一体化水平排名的下降。

进一步地,我们对黑龙江城乡经济一体化水平排名的下降进行具体分析。表6-14是2007—2008年黑龙江城乡经济一体化基础指标的原始数据,通过对比可以发现,正向指标中“人均GDP”从2007年的18580元/人上升到2008年的21740元/人;“人均财政支农比”从2007年的0.19上升到2008年的0.22;“二元对比系数”从2007年的0.19上升到2008年的0.20;“非农从业人员与农业从业人员比”从2007年的1.29上升到2008年的1.30;“农村从业人员非农比”从2007年的0.999915上升到2008年的0.999916;“城乡恩格尔系数比”从2007年的1.01上升到2008年的1.10;“农业机械化水平”从2007年的2.35千瓦/公顷上升到2008年的2.55千瓦/公顷;“非农产业与农业产值比”从2007年的6.76下降到2008年的6.64。由此可以看出,黑龙江的城乡经济一体化正向基础指标虽然大部分都处于上升状态,但是上升的幅度十分微小,还有个别正向基础指标处于停滞和下降状态,在其他省份城乡经济一体化加速推进的背景下,黑龙江的城乡经济一体化水平就显得相对落后。同理,逆向指标中“城乡人均固定资产投资比”“城乡技术人员比重比”“二元反差系数”“城乡居民人均收入比”和“城乡家庭人均消费比”都处于下降状态,但是这并没有改变黑龙江城乡经济一体化水平排名的下降趋势。

表6-14　2007—2008年黑龙江城乡经济一体化基础指标的变化

年份	X9 人均GDP(元/人)	X10 城乡人均固定资产投资比	X11 人均财政支农比	X12 城乡技术人员比重比	X13 农业机械化水平(千瓦/公顷)	X14 非农产业与农业产值比	X15 二元对比系数
2007	18580	9.17	0.19	20.59	2.35	6.76	0.19
2008	21740	8.97	0.22	17.96	2.55	6.64	0.20

年份	X16 二元反差系数	X17 非农从业人员与农业从业人员比	X18 农村从业人员非农比	X19 城乡居民人均收入比	X20 城乡家庭人均消费比	X21 城乡恩格尔系数比
2007	0.31	1.29	0.999915	2.48	2.41	1.01
2008	0.30	1.30	0.999916	2.38	2.24	1.10

2017

中国城乡发展报告

精准扶贫篇

7 易地移民搬迁的精准扶贫综合效益评价指标体系

评估完中国省域城乡发展一体化水平之后,我们转入本报告的第三部分,也是城乡发展的专题问题——精准扶贫的研究。本章中,我们将结合白永秀教授所主持的国家社科基金重大项目“西部地区易地移民搬迁工程的精准扶贫机制、综合效益评价和政策创新研究”,构建一套用于测度易地移民搬迁的精准扶贫效益(效果)的评价体系。本章将依次提出易地移民搬迁的精准扶贫综合效益评价指标体系构建的原则、指标体系选取的方法、指标体系的主要内容,最终构建出完整的指标体系。

7.1 易地移民搬迁的精准扶贫综合效益评价指标体系构建的原则

由于易地移民搬迁的精准扶贫综合效益包括众多属性各不相同的因素,为构建一套科学且能全面兼顾各类因素的指标体系来客观、准确地评价易地移民搬迁的精准扶贫综合效益,我们在设计指标体系的过程中应遵循以下原则:

第一,针对性原则。在指标体系设计的过程中,必须注意评价的总体对象是易地移民搬迁,具体对象应针对搬迁安置村(社区)和移民搬迁户。因此,指标体系就应既包括针对整村(社区)的宏观指标,同时也应包含针对单个家庭的微观指标。

第二,合理性原则。评价指标体系必须要符合国内易地移民搬迁的现实情况,同时也要考虑到易地移民搬迁家庭的真实情况,避免评价指标过于理论化,而失去现实意义。

第三,可行性原则。所设计的指标必须基于数据的可获得性,应充分考虑到指标的可测量化,便于实地调研,从而确保实际数据的质量。同时,每个指标的含义必须明确、易于理解,便于调研人员实施具体操作。

第四,可对比原则。评价指标体系应设计便于进行移民搬迁前后对比的分项测量指标,所选指标的口径不仅应对不同地区保持一致,而且对每个地区的迁入区和迁出区也应保持一致,这样既便于不同地区的横向对比,也便于每个地区的纵向对比。

第五,全面性原则。易地移民搬迁的精准扶贫综合效益主要包括经济、政治、社会、文化、生态5个方面,而每个方面包含了多个维度,每个维度也涉及了多个层次。因此,指标体系应囊括了上述各个方面,以满足评价的全面性。

第六,科学性原则。评价指标体系必须能够明确地反映目标与指标间的支配关系,指标体系的设置应遵循科学性原则,避免指标体系过大,层次过多,内容过于繁杂。

第七,典型性原则。效益评价是一种概率统计事件,只能反映评价对象的主要特征。因此,设计的指标必须能够体现评价对象的主要内涵及特征,应具有典型的代表性。

7.2 易地移民搬迁的精准扶贫综合效益评价指标体系选取的方法

目前,国内关于扶贫项目减贫效果的评价在构建评价指标时,大多基于单一的方法,容易受指标构成和标准选取的影响而产生偏误,因而具有一定的局限性。因此,应采用多种方法进行评价指标体系的构建,遵照针对性、可行性、全面性和典型性等原则,突出数据的可获得性和计算机处理的便捷性。鉴于此,我们在评价指标选取的过程中,主要采用3种方法:理论分析法、频度分析法和专家咨询法。理论分析法,是指通过明确界定易地移民搬迁的精准扶贫综合效益的内涵与外延,按照“基础性、针对性、合理性、综合性、可行性”等标准来选取可以直接或间接反映其内涵的评价指标;频度分析法,是指通过对已有研究中涉及的有关易地移民搬迁的精准扶贫综合效益评价指标进行频度统计,从中选用使用频率较高的指标;专家咨询法,是指初步提取评价指标后,通过征求专家意见,从而对指标体系进行调整与完善。

本报告综合使用了理论分析法和频度分析法来构建易地移民搬迁的精准扶贫综合效益评价指标体系。首先,我们通过理论分析法对国内扶贫相关政策与规划，以及国内外学术界已有的相关文献进行总结与梳理，这里的政策及规划主要包括《中国农村扶贫开发纲要 2011—2020》《中共中央 国务院关于打赢脱贫攻坚战的决定》《全国“十三五”易地扶贫搬迁规划》等，从而确定了易地移民搬迁的精准扶贫综合效益评价的 5 大维度：经济效益、政治效益、社会效益、文化效益、生态效益。其次，我们综合使用理论分析法与频度分析法对国内外学术界已有的相关文献进行梳理与分析，提取出能够反映每个分维度的二级指标。再次，我们继续使用频度分析法对国内外学术界已有的相关文献进行深入分析，同时参考国内微观调查研究与监测报告，如“中国家庭收入调查(CHIP)”“中国家庭追踪调查(CFPS)”“中国营养和健康调查(CHNS)”“中国综合社会调查(CGSS)”以及《全面建成小康社会统计监测指标体系》《中国农村贫困监测报告》等，提取出衡量每个二级维度的分项指标，同时确定每个分项指标的具体测量方法。其中，值得注意的是，精准扶贫是我国现阶段反贫困措施的重要手段，其核心目的在于到 2020 年全面建成小康社会，因此，小康社会的评价标准对精准扶贫综合效益的考核具有重要的参考意义。最后，考虑到指标体系的权威性，我们认为，评价指标体系应将反映贫困和过程贫困、目标群体收入增加和目标群体素质提高、当地基础设施和人文环境的改善以及小康生活水平和可持续发展等指标与国际标准相衔接。因此，我们广泛参考了国际权威发展研究报告或相关指数，主要包括“联合国的千年发展目标(MDGs)”“DFID 可持续分析框架”、《2009 人类发展报告》、“人类发展指数(HDI)”“人类贫困指数(HPI)”“多维贫困指数(MPI)”等，对初步形成的指标体系进行不断的调整与完善。值得注意的是，这些权威报告与相关指数的评价体系大多都是宏观指标，并且涉及面较为广泛，因而我们不能将其直接作为考查国内反贫困效果的标准，更不能直接用于评价移民搬迁政策的综合效益。

7.3　易地移民搬迁的精准扶贫综合效益评价指标体系的主要内容

易地移民搬迁是我国精准扶贫的有效措施之一，它是要从根本上解决居住在“一方水土养不起一方人”地区贫困人口的脱贫发展问题。目前，我国易地移民搬迁正在全面推进，虽然部分地区已取到了良好的成效，但与以往相比，“十三五”期间新一轮易地移民搬迁面临着前所未有的挑战，尤其是仍存在搬迁任务繁重艰巨、安置资源约束日益凸显、搬迁对象可持续生计能力不足以及后续工程难度加大等一系列现实问题。鉴于此,需要结合国内易地移民搬迁的实际情况,建立一套科学、合理的指标体系,来对易地移民搬迁的精准扶贫综合效益进行全面、客观的评价。

精准扶贫作为我国现阶段扶贫的基本方略,从理论上看,精准扶贫是通过提高扶贫资源的使用率、提升扶贫政策和资金使用的瞄准精度,让贫困人口真正得到实惠;从实践上看,现阶段我国实施的精准扶贫,在运行模式和实施路径上还需要进一步调动城乡资源,加以完善①。由此可见,精准扶贫的综合效益体现在多个方面,应从多角度、多层面进行全面考察。同时,早在1995年,学者Mathur就指出,移民搬迁所产生的社区破坏、家庭分离、生计的毁灭是无法用货币来衡量的②。华金·阿朗戈(2001)③认为,移民搬迁是极复杂的事情,这体现在它的社会、经济与文化背景上,具体表现在它的形式、类别、过程、主体以及动机上。邢成举(2016)④指出,搬迁移民扶贫的本质是要实现对贫困人口生计空间的再造和空间资本的重塑,而这种再造与重塑理应包含自然生态、经济、社会、政治等多个层面。白南生、卢迈(2000)⑤认为应从4个方面来评价移民开发政策的综合效果,即经济方面、社会方面、政治方面以及缓解贫困方面。由此可见,我国易地移民搬迁任务繁杂艰巨,涉及多个方面的内容,其精准扶贫的综合效益应包括经济、政治、社会等多个方面。此外,朱方明等(2013)⑥指出,我国山区的贫困问题不仅仅是一个收入水平低的问题,还是山区农民和社区居民的物质生活和精神文化生活状况的整体反映,是山区居民的生产方式和生活方式相对封闭落后的综合反映。鉴于这种综合反映,加之易地移民搬迁对象大多都是来自

---

① 毕娅,陶君成. 基于城乡资源互补的社会众筹扶贫模式及其实现路径研究[J]. 管理世界,2016(8):174-175.

② Mathur, H. M. *The Resettlement of People Displaced by Development Projects Issues and Approaches* [M]. Development, Displacement and Resettlement: Focus on Asian Experiences, H. M. Mathur Delhi, Vikas Publishing House, 1995: 15-38.

③ [西]华金·阿朗戈. 移民研究的评析[J]. 黄为葳,译. 国际社会科学杂志(中文版),2001(3).

④ 邢成举. 搬迁扶贫与移民生计重塑:陕省证据[J]. 改革,2016(11):65-73.

⑤ 白南生,卢迈. 中国农村扶贫开发移民:方法和经验[J]. 管理世界,2000(3):161-169.

⑥ 朱方明,屈恩义,王弘. 我国山区贫困与反贫困状况的调查与思考——以四川通南巴地区为例[J]. 经济学家,2013(12):84-92.

集中连片特困山区，易地移民搬迁的精准扶贫综合效益还应包括人文发展和生态环境两个方面。

基于上述分析，遵照国内扶贫相关政策与规划，结合国内外已有的相关研究，我们提出，易地移民搬迁的精准扶贫综合效益主要包括经济效益、政治效益、社会效益、文化效益、生态效益五大维度，应基于这五大维度来构建易地移民搬迁的精准扶贫综合效益评价指标体系。

（1）经济效益

经济效益是指易地移民搬迁实施以后，实现移民搬迁户收入的提高、相关地区经济的增长，从而体现易地移民搬迁的精准扶贫在经济方面的效果。经济效益是国内外学术界关于反贫困研究的重点关注对象，也是我们在易地移民搬迁的精准扶贫综合效益评价过程中首要关注的维度。

现阶段，精准扶贫是我国反贫困政策的主要措施，所谓反贫困，主要是指通过各种手段来增加低收入群体的收入，是收入分配领域的核心问题①。因此，精准扶贫政策的效果首先就直接体现在帮扶对象的收入变化方面。同时，参照国内扶贫相关政策与规划，结合易地移民搬迁的特殊性，为实现“稳得住”“能致富”就必须保障移民户搬迁后产业的接续性，而后续产业的保障能直接反映在移民搬迁户收入结构的变化上。因此，收入结构的改变也是经济效益的重要体现之一。由此可见，我们在考查易地移民搬迁的精准扶贫经济效益时，应首先关注移民搬迁家庭的收入及收入结构的变化。

此外，值得注意的是，搬迁安置后很多移民户要依赖市场化手段获取粮食、蔬菜、肉类等生活必需品，这导致他们维持日常生活的消费支出有所增加，意味着其生活成本提高。石智雷等（2011）②、邢成举（2016）③认为在总收入相对稳定的情况下，部分移民户的可支配收入会不断缩减，其生计水平也可能会不断下降。贾耀锋（2016）④认为经济效益评估的视角大多集中在对移民搬迁家庭收入在移民前后的纵向考察，而对因移民搬迁产生的生产、生活成本变化关注较少。鉴于此，我们在评价易地移民搬迁的精准扶贫经

① 宋扬，赵君．中国的贫困现状与特征：基于等值规模调整后的再分析［J］．管理世界，2015（10）：65－77.

② 石智雷，杨云彦，田艳平．非自愿移民经济再发展：基于人力资本的分析［J］．中国软科学，2011（3）：115－127.

③ 邢成举．搬迁扶贫与移民生计重塑：陕省证据［J］．改革，2016（11）：65－73.

④ 贾耀锋．中国生态移民效益评估研究综述［J］．资源科学，2016，38（8）：1550－1560.

济效益时应关注移民户搬迁前后消费支出的改变,注意到其生产、生活成本的变化。

综上分析,基于国内外已有的学术研究成果,参照国内扶贫相关政策、规划与监测报告,再结合易地移民搬迁家庭的实际情况,我们认为,应从收入及收入结构和消费支出两大维度来评价易地扶贫搬迁工程的精准扶贫经济效益。

(2)政治效益

政治效益主要是指易地移民搬迁实施后,移民搬迁的贫困户对精准扶贫政策的主观感受和评价,即民心的变化,同时还包括舆论、媒体等外界的评价,即舆情的变化及国际社会的反响。

政治效益是易地移民搬迁的精准扶贫综合效益的直接体现,它可以直接由移民搬迁户的主观感受而反映出。王佳宁等(2017)[①]、刘小珉(2016)[②]认为精准扶贫绩效考核需要加入主观自评指标,这不仅意味着考核数据更加真实,而且能让贫困群体在绩效考核中拥有发言权。刘舒昕等(2015)[③]、张文翔等(2017)[④]、梅昀等(2017)[⑤]均直接以移民的主观评价来反映他们对移民政策的满意程度。加之,易地移民搬迁精准扶贫的政治效益在短期内并不能直接由外界评价反映出来,而是需要一个长期的考察过程。因此,在现阶段,移民搬迁户对政策的主观评价才是对精准扶贫的政治效益最真实、最公正、最直接的评判方式。鉴于此,我们从政策的满意度和落实度两个维度来评价易地移民搬迁的精准扶贫政治效益。

我国的贫困户在政策实施过程中的参与度非常低,扶贫资源的信息、支配权力大多掌握在基层官僚和乡镇精英的手中,而扶贫工作常成为看似单向度的政府行为,这就导致扶贫项目的适应性和扶贫效果降低,甚至在有些

---

① 王佳宁,史志乐.贫困退出机制的总体框架及其指标体系[J].改革,2017(1):119-131.

② 刘小珉.农户满意度视角的民族地区农村扶贫开发绩效评价研究——基于2014年民族地区大调查数据的分析[J].民族研究,2016(2):29-41,124.

③ 刘舒昕,李松柏.陕南避灾扶贫移民生存现状的满意度研究——以镇安县云盖寺镇移民安置点为例[J].城市发展研究,2015,22(1):102-107.

④ 张文翔,明庆忠,牛洁,史正涛,雷国良.高原城市水源地生态补偿额度核算及机制研究——以昆明松花坝水源地为例[J].地理研究,2017,36(2):373-382.

⑤ 梅昀,兰梦婷,白昊男.农户收入结构异质性视角下水库移民农业安置需求研究[J].华中农业大学学报(社会科学版),2017(3):116-123,153.

地方出现了“逆福利”现象。然而，精准扶贫就是要求对识别出的贫困人口进行赋权，根据其自身意愿和贫困原因找到符合其特点的扶贫手段，体现参与式扶贫的要求①。因此，在建立评价指标的过程中，我们还加入移民搬迁户的政治参与度来审视易地移民搬迁的精准扶贫政治效益。

基于上述分析，我们认为，现阶段从政策满意度、政策落实度和政治参与度3个维度来考查易地移民搬迁的精准扶贫政治效益较为合理，也更符合我国的现实情况。

（3）**社会效益**

社会效益是指易地移民搬迁实施后，移民搬迁户特别是贫困户融入迁入地以及享受社会保障和公共服务等情况。社会效益是易地移民搬迁的精准扶贫综合效益的重要体现之一，它可以直接反映每个移民家庭在搬迁前后社会生活的变化，而这种变化所带来的差异不仅直接体现了这些家庭搬迁后的融入情况，而且能间接反映出他们所享受到的社会保障和公共服务变化。

Seney（1996）②在对移民政策与经验进行研究时指出，当原有关系密切的团体被分散到不同的新地点的时候，社会凝聚力会被削弱，并且产生团体行为的潜力也随之消失，在整个移民群体中会因此而逐渐蔓延着一种无助、无权和无援的感觉，人们在感情上也会逐渐变得疏远起来。马德峰（2002）③指出，外迁不仅仅是一个简单的人口迁移，而是毁灭性地破坏了一种现存的社会秩序，打破了人文和自然生态的平衡，造成原有的生产体系、社会网络、社会组织与社会结构的解体。施国庆等（2015）④认为搬迁工程对移民的生产生活方式、社会交往与社会心理、社会关系网络、就业与生计模式等方面均产生了显著的影响。由此可见，在这样的背景下，移民如何去适应新的社

---

① 申秋．中国农村扶贫政策的历史演变和扶贫实践研究反思[J]．江西财经大学学报，2017（1）：91－100.

② [美]迈克尔·M．塞尼．移民与发展：世界银行的移民政策与经验研究（一）[M]．水库移民经济研究中心，编译．南京：河海大学出版社，1996.

③ 马德峰．影响三峡外迁农村移民社区适应性的客观因素——来自江苏省大丰市首批三峡移民的调查[J]．管理世界，2002（10）：43－50.

④ 施国庆，严登才，孙中良．水利水电工程建设对移民社会系统的影响与重建[J]．河海大学学报（哲学社会科学版），2015，17（1）：36－41，90.

区、参与新的社区组织重建是易地移民搬迁社会效益的重要体现。王珞等(2016)①、胡江霞等(2016)②均以社会融入度来考查移民的社会适应性,体现移民搬迁工程的社会效益。因此,从移民搬迁户的社会适应和融入角度去反映易地移民搬迁的精准扶贫社会效益较为符合实际。考虑到指标的可测量性,我们认为,社会融入度是评价易地移民搬迁的精准扶贫社会效益的有效指标之一。

此外,王茂福等(2009)③、周华坤等(2010)④认为移民搬迁工程的效果不仅体现在移民户收入的增加,而且体现在医疗、教育、卫生和社会保障等方面的改善,要使移民搬迁后所享受到的社会保障和公共服务尽快达到甚至超越搬迁前的水平,并赶上安置区所在县市的平均水平。此外,郭熙保、周强(2016)⑤指出,对贫困的研究需要从一个特定时期内来考虑,这就涉及贫困的持续时间问题,也就是需要考查家庭的福利贫困变动。由此可见,我们在设计社会效益评价指标时,还应该关注社会保障和公共服务这两个方面,并建立搬迁前后的对比指标,从而便于对移民搬迁户进行社会生活的纵向比较,同时也能更好地体现出易地移民搬迁的社会效益。

综上所述,遵照国内扶贫相关政策与规划的要求,考虑到实地调研的可行性,我们设立了融入度、医疗、教育、社保和养老5个维度来反映易地移民搬迁的精准扶贫政治效益。

(4)**文化效益**

文化效益主要是指易地移民搬迁实施后,搬迁安置区的文化建设和移民搬迁的贫困户文化适应等情况,它是易地移民搬迁的精准扶贫政策在文化建设方面的重要体现。

移民搬迁不仅仅是人口迁移和生存环境的变化,更是一种社会和生活

---

① 王珞,骆永菊,王顺克.三峡库区外迁农村移民适应性研究——基于9个省份983户移民样本的实证分析[J].地域研究与开发,2016,35(1):168-173.

② 胡江霞,文传浩.就业质量、社会网络与移民的社会融合——基于三峡库区的调查数据[J].软科学,2016,30(9):37-40,55.

③ 王茂福,柯尊勇.水库移民安置目标:基于福利经济学的分析[J].人口与经济,2009(6):73-78.

④ 周华坤,赵新全,张超远,邢小方,朱宝文,杜发春.三江源区生态移民的困境与可持续发展策略[J].中国人口·资源与环境,2010,20(S1):185-188.

⑤ 郭熙保,周强.长期多维贫困、不平等与致贫因素[J].经济研究,2016,51(6):143-156.

文化的变迁和适应过程。丁凤琴、高晶晶(2015)①认为时间是影响移民地域文化适应和文化水平提高的主要变量。因此,类似于政治效益,易地移民搬迁的精准扶贫文化效益的表现也受时间的影响。在移民搬迁初期,文化效益并不能完全体现在移民个体上,而是主要表现在易地移民搬迁的文化建设方面。而随着在迁入地长期居住生活,移民搬迁户逐渐适应和融入当地文化,其文化水平也在不断提高,此时精准扶贫的文化效益在移民个体上的体现便是显而易见的,包括文化适应、社会关系网络、观念认识以及心理等方面。同时,金莲等(2012)②、张萍等(2017)③认为移民工程的文化建设主要体现在迁入地的文化配套设施的建设情况。因此,易地移民搬迁的文化建设具体表现在移民安置区文化配套设施的建设和文化事业活动的发展等方面。

基于上述分析,针对易地移民搬迁对象大多来自集中连片特困山区的现实情况,我们认为,现阶段易地移民搬迁的精准扶贫文化效益主要由文化建设所体现,评价易地移民搬迁的精准扶贫文化效益应从文化活动和文化设施两个维度入手。

(5)**生态效益**

生态效益是指易地移民搬迁实施后相关地域(迁出地和迁入地)的生态环境变化情况,它是评价易地移民搬迁精准扶贫综合效益过程中应重点考查的方面。

移民工程的生态效益一直都是学术界研究的热点问题之一,尤其是生态移民和工程移民。张茂林(1996)④认为移民搬迁工程应提倡移民、扶贫与环境资源开发的结合。刘慧、叶尔肯·吾扎提(2013)⑤认为生态脆弱性是我国西部最大的特色,脆弱的生态环境不仅造成农业生产条件恶劣,而且使贫困地区的公共服务设施水平低下,因而生态因素我国西部贫困的根源之一。

---

① 丁凤琴,高晶晶. 西部少数民族聚居区生态移民人口迁移的文化适应——以宁夏中部干旱带地区为例[J]. 农业经济问题,2015,36(6):75-82,111-112.

② 金莲,王永平,周丕东,黄海燕. 制约少数民族生态移民可持续发展的因素探究[J]. 生态经济,2012(11):171-174.

③ 张萍,王岗. 生态移民区用户阅读行为及影响因素分析——以宁夏闽宁镇为例[J]. 图书馆理论与实践,2017(4):66-70.

④ 张茂林. 我国贫困人口的资源生态空间特征与开发性扶贫移民[J]. 人口与经济,1996(4):24-29,58.

⑤ 刘慧,叶尔肯·吾扎提. 中国生态扶贫策略研究[J]. 中国人口·资源与环境,2013,23(10):52-58.

而易地移民搬迁的关键在于从根本上解决居住在"一方水土养不起一方人"地区贫困人口的脱贫发展问题，同时，搬迁对象大多数都是来自我国西部山区，因而评价易地移民搬迁的精准扶贫生态效益更应该注意搬迁前后的生态环境、生态承载力等方面的变化。

易地扶贫搬迁涉及面广、政策性强，是一项复杂的系统工程和社会工程，要精心组织做好安置住房、配套水电路气网等基础设施和教育、卫生、文化等公共服务设施建设[①]。马德峰(2002)[②]认为自然环境对移民社区安置效果具有重要的制约作用，具体包含土地、住房、社区整合等影响因素。由此可见，迁入区的居住环境和公共服务设施，尤其是移民搬迁户的住房条件，也应是评价生态效益需要重点考查的对象。此外，冬梅等(2011)[③]、史靖塬(2015)[④]等在考查生态移民效果时，均以移民户的生活条件和能源利用等指标来衡量当地的居住环境。

综上分析，考虑到我国贫困地区的特殊生态环境，结合移民搬迁家庭生活的真实状况，我们认为，从生态承载力、生活环境和能源利用3个维度来考查易地移民搬迁的精准扶贫生态效益较为准确、合理。

7.4 易地移民搬迁的精准扶贫综合效益评价指标体系的构建

根据对评价指标主要内容的分析，基于经济效益、政治效益、社会效益、文化效益和生态效益五大维度，遵照国内扶贫相关政策与规划，结合国内外相关基础研究，并参考国内已有相关指标体系与使用情况，同时考虑到实际数据的可获得性，我们分析设计出共15个二级指标，并指出各个二级指标的含义及测量方法(见表7-1)。

(1)经济效益的指标选取

在对易地移民搬迁的精准扶贫经济效益分析的基础上，结合国内外已

---

① 中华人民共和国国家发展和改革委员会．全国"十三五"易地扶贫搬迁规划[Z]. 2016.

② 马德峰．影响三峡外迁农村移民社区适应性的客观因素——来自江苏省大丰市首批三峡移民的调查[J]．管理世界，2002(10)：43-50.

③ 东梅，李晓明，刘乔巧．生态移民瞄准精度实证研究——以宁夏为例[J]．农业技术经济，2011(9)：24-32.

④ 史靖塬．重庆三峡库区农村人居环境生态建设的现实问题与思考[J]．生态经济，2015，31(8)：167-172.

有的相关研究，并考虑到易地移民搬迁家庭的实际情况，我们主要从移民搬迁家庭收支角度来考查易地移民搬迁精准扶贫的经济效益，具体表现为收入及收入结构和消费支出两个二级指标。

李辉等（2003）[①]、杨云彦等（2008）[②]、周宜君等（2011）[③]普遍认为无论是移民前还是移民后，农业都是移民搬迁家庭最重要的就业领域，而移民后外出打工的比例在不断提高。此外，杨云彦等（2008）[④]、刘远新等（2011）[⑤]、汪磊等（2016）[⑥]认为政府的转移性补贴是移民搬迁家庭的重要收入来源，某些地区的转移性补贴金额虽然不高，但基本稳定了移民搬迁家庭的经济收入。由此可见，在收入方面，我们应重点关注移民搬迁家庭的农业收入、外出务工收入和转移性收入。

通过梳理与总结学术界关于反贫困问题的研究，我们发现其中很多实证研究都是基于一些权威微观调查数据而展开的，如中国家庭收入调查（CHIP）、中国家庭追踪调查（CFPS）、中国营养和健康调查（CHNS）和中国综合社会调查（CGSS）等，而这些微观调查涉及社会学、心理学、医学、经济学等多种学科，其中的调查数据常常并不能满足某一学科研究的特定需求。同时，在这些微观调查中，关于家庭收入与消费的核算有着极其繁杂的指标体系，而这些指标体系并不能完全适用于贫困家庭，尤其是易地移民搬迁家庭。鉴于此，我们在建立收入与消费指标体系时并不能完全照搬已有研究的量表体系，而是要结合易地移民搬迁家庭的实际情况，精简收入与消费方面的核算指标，提高经济效益评价的针对性、合理性和准确性。

此外，《全国“十三五”易地扶贫搬迁规划》中明确指出，应严格按照“保

---

① 李晖，庞效民，朱翔，傅晖．洞庭湖区农村工业发展与移民建镇的调查与关联研究[J]．经济地理，2003（1）：88－91.

② 杨云彦，徐映梅，胡静，黄瑞芹．社会变迁、介入型贫困与能力再造——基于南水北调库区移民的研究[J]．管理世界，2008（11）：89－98.

③ 周宜君，周银珍，胡红青，向长春．三峡工程农村外迁移民安置效果区域差异及其启示[J]．经济地理，2011，31（8）：1351－1357.

④ 杨云彦，赵锋．可持续生计分析框架下农户生计资本的调查与分析——以南水北调（中线）工程库区为例[J]．农业经济问题，2009（3）：58－65，111.

⑤ 刘远新，张华忠，周维，李军朝．三峡库区农村移民安置模式对移民家庭收入的影响分析[J]．长江流域资源与环境，2011，20（3）：352－356.

⑥ 汪磊，汪霞．易地扶贫搬迁前后农户生计资本演化及其对增收的贡献度分析——基于贵州省的调查研究[J]．探索，2016（6）：93－98.

障基本、安全适用”的要求,做好建档立卡搬迁人口安置住房的规划和建设,防止因建房面积过大而增加搬迁群众的负担、使建档立卡搬迁人口因建房而负债①。因而,在消费支出方面,也需要考虑到移民户的搬迁负债问题。

基于上述分析,在收入及收入结构方面,结合已有的反贫困实证研究与易地移民搬迁家庭的真实情况,并参考国内权威微观问卷调查,我们将以往繁杂的收入及收入结构测量指标进行合理简化,主要选取“经营性收入”和“其他收入”两大指标来衡量易地移民搬迁家庭的收入及收入结构,其中经营性收入主要包括移民搬迁户在种植业、养殖业、采集业和其他家庭经营等方面的收入,其他收入主要包括转移性收入、外出务工收入和财产性收入等;在消费支出方面,结合已有研究的数据使用情况,同时参考国内权威微观问卷调查,并基于数据的可获得性,我们将从“日常生活支出”“医疗支出”“教育支出”“搬迁负债”和“其他支出”5 个方面来考查易地移民搬迁家庭的实际消费情况。

(2)政治效益的指标选取

基于对易地移民搬迁的精准扶贫政治效益主要内容的分析,遵照国内扶贫相关政策及规划,结合国内易地移民搬迁的现状,我们认为,现阶段应以政策满意度、政策落实度和政治参与度 3 个维度建立细分评价指标来考查易地移民搬迁的精准扶贫政治效益。

在政策满意和政策落实度两个方面,曹军会等(2017)②基于精准扶贫入户调查第一手数据,借助描述统计和相关分析,从“政策实施效果满意度”“政策落实效果满意度”“政策帮扶作用满意度”和“当地政府重视满意度”等方面考查农民对精准扶贫政策的满意度。刘成斌、风笑天(2007)③运用三峡移民调研数据探究了移民总体满意度的影响因素,结果表明,政策落实度和群干关系满意度对移民整体满意度的影响较为显著。鉴于此,我们用“对精准扶贫政策的满意度”“对帮扶工作的满意度”和“对驻村工作队的满意度”3 个主观评价指标来体现政策的满意度和落实度,这样既可以充分保障易地移民搬迁户的知情权、参与权、受益权和评价权,也能持续提升脱贫攻

① 中华人民共和国国家发展和改革委员会. 全国“十三五”易地扶贫搬迁规划[Z]. 2016

② 曹军会,何得桂,朱玉春. 农民对精准扶贫政策的满意度及影响因素分析[J]. 西北农林科技大学学报(社会科学版),2017,17(4):16-23.

③ 刘成斌,风笑天. 三峡移民迁移满意度的转变及其根源[J]. 人口研究,2007(1):76-85.

坚的成效。

在政治参与度方面，贺丹、陈银蓉（2012）①认为安置区居民政治参与的内容比较广泛，应选取与移民安置密切相关的知情权、自主权、认同度以及意愿情况四项指标来反映安置区居民的政治参与状况。祁进玉（2015）②、冯伟林等（2016）③均以安置区移民的选举情况作为政治参与度的主要衡量指标。因此，我们选用"选举的知晓与参与情况"和"参加选举人口比例"两个细分指标来衡量易地移民搬迁户的政治参与度。

（3）**社会效益的指标选取**

结合易地移民搬迁的精准扶贫机制，参考国内外相关社会调查报告与监测报告，考虑到易地移民搬迁家庭的实际情况，我们指出社会效益的细分评价指标应基于融入度、医疗、教育、社保和养老5个维度来设计。

社会融入是易地移民搬迁精准扶贫机制作用的重要体现之一。风笑天（2006）④指出，移民与当地居民的交往状况、移民相互间的交往状况、移民对当地语言的熟悉程度及两地习俗方面的差别等因素，对移民的社会适应具有一定的影响。罗仁朝等（2008）⑤在对流动人的社会融合差异进行研究时，设计了"融入城市难易程度""对城市居民的认同""社区活动参与意愿"和"有无本地朋友"4个指标来测量的社会融入度。Herrmann等（2011）⑥在衡量社会融入度时，将移民在安置地的人际关系和文化融入状况作为考察移民社会融合程度的重要指标。束锡红等（2017）⑦通过实地调研，建立了基于经济生活融入程度、文化接纳程度和社会行为融入程度三大方面的评价指

---

① 贺丹，陈银蓉．水库安置区居民土地流转前后福利变化模糊评价[J]．中国人口·资源与环境，2012，22（11）：116－123.

② 祁进玉．三江源地区生态移民的社会适应与社区文化重建研究[J]．中央民族大学学报（哲学社会科学版），2015，42（3）：47－53.

③ 冯伟林，李树茁，李聪．生态移民经济恢复中的人力资本与社会资本失灵——基于对陕南生态移民的调查[J]．人口与经济，2016（1）：98－107.

④ 风笑天．生活的移植——跨省外迁三峡移民的社会适应[J]．江苏社会科学，2006（3）：78－82.

⑤ 罗仁朝，王德．上海市流动人口不同聚居形态及其社会融合差异研究[J]．城市规划学刊，2008（6）：92－99.

⑥ Herrmann，P，C.，Libman. A.，Yu X. Economic Integration in China：Politics and Culture[J]. *Journal of Comparative Economics*，2014，42（2）：470－492.

⑦ 束锡红，聂君，樊晔．三江源藏族生态移民社会融入实证研究——以青海省泽库县和日村为个案[J]．中南民族大学学报（人文社会科学版），2017，37（4）：38－43.

标体系,深入探讨藏族生态移民的社会融入问题。由此可知,社会融入度可以由邻里关系、交流沟通和社交活动参与等多个角度来反映。鉴于此,结合易地移民搬迁户的特殊性,我们将"邻里关系""与邻里交流沟通情况"和"长期居住意愿"作为社会融入度的主观评价指标。

纵观近几年关于反贫困问题的研究,可以发现,多维贫困一直都是学术界关注的热点问题之一。郭熙保、周强(2016)[①]认为贫困界定不应只关注收入问题,而是要从医疗、教育、社保和健康等多个维度进行综合考查。张茹等(2014)[②]基于经济效益、社会效益、环境效益和主体效益4个方面对扶贫移民模式的效果进行了综合评价,其中社会效益主要通过"迁入地校舍建设状况(教育)"和"迁入地卫生所状况(医疗)"两个指标来考查。因此,在建立关于社会效益的综合评价指标时,应考虑到多维评价,全面体现易地移民搬迁家庭的社会生活状况。鉴于此,基于国内外现有的基础研究,参考联合国和世界银行建立的相关社会发展指标,再结合国内易地移民搬迁的现状及特点,我们设立了"卫生所与卫生员的数量""与卫生所的距离""与学校的距离""参加社保的人数比例""和"养老院或老人服务业中心的数量"等多个指标,来综合考查医疗、教育、社保和养老4个方面的实际情况。

(4)**文化效益的指标选取**

根据已有文献中分项指标的使用情况,结合易地移民搬迁的实际情况,考虑到数据的可获得性,我们主要从文化活动和文化设施两个维度设计细分指标,来衡量易地移民搬迁的精准扶贫文化效益。

从动态发展的角度看,人的贫困并不能仅仅用收入进行衡量,而需要从可行能力和自由的多个维度进行考查,诸如政治自由、社会机会、透明性保障和防护等[③]。因而从长期来看,文化效益可以由个体可行能力发展来体现。而短期内,移民个体的可行能力培养在很大程度上要依赖于易地移民搬迁的文化建设支持。同时,《全国"十三五"易地扶贫搬迁规划》中明确指出,要建设一批教育、卫生和文化体育等公共服务设施,其中主要包括图书室、卫生所和体育

① 郭熙保,周强. 长期多维贫困、不平等与致贫因素[J]. 经济研究,2016,51(6):143-156.

② 张茹,王耀麟,张爱国,薛龙义. 陕西省定边县扶贫移民安置模式分析[J]. 中国人口·资源与环境,2014,24(S3):315-318.

③ Sen, A., *Development as Freedom*[M]. New York: Alfred A. Knopf, Inc,1999.

运动场所等①。鉴于此，结合国内易地移民搬迁安置区的实际情况，参考中国家庭追踪调查（CFPS）、中国综合社会调查（CGSS）和中国家庭收入调查（CHIP）等国内已有微观调查，我们设计出“文化活动的次数”“文化活动场所的数量”和“图书馆（室）藏书的数量”3 个分项指标，来分别体现文化活动和文化设施两个方面的实际状况，从而具体考查易地移民搬迁的文化建设情况。

（5）**生态效益的指标选取**

在国内外已有研究的基础上，结合国内扶贫相关政策与规划，我们提出应从生态承载力、生活环境和能源利用 3 个维度建立细分指标来评价易地移民搬迁的精准扶贫生态效益。

在生态承载力方面，杨显明等（2013）②从生态移民工程的基本目标出发，建立了一套多维度指标体系来综合评价生态移民的生态效益、经济效益和社会效益，其中衡量生态效益的评价指标主要分为迁入区环境影响程度和迁出区生态恢复情况 2 个二级指标，具体包含了“人畜饮用水达标率”“地表植被覆盖率”“累计退耕还林还草面积”和“水土流失面积年减少率”等多个细分指标。李洁等（2015）③以甘肃省区域为例，对生态系统承载力进行了综合评价，建立了以自然因子、自然环境为主题的指标体系，其中包括“平均气温”“平均降水”“耕地面积比重”“CO_2 排放量”“森林覆盖面积”“土壤侵蚀 K 值”以及“人均公共绿地面积”等多个分维度具体指标。由此可见，关于生态承载力的评价指标应衡量地区整体生态环境，重点考查土地、水源和森林绿地等自然资源的状况。鉴于此，参考已有研究的数据使用情况，结合易地移民搬迁地区的生态环境特征，我们设立了“人均耕地面积”“人均公共绿地面积”“人均荒地面积”“人均退耕还林还草面积”和“自然灾害发生率”等多个维度的细分指标来衡量易地移民搬迁安置区的生态承载力。

在生活环境方面，受中国传统文化的影响，加上移民搬迁的现实因素，安置住房一直都是易地移民搬迁户最关注的问题之一，直接影响到搬迁群

① 中华人民共和国国家发展和改革委员会．全国“十三五”易地扶贫搬迁规划[Z]. 2016.

② 杨显明，米文宝，齐拓野，程子彪．宁夏生态移民效益评价研究[J]．干旱区资源与环境，2013，27（4）：16－23.

③ 李洁，赵锐锋，谢作轮．甘肃省区域社会—生态系统脆弱性综合评价[J]．经济地理，2015（12）：168－175.

众的安全感和归属感①。因此,在生活环境维度中应该重点关注易地移民搬迁户对安置住房的满意程度。同时,遵照《全国"十三五"易地扶贫搬迁规划》的要求,迁入区的基础设施状况、安置住房的面积及结构也是需要重点考查的指标。因此,我们建立"对安置住房的满意度""安置住房的面积及结构""垃圾集中(无害化)处理率"和"通路率"等多个细分指标来反映易地移民搬迁安置区生活环境的实际状况。

在能源利用方面,基于易地移民搬迁家庭的真实情况以及数据的可获得性,结合国内相关扶贫规划和监测报告,同时参考中国家庭追踪调查(CFPS)、中国家庭收入调查(CHIP)等国内权威微观调查,我们以"用水来源""通电情况"和"主要燃料"等多个细分指标综合体现易地移民搬迁家庭能源利用的真实情况。

表7-1　易地移民搬迁的精准扶贫综合效益评价指标体系

一级指标	二级指标	含义或测量方法
经济效益	收入及收入结构	经营性收入(元)
		其他收入(元)
	消费支出	日常生活支出(元)
		医疗支出(元)
		教育支出(元)
		搬迁负债(元)
		其他支出(元)
政治效益	政策满意度	对精准扶贫政策的满意度
	政策落实度	对帮扶工作是否满意
		对驻村工作队是否满意
	政治参与度	选举的知晓与参与情况
		参加选举人口比例(%)
社会效益	融入度	邻里关系
		与邻里交流沟通情况
		长期居住意愿

① 刘钢,宋亚倩,樊力硕,汪志强. 基于有序 Logistic 回归的水库移民住房感知实证研究[J]. 长江流域资源与环境,2017,26(4):519-529.

续表

一级指标	二级指标	含义或测量方法
社会效益	医疗	卫生所的数量(个)
		卫生员的数量(人)
		与卫生所的距离(千米)
	教育	与学校的距离(千米)
	社保	参加社保的人数比例
	养老	养老院或老人服务业中心的数量(个)
文化效益	文化活动	文化活动的次数(次)
	文化设施	文化活动场所的数量(个)
		图书馆(室)藏书的数量(本)
生态效益	生态承载力	人均耕地面积(亩)
		人均公共绿地面积(亩)
		人均荒地面积(亩)
		人均退耕还林还草面积(亩)
		自然灾害发生率(%)
	生活环境	对安置住房的满意度
		安置住房的面积(平方米)
		安置住房的结构
		垃圾集中处理率(%)
		通路率(%)
	能源利用	用水来源
		通电情况
		主要燃料

8　易地移民搬迁精准扶贫的案例

本章将研究我国精准扶贫和易地移民搬迁中富于特点和具有典型意义的基层案例。团队选采了贵州塘约村、陕西平利县、云南大关县、河南嵩县4个中西部典型地方,深入实地调研,采集一手数据资料,形成了4个关于精准扶贫和易地移民扶贫的研究案例。

8.1　塘约村的脱贫致富实践研究

贵州省安顺市平坝区塘约村从贵州省的“三变”改革(资源变资产、资金变股金、农民变股东)中脱颖而出,走出了一条“村社合一,合股联营”的农村集体化道路,两年多内实现了脱贫致富,正在走向共同富裕之路。塘约村的脱贫致富经验值得从理论上提炼和总结。

8.1.1　“三变”改革背景下塘约村的脱贫致富

2014年,贵州省六盘水市按照中央关于农村改革的部署和要求,推出了“资源变资产、资金变股金、农民变股东”的“三变”改革,通过激活农村的自然资源、存量资源、人力资本,让村集体、农民、经营主体“三位一体”“联产联业”“联股联心”,促进农业产业增效、农民增收、农村生态增值,以农村改革的创新与突破实现了产业精准扶贫由“大水漫灌”向“精准滴灌”的转变,实现了持续带动扶贫脱贫。农村“三变”改革是农村集体经济发展的有效途径,并于2017年纳入中央一号文件。贵州省各市、州、县在六盘水“三变”改革的带动下,纷纷探索农村改革之路,目前,安顺市、黔东南州、湄潭县、黔西县等21个县140个乡镇1015个行政村的改革试点工作已取得明显成效,各地区因地制宜,以产业为支撑,激活农村资源要素,有力推动农村产业结构调整和经济发展,加快了脱贫攻坚和农民增收的进程。塘约村脱贫致富面临的大的政策背景就是贵州省推出的“三变”改革。

2014 年 6 月 3 日的一场特大暴雨,使塘约村遭受了巨大损失,很多房屋被毁,农田和乡村道路等基础设施几乎被冲毁,这对原本就非常贫困的塘约村无疑是雪上加霜。另外,塘约村是一个省级二类贫困村,由于种粮务农的比较收益较低,八成劳力外出,三成土地撂荒。洪水带来的灾难是塘约村面临的现实困境。塘约村位于安顺市平坝区乐平镇,距乐平镇 3.5 公里,辖 10 个自然村寨,11 个村民组,全村 921 户 3392 人,全村耕地确权后面积 4881 亩。2014 年以前,塘约村农民人均可支配收入不足 4000 元,村集体经济资产不到 4 万元,共有贫困人口 138 户 645 人。为改变"村穷、民弱、地撂荒"的现状,塘约村以"党建引领、改革推动、合股联营、村民自治"为主线,探索出"村社一体、合股联营"的发展模式,形成村集体与村民"联产联业""联股联心"的发展格局,极大地释放了改革红利。2016 年,全村农民人均可支配收入达到 10030 元,村集体资产达到 202.45 万元,实现了从省级贫困村到小康村的蝶变。

8.1.2 塘约村脱贫致富的成效和主要做法

(1)塘约村脱贫致富的成效

如今的塘约,实现了三重转变:其一,从贫困村转变为小康村,建成了村文化广场、林荫小道、健康步道等基础设施,80% 的农户户均收入达 3 万以上,50% 以上的农户建起了新房,贫困人口全部脱贫,被评为贵州首届"十佳美丽乡村"。其二,从后进村转变为先进村,村集体经济收入增加了近 200 万元,村级党组织的凝聚力和战斗力增强,人心变齐。其三,从封闭到开放的转变,农业产业园区和合作社的运输公司、旅游公司等经营实体,保障了全村劳动力就业,外出务工人员从 860 人减少至 50 余人。"塘约经验"归纳起来就是通过统筹农村产权制度改革,提高市场化水平,让资源活起来;推进农业经营制度改革,提高产业化规模,让钱包鼓起来;推进村级治理制度改革,提高组织化程度,让力量聚起来。①

(2)塘约村脱贫致富的主要做法

塘约模式实现脱贫致富的关键做法可以概括为以下几点:

第一,坚持党的领导,发挥基层党组织的战斗堡垒作用,发挥党员干部和致富能人的示范带头作用。村"两委"与"村集体"重合的现象普遍存在,

① "塘约经验"调研报告[N].贵州日报,2017-05-18.

但是塘约村的党组织建设中注重权力约束机制设计，将全村划分为3个网格党支部和11个党小组，对班子成员实行“驾照式”量化扣分管理，发挥党员干部的模范带头作用。完善村委会自身监督、监督委员会监督和村民小组监督“三方”监督制度，通过“党支部管全村，村民监督党员”，推进全面从严治党，夯实发展根基。

塘约村正是坚持了党的领导，抓好了党的建设，涌现出了像村支书左文学等这样的带头人和能人，才能带领群众、团结群众和依靠群众，走出了一条脱贫致富的小康路。在“塘约道路”中，如果说党的领导是把握了脱贫致富的总体方向，那么党的建设就是实现脱贫致富的组织保障。塘约村实行的对党员的“驾照式”考评机制，是对党员的激励约束机制。这种“精神激励＋物质激励”的积分制有力地保障了党员的先进性和积极性。

第二，利用市场化的原则，发挥合作社的纽带作用，走出了一条新型农村集体经济发展之路。在贵州省“三变”改革的大背景下，塘约村盘活了资产，通过土地、水权折价入股，构建了“3＋X”支农扶农信贷模式，进行抵押贷款、担保贷款等。农村集体产权制度改革鼓励创新农民财产权利的多种有效实现形式，灵活、有效地保障了集体经济发展的稳定性和可持续性。塘约村实行了“村社合一”的集体经济模式，具体做法是：第一，股份合作，带股入社，成立以党支部为引领、村集体所有的“金土地”合作社，设全体成员大会，初步建立起内部人治理结构，同时，建立土地流转制度，入社土地由村集体统一经营，不向本集体经济组织外流转，建立了财务管理制度、利润分红制度等。第二，集体经营，构建了经营服务平台、创业就业平台、“七统一”[①]发展机制。第三，调优结构，做精品农业，促进农业“接二连三”，加强产业风险防范等。农业经营模式是关键性改革，开展合股联营，丰富和完善双层经营“统”的功能，推进农民由“分”到更高层次的“合”，农民将获得持续、稳定的收益。

塘约村的“村社合一”的集体化道路也有可借鉴之处。当前，农村改革实践中，有各种各样的集体化实现模式，如“村社合一”模式、“合作社＋农户”模式和集体企业模式等。各种模式都是因地制宜而采取和发展起来的。

① “七统一”，即全村实行资金统一核算、土地统一规划、村干部统一使用、财务村务统一核算、农产品统一销售、美丽乡村统一建设、红白喜事统一操办。

塘约村在人多地少、贫困程度较深、区位优势不明显等强约束下，集中优势资源，合理配置人员，走上了一条“小而全”和“小而精”的集体化组织模式。这种模式可以适应中小规模集体经济的发展，能够保障其发展方向是沿着集体化道路进行的，能够保障组织运行的效率，能够保障经济组织的收益被全体村民所共享。

第三，实现共享式发展，增强了村民参与的积极性，提升了农民的获得感。塘约村通过按一定比例每15户选取一个村民代表，构建了村委会的下属机构——组委会，村委会、组委会两个组织为村民服务。集体成员以土地入股等方式参与到合作社经营中，2014年之前外出务工的有800多位村民，现在村民几乎都回到合作社从事市场营销、建筑、运输等，有的还主动创业，凸显出参与集体经济的积极性。同时，深化改革农村集体产权制度。一是摸清家底，开展“七权”同确工作，成立“议事会”，征集民情民意，厘清权责，确保公平。二是确权颁证，明确权利归属，稳定土地承包关系，确保“三权分置”得以实施。

“塘约道路”构建了共建共享的利益联结、分配和保障机制，打造出农户、合作社、村集体的利益共同体，通过入股分红、经营性收益分红等提高农户的参与积极性，保障合作社的有效运营、村集体经济的发展壮大，实现了合作社、公司、农户等主体的多赢，为塘约村经济健康、可持续、有活力地发展与实现共同富裕奠定了坚实基础。

第四，通过网络化管理，提升了乡村治理水平，焕发了农村新风貌。塘约村乡村治理制度的优化具体表现为：第一，网格化服务，党总支将11个村民小组分为4个网格，在网格建立党支部，在村民小组建立党小组，形成党总支领导下的网络化管理格局。第二，对党员和村干部进行“驾照式”考评。第三，“条约式”治理，运用“红九条”规范行为，用“黑名单”管理村民。这种村级治理制度的改革，提高了组织化程度，让村民齐心协力共同发展。

在塘约村，通过网络化的乡村治理模式，既坚持了党在农村基层的领导权，发挥了党组织的战斗堡垒作用，又提高了党员干部干事创业的积极性，还提高了乡村治理的水平，提升了乡村居住和发展的软环境，尤其是对党员和村干部进行“驾照式”考评模式，通过精神激励和物质激励相结合的发展，充分发挥了党员干部的示范带头作用，起到了非常好的效果。塘约村的“条约式”治理模式也发挥了很好的治理作用。通过“红九条”规范了村民的日常行为,改善了村容村貌,提高了村集体的凝聚力,摆脱了不良的社会风气,提升了村民的精神层次①。

第五,利用区位和生态资源优势,将“绿水青山变成金山银山”。在贵州省“三变”改革的大背景下,塘约村充分发挥了资源优势,结合本地特色,积极发展生态农业,尤其是种植莲藕,发展食用菌产业,积极做大做强果树种植业;利用生态农业项目,积极发展乡村旅游项目。塘约村利用当地的自然生态资源和乡村旅游文化资源,拓展了发展的空间,将“绿水青山变成了金山银山”。塘约村本来就是一个生态村,村子周围青山环抱,森林覆盖率较高,通过乡村卫生环境治理,村民的居住环境得到了改善,村容村貌更加整洁了,尤其是通过“穿衣戴帽”式的乡村住房整治后,一排排尖顶、黄色的二层小楼矗立在青山绿水之间,非常美丽。

塘约村在脱贫致富中,突显了贵州省“三变”改革中提出的“资源变资产、资金变股金、农民变股东”的价值内涵,将村集体的土地和农民手中的土地集中起来以土地经营权入股形成金土地股份合作社,以村集体的水利设施等入股形成水务管理工程有限公司,实现了集体资源到集体资产的转变;将支农资金和扶贫资金等财政资金量化到个人,然后入股到合作社,形成了资本到股金的转变;农民将手中持有的资源和资金入股到合作社,实现了农民向股东的转变。在“三变”改革过程中,塘约村村民的收入,由“股金分红+其他分红+务工收入”等三部分组成,达到了共享发展和共同富裕的目的。

第六,建立了区域性的帮扶机制,起到了“先富带动后富”的带动作用。“结对帮扶”“借力脱贫”是塘约村减贫致富、实现从“贫困村”到“小康村”蜕变的重要经验,也使得塘约村成为落实精准扶贫战略的成功典范。跨区域的地区性帮扶机制是塘约村脱贫致富的重要动力,山东寿光公司以470万元的技术入股塘约村合作社,并无偿提供700万元帮扶资金以及青岛的农业公司提供相应的帮扶资金、技术服务和智力支持等推动塘约村农业产业园区建设,打造“村集体+合作社+公司+农户”的发展模式,通过调整和优化农

① 塘约村的“红九条”内容包括:凡不参加公共事业建设者;不交卫生管理费者;乱办酒席铺张浪费者;贷款不守信用者;房屋乱建、不按规划者;配合组委会工作不积极者;不执行村、支“两委”重大决策者;不孝敬父母、不奉养父母者;不管教未成年子女者。违反上述“九条”规定的人员,以户为单位,将被列入“黑名单”管理,考察期为三个月。在考察期间,该户不享受国家任何优惠政策,村、支“两委”也不为该户办理任何相关手续。直至考察合格,取消“黑名单”管理后,才能恢复普通村民正常享有的权利。

业产业结构，推动农业产业“接二连三”，实现村民致富增收。

对口帮扶通过采取“双方结对”的形式实现了互助合作，这是一种具有中国特色的社会扶贫方式，富有针对性、时效性。《中国农村扶贫开发纲要(2011—2020)年》指出：“东西部扶贫协作双方制定规划，在资金支持、产业发展、干部交流、人员培训以及劳动力转移就业等方面积极配合，发挥贫困地区自然资源和劳动力优势，做好对口帮扶工作，”“大力提倡企业社会责任，鼓励企业采取多种方式，推动集体经济发展和农民增收”。[①] 根据纳克斯的“贫困恶性循环理论”，要实现脱贫致富，必须借助外力的作用。[②] 2013 年精准扶贫战略提出以来，各地纷纷开展精准结对帮扶、精准产业扶持、精准教育扶持等，然而现有的跨区域帮扶机制多以政府为主导，如山东通过产业扶贫和扶贫搬迁帮扶重庆 14 个扶贫开发重点县脱贫，而社会组织之间的帮扶相对较少，且形式单一，如北京绿山谷公司通过农业科技援助内蒙古科尔沁沙地农民致富等。而塘约村脱贫致富的外力主要来源于公司等社会组织的资金、技术等支持，且合作模式多样化，包含技术参股等，社会组织支持成为塘约村以外的重要发展力量。

8.1.3 “塘约之梦”与“塘约之忧”

2017 年 3 月 21 日，时任贵州省委书记陈敏尔来到塘约村调研，与村支书左文学说：“我们来个约定，你用三年时间，实现产值 500 万元到 1000 万元，村民人均纯收入达到 2 万元。”[③]塘约村的发展模式是适应当地经济发展的一种创新探索，关键是靠改革，有一个能力强、有公心的领导班子，未来的改革还需要村干部和村民的共同努力，坚持农村土地公有制性质不改变、耕地红线不突破、农民利益不受损，扎实搞好产业支撑，完善收益分配机制、风险监管、审查审计等，实现“塘约之梦”。

塘约村在党组织和村干部的带动下，以“三权”促“三变”改革为契机，以农业产业化和规模化为依托，走出一条“集体”道路。这种“集体带头型”模式需要村干部有能力、有公心，村干部与村民的团结、互助营造了产权成本降低的环境，大大降低了产权实施成本。然而，这种发展模式是否能大范围推广还需要思考，原因在于：当地产业支撑是否具有可持续性、稳定性？如

① 国务院公报 2011 年第 35 号．中国农村扶贫开发纲要(2011—2020)[R]．2011 - 12 - 02.

② [美]罗格纳·纳克斯．不发达国家的资本形成问题[M]．北京：商务印书馆，1966.

③ 李卫红，等．安顺市塘约村：“给乡亲一个精神焕发的村庄”[N]．贵州日报，2017 - 04 - 01.

何保证村干部都具有带动集体经济发展的潜力和动力？人力资本、金融资本、技术等约束如何突破？村集体组织与村两委是否存在政经不分的问题？能否建立起发展农村集体经济的完整配套体系？这些问题都需要再进一步关注。

8.2 平利“社区工厂”精准扶贫模式研究

陕南地区位于秦巴集中连片特困地区腹地，自然灾害多、贫困程度深、生态责任重、发展差距大。为了从根本上解决陕南地区的灾害与贫困问题，加快陕南地区发展，推动陕南三市28个县(区)与全省同步建成小康社会，2011年7月，陕西省政府正式通过了《陕南地区移民搬迁安置总体规划(2011—2020年)》，计划从2011年起用10年时间，搬迁移民60万户240万人。在该项政策背景下，陕西省政府于2011年正式启动了陕南百万移民搬迁工程。陕西省安康市平利县科学制订规划、积极采取行动，取得了一定成效。截至2016年7月，平利县已经建设集中安置区130个，转移搬迁群众4.8万人。

为了解决搬迁户群众的生计问题，破解搬迁户群众的增收难题。从2014年开始，陕南安康平利县采取有力措施，按照“政府引导、能人引领，以厂兴社、厂社融合，基地孵化、连锁推进”的思路，在社区创办工厂，形成了一套行之有效的“社区工厂”精准扶贫模式，取得了显著成效，“小工厂”做成了“大产业”。

8.2.1 陕南平利贫困状况及原因

安康平利县地处秦巴连片特困地区核心地带，平利多川坝，自古是安康米粮川，但两山条件差，住在大山深沟中群众的生产生活远不如川道，是典型的山区农业县和省定贫困县。20世纪90年代，平利开始试行“梯次搬迁”，一部分山区群众得以下山就川。但受政策限制，仍然有部分群众长期居留两山，生产生活很不方便。“十二五”末在册贫困人口44811人，占全县人口的1/5还多。致贫原因具体有三点：

第一，自然环境差，“两灾”频发。安康平利县是泥石流、山体滑坡为主的地质灾害易发区，占当地总面积的50%以上，不少地区长期陷于“受灾—重建—再受灾”的恶性循环中，给群众造成巨大的生命财产损失和隐患。2011年，陕西省开始启动实施陕南移民搬迁工程，帮助贫困户“挪穷窝”。

第二，生态脆弱，保护生态环境的责任重。陕南属于秦巴山区，是我国14个集中连片特困地区之一，是长江上游生态保护的重要屏障，安康全域都是国家主体功能区的试点示范地区，平利县又是国家“南水北调”的重要水源涵养区和国家主体功能区规划中的限制开发区。

第三，经济基础比较薄弱。平利山区由于受特殊的自然地理环境和作为“一江清水供北京”水源地的总体发展定位的影响，发展基础一直比较薄弱，农业基本上还是“靠天吃饭”，难以形成规模化生产；工业基础仍然薄弱，效益差、产业层次低，工业化尚处于初级阶段，第三产业也不发达，脱贫承载力不足；县域经济总量偏小，人均水平不高，科技、人才、资本等生产要素短缺，产业发展支撑力后劲不足。

8.2.2 平利县移民搬迁工程的工作思路

(1)强化领导，落实责任

平利高度重视移民搬迁，成立了以县委、县政府主要领导为组长的移民搬迁安置工程领导小组和工作机构，制订出台了移民搬迁安置总体规划及实施方案，并与各镇签订了移民搬迁工作目标责任书，各级各部门实行干部抓点、部门援建、镇村包建的工作机制。通过加强宣传、深入发动，强化考核，有力地推动了全县移民搬迁工作的顺利开展，整体工作实现了高点起步，成效显著。

(2)加强指导，科学规划

在移民搬迁安置实施过程中，坚持科学规划，将移民搬迁与统筹城乡发展、城镇建设、工业园区建设、新农村建设和现代农业园区建设相结合，按照集中安置为主、分散安置为辅的要求，与“十二五”规划提出的“一城、十镇、百村、三十个社区”的城乡布局和发展规划相符合，结合“7·18”灾后重建，全县确定了109个集中安置点，坚持陕南特色民居(徽派)风格，规划布局合理、设施完善、功能齐全的设计方案。加强对住宅设计和建设的指导，集中安置区(点)建设严格统一规划、统一风格、统一标准、统一施工，确保了移民搬迁工程的顺利开展。

(3)强化措施，突出实效

为了实施好移民搬迁工程，平利积极采取措施，整合资源，建立项目资金捆绑使用和部门联动机制，形成各方配合、各司其职的工作合力。一是专门成立集中安置区工作组，负责统一征地、统一规划放线、统一建设标准、统一基础建设。同时积极协调解决资金、用地、用工、环境保护等具体困难和问题。二是国土、信合在为农户办建房、贷款手续过程中上门服务，简化办事程序。三是扶贫、住建、水利等部门选派技术人员深入搬迁现场指导，确保农户建房“符合标准、质量可靠、节约资金、建设有序”。四是培育产业，增加农民收入。对拆迁的群众，按照全县农业产业发展思路，扶持移民户发展产业，并注意做好劳动力技能培训，加强先进实用技术的普及与推广，因地制宜、因户制宜，探索出移民户有土安置、有业安置，真正做到“搬得出、稳得住、能致富”。如平利老县镇在移民安置工作中，与工业园区发展对接，组织劳动力进厂房务工增收，长安、大贵等镇依托农业产业园区建设，开展劳动力技能培训，通过实施农业产业建设实现搬迁移民能致富，等等。

(4)**加强管理，严格考评**

平利县委、县政府把移民搬迁安置工作纳入年度重点工作目标责任制，各镇各部门明确了责任领导，明确包抓干部工作责任，采取旬督查、月通报、季考核、年总评，确保移民搬迁工作扎实推进。各镇及相关部门坚持公正透明的原则，对移民搬迁涉及的户数、人数、资金情况、建设内容等进行公布，接受群众监督。同时严格资金管理，对移民搬迁户实行台账式管理，建房补助实行“直通车”，会同财政部门直接把补助款发放到建房户手中。

8.2.3 平利“社区工厂”精准扶贫的具体做法及成效

为解决移民搬迁中存在的困境与问题，陕西省平利县在实践中坚持一手推进移民搬迁，重点发展“社区工厂”，初步探索出了一条以就业推进移民搬迁和精准扶贫的新路子。“社区工厂”可以被定义为：在平利县移民搬迁集中安置社区内创办工厂，引进劳动密集型产业入驻社区，带动社区贫困群众就业增收，助推脱贫的组织方式。“社区工厂”实现了政府、企业与搬迁贫困群众共建共赢，成功探索出一条“就业式精准扶贫”新模式。经过几年的探索与发展，平利县的搬迁移民工作和“社区工厂”的运作在扶贫方面已初具成效，在经济、社会、政治、文化、环境等方面效益显著。

(1)**经济效益显著**

第一，社区经济促增收。平利县把促进农民增收致富作为实施避灾移民搬迁扶贫的最终目标，坚持一手抓搬迁安置、一手抓产业建设。平利摸索出“社区+X”形式的社区工厂，通过“社区+家庭手工业”“社区+园区”“社区+景区”“社区+农场”“社区工厂+电商”等模式，促进了资源要素在社区的集聚，改变了传统的生产组织方式和资源配置方式，实现了“农村变社区、农房变工厂、农民变工人”的转变，让“小工厂”成为“大产业”，打造了社区产业集群，激活了社区生产力，培育了社区经济。“楼上居住、楼下就业”，在平利县的各个社区，已经形成了厂房式、门面式等多种灵活办厂的方式。[①]

截至2017年年初，全县建设农村社区75个，创办各类“社区工厂”43家，其中电子元件加工厂18家，手套、棉鞋等加工厂7家，其他行业16家，吸纳群众就近就业3000人（其中搬迁群众1800人、贫困群众600人）以上，年创造产值1.8亿元以上，先后帮助2500余户贫困户摘掉了“贫困帽”，就业人员月均收入近2500元。规划到2018年年底，全县100户以上的集中安置区均建有至少1家规范化运营的社区工厂，形成家庭手工业社区工厂产业集群，实现就业5000人以上、产值10亿元以上、就业群众年增收超亿元的目标，把平利打造成为省内外知名的社区手工业示范基地。

第二，生计模式改变提收入、促销费。地理空间的转换导致了移民农户生计资本的转变，由单纯依靠耕地的农业生产向第二、第三非农产业转变，生产经营方式由单一式向多元化转变。移民搬迁前，山区的农民是自给自足的小农经济，靠天吃饭。搬迁后，一部分劳动力进入了社区工厂，一部分经过培训外出打工，仅有少部分从事农业生产，但耕作条件也得到了大大的改善，不再肩挑背扛，机械化水平提高。外出务工人员年均收入6万元左右，而进入社区工厂的留守妇女年均收入也能达到3万至4万元。移民搬迁改变了移民的经济类型，从小农经济向市场经济转变。以前住在山区，外出不易且打工渠道有限，搬迁后交通便捷，易于出行，因而外出打工的移民明显增多。搬迁使移民的生计多样化，家庭收入来源多样化，工资性收入比例增高，且集中安置大大提高了搬迁户的非农就业比例。[②]

生计模式改变不仅提高了搬迁户的收入水平，也改变了其消费结构和消费水平，移民农户在搬迁后整体消费水平有了很大提高，各项消费的基本需求均有所提升，边际消费倾向也略有提高，说明移民对农村居民消费起到了推动作用。在经济发展水平更高与社会服务更完善的空间中，农户家庭将会有更高层次、更高质量的发展，其消费观念也逐渐趋同于城镇居民。

① 西安网．http://o.xiancity.cn/system/2017/06/26/030279344.shtml. 2017－06－26.

② 黎洁．陕西安康移民搬迁农户生计选择与分工分业的现状与影响因素分析——兼论陕南避灾移民搬迁农户的就地就近城镇化[J]．西安交通大学学报，2017(1).

第三,住有所居是最大的民生。“各安其居而乐其业”,居住是人类生存的最基本需求之一,而且是改善民生的关键所在。平利县坚持“三优先,抓两头”①的原则,将居住在深山区条件恶劣的居民搬迁到统一规划的安置点。陕南移民安置点的选择充分考虑到资源环境承载能力及地质灾害和自然灾害威胁,避开险滩沟壑、陡坡山梁,将零星分散居住在高山深谷的农户迁移到相对平坦开阔的安全地带;移民农户的住房由之前安全性和稳定性较差的土坯房、石头房、木头房等变为砖混结构房屋,住房质量和居住条件得到了极大改善。截至2016年,全县先后建成移民搬迁集中安置区130个,搬迁贫困群众4.8万人,使搬迁群众彻底远离了地质洪涝灾害,跳出“受灾—重建—再受灾”的恶性循环,百姓的生命财产得到了保障。

(2)社会效益突出

第一,不断完善基础设施,提高移民的生活便利度。“搬得出”是前提,“稳得住”才是关键。平利县坚持把基础设施建设作为移民搬迁的重要内容,加大财政投入,2016年累计整合资金3亿多元,对每个移民搬迁安置区的道路基础建设、绿化地、设施完善的社区广场和运动场、幼儿园、卫生室、社区服务中心等公共服务设施进行统筹规划建设,让搬迁群众住进水、电、路等基础设施完善,教育、文化、医疗等服务便捷的新型社区,让搬迁群众享受到与城市居民一样的基础设施和公共服务,逐步解决了移民的子女教育和老人养老问题。使移民的新家比老家条件好、环境好,改善了移民的生活环境,提高了移民的生活质量。

第二,多方举措助健康脱贫,防因病致贫返贫。以习近平总书记关于“精准扶贫”和“健康中国”的重要论述为指导,以聚焦群众“看得起病、看得好病”为宗旨,为解决“因病致贫、因病返贫”两大突出问题,平利县按照政策通过政府资助提高贫困人口新农合参保率,截至2016年年底,新农保参合率达96.4%,力争2017年让所有贫困人口新农合、大病保险、大病补充保险参保率达到100%;通过“五重保障”最大限度地提高省内住院合规费用;通过在贫困村、搬迁安置点建设标准化卫生室,使群众小病就近解决;通过“责任医师团队”医疗服务帮扶对健康脱贫家庭实施“一对一”精准帮扶。

---

① “三优先”就是指地质灾害易发区域优先,高山深沟等生存条件恶劣区群众优先,危房户和困难户优先;“抓两头”,就是指一手抓有搬迁能力、有搬迁愿望的农户,一手抓贫困户、特困户搬迁安置。

第三，大力开展教育脱贫。教育扶贫就是通过在农村普及教育，使农民有机会得到他们所要的教育，习近平总书记曾说过“扶贫必扶智”，让贫困地区的孩子们接受良好教育，是扶贫开发的重要任务，也是阻断贫困代际传递的重要途径和提升贫困群众造血能力的重要抓手。在省委、省政府的指导下，平利县落实十三年免费教育，着力构建从学前教育到大学直至就业的一条龙帮扶机制，使所有贫困家庭的孩子“上得起学，一个都不辍学”，彻底斩断贫困代际相传的穷根；加强贫困地区基础教育和职业教育，实施城市教师到贫困地区支教制度，提高贫困地区的教育水平；鼓励社会各界向贫困地区中小学捐钱捐物，帮助贫困学生渡过难关。

(3)生态环境改善卓有成效

第一，迁出地自然环境得以恢复。移民前，由于自然条件恶劣，受土地规模、水利基础设施制约，农户生计基础薄弱，迫于生存的压力，成本最低的生活不外乎直接取自于自然，滥砍滥伐破坏了自然环境的生物平衡，导致植被破坏，水土流失严重，泥石流、山体滑坡等地质灾害频发，生态环境进一步恶化。搬迁后，一方面，开展宅基地腾退工作，有利于实现土地综合利用；另一方面，减少了对自然环境的人为扰动，迁出地自然环境得以恢复。平利移民搬迁把生态环境保护摆在重要位置，通过人退林进，实现了陡坡地退耕还林、还草，缓解了人口与资源的矛盾，有效减少了对自然环境的人为扰动，促进了群众搬迁地自然生态环境的恢复，为天然林保护、水源地保护和生态涵养奠定了基础。2016 年平利县高标准腾退农村住宅 2000 多亩，进行复垦还林，大力推进植树造林，完成植树造林 3.5 万亩，退耕还林 1.5 万亩，植被覆盖率提高了 4.5%，森林覆盖率达 78%。宅基地复垦以及退耕还林、还草、政策的配合实施在很大程度上减少了环境的承载压力，水土保持效果提升明显，生态移民政策的实施使平利县生态环境得到了极大改善。

第二，迁入地生态环境优良。一方面，平利县移民搬迁安置工程 90% 是通过集中安置的方式，从根本上改变了搬迁群众的生存环境。农户从原来交通不便、生存环境恶劣、自然资源匮乏和基础设施落后的山区搬迁至地势开阔、人口集聚、交通便利的安置点，居住环境显著提升，相应的基础设施正在不断完善，从原来不通水、不通电、不通广播电视，到搬迁后家家通自来水、通电、通广播电视和最体现卫生习惯的厕所，发生了革命性的变化。另一方面，平利县以社区工厂创新工业组织和发展形式，形成了一批小而精、小而美的企业,基本做到了无污染、低能耗,在满足加强生态环境保护约束的同时,实现了发展制造业,进而带动移民搬迁户"稳得住、能脱贫、快致富",为在陕南和国家其他生态脆弱区、限制开发区发展制造业进行了有益尝试。

(4)**文化效益显著**

平利在推进易地移民搬迁工程中一手抓社区工厂培育,一手抓社区文化建设。以社区文化建设推动社区的社会融合与社区居民生活方式的转型,从转变风俗习惯入手,以建立良好的风俗习惯为主,以各种公共规范、公共舆论宣传、公共文化活动等多种方式加以推广,帮助搬迁移民逐步从日常生活中的小事、从一些习惯的培养开始,向社区生活转变,带动社区社会管理从被动向主动转变。平利县在培育新社区文化建设方面主要采取了以下几种方式:一是加强社区文化活动中心建设,配齐电脑、图书,开办"农家书屋",培养移民户爱好学习的好习惯;二是举办"文明社区""文明户"等活动,通过活动增强移民维护社区环境和社区名誉的意识,培育移民的社区归属感和荣誉感;三是以精神文明建设为纽带,在社区范围内的单位(如镇机关、供电所、学校、幼儿园等单位),悬挂古代二十四孝、现代二十四孝图,制作"弟子规""孝德"文化墙,用书画艺术倡导廉政、传承孝德、美化新农村,弘扬了文明健康、积极向上的乡村文化风气;第四,组织社区文化人员培训,培养社区文化业务骨干,提高社区干部和骨干群众组织文化活动的能力,推动社区文化建设的发展。

8.2.4 平利"社区工厂"精准扶贫模式探索与实践的意义

第一,平利"社区工厂"精准扶贫模式是化解扶贫移民适应期困境的有效途径。扶贫移民适应期是指在移民自搬迁安置开始至其在安置区实现社会经济适应所需要的时间段。在此期间要解决的关键是稳得住,核心是解决移民户的生计资源接续、社会关系网络重构、生计能力提升等 3 个相互衔接的问题。平利社区工厂有效破解了这一问题,找到了移民搬迁后脱贫致富的好路子。通过"新建一个搬迁社区,必须配套兴办一个社区工厂"的举措,同时辅以"社区 + 农业园区""社区 + 乡村旅游"等发展路径,使搬迁群众能够灵活就业、提升能力,最终实现安居乐业、脱贫致富。

第二,平利"社区工厂"精准扶贫模式是破解农村"三留守"问题的有力措施。"三留守"问题已然成为我国农村,特别是农村贫困地区十分头疼而又难以破解的社会问题。平利通过创办社区工厂，抓住“三留守”中留守妇女这个关键，能够让她们在家门口就业，做到“挣钱和顾家”两不误，从而出现向好局面：丈夫外出打工“挣大钱”致富，妻子在社区工厂上班“挣工资”养家，既照顾了老人和孩子，又成就了个人发展，农村“三留守”问题迎刃而解。同时，妇女进入社区工厂，也有助于形成“人人有事干、村村讲和谐”的农村精神文明新风尚。

第三，平利“社区工厂”精准扶贫模式是陕南生态脆弱区发展制造业的有益尝试。陕南地区生态脆弱、地质灾害多发，安康全域都是国家主体功能区的试点示范地区，平利县又是国家“南水北调”的重要水源涵养区和国家主体功能区规划中的限制开发区。平利县以社区工厂创新工业组织和发展形式，形成了一批小而精、小而美的企业，基本做到了无污染、低能耗，在满足强生态环境保护约束的同时，实现了发展制造业，进而带动移民搬迁户“稳得住、能脱贫、快致富”，为在陕南和国家其他生态脆弱区、限制开发区发展制造业进行了有益尝试。

第四，平利“社区工厂”精准扶贫模式是激发二次人口红利的积极探索。随着我国劳动力成本的不断上升，我国经济发展中低成本劳动力向城市转移而形成的第一次人口红利已基本消退。而由移民搬迁集中安置所形成的社区，聚集了相当数量需要照顾家庭而留在社区的妇女和中老年人，这部分人是农村走不出去的剩余劳动力，人工成本相对低廉，为从事劳动密集型的手工制造业提供了新的劳动力资源。平利社区工厂，能充分利用这部分劳动力资源，通过生产技术培训，让他们在社区工厂就地就业。这样也能有效降低企业的各项交易费用，使企业能够无后顾之忧地雇佣更多的劳动力。这一模式如能在类似地区推广，就能大规模激发我国第二次人口红利，使人力资源优势转化为发展优势。

第五，平利“社区工厂”精准扶贫模式是我国中西部承接东部制造业转移的可行路径。经济新常态下，我国东部地区面临产业创新发展、升级发展的迫切任务，客观要求中西部地区主动承接东部地区部分传统制造业转移，但是，除重庆 IT 产业、广西汽车制造业等少数成功个案外，这一国家政策提出已久、理论界长期研究的区际产业转移并未广泛出现。平利社区工厂的出现是中西部，特别是中西部落后地区承接东部制造业转移的有益探索和积极尝试，也是我国在向制造业强国迈进的同时巩固制造业大国地位的可行路径。

8.3 云南大关易地移民“搬迁+造血”式扶贫的做法及效益

大关县地处云南省最为贫穷的昭通地区腹地。自然条件恶劣,生态环境脆弱,人均资源不足,基础设施建设和产业发展难度大、贫困群众增收渠道少,是集山区、民族、贫困于一体的国家级重点扶贫开发重点县之一,也是乌蒙山区发展与扶贫攻坚的38个县之一。为了从根本上解决贫困问题,加快大关经济发展,推动大关与全省同步建成小康社会,大关根据《昭通市易地扶贫搬迁“十三五”实施规划》对生存环境恶劣地区的农村贫困人口实施易地搬迁安置,根本改善其生存和发展环境,并从产业支持、教育技能培训、社会保障等方面彻底消除致贫根源。形成了易地移民“搬迁+造血”式扶贫的做法,值得从理论层面进行总结,在实践上进行推广。

8.3.1 大关县贫困现状及成因分析

(1)贫困现状分析

云南省昭通市大关县位于乌蒙山区腹心地带,全县面积1721平方公里,辖8镇1乡85个村(社区),有苗、彝、回等21个少数民族,总人口28.35万人。截至2016年,大关县仍有6个贫困乡镇、68个贫困行政村,建档立卡贫困户19273户、贫困人口73026人,贫困发生率9.11%,居昭通市第2位、云南省第12位。贫困人口之多、贫困程度之深使其脱贫任务更加艰巨。目前,大关县脱贫攻坚工作进入到“攻坚拔寨”的冲刺阶段,该县计划2016—2018年每年实现1个贫困乡镇15个贫困村1.8万人脱贫出列,2019年确保剩余3个贫困乡镇23个贫困村剩余贫困人口全部脱贫出列,全县脱贫摘帽。

表8-1 大关县贫困人口区域分布情况

乡镇名称	上高桥乡	玉碗镇	翠华镇	悦乐镇	寿山镇
贫困户户数/户	1748	1186	1764	2009	1972
贫困人口数量/人	6650	3848	6399	7698	7814
乡镇名称	高桥镇	木杆镇	吉利镇	天星镇	
贫困户户数/户	2081	1486	1290	5737	
贫困人口数量/人	8647	5968	4919	21083	

资料来源:根据《大关县贫困人口摸底排查报告》整理。

表 8-2 大关县贫困人口致贫原因情况

致贫原因	因病	因残	因学	因灾	缺地	缺水
贫困户户数	2239	456	1193	256	103	2486
占比(%)	11.62	2.37	6.19	1.33	0.53	12.9
致贫原因	缺技术	缺劳动力	缺资金	交通落后	自身发展不足	其他
贫困户户数	3264	3874	2932	1460	493	517
占比(%)	16.94	20.1	15.21	7.58	2.56	2.68

资料来源:根据《大关县贫困人口摸底排查报告》整理。

如表 8-1 显示,大关县贫困人口分布在全县 8 镇 1 乡,玉碗镇贫困人口数量最少,天星镇贫困人口数量最多。表 8-2 为大关县贫困人口致贫原因情况,缺技术、缺劳动力、缺资金是主要致贫原因,可见,发展产业、提升经济发展质量是大关县脱贫攻坚的基本方向。表 8-3 为大关县贫困人口年龄分布情况,贫困人口在各个年龄段分布较为均匀,但贫困人口呈现年轻化趋势。表 8-4 为大关县贫困人口受教育程度分布情况,初中以下贫困人口占据绝大多数,说明贫困人口受教育程度较低,教育缺乏是致贫的重要因素。

表 8-3 大关县贫困人口年龄分布

年龄分组	18 周岁以下	18-30 岁	31-40 岁	41-50 岁	51-60 岁	60 岁以上
人数	19162	18076	10100	10585	7000	8102
占比(%)	26.24	24.75	13.83	14.49	9.59	11.09

资料来源:根据《大关县贫困人口摸底排查报告》整理。

表 8-4 大关县贫困人口受教育程度分布情况

受教育程度	文盲半文盲	小学	初中	高中	大专及以上	其他
人数	6377	47224	13694	2282	836	2613
占比(%)	8.73	64.67	18.75	3.12	1.14	3.58

资料来源:根据《大关县贫困人口摸底排查报告》整理。

(2)贫困成因分析

造成大关县贫困问题突出的主要原因有五方面:第一,自然条件较差。大关县国土面积 99% 以上为坡地,大部分贫困人口居住在高寒地区、高二半山区。第二,资源贫乏。居住区可开发利用的资源较少,土地贫瘠,产出率低,人地矛盾突出。第三,基础设施落后。基础设施无法支撑农村经济的发展,农田水利灌溉设施不足,有效灌溉保证率仅 35%。第四,自然灾害频发。滑坡、泥石流、洪涝等自然灾害易发,频发,无灾不成年,防灾减灾任务繁重。第五,教育、文化意识淡薄。劳动者受教育程度普遍较低,发展观念严重滞后。

8.3.2 大关县易地移民"搬迁+造血"式扶贫的做法及取得的成效

围绕2019年脱贫摘帽出列、2020年全面建成小康社会总目标,云南大关县以脱贫攻坚统领"十三五"经济社会发展全局,紧扣6个贫困乡镇68个贫困村出列,19273户73026人建档立卡贫困人口脱贫目标,按照政府规划制定扶贫的工作思路,通过易地搬迁工程"挪穷窝",通过产业支持"换穷业",通过教育技能培训"斩穷根",通过社会保障医疗帮扶惠民生。

(1)大关县改善贫困人口经济状况的做法及成效

在改善贫困人口的经济状况方面,大关主要通过易地移民搬迁"挪穷窝"、产业发展"换穷业"、劳动力转移促收入和劳动技能培训提工资来提高和改善贫困户的生产生活条件。

第一,移民搬迁"挪穷窝"。大关县易地扶贫搬迁的对象是生活在环境恶劣、不具备基本生产和发展条件、"一方水土养不活一方人"的深山区、石山区、荒漠区、地方病多发区等地区,且具备搬迁和安置条件的农村贫困人口。根据迁出地的村落分布情况,主要采取以自然村落为单元整体迁出和以自然村落为单元部分迁出两种方式。对于零散分布的自然村落和零散住户,一次性全部迁出;对于规模较大且必须全部迁出的自然村落,根据安置地情况统一规划,分批迁出。运用"干部上山、群众下山"的工作方法,按照高搬矮、远搬近、寒搬暖、散搬聚、危搬安、差搬好,和近村委会、近学校、近卫生室、近乡村公路干线、近城镇"六搬五近"的易地扶贫搬迁原则,在2016—2018年完成9个乡(镇)47个行政村47个易地扶贫安居工程项目,安置搬迁农户3412户13898人(其中建档立卡贫困农户2578户10620人)。安置住房建设根据安置区实际,可采取"统规自建、统规联建、统规统建"3种方式。建档立卡贫困人口按照人均2万元的标注补助,签订旧房拆除协议并按期拆除的建档立卡贫困人口人均奖励0.6万元,同步搬迁户户均补助不低于1.5万元。有贷款意愿的,可按6万元/户的限额通过县级扶贫公司申请农发行易地扶贫搬迁项目贷款。全县易地扶贫搬迁项目总投资79153.3万元。计划新建安居房3412套290520平方米(其中,建档立卡户2578套265500平方米。)项目投资33867万元(其中,建档立卡户投资27612万元);安置区配套设施建设投资40376.95万元(其中,配套基础设施投资30375.71万元,公共服务设施投资8255万元,土地整治投资1746.24万元);迁出区生态修复投资400.24万元;其他项目投资4509.11万元。截至2016年12月,累计完成投资19721.81万元,已经竣工1106户。分散安居房竣工377户(建档立卡280户),入住55户194人。集中安置竣工729户(建档立卡529户),入住24户88人。建设道路19.49公里、饮水管道5.3公里。

表8-5 大关县2016—2018年易地扶贫搬迁规划

年份	2016		2017		2018	
类型	搬迁规模	建档立卡	搬迁规模	建档立卡	搬迁规模	建档立卡
搬迁户数	1671	1223	1010	799	731	556
搬迁人数	6821	4989	4158	3322	2929	2309

资料来源:根据《大关县易地扶贫搬迁三年行动计划实施方案》整理。

第二,产业扶持"换穷业"。大关县产业扶贫以打造高原特色农业品牌为主攻方向,以茶、竹、药、菜、畜5个优势产业为主要内容,以"企业+合作社+基地+农户"为主要模式。2016年以来,大关县相继召开全县高原特色农业发展大会以及茶叶、中药材、畜牧、蔬菜产业专题会议,发展内源式的产业扶贫。大关县产业扶贫的总体思路和目标是:以高原特色农业为统领,远抓"林竹果"、近抓"药蔬畜",着眼小而精,大力推广"公司+合作社+基地+农户""党支部+合作社+大户+农户"发展模式,重点发展畜牧、中药材、茶叶、竹子、果蔬"五大产业"。在"十二五"期间,计划新增茶、竹、药面积13.5万亩,优质蔬菜13万亩,水果4万亩,新增畜禽出栏47.5万头(匹、只),农业总产值年均增速9%以上,带动建档立卡贫困户10588户30950人脱贫。2016年,大关县财政安排产业发展引导专项资金500万元,从扶贫切块资金中安排产业扶贫资金1277万元,农村信用社发放扶贫再贷款1000万元,发放小额到户贴息贷款9000万元,扶持产业发展。培育农业龙头企业12个、专业合作社163个,推动形成了以翠贡茶庄园为龙头的2.7万亩茶叶基地,以滇莼药业、益康百草为龙头的10万亩中药材基地,以乌撒牧业、琦鑫公司、华曦牧业为龙头的养殖加工基地,实现了由扶人、扶村到扶产业的转变,确保每个产业都至少有一个龙头企业带动、每户贫困户都至少参与一项产业发展。

第三,实施岗位安置、技能扶贫工程增收入。大关县除了大力发展产业、就地增加贫困户非农就业机会,还采取各种办法提高贫困户的非农就业能力,千方百计地提高贫困户的工资性收入。一是就地安置一批,为2.22万名贫困劳动力建档立卡账,制订《大关县技能扶贫和农村贫困劳动力转移就业专项行动四年规划(2016—2019)》,县内党政机关、企事业单位开发公益性岗位、临时用工、护林员等岗位时优先招录建档立卡贫困户劳动力,2016年共招聘102人。二是技能培训输出一批,技能培训对移民外出务工就业结构的提升发挥了重要的作用,为移民生计模式的持续提高了人力资本水平。现在年轻移民进入企业稳定就业的机会增加了,这与中老年移民只能在建筑工地上从事季节性工作有巨大差别。通过培训以后,一些移民开始从事有一定技术含量的工作,如从事以钢筋工、电焊工、种植养殖、汽车修理、芦笙制作为主要项目。2016年,大关实施技能培训9990人,对2016年出列的15个贫困村,培训贫困劳动力1万多人,转移输出农村劳动力5000人以上,其中各类技能扶贫培训8036人,抓住广东中山市对口帮扶协作机会,加大与广州、江苏、浙江等用工密集地区企业的联系,组织开展"订单式"培训、"定向式"输出。大关县力争在脱贫攻坚期内培训贫困劳动力4.3万人次,转移输出2.1万人,实现务工工资收入4.06亿元,带动4681户17790人脱贫。

(2)**大关县提高贫困人口社会保障和公共服务的做法及成效**

搬迁移民的社会适应对于移民搬迁工程的重要性早已引起政府和学界的重视,而移民的人力资本水平的提升和社会保障体系的完善在移民社会适应中发挥着极为重要的作用。人力资本是体现在劳动者身上的"一种资本的类型",通过劳动者的知识水平、技术水平以及工作能力等来表示,主要包括年龄、受教育程度、健康状况、技能培训、工作经历等个人特征。一般来讲,对移民搬迁户人力资本水平提升的度量主要取决于农户家庭劳动力的受教育程度、技能、经验和健康水平等。在社会保障、教育、医疗卫生等公共服务方面,大关县主要通过教育"斩穷根"、基础设施"通富路"、医疗卫生"保体质"等实现。

第一,狠抓教育扶贫。大关抓住国家教育扶贫的机遇,多管齐下抓教育,提高贫困户的生计维持能力,从根源上脱贫。一是严格执行国家教育扶贫政策,2016年对义务教育阶段在读的15396名建档立卡贫困学生全部享受"两免一补"政策,资助学前教育困难学生398人11.94万元,免除普通高中建档立卡家庭困难学生学杂费1970人78.8万元,发放普通高中国家助学金1217人218.55万元。这些教育扶贫政策的实施,效果显著。2016年,贫困地区学前教育入园率达62.02%,义务教育阶段毛入学率达99%,高中阶段毛入学率达 63.62%，均比上年度有大幅度提高。二是扎实推进生源地助学贷款。2016 年全县生源地信用助学贷款惠及贫困学子 1290 人，贷款资金 990.47 万元，有效解决了贫困学子读书难的问题，助家庭经济困难学子圆了大学梦。三是强化控辍保学措施。2016 年针对全县义务教育阶段建档立卡贫困户辍学学生 47 名，落实干部、教师包保责任和群众主体责任，劝返 47 名学生返校就学。主要由挂钩帮扶干部作为具体责任人，整合教师、村干部、驻村队员的力量，逐个劝返上学。对随父母在外上学的，由村"两委"联系家长出具就学证明；对厌学的学生，劝其到县职业中学举办的"3 + X"（技能培训）短期班就读，确保控辍保学任务达到国家规定标准。四是实行激励措施提高教师素质，提升教育教学水平。2016 年开始投资 3.56 亿元创办"致远"特色班提升教育质量，联合西部人才基金会实施"彩烛工程"提高教师素质，乡镇每学年召开一次教育工作会，县委、县政府每两年评选表彰一批优秀教师和学科带头人，营造尊师重教的氛围。

第二，落实惠民政策促进教育公平。健康和营养是影响贫困地区儿童教育质量的关键影响因素之一，由于贫困和父母受教育水平低，家庭无法在对孩子的健康和营养方面提供充足的关照，大关县通过制定惠民政策提升贫困儿童的营养健康水平，促进教育公平。一是有序推进营养改善计划工程。严格学生营养改善计划"1345"过程管理，①提升学生的营养水平。2016 年，全县享受农村义务教育学生营养改善计划的学校 124 所，受益学生 30409 人。二是抓好项目建设促进均衡发展。2016 年全面完成 2014 年以来下达大关县的校安工程项目 26 项 13089 平方米，资金 2500 万元。三是有序推进"全面改薄"项目建设。2014 年以来下达大关县"全面改薄"项目 248 个 180492 平方米，资金 16414.02 万元。截至 2016 年年底，已开工 241 个 171005 平方米，完工 191 个 139312 平方米。大大提高了贫困地区儿童的教育获得水平。

第三，实施健康扶贫工程"强体质"。贫困人群由于观念、经济状况等原因，身体健康水平低是不争的事实，因病致贫、因病返贫是脱贫攻坚工程中

① 为确保学生营养餐的安全，昭通市食安办联合市教育局、市食药监局在全市学生营养改善计划学校推广"1345"过程管理制度，即 1 个实名制管理系统，防止冒充冒领；入库、出库、食品添加剂和索证索票 3 本台账；学生实名制、物资采购信息、食谱、资金结余 4 个公示；安全检查、食品留样、餐具消毒、剩余物处理、教师陪餐 5 个记录。

重要的任务。大关县通过医疗卫生建设、医疗帮扶和提高医疗保险率等措施提高贫困人员的身体健康水平。一是医疗卫生基础设施得到显著改善,提高了移民户就医的便利度。截至2016年年底,建成乡镇卫生院业务用房8个、标准化卫生室82个,实现行政村全覆盖,移民贫困户看病便利化水平得到改善,身体健康有保障。二是医护人员挂钩扶贫。2016年派医护人员定点挂钩贫困村开展义诊400余人次,接诊群众5000余人次,免费发放药品27万元,大大降低了因病返贫的概率。三是贫困移民户医疗参保率大幅度提高。2016年年底,大关县合作医疗参与比例达到97%,报销医疗费用1.25亿元,群众受益率39.7%,群众因病返贫问题得到有效解决;对健康扶贫对象看病就医实行"先看病,后结算",确保老百姓有病得到及时医治,受益2864户10751人。

第四,实施社会保障工程"惠民生"。2016年,大关县主要采取三方面措施提高贫困人口的社会服务水平,一是健全城乡社会保障体系,扩大养老、医疗、失业、工伤、生育等社会保险覆盖范围,保障4003户8024名建档立卡贫困户稳定脱贫。二是积极探索基本养老与社会养老有机融合,争取国开行专项建设基金7500万元,争取中华慈善总会、省慈善会、香港苗圃等项目资金834万元,建设"关阳·山水间"养老养生服务平台、木杆敬老院附属工程、儿童福利院等项目。三是统筹救助体系,强化政策衔接,使全县4154名80岁以上老人、34891名城乡困难群众、161名孤儿、4160名残疾人享受补助。

第五,实施"五网"工程,提高移民户的生活环境质量。大关地处乌蒙片区,地域偏远、交通闭塞、人均可利用资源匮乏、生态环境恶劣等一定程度导致了公共服务和社会事业欠缺等社会问题,进而导致可持续发展能力不足;落后的社会经济现状又制约着自然条件的改善和利用,为了解决贫困地区"不通路""不通自来水""不通电"和"不通网"等难题,大关县2016年累计完成投资2.3亿元,推进太华水库、广东坝水库等重点水源工程建设,使全县19.6万人实现饮水安全,其中建档立卡贫困人口6.4万人;麻昭高速公路建成通车覆盖4个乡镇,国道213线改造覆盖6个乡镇,贫困乡镇通高速路达到66%、通二级路率达到50%,建制村公路硬化率75%,村组公路通车率87%;实施农村电网改造、光纤入户工程,完善农村互联网、移动电话、广播电视等基础设施建设,贫困村用电安全率达到92%、广播电视信号覆盖率达到99%、手机信号覆盖率达到97%，大大改善了贫困山区出行难、看电视难、上网难等状况。

（3）大关县在引进社会力量参与扶贫工作的做法和收益

大关县积极吸引全国、全社会各种力量帮助本地开展扶贫工作。如国家行政学院安排资金120万元解决挂钩村的饮水问题；省委老干局协调社会扶贫捐款资金10万元，为挂钩村争取项目资金150万元；西南林业大学安排专项资金，帮助发展村级集体经济、组建专业合作社，扶持挂钩村贫困户发展蜜蜂、生猪养殖，为建档立卡贫困户提供20个工勤岗位；广东省中山市对口帮扶1000万元实施三江口集中安置示范点项目。2016年各级挂钩单位整合资金500万元修建村级活动场所17个，各挂包单位直接投入资金1540万元，协调和引进资金6421万元，受益36295人，组织“扶贫日”捐款活动，获捐赠342万元。

（4）大关县改善贫困地区生态环境的做法及效益

大关县通过实施人居环境提升工程，在提高搬迁户的生态环境方面取得了显著成效。从2015年年底，大关县制定城乡人居环境提升五年行动计划开始，在农村全面实施“七改三清”，截至2016年，改路385公里、改房5498户、改水3093户、改电29540户、改圈6402户、改厕4568户、改灶5317户；清洁水源217处、清洁田园98平方公里、清洁家园10955户，受益64743人。改造前由于生活条件差、生活方式落后，脏、乱、差现象较为普遍，改造搬迁后，搬进新居的农户由于生活环境得到了改善，精神面貌有了明显的变化，不讲卫生的情况改变了，村貌、村容焕然一新。

8.3.3 大关县易地“搬迁+造血”式扶贫的保障机制

大关县易地“搬迁+造血”式扶贫之所以能取得上述四方面成效，重要原因是大关县形成了有效、有力的扶贫工作保障机制和体系。

第一，建好指挥系统。大关县成立县脱贫攻坚指挥部，由党政主要领导任指挥长，抽调27名精干力量与扶贫办17名干部组建脱贫攻坚指挥部，下设综合协调组、产业发展组、项目规划组、易地搬迁组、资金保障组、督查组，实现人在指挥部集中；指挥部牵头抓总，定期收集研究脱贫攻坚政策，先后印制《易地搬迁政策汇编》《金融扶贫政策汇编》等22820册发放到干部群众手中，实现政策在指挥部集中。统筹省、市、县125家挂钩单位，下派68支驻村扶贫工作队371名驻村队员，实现工作力量在指挥部整合;以脱贫出列时间为序,按照先急后缓的原则,由指挥部项目组统一将贫困村精准扶贫规划项目交由职能部门认领和组织实施,实现项目资金在指挥部整合。

第二,落实脱贫责任。在层层签订脱贫攻坚“军令状”的基础上,实行干部“大走访”制度,县处级领导分别挂包1个贫困乡镇、1~2个贫困村、1~2个易地安置点,结对帮扶5户以上贫困户,每月不重复走访10户以上,每月至少主持召开1次镇村干部会议;乡镇党委书记、乡镇长、副书记和人大主席每月不重复走访20~30户,每月至少主持召开1次村组干部会议;各乡镇挂村干部每季度至少主持召开1次自然村或村民小组群众大会。国家、省、市、县、乡125家挂包单位至少挂包1个贫困村,每名干部职工至少帮扶2户贫困户,实现贫困户帮扶责任全覆盖。

第三,建立激励机制。把脱贫攻坚工作纳入乡镇、部门年度考评,分值占比15%,压实各级责任。制定脱贫攻坚考核奖励办法,对工作做得好的部门、乡镇、驻村扶贫工作队队长和队员进行奖励;对工作做得差的进行约谈、召回、停职、免职等处理。

第四,强化宣传保障。在公路沿线制作大型户外宣传牌30余块,各乡镇、行政村张贴宣传标语2条以上;县级媒体开办脱贫攻坚专栏;组织开展一部报告文学、一部宣传片、一本画册、一场演讲比赛、一台文艺演出、一本政策汇编、一本扶贫日记“七个一”宣传活动,开展演出16场次,受众达2.6万人。

第五,加强督促检查。成立9个脱贫攻坚督导组,所有县级领导分别挂钩贫困村和易地扶贫搬迁安置点,每月至少督导一次脱贫攻坚工作;县委常委会、政府常务会每月听取脱贫攻坚工作汇报,形成问题清单,层层交办。县纪委牵头,有关部门参与,开展明察暗访,对进展慢、问题久拖不决的乡镇和部门诫勉谈话17人次。

8.4 豫西嵩县山区“易地搬迁+产业扶持”精准扶贫模式

嵩县位于河南省洛阳市西南部,地处伏牛山北麓及其支脉外方山和熊耳山之间,因处于嵩山起脉而得名,又简称豫西嵩县。在河南省老区的贫困县中有一定的代表性:是秦巴山连片扶贫开发工作重点县,底子薄、基础差,经济发展比较滞后,历史欠账较多,贫困人口比较集中。同时,又集山区、老区、生态功能区、饮用水源地保护区于一体。河南省委原书记李长春在豫西地区扶贫工作会议上曾提出:“河南脱贫看豫西、豫西脱贫看嵩县。”①嵩县总面积3009平方公里,其中深山区占95%,素有“九山半岭半分川”之称,辖16个乡镇322个行政村(社区),总人口62万,其中农村人口53万。

嵩县是河南省最早探索易地搬迁模式的试点,从2001年开始实施以来取得了很多很好的成效。但由于嵩县的自然条件和历史等原因,新阶段扶贫攻坚的任务依然十分艰巨,嵩县是否脱贫事关河南省打赢脱贫工作的进展,事关河南小康社会目标的实现。

8.4.1 豫西嵩县贫困状况及成因

历史上嵩县农民贫困人口之多、比例之高都位于河南之首,搬迁移民之前零星散居在境内深山沟壑之中,由于自然环境恶劣,基础设施落后,经济发展缓慢,群众生活极其贫困,是国家连片特困地区重点县。“山高谷深一线天,吃水用电行路难,危重病人干瞪眼,蹲山受穷一年年”是该县部分农户的真实生活写照。1986年被国务院确定为国家级贫困县,1994年被河南省确定为扶贫攻坚重点县,2002年被国家确定为新世纪扶贫开发工作重点县。其贫困状况和成因主要表现在以下6个方面:

(1)居住零星分散

地处深山区的嵩县16个乡镇318个行政村3727个村民组中有5768户共23478人散居、独居在深山区,距乡镇最近的住户有16公里,组与组之间远达10多公里,车村镇有4个村民组87户257人散居在海拔1300~1600米的高山峡谷之中,距乡镇28公里。通路难、通电难、通广播电视难、娶妻难是居住在深石山区的群众普遍的“四难”。②

(2)自然条件恶劣,交通极为不便

深山里的贫困乡村,自然条件十分险恶,在嵩县闫民乡顶心坡村,流传着这样一段顺口溜“顶心坡,穷山窝,山高坡陡石头多,上坡顶着心,下坡打错脚,三道秃子岭,四条干旱河,天旱缺水吃,下雨水冲破”。村民的愿望就是搬下山。居住在嵩县闫庄镇乔沟村的孙现力、贾麦凤这样告诉儿子:“妈妈努力养牛,争取给你在山下买个房子,让你搬到山下。”③

(3)资源禀赋差,人民群众生产生活极其困难

---

① 陈双献. 嵩县贫困人口易地搬迁势在必行[J]. 农村·农业·农民,2003(5).

② 张国荣,黄振英,赵顺庭. 大山深处的希望[J]. 中国老区建设,2016(8).

③ 《脱贫大决战》·扶贫搬迁看嵩县[Z]. FIRSTSHOW. 2016. 11.

地处深山区的嵩县、栾川、洛宁等县,耕地资源缺乏,人均耕地不足0.5亩,土地贫瘠,地块零星,多分布在山坡。水利设施薄弱,由于降雨稀少,群众日常生活十分困难,日常用水靠汲存的雨水,更不用说生产灌溉了,一没水源,二没机械设施,作为北方人主要口粮的小麦、玉米等粮食作物极难丰收,只能勉强果腹,经济收入靠养牛羊。“基本没买过新衣服,去年三十块钱买了一件衣服,平时不舍得穿,就挂在那里。逢年过节,才能让孩子们吃上一顿肉。”①

(4)**教育落后,师资缺乏,学龄儿童受教育率低**

由于地势险峻,村民居住分散,居住点离学校较远,儿童上学极其艰难,在嵩县深山区的非建制小学教学点平均不到10个学生,适龄儿童失学率达80%。师资严重缺乏且水平差,教育靠志愿者支教,师资力量非常薄弱,往往一个老师有几个班级数门课程的教学任务,破落的学校、流水的老师,教学质量可想而知。而且,人力资本流失严重,文化水平稍高的本村年轻人走出大山就再也不愿回来。

(5)**医疗卫生条件落后,医疗救助不到位**

生活在深山区的贫困群众,最担心的是生病,看病需要翻山越岭到几十里外的乡镇卫生所,因无法得到及时医治而致残、致死的情况不在少数。缺医少药、因病致贫、因病返贫更是豫西贫困山区常见的情形。

(6)**生态日渐恶化**

豫西深山区的农民,因水电路不通,只能“靠山吃山”。老百姓做饭取暖靠砍伐树木,据调查,嵩县深山居住的群众因生活而砍伐的树木人均达1500公斤以上,林业资源遭到严重破坏,生态环境日渐恶化,导致到夏季雨水季节泥石流、山体滑坡等地质灾害频发。这些都和习近平总书记倡导的青山绿水相差较大。

8.4.2 豫西嵩县“易地搬迁+产业扶持”精准扶贫模式的内涵与思路

“易地搬迁+产业扶持”精准扶贫模式的内涵包含两个环节:一是“搬”,易地搬迁脱贫主要是对居住在深山荒芜区、地质灾害区、生态保护区等生存环境差、“一方水土养不起一方人”的地方建档立卡贫困人口实施易地搬迁,努力做到“搬得出、稳得住、能致富”,在财政上加大投入力度,确保搬迁户尽

① 《脱贫大决战》·扶贫搬迁看嵩县[Z]. FIRSTSHOW. 2016. 11.

快脱贫，避免因搬致贫，从根本上解决其生计问题。二是“扶”，“产业扶贫”是指在社会、政府、企业的帮扶支持下，采取政府主导、政策引导、社会参与、群众自主相结合的方式，充分挖掘、盘活贫困地区的各类资源，按照宜工则工、宜农则农、宜商则商、宜游则游的原则，大力发展特色产业，积极探索扶持贫困群众增收致富的各种途径，兴办各类产业扶贫和产业富民项目，积极促进群众增收致富。切实把产业发展贯穿扶贫工作始终，引导带动、扶持帮助群众通过自身勤奋劳动脱贫致富。将居住在不适合人类居住且自然条件和生态环境较恶劣的贫困群众，通过政府的统一规划和安排，搬迁到适宜居住的地方以后，再通过有针对性的产业或政策扶持，实现产业多元化、多层次的结构重组，形成特色经济，让搬迁人口获得一定的科学生产技能，改变其贫穷落后的现居环境、生活和生产条件，使其拥有更为良好的生存条件。豫西嵩县通过易地搬迁和产业扶持改善了搬迁贫困户的经济、社会、生态状况，挖掉了“一方水土养不活一方人”的“穷根”。

（1）**积极推进易地扶贫搬迁工程**

第一，遵循政府主导、群众自愿的原则。首先，根据搬迁户的实际情况，因地制宜、统一规划、分步实施，以群众自筹为主、国家和社会扶持为辅，鼓励符合条件的贫困村整村搬迁、引导产业跟进的原则，把居住生活条件恶劣的200人以下的贫困自然村、独居和散居户搬出深山。既实现土地集约利用、公共服务设施效益最大化，又为后续产业发展打下基础。其次，在贫困户的搬迁安置问题上也因户施策，探索出“三房政策”。①

第二，加强扶贫搬迁安置点的规划建设。坚持集中安置和分散安置相结合，引导搬迁群众向县城集中、向乡镇政府所在地集中、向旅游景区服务区集中、向产业集聚区生活区集中。鼓励搬迁群众在城市区、乡镇政府所在地自行购买住房，分散安置。

第三，加大搬迁资金投入力度。积极整合扶贫搬迁、生态搬迁、移民搬迁、危房改造等政策资金资源，建立差别化补贴机制，不断提高特困群众扶贫搬迁补助标准。积极探索搬迁原村“人地挂钩”土地整理、承包土地经营

---

① “三房政策”，即对无搬迁能力的鳏寡孤独人员由政府出资建设30平方米的一室一厅周转房，产权归集体，群众免费使用，其生活由福利院包下来，全部实行集中供养；对人口较少的特困户保障房，通过差别化重点补贴，为其建设60平方米的两室一厅保障房；对有一定筹资能力的一般贫困户，为其建设90~120平方米的三室一厅普通安置房。

权抵押融资等办法,拓宽贫困群众的融资渠道。

第四,做好搬迁户“稳得住”工作。鼓励和引导搬迁村盘活原村的宅基地、农田、林地、荒山及特色产业等资源,通过土地等资源的确权确股,引进产业化项目,发展现代农业和适宜的加工项目,拓展搬迁户的就业增收渠道。抓好搬迁群众实用技术和劳动力转移就业培训,为搬迁户增加收入提供有利条件。结合易地扶贫搬迁,开展贫困群众户籍管理改革试点,为搬迁到城镇的贫困群众转为城镇户口开辟绿色通道。

(2)**加快建设产业扶贫工程**

第一,充分尊重市场规律和群众意愿。编制切实可行的贫困县、贫困村特色产业发展规划,培育贫困村相对稳定的主导产业,提高贫困户的参与度和收益度。逐步实现每个贫困村都有1个至2个主导产业,能够吸纳50%以上的农户参与,实现50%以上的贫困村劳动力在非农产业就业。实现搬迁贫困户在职业上去农化、居住的城市化和生计模式的可持续化。

第二,坚持从实际出发,因地制宜,开发资源,着力培育特色产业。结合农户的实际技能特长,充分利用当地资源,宜农则农,把种、养、加、销统一起来,畅通农产品流通渠道,完善流通网络,增加农产品附加值。深入推进科技特派员农村科技创业行动,加快现代农业科技在贫困地区的推广应用;宜游则游,拓宽农户的就业渠道。

第三,积极培育贫困地区农民合作组织。创新机制,拓展路子,提高贫困户在产业发展中的组织程度。发展“公司+农户”“公司+合作社+农户”,创新“互联网+”模式下的营销,鼓励企业从事农业产业化经营,发挥龙头企业的带动作用,探索企业与贫困农户建立利益联结机制,促进贫困农户稳定增收,有重点地扶持和带动效果好的扶贫龙头企业。

8.4.3 豫西嵩县“易地搬迁+产业扶持”精准扶贫模式的具体做法及取得的效益

豫西嵩县深山区在上级政府的领导下,充分发挥群众的主观能动性,结合自然资源禀赋和村民自愿的原则,合理规划安置点,做好住房搬迁和产业发展统筹考虑;科学布局产业,积极发展特色产业,努力解决搬迁群众的就业和生存问题;确保“搬得出、稳得住、能致富”,做到“搬一户脱贫一户”。嵩县通过实施“易地搬迁+产业扶持”,极大地改善了深石山区、高寒山区群众的生存环境,取得了良好的经济效益、社会效益、生态效益、文化效益和政治效益。

(1)经济效益:加快培育产业,提高农户的收入水平

豫西嵩县通过采取政府主导、政策引导、社会参与、群众自主相结合的方式,充分挖掘、盘活贫困地区的各类资源。按照宜工则工、宜农则农、宜商则商、宜游则游的原则,大力发展特色产业,积极探索扶持贫困群众增收致富的各种途径,切实把产业发展贯穿扶贫工作始终,引导带动、扶持帮助群众通过自身勤奋劳动脱贫致富。豫西嵩县通过培育产业,拓宽了群众的增收途径。

第一,大力发展特色产业。结合嵩县资源禀赋和村庄的自然环境,大力发展特色产业经济林和畜牧业。嵩县位于河南省西部的伏牛山北麓,属北亚热带向暖温带过渡气候,适宜生长的经济林树种多达30个以上,形成基地规模、经济效益较好的核桃、山茱萸、柿树、板栗、油桐、李子、桃、槲栎、皂角刺、花椒等10多个经济林树种。2016年嵩县发展核桃种植12.9万亩,加上板栗、山茱萸等,特色经济林总面积达26万亩,三年后将形成一项可观的产业支撑,使荒山逐步变为"金山银山"。九店乡是一个距县城30公里的贫困乡镇。在扶贫开发过程中,结合当地自然条件,将搬迁安置和发展特色产业相结合,大力发展皂角刺种植、收购和加工业,短短三四年时间,全乡种植皂角刺近2万亩,仅此一项,年收入就达6000多万元,人均增收近3000元。在适合养殖的村庄,在第一书记的带领下,在政策和资金的扶持下,采取"公司(合作社)+农户""龙头企业+合作社+农户"的发展模式,大力发展生猪、奶牛、土鸡畜牧养殖业,2016年建成500头规模的生猪育肥场20个、500头标准化奶牛养殖小区10个,养殖爬树鸡500万只,发展畜牧养殖户1200余户,大大增加了农户的收入。

第二,兴办产业园。嵩县在靠近中心市镇、交通比较便利的木植街乡阜康社区、白河镇惠安社区等8个200户以上的扶贫搬迁安置点建设了扶贫创业园,引进鞋业、服装加工等劳动密集型项目,使2000多名留守妇女实现了在家门口就业。产业园区的建设能使移民获得更多就近务工的机会,使移民可以分享到城镇发展带来的便利,提高了移民在第二、第三产业就业的比例,就业的多元化优化了移民的就业结构,也提高了移民的收入水平。

第三,发展旅游业。嵩县是河南省生态资源富集区,全县85%的县域面积具有旅游开发价值。拥有5A级景区白云山、4A级景区天池山、木札岭等12个特色旅游景区。针对"旅游是嵩县最大优势、脱贫攻坚为嵩县最艰巨任务”的县情,该县按照“旅游+扶贫”的工作思路,把旅游扶贫作为产业扶贫的主攻方向,以主体景区为核心,以乡村旅游为引擎,着力推动旅游业融合一产、带动二产、提升三产,形成了“旅游带动、脱贫加快”的发展局面,通过景区带动、公司合作、社会帮扶、美丽乡村建设、扶贫搬迁等方式,开创了旅游与扶贫的双赢格局。2011 年以来,嵩县仅在老区乡镇已建成7 个休闲农业观光园、30 个生态旅游村,建成家庭宾馆 600 余家,直接从事旅游服务的商户达3600 余家,提供就业岗位5 万多个,旅游业已成为嵩县重要的富民工程。嵩县车水镇黄水村的村民崔爱清,从深山搬迁下山之后,依托政府的扶持和当地的旅游资源,在家里办起了农家乐。“每年的五一、十一旺季,家里每天都要接待二十多个客人,一天能收入一千多元。”[①]2016 年嵩县共接待游客1200 万人次,实现综合效益 37.6 亿元,旅游业收入占农民家庭收入的比例达 68%,全县贫困人口由 2011 年的 8.46 万人减少到 2016 年年底的 4.67 万人。

(2)社会效益:改善基础设施,提高了搬迁贫困户的生活便利度

搬迁前,嵩县生产生活条件极其落后,搬迁户普遍存在“行路难、吃水难、看病难、上学难、结婚难”等问题,由于遵循“四集中”的安置点选择原则,搬迁后,搬迁扶贫安置新村一般设在乡镇所在地或大的行政村。2015 年以来,嵩县大力实施“水、电、路、气、房”环境改善,对区乡(镇)逐年集中连片实施整村推进建设。嵩县整合 3500 余万元,对 45 个村进行了改造提升,建设了集村两委办公室、卫生所、计生室、文化室、超市、远程教育等功能于一体的农村社区服务中心,建成了9 个乡级便民服务大厅;整合扶贫系统世行项目和连片开发项目、水利、交通等“以工代赈”等项目资金共 7230 万元,累计硬化通组入户道路320 公里,新建改建桥梁4 座,建设饮水工程85 处,解决了搬迁贫困户“出行难、吃水难、看病难”等问题,达到了“通路、通水、通电、通电话、通过广播电视”“五通”标准,搬迁户医疗卫生、教育条件得到了改善,民众的生活质量得到极大的提高。

(3)生态效益:生态环境得到显著改善

在嵩县,居住在深石山区的居民出于生存需要,无奈进行了大量掠夺性开垦、开采,加速了生态恶化和环境破坏。仅生活燃料一项,居住在深山的

---

① 《脱贫大决战》· 扶贫搬迁看嵩县[Z]. FIRSTSHOW. 2016. 11.

农户每年最少要用去10多方木柴。易地扶贫搬迁后,生产、生活条件得到明显改善,生产、生活方式得到根本转变,自然生态资源得到有效保护,水土流失、滑坡等自然灾害得到了有效遏制。据测算,仅以迁居农户由烧柴改沼气一项,就可有效保护山林近万亩。截至2016年年底,全县已搬迁6744户,每年仅节约木材一项可达6.8万余方,有效地保护了山区林木资源。实施搬迁扶贫使嵩县80万亩天然林得到了有效保护,10万亩坡耕地实施了退耕还林,从而恢复了山区的自然面貌,促进了资源环境的可持续发展。

(4)**政治效益:干部下乡、第一书记联盟助脱贫**

在我国政府主导的扶贫过程中,干部下乡、第一书记联盟是在贫困地区农业产业化发展中,充分发挥政府的力量、有效弥补市场力量不足的重要举措。为了开展精准扶贫工作,自2015年8月以来,中央和省、市、县委相继向嵩县95个贫困村派驻了第一书记。第一书记作为政府的权力载体和服务载体,是贫困村扶贫开发工作的第一责任人。嵩县县委抓住这一契机,整合各职能部门和第一书记派出单位的优势资源,通过建班子、引项目、推品牌、打市场、惠民生,为贫困村培育产业和转移劳动力。2015年,全县95名驻村第一书记落实扶贫项目99个,新发展项目59个,引进各类资金2593.01万元;发展农村经济合作社41个,帮助村集体增收122.4万元,惠及群众9172人。如中国节能环保集团驻九店乡石场村第一书记将无公害散养土鸡蛋卖到北京,帮助贫困户增收27180元;嵩县人社局驻德亭镇老道沟村第一书记带领48名贫困农民远赴内蒙古呼和浩特务工,每人月均增收3200元。[①]

(5)**文化效益:丰富文化建设,提升了搬迁户的幸福指数**

近年来,嵩县在移民安置点大力开展"文化建设提升年"活动,着力构建惠及全民的公共文化服务体系,全力推进村级综合文化服务中心示范点建设。2016年嵩县第一批7个村级综合文化服务中心示范点建设项目全部完成,分别是旧县镇童子庄村、大章镇闫沟村、城关镇菜园村、德亭镇下蛮峪村、田湖镇于岭村、车村镇纸房村、闫庄镇贺营村。2017年,嵩县高标准再建9个村级综合文化服务中心,5月底前已全部建成。同时,县政府计划再投资580万元,新建或改扩建村级综合文化服务中心24个,预计年底全部投入使用,以全面提升农村文化服务中心的综合能力。利用村级综合文化服务

① 王克. 河南嵩县:脱贫致富内功靠什么炼成?[N]. 中国经济周刊,2017-04-10.

中心,该县组织广场舞、戏曲、高跷、秧歌、锣鼓、唢呐、剪纸培训;组织乒协、篮协、羽毛球俱乐部,举行乒乓球、篮球培训及教学观摩赛,让村级综合文化服务中心成为群众健身运动的最佳场所。①

① 嵩县全力推进村级综合文化服务中心示范点建设[EB/OL]. http://xianqu. lyd. com. cn/system/2017/03/10/030237668. shtml.

附　录

附录1　中国各省份十八大以来城乡发展一体化政策梳理与大事回顾

1　东部省份城乡发展一体化政策梳理与大事回顾

1.1　北京市城乡发展一体化政策梳理与大事回顾

北京市委、市政府为全面贯彻落实党的十八大和十八届三中、四中、五中全会精神,深入贯彻习近平总书记系列重要讲话精神,坚持全面建成小康社会的目标要求,坚持创新、协调、绿色、开放、共享的发展理念,坚持服务首都的城市战略定位,在十八大之后出台了《京津冀协同发展规划纲要》《中共北京市委关于服务首都城市战略定位全面推进城乡发展一体化的意见》《北京城市总体规划》和《北京市土地利用总体规划》等一系列的政策、文件和规划,努力在统筹城乡关系上取得更大突破,在破解城乡二元结构上取得更大突破,在推进城乡要素平等交换上取得更大突破,在基础设施和公共服务均衡配置上取得更大突破,在生态文明建设和共享绿色福利上取得更大突破,在实现农业现代化上取得更大突破,为北京"四个中心"和国际一流的和谐宜居之都建设提供有力支撑。

(1)**北京市城乡发展一体化政策梳理与大事回顾**

2013 年 3 月 1 日,北京市人民政府印发《坚持改革创新深入推进城乡发展一体化的意见》。

2015 年 10 月 29 日,北京市人民政府印发《中共北京市委市政府关于服务首都城市战略定位全面推进城乡发展一体化的意见》。

2016 年 3 月 18 日,北京市人民政府印发《关于落实发展新理念全面提高新时期城乡一体化发展水平的意见》,就支持农家乐向特色民宿升级,打造一批高水平休闲农场和景观农业,实施“一村一品一电商”示范工程,棚户区改革政策支持范围扩大多项举措引领“十三五”农村工作提出指导意见。

2016 年 7 月 9 日,北京市人民政府印发《北京市“十三五”时期城乡一体化发展规划》,重点解决本市率先基本形成城乡发展一体化新格局后,如何落实首都城市战略定位、进一步提高城乡发展一体化水平的问题。通过健全完善城乡一体化体制机制,加大生态环境建设力度,着力解决农村基础设施、公共服务的薄弱环节,大力促进农民增收,加快产业融合发展,深化农村各项改革,不断缩小城乡差距,努力让农民享受同城里人一样的生活。

2017 年 3 月 11 日,北京市人民政府印发《关于坚持疏解整治促提升扎实推动城乡一体化发展的意见》。

2017 年 3 月 28 日,北京市规划国土委发布《关于〈北京城市总体规划(2016—2030 年)〉(草案)公告的通知》。

(2)北京市城乡空间一体化政策梳理与大事回顾

截至 2015 年年底,国家统计局北京调查总队发布的数据显示,北京城镇化率达到 86.2%,与高收入国家城镇化水平接近,产业结构也与高收入国家基本一致。目前,北京城镇化水平仅比上海低 3.6 个百分点,居全国第 2 位。

2016 年 7 月 4 日,北京市交通委员会和北京市发展改革委员会联合发布了《北京市“十三五”时期交通发展建设规划》。

2016 年 8 月 11 日,北京市发展和改革委员会印发《北京积分落户管理办法(试行)》,提出要建立完善积分落户制度,合理设置积分分值,对达到规定分值的流动人口,可以在当地申请登记常住户口。

2016 年 9 月 8 日,北京市人民政府印发《关于进一步推进户籍制度改革的实施意见》,为切实加强人口服务管理,稳步推进城镇基本公共服务常住人口全覆盖,努力建设国际一流的和谐宜居之都,就进一步推进本市户籍制度改革提出实施意见。

2016 年 10 月 1 日,北京市正式实施《居住证暂行条例》,为了推进城镇基本公共服务和便利常住人口全覆盖,制定该办法。

(3)北京市城乡经济一体化政策梳理与大事回顾

2013 年 7 月 25 日,北京市住房和城乡建设委员会印发《北京市公共租赁住房后期管理暂行办法》。

2014 年 3 月 25 日,北京市住房和城乡建设委员会印发《关于进一步加强公共租赁住房分配管理的通知》,为进一步提高公共租赁住房分配效率,加快解决北京市城镇居民住房困难问题,就进一步加强北京市公共租赁住房分配管理有关工作做出该通知。

2014 年 4 月 28 日,北京市人力资源和社会保障局印发《关于做好城镇居民大病保险工作的通知》。

2015 年 5 月 4 日,北京市住房保障办公室印发《关于进一步加强保障性住房资格审核管理有关工作的通知》。

2016 年 6 月 13 日,北京市人力资源和社会保障局和北京市发展和改革委员会联合发布《北京市"十三五"时期人力资源和社会保障发展规划》,为健全城乡一体的人力资源公共服务体系,加快机构整合,服务标准化、信息化、精细化水平全面提升,出台此规划。

2017 年 6 月 16 日,《北京市人民政府办公厅关于印发〈北京市进一步推进农垦改革发展的实施方案〉的通知》。

(4)北京市城乡社会一体化政策梳理与大事回顾

2016 年 1 月 23 日,北京市人民政府印发《关于加强农村医疗卫生建设构建城乡一体化医疗服务体系的相关意见的通知》。

2016 年 7 月,北京市人民政府转印国务院《关于统筹推进县域内城乡义务教育一体化改革发展的若干意见》。

2016 年 8 月 31 日,北京市民政局发布《北京市"十三五"时期民政事业发展规划》。

2016 年 9 月 19 日,北京市人民政府《北京市人民政府关于进一步推进户籍制度改革的实施意见》,要求取消农业户口和非农业户口性质区分,统一登记为居民户口。

2017 年 1 月 17 日,北京市人民政府办公厅印发《北京市"十三五"时期城乡老龄事业发展规划》。

2017 年 6 月 17 日,北京市人民政府办公厅印发《关于进一步做好城乡义务教育一体化改革发展相关工作文件》。

(5)北京市城乡政治文化一体化政策梳理与大事回顾

2015 年 7 月 28 日,北京市人民政府印发《关于进一步加强基层公共文化建设的意见》,为深入贯彻落实《中共中央办公厅国务院办公厅关于加快构建现代公共文化服务体系的意见》精神,强化全国文化中心的首都城市战略定位,加快构建具有首都特色的现代公共文化服务体系,扎实推进基层公共文化服务工作,满足人民群众的基本文化需求,提出该意见。

(6)北京市城乡生态环境一体化政策梳理与大事回顾

2013 年 9 月 13 日,北京市人民政府印发《北京市 2013—2017 年清洁空气行动计划》。

2016 年 12 月 28 日,北京市人民政府印发关于《北京市"十三五"时期环境保护和生态建设规划》。

2017 年 6 月 14 日,北京市人民政府新闻办公室宣布,2013 年以来,北京启动、安排重点工程生态环境提升项目共计 133 项,总投资超过 2500 亿元,通过 5 年的努力,北京市空气、交通、水环境等生态环境持续改善。空气中细颗粒物(PM2.5)下降 23.7%。

1.2 天津市城乡发展一体化政策梳理与大事回顾

天津市委、市政府高举中国特色社会主义伟大旗帜,全面贯彻党的十八大和十八届三中、四中、五中全会精神,以马克思列宁主义、毛泽东思想、邓小平理论、"三个代表"重要思想、科学发展观为指导,深入贯彻习近平总书记系列重要讲话精神,按照"四个全面"战略布局,认真落实市委决策部署,坚持发展是第一要务,牢固树立创新、协调、绿色、开放、共享的发展理念,统筹推进城乡经济建设、政治建设、文化建设、社会建设、生态文明建设和党的建设,深化落实"双城双港、相向拓展、一轴两带、南北生态"空间发展战略,主动融入京津冀城市群建设,构建以双城、辅城和中等城市、特色小城镇、美丽乡村为骨架的现代城乡体系,加快实现中央对天津的定位,全面建成高质量小康社会,不断开创美丽天津建设新局面。

(1)天津市城乡发展一体化政策梳理与大事回顾

2014 年 1 月 1 日,中共天津市委印发《关于贯彻落实〈中共中央关于全面深化改革若干重大问题的决定〉的意见》,其中就健全城乡一体化发展体制机制,形成新型工农城乡关系,加快构建新型农业经营体系,盘活农村资源资产资本,保障农民工同工同酬,鼓励社会资本投向新农村建设,统筹城乡基础设施建设和社区建设,建立城乡均衡的公共资源配置机制,促进城乡要素平等交换,推进城乡基本公共服务均等化等工作提出指导意见。

2017 年 6 月 16 日,天津市人民政府批转市发展改革委关于《2017 年深化经济体制改革重点工作意见》,就创新京津冀协同发展体制机制,健全城乡发展一体化体制机制,深化户籍制度改革,深入推进国家新型城镇化综合改革试点,推进特色小镇建设取得突破,统一城乡低保标准等工作提出指导意见。

(2)天津市城乡空间一体化政策梳理与大事回顾

截至2015年年底,天津市全市人口城市化率达到90%,滨海新区、环城四区基本实现农村城镇化。

2016年12月29日,天津市人民政府办公厅印发《关于建立我市城乡统一户口登记制度的通知》,为贯彻落实《天津市人民政府关于进一步推进户籍制度改革的意见》精神,加快推进天津市户籍制度改革的整体进程,全面促进新型城镇化建设和城乡一体化协调发展,就有关事项做出通知。

2017年3月2日,天津市人民政府办公厅印发《天津市推动非户籍人口在城市落户工作方案》,为全面深化户籍制度改革,大力推进新型城镇化建设,实现非户籍人口市民化的工作目标,结合实际,制订该方案。

(3)天津市城乡经济一体化政策梳理与大事回顾

2014年7月8日,天津市人民政府办公厅印发《关于加强城乡建设用地增减挂钩试点土地复垦工作的通知》,为扎实推动示范小城镇建设工作,经市人民政府同意,就加强城乡建设用地增减挂钩试点土地复垦工作做出部署。

2014年9月25日,天津市民政局印发《关于做好城乡特困人员供养工作的意见》,为贯彻落实《社会救助暂行办法》(国务院令第649号,以下简称《办法》),切实保障城乡特困供养对象的基本生活权益,就做好城乡特困人员供养工作提出该意见。

2016年10月20日,天津市发展和改革委员会印发《天津市加快特色小镇规划建设》,计划在示范小城镇建设基础上,加快建设一批实力小镇、特色小镇、花园小镇,增强小城镇的核心竞争力和人口吸附能力,特制定该意见。

(4)天津市城乡社会一体化政策梳理与大事回顾

2014年4月23日,天津市人民政府办公厅印发《天津市城乡居民大病保险办法》,为减轻居民基本医疗保险参保人员大病医疗费用负担,健全多层次医疗保障体系,完善医疗保险制度,结合实际,制定该办法。

2014年9月6日,天津市人民政府印发《天津市城乡居民基本养老保险实施办法》,为统筹城乡一体化发展,保障城乡居民老有所养,完善城乡基本养老保险制度体系，结合实际，制定该办法。

2015 年 1 月 27 日，天津市人力社保局印发《天津市实施城乡居民基本医疗保险若干意见经办管理办法》。

2015 年 3 月 9 日，天津市人力社保局、市财政局印发《关于调整城乡居民基础养老金和老年人生活补助标准的通知》，为进一步提高天津市城乡居民养老保障待遇水平，就有关问题做出通知。

2016 年 6 月 16 日，天津市人民政府印发《关于调整城乡低收入家庭救助有关政策的通知》，为完善社会救助制度，加大对低保边缘群体中有特殊困难家庭的救助力度，使更多的城乡低收入困难居民得到有效救助，决定调整城乡低收入家庭救助政策。

2016 年 4 月 8 日，天津市人民政府办公厅印发《关于进一步完善城乡义务教育经费保障机制的通知》，为统筹天津市城乡义务教育资源均衡配置，推动义务教育事业持续、健康发展，就有关事项做出通知。

2016 年 8 月 25 日，天津市财政局、天津市教育委员会印发《关于进一步完善城乡义务教育经费保障机制的通知》。

2017 年 3 月 24 日，天津市人民政府办公厅印发《关于改善城乡居民居住条件相关工作安排和方案的通知》，就切实把改善城乡居民居住条件作为践行“四个意识”的重要政治任务，认真落实中央决策部署和市委、市政府要求，加大组织推动力度，加快补齐民生短板，不断提高人民群众生活质量做出工作部署。

(5)天津市城乡政治文化一体化政策梳理与大事回顾

2015 年 10 月 23 日，天津市人民政府办公厅、市司法局印发《关于加快推进覆盖城乡居民的公共法律服务体系建设意见》，就加强民生领域法律服务，建设公共法律服务体系的部署，结合实际，提出意见。

2016 年 5 月 11 日，天津市文化广播影视局联合天津市财政局印发《关于开展引导城乡居民扩大文化消费试点工作的通知》。

1.3　河北省城乡发展一体化政策梳理与大事回顾

为深入贯彻习近平总书记系列重要讲话精神，建设经济强省、美丽河北，全面建成小康社会，全面深化改革，深入推进京津冀协同发展，河北省人民政府科学编制并有效实施《河北省城乡一体化第十三个五年规划》《河北城乡规划条例:河北城乡一体化规划》《河北省新型城镇化与城乡统筹示范区建设规划(2016—2020)》等政策文件,就健全城乡发展一体化体制机制,完善农村基础设施投入长效机制,推动公共服务向农村延伸,推进农业农村现代化,逐步实现城乡居民基本权益平等化、城乡公共服务均等化、城乡居民收入均衡化、城乡要素配置合理化、城乡产业发展融合化等工作作出重要部署,对实现全面建成小康社会奋斗目标具有重大战略意义。

(1)河北省城乡发展一体化政策梳理与大事回顾

2016 年 2 月 29 日,河北省人民政府办公厅印发《河北省新型城镇化与城乡统筹示范区建设规划(2016—2020)》。

2016 年 5 月 25 日,河北省第十二届人民代表大会常务委员会第二十一次会议修订通过《河北城乡规划条例:河北城乡一体化规划》。

(2)河北省城乡空间一体化政策梳理与大事回顾

2013 年 5 月 25 日,河北省人民政府办公厅印发《全省加强和改进城乡规划实施管理专项行动方案》,为强化规划监督,按照工作安排,对城乡规划实施情况进行督促管理,做出有关事项安排。

2014 年 4 月 28 日,河北省人民政府办公厅印发《关于加快推进全省城乡道路客运一体化发展的指导意见》。

截至 2015 年年底,国家统计局公布的数据显示,河北省铁路营业里程、高速公路通车里程和港口通过能力均跃居全国第 2 位,城乡交通基础设施建设实现跨越式发展。

截至 2015 年年底,国家统计局公布的数据显示,河北省常住人口城镇化率突破 50%,实现了由乡村型社会为主体向城市型社会为主体的历史性转变。

2014 年 4 月 28 日,河北省交通运输厅印发《关于加快推进全省城乡道路客运一体化发展的指导意见》。

2016 年 10 月 31 日,河北省人民政府印发《河北省推进京津冀协同发展交通一体化规划》。

(3)河北省城乡经济一体化政策梳理与大事回顾

2014 年 1 月 8 日,河北省住房和城乡建设厅印发《关于河北省农村面貌改造提升行动住房城乡建设系统牵头工作验收办法》。

2014 年 7 月 31 日,河北省财政厅联合河北省住房和城乡建设厅印发《河北省县城建设投融资试点省级专项补助资金使用管理办法》。

2015年2月21日,河北省财政联合河北省民政厅印发《河北省城乡社区建设补助资金使用管理办法》。

2015年4月30日,河北省财政厅联合河北省住房和城乡建设厅印发《河北省特色村镇及小城镇建设省级专项资金使用管理办法》。

2017年7月7日,河北省人民政府办公厅印发《关于激发重点群体活力带动城乡居民增收政策措施》。

(4)**河北省城乡社会一体化政策梳理与大事回顾**

2014年12月31日,河北省财政厅印发《河北省城乡医疗救助基金管理办法》。

2015年4月1日,河北省人力资源社会保障厅印发《关于做好提高城乡居民基本养老保险基础养老金最低标准有关工作的通知》,就贯彻落实城乡居民基础养老金提标工作,确保每一位符合条件的城乡居民都能够按时足额享受到党的惠民政策做出部署安排。

2015年10月13日,河北省人民政府办公厅印发《关于全面开展城乡居民大病保险的实施意见》,为确保全省城乡居民大病保险工作顺利推进,推动建立起比较完善的大病保险制度,切实解决城乡居民大病患者因病致贫、因病返贫的问题,提出实施意见。

2015年12月23日,河北省人民政府印发《河北省扩大城乡居民基本医疗保险一体化改革试点工作方案的通知》。

2016年4月25日,河北省人民政府印发《关于进一步完善城乡义务教育经费保障机制的通知》,就推动义务教育事业持续健康发展,进一步完善城乡义务教育经费保障机制做出部署通知。

2016年5月13日,河北省人民政府办公厅印发《关于整合城乡居民基本医疗保险制度的实施意见》。

2016年12月7日,河北省人力资源和社会保障厅印发《关于提高我省城乡居民基本养老保险基础养老金标准的通知》。

2017年2月24日,河北省人民政府办公厅印发《关于统筹推进县域内城乡义务教育一体化改革发展的实施意见》,就加快城乡义务教育协调、均衡发展,着力解决义务教育“乡村弱”和“城镇挤”问题,整体提升义务教育质量和水平,结合全省实际,提出实施意见。

2017年4月10日,河北省人民政府办公厅印发《河北省人民政府关于建立统一的城乡居民基本医疗保险制度的意见》。

1.4 山东省城乡发展一体化政策梳理与大事回顾

党的十八大以来,山东省全面贯彻党的十八大和十八届三中、四中、五中全会精神,以邓小平理论、"三个代表"重要思想、科学发展观为指导,深入贯彻落实习近平总书记系列重要讲话和视察山东重要讲话、重要批示精神,认真落实中央城镇化工作会议、中央城市工作会议要求,牢固树立创新、协调、绿色、开放、共享的发展理念,坚持走以人为本、四化同步、优化布局、生态文明、文化传承的中国特色新型城镇化道路,以人的城镇化为核心,以基本公共服务均等化为关键,构建山东半岛城市群、大中小城市、小城镇和农村新型社区等空间载体,提升城镇人口集聚功能,统筹推进户籍、就业、社会保障、教育、土地、财政等相关领域制度改革,创新农业转移人口市民化体制机制,促进城镇化提质增效,提升新型城镇化发展水平。

(1)山东城乡发展一体化政策梳理与大事回顾

2013 年 1 月 24 日,山东省人民政府印发《山东省城镇化发展纲要(2012—2020 年)》,着力统筹城乡规划布局、产业协调发展、资源要素配置、基础设施建设、生态环境保护、管理体制创新和公共服务,促进城乡要素平等交换和公共资源均衡配置,协调推进大中小城市、小城镇和新农村建设,逐步实现城乡公共服务均等化,走以工促农、以城带乡、工农互惠、城乡一体的城镇化路子。

2013 年 11 月 24 日至 28 日,习近平总书记在山东省委书记姜异康和省长郭树清的陪同下,前往青岛、临沂、济宁、菏泽、济南等地,深入革命老区、企业、科研院所、文化机构等,考察经济社会发展情况,推动党的十八届三中全会精神学习贯彻。11 月 27 日下午,习近平总书记前往济南市外来务工人员综合服务中心,考察了解当地政府为外来务工人员提供一揽子服务、帮助农民工融入城市等情况。

(2)山东城乡空间一体化政策梳理与大事回顾

2013 年 10 月 11 日,山东省人民政府办公厅发布《关于优先发展公共交通的若干意见》,指出突出公共交通在城乡总体规划中的地位和作用,按照科学合理、适度超前的原则编制城乡公共交通规划,推进城市公共交通与城际公共交通、城乡公共交通的协调发展,提高一体化水平,统筹基础设施建设与运营组织管理,引导城乡空间布局的优化调整。

2014年11月19日,山东省人民政府发布《关于贯彻国发〔2014〕25号文件进一步推进户籍制度改革的意见》,以促进有能力在城镇稳定就业和生活的常住人口有序实现市民化为目标,以城镇基本公共服务均等化为保障,进一步创新人口管理制度,放宽户口迁移政策,稳步提高户籍人口城镇化水平,实现人口有序流动、合理分布和社会融合。

2014年11月25日,《山东省人民政府关于促进综合交通运输体系发展的指导意见》发布,该《意见》指出,要建立和完善符合山东省新型城镇化发展趋势的道路客运运营和管理系统,推进城乡客运一体化,为农村百姓提供安全可靠、方便高效、经济舒适、沟通城乡的客运服务。

2015年7月8日,中共山东省委、省人民政府发布《关于改进和完善城乡规划工作的意见》,提出坚持优化布局,科学规划城乡空间格局,节约集约利用土地,优化城镇功能分区和用地布局。

2016年4月28日,山东省人民政府办公厅印发《关于深化城乡建设用地增减挂钩试点工作的意见》,以统筹城乡发展为导向,以强村富民为目标,进一步释放农村建设用地潜力,促进土地集约节约利用,优化城乡建设用地布局。

2016年9月9日,《省委办公厅、省政府办公厅关于加快推进农业转移人口市民化的实施意见》发布,该《意见》指出,要积极为农业转移人口提供城镇基本公共服务,稳步推进教育、就业服务、养老、医疗卫生、住房保障等城镇基本公共服务覆盖全部常住人口,不断提高城乡居民生活水平。

2017年3月9日,山东省人民政府办公厅发布《关于贯彻国办发〔2016〕72号文件进一步推动非户籍人口在城镇落户的通知》,进一步深化户籍制度改革,切实保护进城落户农民权益。

(3)山东城乡经济一体化政策梳理与大事回顾

2013年5月13日,山东省财政厅等部门发布《关于进一步加强乡镇财政建设的意见》,加强管理和指导,提高乡镇财政管理水平与基层财政保障能力。

2013年9月2日,山东省人民政府发布《关于进一步做好新形势下农民工工作的意见》,切实落实就业准入制度,促进农民工稳定就业,切实维护农民工合法权益。

2016年7月5日,山东省人民政府办公厅发布《关于贯彻国办发〔2015〕

59 号文件加快转变农业发展方式的实施意见》，坚持创新发展，提高农业经营集约化、规模化、组织化、社会化、产业化、标准化水平。

2016 年 12 月 12 日，山东省人民政府办公厅发布《关于贯彻国办发〔2015〕93 号文件推进农村一、二、三产业融合发展的实施意见》，着力构建农业与第二、第三产业交叉融合的现代产业体系，全面提升农村产业发展速度、质量、效益，努力打造农村经济发展"升级版"。

2017 年 4 月 19 日至 21 日，李克强总理在山东省委书记刘家义、代省长龚正的陪同下，在威海、济南等地考察。他说，发展现代农业、增加农民收入，要调整结构、改良品种，推广订单农业，促进精细化生产。国家也要完善政策，保护种粮农民利益。李克强总理鼓励大家发展多种形式的适度规模经营，并把农业与工业结合起来，在融合发展中做强农业。

（4）山东城乡社会一体化政策梳理与大事回顾

2013 年 7 月 30 日，山东省人民政府发布《关于建立居民基本养老保险制度的实施意见》，将原参加新农保和城居保人员统一并入居民养老保险，以统筹城乡发展、推进基本公共服务均等化。

2013 年 8 月 15 日，山东省人民政府印发《山东省基本公共服务体系建设行动计划（2013—2015 年）》，把基本公共服务制度作为公共产品向全民提供，着力保障城乡居民生存发展基本需求，加快建立健全符合省情、比较完整、覆盖城乡、可持续的基本公共服务体系。

2013 年 12 月 30 日，山东省人民政府发布《关于建立居民基本医疗保险制度的意见》，确定从 2014 年 1 月 1 日起将城镇居民基本医疗保险和新型农村合作医疗制度进行整合，建立全省统一、城乡一体的居民基本医疗保险制度。

2014 年 1 月 27 日，山东省人民政府办公厅印发《山东省整合城乡居民基本医疗保险工作实施方案》，该《方案》指出，按照鲁政发〔2013〕31 号文件要求，优化职能配置和机构设置，建立起统筹城乡、惠民高效、公平可及的居民基本医疗保险制度。

2016 年 1 月 28 日，山东省人民政府发布《关于贯彻国发〔2015〕67 号文件进一步完善城乡义务教育经费保障机制的通知》，决定自 2016 年起调整完善义务教育经费保障机制，2 年内建立统一的、各级政府分项目按比例分担的城乡义务教育经费保障机制，推进城乡义务教育均衡发展。

(5)山东城乡政治文化一体化政策梳理与大事回顾

2016年4月13日,山东省人民政府办公厅发布《关于贯彻国办发〔2015〕74号文件推进基层综合性文化服务中心建设的实施意见》,进一步修订和完善村(社区)综合性文化服务中心建设与服务标准,制定完善城乡统一的全民健身公共服务体系建设标准。

2016年5月29日,山东省人民政府办公厅印发《山东省全民科学素质行动计划纲要实施方案(2016—2020年)》,促进农民、社区居民和城镇劳动者的科学生产生活能力快速提高,有效解决农村"三留守"人群科学素质提升缓慢问题,推进城乡之间、经济发达地区与欠发达地区之间公民科学素质的差距进一步缩小。

(6)山东城乡生态环境一体化政策梳理与大事回顾

2013年9月27日,山东省人民政府办公厅印发《山东省城乡污水处理及再生利用设施建设规划(2013—2015年)》,以加快解决设市城市和县城污水处理设施总量不足、建制镇和农村新型社区污水处理设施建设滞后等问题。

2014年4月15日,山东省人民政府办公厅发布《关于加强村镇污水垃圾处理设施建设的意见》,因地制宜、统筹规划,创新体制机制,依靠科技进步,加大资金投入,加快推进村镇污水垃圾处理设施建设。

2015年10月14日,山东省人民政府办公厅印发《关于贯彻国办发〔2014〕25号文件改善农村人居环境的实施意见》,以保障农民基本生活条件为底线,以村庄环境整治为重点,以建设宜居村庄为导向,大力改善农村人居环境。

1.5 上海市城乡发展一体化政策梳理与大事回顾

党的十八大以来,面对严峻的国内经济形势、全球经济回暖不明显和外部环境复杂多变的状况,上海市作为改革发展的"排头兵",在党中央、国务院和上海市党委的坚强领导下,上海市政府紧紧依靠上海的全体干部群众,深入贯彻落实党的十八大和十八届三中、四中、五中全会精神,深入贯彻落实习近平总书记系列重要讲话和考察内蒙古重要讲话精神,围绕落实"五位一体"总体布局和"四个全面"战略布局,着眼于建立未来长远发展奠定更加坚实的基础,以创新发展、协调发展、绿色发展、开放发展、共享发展的理念,出台了《上海市推进城乡一体化发展三年行动计划(2013—2015)》(沪府办发〔2013〕27 号），中共上海市委、上海市人民政府《关于推进新型城镇化建设促进本市城乡发展一体化的若干意见》（沪委发〔2015〕2 号）等一系列更加适应时代要求，《上海市城乡发展一体化"十三五"规划》（沪府发〔2016〕93 号）等更加符合城市发展规律，更加反映百姓期待的促进城乡一体化发展的政策文件，推动实现 2020 年全面建成小康社会的目标。

（1）**城乡发展一体化政策梳理与大事回顾**

2013 年 6 月 4 日，上海市人民政府办公厅印发《上海市推进城乡一体化发展三年行动计划（2013—2015 年）》。

2015 年 3 月 2 日，上海市人民政府印发《中共上海市委、上海市人民政府关于推进新型城镇化建设促进本市城乡发展一体化的若干意见》，就深化完善镇村规划体系、加快农业结构调整、强化农村生态环境整治、加强郊区农村基础设施建设、促进基本公共服务均等化等 8 个领域提出了指导意见。

2016 年 10 月 28 日，上海市人民政府印发《上海市城乡发展一体化"十三五"规划》，就形成"以工促农、以城带乡、工农互惠、城乡一体"的新型工农城乡关系，推动新型城镇化建设，促进上海市城乡发展一体化，制定该规划。

（2）**城乡空间一体化政策梳理与大事回顾**

截至 2015 年年底，上海市常住人口城镇化率和户籍城镇化率均达到 90% 左右，全市农业户籍人口从 2010 年的 157 万人下降到 2015 年的 136 万人。

2017 年 4 月 28 日，上海市财政局、市发展改革委、市农委、市教委、市人力资源社会保障局印发《关于本市支持农业转移人口市民化的若干意见》（沪府办发），就加快农业转移人口市民化，推进以人为核心的新型城镇化，破解城乡二元结构，扩内需、调结构提出指导意见。

（3）**城乡经济一体化政策梳理与大事回顾**

2013 年 9 月 29 日，上海市政府办公厅印发《关于本市加快推进家庭农场发展的指导意见》。

2015 年 2 月 16 日，上海市人民政府印发《关于适应本市城乡发展一体化进一步做好人力资源和社会保障工作的实施意见》，就破除城乡户籍限制，实现基本社会保险制度城乡统筹，适应农村生产经营方式改革，完善就业、社保、人事相关政策，实行倾斜政策，加大引进和稳定郊区公共服务人才的力度等工作提出指导意见。

2016年12月7日,上海市人民政府印发《上海市城乡建设和管理“十三五”规划》,就基本建成国际经济、金融、贸易、航运中心和社会主义现代化国际大都市,进一步提升上海城乡建设和管理水平,完善城市功能,促进经济社会发展,增进市民福祉做出部署规划。

(4)城乡社会一体化政策梳理与大事回顾

截至2015年年底,上海全市城乡低保标准实现一体化,水平统一提高到790元,与2010年相比,分别提高了76%和163%,城乡统一的居民养老保险制度和统一的灵活就业人员参保办法建立。

2016年1月13日,上海市人民政府办公厅印发《上海市〈乡村教师支持计划(2015—2020年)〉实施办法》。

2016年5月10日,上海市人民政府办公厅印发《上海市人民政府关于进一步完善本市城乡义务教育经费保障机制的通知》。

2015年10月23日,上海市人民政府印发《做好2016年本市城乡居民基本医疗保险工作的有关事项的通知》,就强化区县对城乡居民医保费用的监管监控职责,积极引导和规范居民就医行为,合理控制医疗费用增长做出工作部署。

2015年12月2日,上海市人民政府印发《上海市城乡居民基本医疗保险办法实施细则》,为了保证上海市城乡居民基本医疗保险制度的实施,制定了细则。

2015年12月17日,上海市人民政府办公厅印发《上海市〈乡村教师支持计划(2015—2020年)〉实施办法》,就加强上海市乡村中小学教师队伍建设,缩小城乡差异,促进教育公平,推进基础教育优质均衡发展,进一步推动上海市城乡一体化发展,制定了实施办法。

2016年12月7日,上海市人民政府办公厅印发《关于2017年本市城乡居民基本医疗保险有关事项的通知》,就城乡居民医保制度整合,切实地保障和实惠广大参保人员特别是农村居民,确保城乡居民医保制度可持续发展,对2017年度城乡居民医保政策作了适当调整。

(5)城乡政治文化一体化政策梳理与大事回顾

2016年4月29日,上海市人民政府办公厅印发《关于推进本市历史文化名镇名村保护与更新利用实施意见》。

1.6　江苏省城乡发展一体化政策梳理与大事回顾

江苏省委、省政府全面贯彻党的十八大和十八届三中、四中、五中全会精神，深入贯彻落实习近平总书记系列重要讲话特别是视察江苏重要讲话精神，推动“迈上新台阶、建设新江苏”取得重大进展，就推进新型城镇化和城乡发展一体化，坚定实施新型城镇化和城乡发展一体化战略，扎实、有力推进城市现代化和城乡发展一体化，提高城镇化质量和破解城乡二元结构，推进以人的城镇化为核心，加快转变城镇化发展方式，统筹谋划、整体设计新型城镇化和城乡发展一体化方略，从根本上解决长期以来城镇化发展模式粗放带来的诸多矛盾和问题，实现可持续发展；促进区域产业分工协作，推动人口和经济布局更加合理、区域竞争力整体提升；促进城市文明向农村延伸，实现城乡社会共同发展、全面进步，使全体人民共享现代文明成果等工作，出台了一系列政策支持，努力打造具有山水特质、生态宜人、内涵品质跃升的美丽江苏城乡新家园！

（1）江苏省城乡发展一体化政策梳理与大事回顾

2014 年 12 月 13 日至 14 日，习近平总书记先后到南京、镇江，深入乡村、农户考察调研，特别提出“务农重本，国之大纲”，没有农业现代化，没有农村繁荣富强，没有农民安居乐业，国家现代化是不完整、不全面、不牢固的。中国要强，农业必须强；中国要美，农村必须美；中国要富，农民必须富。要把工业化、信息化、城镇化、农业现代化同步发展真正落到实处，率先基本实现现代化的光荣使命，协调推进全面建成小康社会。

2014 年 5 月 26 日，江苏省人民政府印发《江苏省新型城镇化与城乡发展一体化规划（2014—2020 年）》，主要明确了江苏未来推进新型城镇化和城乡发展一体化的总体目标、重大任务、空间布局、发展形态与发展路径，提出体制机制改革的主要方向和关键举措，是引领全省新型城镇化和城乡发展一体化的基础性、战略性规划。

2017 年 1 月 22 日，江苏人民政府办公厅印发《江苏省“十三五”美丽宜居城乡建设规划》，为深入贯彻习近平总书记系列讲话特别是视察江苏重要讲话精神，落实中央城市工作会议要求，结合江苏发展的实际情况，深化“新江苏”在城乡建设领域的新要求，根据《江苏省国民经济和社会发展第十三个五年规划纲要》的目标任务，明确了新时期全省城乡建设工作的总体思路和重点任务，编制该专项规划。

(2)江苏省城乡空间一体化政策梳理与大事回顾

2014年6月16日,江苏省人民政府办公厅印发《关于推进交通运输现代化建设的实施意见》,就加快推进江苏城乡交通运输现代化建设,提出实施意见。

2015年7月2日,江苏省人民政府印发《关于进一步加强为农民工服务工作的实施意见》,就农民工是产业工人的主体、是推动江苏“两个率先”的重要力量,要逐步扩大享受基本公共服务范围,做好新形势下为农民工服务的工作,解决好农业、农村、农民问题,加快新型城镇化和城乡发展一体化,有序推进农民工市民化,让广大农民工共享改革发展成果等工作提出意见。

(3)江苏省城乡经济一体化政策梳理与大事回顾

2013年3月14日,江苏省人民政府办公厅印发《省政府办公厅关于印发江苏省新一轮农村实事工程实施方案的通知》。

2014年6月13日,江苏省人民政府办公厅印发《省政府关于加强城市基础设施建设的实施意见》。

2015年2月11日,江苏省人民政府办公厅印发《关于促进农村产权流转交易市场健康发展的实施意见》,为促进农村产权交易市场健康发展,为开展各种形式的农村产权交易搭建服务平台,紧密结合江苏实际,提出实施意见。

2016年7月6日,江苏省发展改革委印发《关于“十三五”期间实施新一轮农村电网改造升级工程意见的通知》,就推进农业现代化,加快新型城镇化与新农村建设,补齐农村基础设施短板的迫切需要,加快推进城乡基本公共服务均等化的重要内容,制定指导意见。

2016年8月2日,江苏省人民政府办公厅印发《关于全面治理拖欠农民工工资问题的实施意见》,就依法保障农民工工资报酬权益,高度重视解决拖欠农民工工资问题,注重预警防范,创新维权载体,实行联动惩戒,结合实际,提出实施意见。

2016年12月19日,江苏省人民政府办公厅印发《省政府办公厅关于加快推进“互联网+”现代农业发展的意见》,就加快推进“互联网+”现代农业,拓展促进农民增收致富的有效途径,加快培育农业农村发展新动能,促进信息化和农业现代化同步发展,推动江苏省现代农业建设迈上新台阶,紧密结合全省农业农村发展实际提出意见。

2017年1月5日，江苏省人民政府办公厅印发《省政府办公厅关于推进农村一、二、三产业融合发展的实施意见》，为扎实推进农业供给侧结构性改革，加快构建江苏省第一、第二、第三产业融合发展的现代农业产业体系，紧密结合江苏实际，提出实施意见。

2017年2月17日，江苏省人民政府办公厅印发《省政府办公厅关于支持返乡下乡人员创业创新促进农村一二三产业融合发展的实施意见》，为支持农民工、中高等院校毕业生、退役士兵和科技人员等返乡下乡人员到农村创业创新，推进农业供给侧结构性改革，推动农村第一、第二、第三产业融合发展，促进农民就业增收，紧密结合江苏实际，提出实施意见。

（4）江苏省城乡社会一体化政策梳理与大事回顾

2015年12月21日，江苏省人民政府办公厅印发《关于进一步完善医疗救助制度的实施意见》，就进一步完善城乡医疗救助制度，全面开展重特大疾病医疗救助工作意见，不断提高医疗救助管理服务水平，提出意见。

2016年4月11日，江苏省人民政府办公厅印发《省政府关于进一步完善城乡义务教育经费保障机制的通知》，就全面落实城乡义务教育免费，基本建立稳定增长的经费保障机制，在全国各省、自治区中率先实现县域义务教育基本均衡全覆盖，建立“城乡统一、重在农村、以县为主”的义务教育经费保障机制，就有关事项做出通知。

2016年11月24日，江苏省人民政府印发《关于进一步完善特困人员救助供养制度的实施意见》，就为进一步保障全省城乡特困人员基本生活和发展权益，进一步完善全省特困人员救助供养制度提出实施意见。

2016年12月30日，江苏省人民政府印发《省政府关于整合城乡居民基本医疗保险制度的实施意见》，就建立统一的城乡居民基本医疗保险制度，推进全民医保体系建设，深化综合医改试点，促进城乡居民公平享有基本医疗保险权益，结合实际，提出实施意见。

2017年3月14日，江苏省人民政府办公厅印发《江苏省政府关于统筹推进城乡义务教育一体化促进优质均衡发展的若干意见》，就解决随着新型城镇化和城乡发展一体化推进、人口及学生流动、计划生育政策调整等，义务教育发展面临不少新情况、新问题，为深入贯彻习近平总书记关于教育工作的重要指示精神，切实解决当前城乡义务教育一体化进程中存在的突出问题，促进义务教育从基本均衡向优质均衡迈进，提出意见。

(5)江苏省城乡生态环境一体化政策梳理与大事回顾

2013 年 3 月 8 日,江苏省人民政府办公厅印发《江苏省“十二五”城乡生活垃圾无害化处理设施建设规划的通知》。

1.7 浙江省城乡发展一体化政策梳理与大事回顾

浙江省委、省政府全面贯彻党中央、国务院的决策部署,以新型城市化为引领,实施主体功能区、都市区和“小县大城”三大空间结构优化战略,科学布局省域国土空间,促进城乡发展一体化和区域协同协调发展。按照干好“一三五”、实现“四翻番”部署,顽强拼搏、开拓创新,健全城乡发展一体化体制机制,推动城乡建设转型。党的十八大以来,浙江省政府先后出台了《浙江省人民政府关于促进城乡居民收入持续普遍较快增长的若干意见》《浙江省人民政府办公厅关于完善农村土地承包制度搞活承包经营权权能的意见》《浙江省人民政府关于印发浙江省基本公共服务体系十二五规划的通知》等系列文件,大力推进城乡一体化建设。

(1)浙江城乡发展一体化政策梳理与大事回顾

2014 年 2 月 11 日,浙江省人民政府发布《关于下达 2014 年浙江省国民经济和社会发展计划的通知》,该《通知》指出,要加快城乡体制改革,健全城乡发展一体化体制机制,依法维护农民土地承包经营权,加快改革户籍制度,千方百计增加城乡居民收入。

2014 年 11 月 8 日,浙江省人民政府发布《关于促进城乡居民收入持续普遍较快增长的若干意见》,提出坚持教育优先、就业为基、创业带动、政策兜底,全面提高城乡居民的工资性收入、经营性收入、财产性收入和转移性收入。

2016 年 3 月 17 日,浙江省人民政府印发《浙江省国民经济和社会发展第十三个五年规划纲要》,提出以新型城市化为引领,实施主体功能区、都市区和“小县大城”三大空间结构优化战略,科学布局省域国土空间,促进城乡发展一体化和区域协同协调发展。

(2)浙江城乡空间一体化政策梳理与大事回顾

2012 年 12 月 19 日,《浙江省人民政府关于印发浙江省基本公共服务体系十二五规划的通知》发布,该《通知》指出,要统一规划城市公交、城际客运和农村客运的站点设施,鼓励城际城乡客运班线的公交化改造,优化城际、城市、城乡、镇村四级道路客运网络间的衔接,逐步建立城乡公共客运一体化发展长效推进机制，逐步提高城乡客运一体化覆盖率。

2015 年 12 月 10 日，浙江省人民政府发布《关于进一步推进户籍制度改革的实施意见》，统筹户籍制度改革和相关经济社会领域改革，合理引导农业人口有序向城镇转移，有序推进农业转移人口市民化。

2017 年 1 月 7 日，《浙江省人民政府关于推进全省现代综合交通发展的实施意见》发布，加快统筹城乡交通基础设施建设，着力提升农村公路路况及服务水平，消除等外公路，整治安全隐患，进一步畅通“最后一公里”。

2017 年 3 月 20 日，浙江省人民政府办公厅印发《关于浙江省推动非户籍人口在城市落户工作方案的通知》，紧紧围绕国家推动 1 亿非户籍人口在城市落户目标，深化户籍制度改革，提高农业转移人口落户积极性，积极、有序推进非户籍人口在城市落户。

（3）浙江城乡经济一体化政策梳理与大事回顾

2013 年 7 月 18 日，浙江省人民政府办公厅发布《关于加快构建新型农业社会化服务体系的意见》，大力培育新型农业服务主体，搭建和完善农业服务平台，积极创新农业服务机制，切实加强对农业社会化服务工作的组织领导。

2014 年 2 月 28 日，浙江省人民政府办公厅印发《关于低收入农户收入倍增计划（2013—2017 年）的通知》，通过实施“产业开发帮扶工程”“就业创业促进工程”“农民异地搬迁工程”“社会救助保障工程”与“公共服务提升工程”，切实提高低收入农户的收入水平。

2014 年 5 月 15 日，《浙江省人民政府办公厅关于鼓励投资发展现代农业的意见》发布，该《意见》指出，加快引进一批投资规模大、科技含量高、带动能力强的企业和项目，推进农业规模化、生态化和全产业链建设，促进农业转型升级和农民增收。

2014 年 7 月 18 日，《浙江省人民政府办公厅关于完善农村土地承包制度搞活承包经营权权能的意见》发布，对完善农村土地承包制度、促进承包经营权权能显化、搞活承包经营权权能提出了新要求。

2014 年 9 月 30 日，浙江省人民政府办公厅印发《关于浙江省农村电子商务工作实施方案的通知》，深入实施“电商换市”，建设“国际电子商务中心”的总体部署，加快推进浙江省农村电子商务发展。

2016 年 6 月 6 日，浙江省人民政府办公厅发布《关于加快转变农业发展方式的若干意见》，大力推进农业供给侧结构性改革和科技创新，着力优化农业产业结构和资源配置,加快构建现代农业产业体系。

(4)浙江城乡社会一体化政策梳理与大事回顾

2012年12月19日,《浙江省人民政府关于印发浙江省基本公共服务体系十二五规划的通知》发布,该《通知》指出,按照“全覆盖、保基本、多层次、可持续”的要求,加快完善覆盖城乡居民的社会保障体系,建立健全基本公共教育体系,着力推进义务教育均衡发展。

2014年7月11日,浙江省人民政府发布《关于进一步完善城乡居民基本养老保险制度的意见》,提出到2017年,全面建成公平、统一、规范的城乡居民基本养老保险制度。

2014年10月28日,浙江省人民政府办公厅发布《关于加快建立和完善大病保险制度有关问题的通知》,进一步完善大病保险制度建设,加快实现制度全覆盖。

2015年6月10日,浙江省人民政府办公厅印发《关于浙江省深化医药卫生体制改革2015年重点工作任务的通知》,进一步健全全民医保体系,完善城乡居民基本医保制度,深化医保支付方式改革。

2016年5月3日,浙江省人民政府发布《关于进一步完善城乡义务教育经费保障机制的通知》,完善城乡义务教育“两免一补”政策,统一城乡义务教育学校生均公用经费基准定额,巩固完善义务教育学校校舍安全保障长效机制,巩固落实城乡义务教育学校教师工资政策。

(5)浙江城乡政治文化一体化政策梳理与大事回顾

2016年6月1日,浙江省人民政府办公厅发布《关于推进基层综合性文化服务中心建设的实施意见》,发挥基层群众自治组织作用,引导城乡居民积极参与村(社区)综合性文化服务中心的建设使用,加强群众自主管理和自我服务。

2016年11月18日,浙江省人民政府办公厅印发《关于浙江省基本公共服务体系“十三五”规划的通知》,建立健全城乡一体、区域均衡、人群均等的基本公共文化服务体系,完善基层文化设施网络。

(6)浙江城乡生态环境一体化政策梳理与大事回顾

2012年12月19日,浙江省人民政府印发《关于浙江省基本公共服务体系十二五规划的通知》,继续推进城乡供水一体化建设,完善浙江省供水水质检测信息系统,加强对供水水源、出厂水和管网水水质监测。深入实施

“农村饮水安全工程”，进一步改善农村饮水条件。

2015 年 7 月 29 日，浙江省人民政府办公厅发布《关于加强农村生活污水治理设施运行维护管理的意见》，全方位、多层次、广覆盖地开展农村生活污水治理设施运行维护管理，实现一次建设、长久使用、持续发挥效用。

2016 年 11 月 14 日，浙江省人民政府办公厅印发《关于浙江省生态环境保护“十三五”规划的通知》，推进城镇污水处理设施建设改造，加快污水收集管网建设，全面推进农村生活污水、垃圾处理，形成“五位一体”的县域农村生活污水治理设施运维管理体系。

1.8　福建省城乡发展一体化政策梳理与大事回顾

党的十八大以来，福建省各级政府在中共福建省委的领导下，认真贯彻落实党中央、国务院各项决策部署，统筹城乡协调发展，深入推进新型城镇化，取得了显著成效。福建省全面贯彻党的十八大和十八届三中、四中、五中全会以及中央城镇化工作会议、中央城市工作会议等重要会议精神，深入贯彻习近平总书记系列重要讲话精神和对福建工作的重要指示，按照“五位一体”的总体布局和“四个全面”战略布局，牢固树立和落实创新、协调、绿色、开放、共享的发展理念，坚持走以人为本、四化同步、优化布局、生态文明、文化传承的新型城镇化道路，以人的城镇化为核心，以提高质量为关键，以体制机制改革为动力，紧紧围绕新型城镇化目标任务，加快推进户籍制度改革，提升城市综合承载能力，制定和完善土地、财政、投融资等配套政策，充分释放新型城镇化蕴藏的巨大内需潜力，推动经济社会发展迈上新台阶。

(1)福建城乡发展一体化政策梳理与大事回顾

2012 年 12 月 11 日，福建省人民政府办公厅印发《积极推进城镇化发展十二条措施部门任务分工方案》，将城镇化作为五大战役的重要内容，拓展了城市建设和小城镇改革发展战役的领域和内涵。

2013 年 9 月 2 日，福建省人民政府发布《关于加强城乡基础设施建设的实施意见》，以实施“三规划两方案”为契机，以改善交通、能源、市政、水利、信息、环保等城乡基础设施薄弱环节为重点，加快构建适度超前、功能配套、管理科学、安全高效的现代化城乡基础设施体系。

2014 年 10 月 30 日至 11 月 2 日，习近平总书记考察福建，擘画了福建发展的新蓝图：“希望福建的同志抓住机遇，着力推进科学发展、跨越发展，努力建设机制活、产业优、百姓富、生态美的新福建。”

2016 年 5 月 19 日,福建省人民政府办公厅印发《福建省"十三五"城乡基础设施建设专项规划》,依托新型城镇化发展,着力提升城乡基础设施建设水平。

2016 年 6 月 6 日,《福建省人民政府关于深入推进新型城镇化建设的实施意见》发布,该《意见》指出,加快实施"一融双新"工程,以促进农民工融入城镇为核心,以加快新生中小城市培育发展和新型城市建设为重点,促进新型城镇化健康、有序发展。

(2)福建城乡空间一体化政策梳理与大事回顾

2014 年 1 月 9 日,福建省人民政府办公厅发布《关于提升交通运输服务八条措施的通知》,着力推进城乡客运一体化,加快促进交通运输基本公共服务均等化。

2014 年 5 月 15 日,福建省人民政府发布《关于加快推进交通运输现代化的意见》,指出加快构建一体化的城乡客运网络,推进农村客运基本服务均等化。

2014 年 9 月 13 日,福建省人民政府提出《关于促进农村公路建管养运全面协调发展的若干意见》,围绕"优化结构、完善机制、有效养护、运输高效"四项任务,统筹城乡交通发展,提升全省农村公路畅通、安全、舒适水平,改善城乡客运和农村物流条件,实现建、管、养、运全面协调发展。

2015 年 2 月 11 日,福建省人民政府发布《关于进一步推进户籍制度改革的意见》,提出进一步优化、完善全省城乡统一的户口登记管理制度,贯彻落实与统一城乡户口登记制度相适应的教育、卫生计生、就业、社保、住房、土地及人口统计制度。

2016 年 6 月 3 日,福建省人民政府办公厅印发《福建省"十三五"综合交通运输发展专项规划》。

(3)福建城乡经济一体化政策梳理与大事回顾

2013 年 2 月 1 日,《福建省人民政府关于进一步加强农村金融服务十条措施的通知》发布,以进一步改善农村金融服务,加大农村金融改革创新力度。

2015 年 2 月 16 日,中共福建省委、福建省人民政府发布《关于全面推进农村改革加快特色现代农业发展的若干意见》,提出加快培育新型农业经营主体,发展农业适度规模经营。

2015年4月27日，福建省人民政府发布《关于进一步做好为农民工服务工作的实施意见》，着力稳定和扩大农民工就业创业，有序推进、逐步实现有条件、有意愿的农民工市民化。

2015年10月12日，《福建省人民政府关于加快转变农业发展方式的实施意见》发布，该《意见》指出，要积极构建现代农业经营体系、生产体系和产业体系，着力提高农业综合生产能力和农产品市场竞争力。

2016年5月17日，福建省人民政府办公厅印发《福建省"十三五"现代农业发展专项规划》。

(4)福建城乡社会一体化政策梳理与大事回顾

2012年11月17日，福建省人民政府办公厅转发省发展改革委等部门制定的《关于进一步完善城乡居民大病保险工作的实施意见》，旨在切实解决该省城乡居民重特大疾病患者的因病致贫、因病返贫问题。

2012年12月28日，福建省人民政府办公厅印发《关于深入推进义务教育均衡发展的意见》，深入推进城乡义务教育均衡发展。

2013年3月4日，福建省人民政府印发《福建省推进基本公共服务均等化"十二五"规划》，提出加快形成政府主导、覆盖城乡、可持续的基本公共服务体系。

2013年3月1日，福建省人民政府发布《关于城乡居民社会养老保险制度一体化的实施意见》，以建立个人缴费、集体补助、政府补贴相结合的城乡居民保险制度。

2014年1月19日，福建省人民政府发布《关于加快发展养老服务业的实施意见》，将养老服务业发展纳入经济和社会发展规划，争取到2020年，全面建成以居家为基础、社区为依托、机构为支撑的覆盖城乡的养老服务体系。

2016年3月19日，福建省人民政府发布《关于进一步完善城乡义务教育经费保障机制的实施意见》，推动建立健全城乡统一、重在农村的义务教育经费保障机制。

2016年4月11日，福建省人民政府办公厅印发《福建省"十三五"民政事业发展专项规划》，着力改善和保障基本民生。

(5)福建城乡政治文化一体化政策梳理与大事回顾

2016年5月27日，福建省人民政府办公厅印发《福建省"十三五"文化改革发展专项规划》，该《规划》指出，"十三五"期间，基本建成覆盖城乡、便捷高效、保基本、促公平的现代公共文化服务体系。加强农村精神文明创建,着力移风易俗,培育文明新风。

2016 年 8 月 5 日,福建省人民政府办公厅印发《福建省全民科学素质行动计划纲要实施方案(2016—2020 年)》,将科普设施纳入农村综合服务设施、基层综合性文化中心等建设中,实施提高城镇劳动者科学素质行动,着力提高全民科学素质。

2016 年 8 月 12 日,福建省人民政府办公厅印发《福建省推进基层综合性文化服务中心建设实施方案》,促进基本公共文化服务均等化。

(6)福建城乡生态环境一体化政策梳理与大事回顾

党的十八大以来,福建省宜居环境建设持续开展。2015 年城市(县城)建成区绿地率达 38.9%,人均公园绿地面积 12.9 平方米。“千村整治、百村示范”工程有序推进,创建了一批美丽乡村示范村。全省建成城镇污水处理厂 132 座、日处理能力 461.5 万吨,市县污水处理率达 88%;逐步建立了“村收集、镇中转、县处理”的城乡一体化垃圾处理模式。

2013 年 1 月 29 日,福建省人民政府发布《关于切实抓好 2013 年造林绿化美化工作的通知》,不断巩固和提升福建省城乡绿化美化水平,加快推进生态文明建设。

2013 年 12 月 27 日,《福建省人民政府关于加快推进乡镇生活污水处理设施建设的实施意见》发布,该《意见》指出,要按照“城乡统筹、就近接管、相邻联建、集中与分散相结合”的原则,合理布局乡镇生活污水处理设施,改善乡镇人居环境,推动“美丽福建”建设。

2014 年 11 月 21 日,福建省人民政府发布《关于进一步改善农村人居环境推进美丽乡村建设的实施意见》,全面实施宜居环境建设行动计划,推动城乡环境整治“点线面”攻坚。

2016 年 7 月 13 日,福建省人民政府印发《福建省小流域及农村水环境整治计划(2016—2020 年)》,深入推进农业污染整治与农村生活污染治理。

1.9 广东省城乡发展一体化政策梳理与大事回顾

党的十八大以来,面对错综复杂的国内外形势,广东省政府在党中央、国务院的正确领导下,按照省委的部署,在省人大及其常委会和省政协的监督支持下,全面贯彻党的十八大和十八届三中、四中、五中、六中全会精神,深入学习贯彻习近平总书记系列重要讲话精神,按照“五位一体”总体布局和“四个全面”战略布局，围绕“三个定位、两个率先”目标，坚持稳中求进工作总基调，主动适应、把握和引领经济发展新常态，统筹做好稳增长、促改革、调结构、惠民生、防风险各项工作，把社会事业发展重点放在农村和接纳农业转移人口较多的城镇，加快农村教育、医疗卫生、文化等事业发展，推进基本公共服务均等化和社会保障城乡一体化，促进全省经济社会保持平稳、健康发展。

（1）**广东城乡发展一体化政策梳理与大事回顾**

2015 年 1 月 5 日，李克强总理前往广东考察。考察期间专程深入广州市玉树社区和永泰村，了解外来务工人员和危旧房改造情况。他指出，我们要的是包容发展，必须改善农民工、城市困难群体的生活条件，营造平等竞争的市场环境，努力提供均等化公共服务，给他们纵向流动的机会，让他们生活有希望、奋斗有回报。

（2）**广东城乡空间一体化政策梳理与大事回顾**

2013 年 11 月 30 日，广东省人民政府发布《关于城市优先发展公共交通的实施意见》，加快制定全省城乡公共交通一体化发展政策，大力发展短途公交化客运和跨市公交，积极构建城乡和区域一体化的公共交通体系。

截至 2016 年年底，广东省户籍制度改革不断深化，新增 155 万农业转移人口落户城镇，户籍人口城镇化率达 54.01%。

2017 年 3 月 31 日，广东省人民政府办公厅印发《广东省推动非户籍人口在城市落户实施方案》，深化户籍制度改革，加速破除省内城乡区域间户籍迁移壁垒，加快完善财政、土地、社保等配套政策，积极、有序推进非户籍人口在城市落户。

（3）**广东城乡经济一体化政策梳理与大事回顾**

2015 年 3 月 3 日，广东省人民政府办公厅发布《关于深化农村金融改革建设普惠金融体系的意见》，把建设良好信用环境作为深化农村金融改革的基础工作，大力培养和提高涉农企业和农户的诚信意识，通过建设信用体系着力解决“三农”融资难问题，扎实推进普惠金融体系建设工作。

2016 年 2 月 23 日，广东省人民政府办公厅印发《关于印发广东省促进农村电子商务发展实施方案的通知》，统筹推进全省农村电子商务建设，探索实施“互联网 + 农村”“互联网 + 现代农业”战略，形成线上线下融合、农产品进城与农资和消费品下乡双向流通格局。

2016 年 7 月 4 日,广东省人民政府办公厅发布《关于加快转变农业发展方式的实施意见》,着力推动农业供给侧结构性改革,积极调整优化产业结构,加大对农业的支持保护力度,稳定粮食生产能力,大力发展优质高效农业。

2016 年 12 月 2 日,广东省人民政府办公厅发布《关于推进我省农村一二三产业融合发展的实施意见》,坚持农业现代化与新型城镇化相衔接、与新农村建设协调推进,以工业理念发展农业,以产城融合提升农业,促进新型工业化、信息化、城镇化和农业现代化同步发展。

(4)**广东城乡社会一体化政策梳理与大事回顾**

2013 年 4 月 27 日,广东省人民政府办公厅发布《关于建立全省城乡低保最低标准制度的通知》,尽快解决低保补助水平和覆盖率较低、人均补差水平低于全国平均水平等问题。

2013 年 7 月 8 日,广东省人民政府印发《广东省农村信息化行动计划(2013—2015 年)》,进一步整合农村信息、服务和基础设施资源,提升涉农数据采集、开发和利用能力,推动信息技术在农村生产经营、农村管理服务、现代农业发展等多领域深入应用。

2013 年 9 月 16 日,广东省人民政府印发《广东省城乡居民社会养老保险实施办法》,以“保基本、广覆盖、有弹性、可持续”为基本原则,坚持权利与义务相对应、政府主导推动和居民自愿参加相结合、保障水平与广东省经济社会发展水平相适应,实行社会统筹与个人账户相结合的制度模式。

2016 年 6 月 24 日,广东省人民政府发布《关于进一步完善城乡义务教育经费保障机制的通知》,在统一城乡义务教育公用经费补助标准、分担比例、拨付方式基础上,建立校舍安全保障长效机制,实施城乡一体的“两免一补”政策,促进城乡义务教育一体化发展。

2016 年 8 月 16 日,广东省人民政府办公厅发布《关于进一步完善我省城乡居民大病保险制度的通知》,坚持以人为本、保障大病的原则,促进政府主导和发挥市场机制作用相结合,提高基本医疗保障管理水平和运行效率,有力缓解因病致贫、因病返贫问题。

2017 年 2 月 14 日,广东省人民政府办公厅印发《广东省社会保障事业发展“十三五”规划》,加快补齐民生事业短板,推进社会保障城乡一体化建设,实现基本公共服务均等化。

2017年4月19日，广东省人民政府发布《关于统筹推进县域内城乡义务教育一体化改革发展的实施意见》，合理规划城乡义务教育学校布局建设，增加城镇学校学位供给，完善城乡义务教育经费保障机制，统筹城乡教育资源，加快缩小城乡教育差距。

(5)广东城乡政治文化一体化政策梳理与大事回顾

2016年2月28日，广东省人民政府办公厅发布《关于推进基层综合性文化服务中心建设的实施意见》，以“全省整体建设适度领先，珠三角地区全国一流”为目标，按照均衡配置、规模适当、经济适用、绿色共享等要求，合理规划和布局基层综合性文化服务中心。

2016年6月24日，广东省人民政府办公厅印发《广东省全民科学素质行动计划纲要实施方案(2016—2020年)》，该《方案》提出，到2020年，实现社区科普覆盖面进一步扩大、社区居民科学素质明显增强、农村群众接受科学教育与培训机会进一步增加、农民科学素质稳步提升的奋斗目标。

2016年10月18日，广东省人民政府办公厅发布《关于加快推进广播电视村村通向户户通升级工作的实施意见》，在保障人民群众广播电视基本公共服务需求的基础上，创新和完善广播电视公共产品和服务供给，促进基本公共文化服务标准化、均等化。

(6)广东城乡生态环境一体化政策梳理与大事回顾

2014年10月29日，广东省人民政府办公厅发布《关于改善农村人居环境的意见》，以整治农村生活垃圾、生活污水、禽畜污染、水体污染为突破口，大力开展农村人居环境综合整治，传承和凸显岭南文化特色，增强农村发展活力，全面改善农村生产生活条件。

2017年6月16日，广东省环境保护厅印发《关于农村环境保护“十三五”的规划》，以改善农村环境质量为核心，加快推进农村环境综合整治，实现农村饮水安全得到基本保障、农村环境基础设施不断完善、畜禽养殖污染治理取得显著成效、农用地土壤环境风险得到有效控制、农村环境监督管理体系全面建立的目标。

1.10 海南省市城乡发展一体化政策梳理与大事回顾

党的十八大以来，海南省委、省政府积极按照“五位一体”总体布局和“四个全面”战略布局，发挥生态环境、经济特区、国际旅游岛三大优势，以建设百个特色产业小镇为重要着力点，辐射带动新农村建设，有效推动农村发展,构建一个新型的统筹城乡发展模式。同时,从特色热带农业出发,促进农业与特色旅游业融合,提高农民增收能力,持续推进农村人居环境整治,加快农村基础设施建设,推进农村产业发展和社会治理工作同步进行,形成了一个科学、特色的城乡发展规划体系。

(1)海南省城乡发展一体化政策梳理与大事回顾

2013年4月8日至10日,习近平总书记在海南省考察时强调,要贯彻落实好中央制定的强农惠农富农政策,大力发展热带特色农业,不断开创“三农”工作新局面。同时应处理好发展与保护的关系,加强生态文明建设。

(2)海南省城乡空间一体化政策梳理与大事回顾

2015年12月24日,海南省人民政府发布《关于进一步推进户籍制度改革的实施意见》。该《意见》指出,要建立城乡统一的户口登记制度,完善农村产权制度改革,切实保障农业转移人口的合法权益。

2016年9月30日,海南省人民政府发布《关于印发海南省交通基础设施扶贫攻坚战农村公路建设工程实施方案的通知》。该《通知》指出,要实行自然村通硬化路工程、县道改造工程、农村公路桥梁建设及危桥改造工程。

2017年3月30日,海南省人民政府发布《关于深入推进新型城镇化建设的实施意见》。该《意见》指出,要加快落实户籍制度改革政策,推进城镇基本公共服务常住人口全覆盖,提升城镇公共服务水平,加快推进新型城镇化综合试点。

2017年4月18日,海南省人民政府发布《关于贯彻国务院支持农业转移人口市民化财政政策的实施意见》。该《意见》指出,要支持完善城乡基本医疗保障制度和构建统筹城乡的社会保障体系,促进农业转移人口有序市民化。

截至2016年年底,海南省城镇化率达到56.78%,旅客周转量达745.54亿人公里。

(3)海南省城乡经济一体化政策梳理与大事回顾

2013年10月22日,海南省人民政府发布《关于加快发展乡村旅游的意见》。该《意见》指出,要完善乡村旅游规划体系,加快开发乡村旅游产品,强化乡村旅游基础设施建设,健全乡村旅游标准体系。

2015年8月18日,海南省人民政府办公厅发布《关于印发2015年海南省农业保险工作实施方案的通知》。该《通知》指出,要实行多种保险经营组织形式,加强国家财政补贴支持,支持农业保险发展。

2017 年 4 月 12 日,海南省人民政府办公厅发布《关于推进农村一二三产业融合发展的实施意见》。该《意见》指出,要进一步调整农业内部结构,大力发展农产品加工业,打造生态农业与休闲旅游发展新业态,培育多元化农村产业融合 主体。

2017 年 6 月 21 日,海南省人民政府办公厅发布《关于完善农村土地所有权承包权经营权分置方法发展农业适度规模经营的实施意见》。该《意见》指出,要加快放活土地经营权,创新完善土地流转方式,规范引导土地经营权有序流转。

截至 2016 年年底,城镇常住居民人均可支配收入 28453 元,实际增长 4.9%;农村常住居民人均可支配收入 11843 元,实际增长 6.4%。全年全省城镇新增就业人数 9.2 万人,比上年下降 8.9%;年末城镇登记失业率 2.36%,保持在较低水平。年末全省从业人员 562.94 万人,比上年年末增长 1.3%。其中,城镇从业人员 248.88 万人,增长 2.0%。

(4)海南城乡社会一体化政策梳理与大事回顾

2014 年 8 月 15 日,海南省人民政府发布《关于开展城乡居民大病保险工作的实施意见》。该《意见》指出,大病保险制度要进一步完善,保障水平进一步提高。

2015 年 7 月 21 日,海南省人民政府发布《关于提高城乡居民最低生活保障的通知》。该《通知》指出,部分地区城市和农村居民最低生活保障标准分别提高每人每月 420 元和 280 元,所需资金从城乡低保专项资金列支。

2016 年 5 月 30 日,海南省人民政府办公厅发布《关于印发海南省进一步完善城乡义务教育经费保障机制实施方案的通知》。该《通知》指出,要统一城乡义务教育"两免一补"政策,统一城乡义务教育学校生均公用经费基准定额,统一城乡义务教育经费保障机制。

2016 年 12 月 36 日,海南省人民政府办公厅发布《关于印发海南省做好农村最低生活保障制度与扶贫开发政策有效衔接实施方案的通知》。该《通知》指出,要完善农村最低生活保障家庭贫困状况评估指标体系,健全最低生活保障动态调整机制,确保农村最低生活保障标准高于扶贫标准。

2017 年 6 月 2 日,海南省人民政府发布《关于统筹推进县域内城乡义务教育一体化改革发展的实施意见》。该《意见》指出,要大力提升乡村学校信息化水平,加大对薄弱学校和乡村学校的支持力度,统筹城乡师资配置,全面提升城乡义务教育质量。

2016 年全年新型农村合作医疗参合率为 98.2%,全年改造农村乡(镇)卫生院 42 个,年末乡镇卫生院 297 个。年末城镇居民最低生活保障人数 7.59 万人,下降 10.5%;农村居民最低生活保障人数 18.40 万人,下降 1.8%。全年实施城市医疗救助 4.99 万人次,增长 13.0%;实施农村医疗救助 14.15 万人次,增长 34.0%。

(5)海南省城乡政治文化一体化政策梳理与大事回顾

2016 年 12 月 5 日,海南省人民政府办公厅发布《关于推进基层综合性文化服务中心建设的实施意见》。该《意见》指出,要向城乡群众提供基本公共文化服务,推进基层综合文化设施建设,组织引导群众文体活动,加强基层综合性文化服务中心建设。

2017 年 1 月 19 日,海南省人民政府办公厅发布《关于海南省加快推进广播电视村村通向户户通升级方案的实施方案的通知》。该《通知》指出,要积极推进广播节目无线数字化覆盖,大力提升广播电视节目供给能力。

截至 2016 年年底,全省共有文化艺术馆 22 个、博物馆 18 个、公共图书馆 22 个。广播综合人口覆盖率和电视综合人口覆盖率分别达 96.5% 和 95.5%。

(6)海南省城乡生态环境一体化政策梳理与大事回顾

2013 年 9 月 30 日,海南省人民政府发布《关于印发海南省乡村环境卫生综合整治工作实施方案(2013—2015)的通知》。该《通知》指出,要对全省乡村环境进行综合整治,普遍改善乡村环境面貌。

2015 年 2 月 4 日,海南省人民政府办公厅发布《关于印发海南省改善农村人居环境实施意见》。该《意见》指出,要不断改善农村生活条件,加强农村基础设施建设,改善农村人居环境。

2016 年 9 月 20 日,海南省人民政府办公厅发布《关于印发海南省农村生活污水治理方案的通知》。该《通知》指出,各市、县政府要合力推进农村生活污水治理,完善技术服务体系,做好已建成生活污水处理设施整改维修工作。

2016 年全年创建文明生态村 822 个,全省总数达到 17003 个,占全省自然村的 80.7%。城市建成区绿化覆盖率 38.3%,绿化面积显著增加。

2　中部省份城乡发展一体化政策梳理与大事回顾

2.1　河南省城乡发展一体化政策梳理与大事回顾

党的十八大以来，河南省全面贯彻落实党的十八大和十八届三中、四中、五中全会以及中央城镇化工作会议、中央城市工作会议精神，按照“五位一体”总体布局和“四个全面”战略布局，牢固树立和贯彻落实创新、协调、绿色、开放、共享的发展理念，以人的城镇化为核心，更加注重提高户籍人口城镇化率，更加注重城乡基本公共服务均等化，更加注重环境宜居和历史文脉传承，更加注重提升人民群众的获得感和幸福感，紧紧围绕新型城镇化目标任务，坚持点面结合、统筹推进，充分发挥综合试点的示范作用，着力解决“三个一批人”城镇化问题；坚持纵横联动、协调推进，加强部门间政策制定和实施的协调配合，确保改革举措和政策落地生根；坚持补齐短板、重点突破，加快完善现代城镇体系，推进中原城市群一体化发展，充分释放新型城镇化蕴藏的巨大内需潜力，充分发挥城镇化建设作为供给侧结构性改革的重要平台作用，为经济持续健康发展提供持久、强劲动力。

（1）河南城乡发展一体化政策梳理与大事回顾

2014 年 7 月 3 日，河南省人民政府印发《河南省新型城镇化规划（2014—2020 年）》，该《规划》对该省科学推进新型城镇化作出了全面部署，是指导该省未来一个时期新型城镇化发展的纲领性文件。

2016 年 9 月 30 日，河南省人民政府发布《关于深入推进新型城镇化建设的实施意见》，有序推动农业人口向城镇转移落户，加快构建现代城镇体系。

（2）河南城乡空间一体化政策梳理与大事回顾

2012 年 12 月 31 日，河南省人民政府印发《河南省“十二五”现代综合交通运输体系发展规划》，指出坚持建、管、养、运并重，统筹城乡公路协调发展，全面提高普遍服务水平和战备保障能力，基本形成与城乡一体化要求相适应，功能完善、结构优化、便捷高效的公路网络。

2014 年 6 月 20 日，河南省人民政府发布《关于实施农村公路三年行动计划乡村通畅工程加快农村公路发展的意见》，提出按照统一部署，结合各地实际，认真做好农村公路建设、管理、养护、运营各项工作，努力提升农村公路发展水平。

2014 年 11 月 4 日,河南省人民政府发布《关于深化户籍制度改革的实施意见》,进一步调整户口迁移政策,有序推进农业转移人口市民化。

2014 年 12 月 29 日,河南省人民政府办公厅印发《积极推进农村人口向城镇有序转移八项措施》,促进农民进城就业创业,提高进城农民居住保障水平。

2016 年 8 月 4 日,河南省人民政府办公厅发布《关于支持农民工返乡创业的实施意见》,建立多层次、多样化的农民工返乡创业格局。

(3)河南城乡经济一体化政策梳理与大事回顾

2013 年 9 月 18 日,河南省人民政府办公厅转发省旅游局制定的《关于加快发展乡村旅游的意见》,该《意见》指出,要从农村实际和旅游市场需求出发,不断完善乡村基础设施,丰富乡村旅游产品, 形成以旅富农、以农促旅、农旅结合、城乡互动的乡村旅游发展新格局。

2014 年 5 月 9 日至 10 日,习近平亲临河南考察。习近平强调,悠悠万事吃饭为大,农业是安天下稳民生的战略产业。河南农业农村人口比重大,“三农”工作任务繁重,要重点抓好粮食生产、现代农业建设、城乡一体化发展。

2015 年 8 月 3 日,河南省人民政府发布《关于进一步做好为农民工服务工作的实施意见》,着力稳定和扩大农民工就业创业,着力维护农民工的劳动保障权益,着力推动农民工逐步实现平等享受城镇基本公共服务和在城镇落户,着力促进农民工社会融合,着力推动农民工市民化。

2015 年 8 月 5 日,河南省人民政府办公厅印发《河南省推进中原经济区农村金融改革试验区建设实施方案(2015—2020 年)》,通过金融体制机制改革创新,完善农村金融组织体系,加快形成符合现代农业需求的金融产品和融资模式。

2015 年 9 月 24 日,李克强总理在河南长葛老城镇西关村高标准农田察看玉米收成,考察农业现代化及土地流转情况,他强调,要从我国农村的实际出发,发展多种形式的适度规模经营。

2015 年 10 月 20 日,河南省人民政府办公厅印发《河南省农村劳动力职业技能培训规划(2015—2020 年)》,通过开展培训将转移就业农村劳动力培养成为符合经济社会发展需求的高素质技能劳动者。

2016 年 1 月 4 日,河南省人民政府印发《河南省加快转变农业发展方式实施方案》,以发展多种形式的适度规模经营为核心,以构建现代农业经营体系、生产体系和产业体系为重点,着力转变农业经营方式、生产方式、资源利用方式和管理方式。

2016 年 12 月 28 日,河南省人民政府办公厅印发《河南省“十三五”农业和农村经济发展规划》,以推进农业供给侧结构性改革为主线,推动粮经饲统筹、农林牧渔结合、种养加一体、一二三产业融合发展,加快转变农业发展方式。

(4)河南城乡社会一体化政策梳理与大事回顾

2012 年 12 月 28 日,河南省人民政府印发《河南省基本公共服务体系“十二五”规划》,该《规划》指出,以新型城镇化为引领,统筹城乡发展,突出新型农村社区的战略基点作用,促进公共服务向新型农村社区延伸。

2013 年 3 月 26 日,河南省人民政府办公厅转发省发展改革委、卫生厅、财政厅、人力资源社会保障厅、民政厅、河南保监局制定的《关于开展城乡居民大病保险工作的实施意见(试行)》,坚持政府主导、专业运作、因地制宜、责任共担、持续发展的原则,建立覆盖全省的城乡居民大病保险制度。

2013 年 7 月 16 日,河南省人民政府发布《关于进一步做好城乡居民最低生活保障工作的意见》,进一步规范最低生活保障工作,完善城市最低生活保障与就业联动、农村最低生活保障与扶贫开发衔接机制,鼓励积极就业,加大对有劳动能力最低生活保障对象的就业扶持力度。

2014 年 11 月 10 日,河南省人民政府发布《关于建立城乡居民基本养老保险制度的实施意见》,按照全覆盖、保基本、有弹性、可持续的方针,以增强公平性、适应流动性、保证可持续性为重点,全面建立和不断完善覆盖全体城乡居民的基本养老保险制度。

2016 年 5 月 3 日,河南省人民政府发布《关于进一步完善城乡义务教育经费保障机制的通知》,整合农村义务教育经费保障机制和城市义务教育奖补政策,建立统一的各级政府分项目、按比例分担的城乡义务教育经费保障机制。

(5)河南城乡政治文化一体化政策梳理与大事回顾

2016 年 6 月 7 日,河南省人民政府办公厅印发《河南省全民科学素质行动计划纲要实施方案(2016—2020 年)》,通过培育职业农民、实施科技兴农与科普惠农工程、建设社会化服务体系和提升科普信息化,提高农民掌握和应用先进实用技术、依靠科技增收致富的能力,同时广泛开展科普宣传和教育,促进进城务工人员及失业人员科学就业,提高城镇劳动者科学生产和健康生活能力,促进城镇劳动者科学素质整体水平提升。

2016 年 6 月 27 日,河南省人民政府办公厅印发《河南省推进基层综合性文化服务中心建设实施方案》,以保障群众基本文化权益为根本,强化资源整合,创新管理机制,提升服务效能,因地制宜地推进基层综合性文化服务中心建设,促进基本公共文化服务标准化、均等化。

(6)河南城乡生态环境一体化政策梳理与大事回顾

2016 年 12 月 13 日,河南省人民政府办公厅发布《关于全面推进农村垃圾治理的实施意见》,以改善农村环境、造福农民群众为出发点,坚持政府主导、群众参与,加大财政投入、强化市场运作,建立健全统筹城乡环境治理的体制机制,实现农村垃圾长效治理,建设美丽宜居乡村。

2017 年 6 月 30 日,河南省人民政府办公厅印发《河南省"十三五"生态环境保护规划》,继续推进农村环境综合整治,研究建立农村环境基础设施长效运行机制,确保建成设施发挥环境效益。加快完善城镇污水处理系统,实现城镇垃圾处理全覆盖和处置设施稳定运行。

2.2 湖北省城乡发展一体化政策梳理与大事回顾

近年来,湖北省全面贯彻党的十八大、十八届三中四中五中全会、中央经济工作会议、中央城镇化工作会议、中央城市工作会议、中央扶贫开发工作会议、中央农村工作会议精神以及全省城市工作会议精神,按照"五位一体"总体布局和"四个全面"战略布局,牢固树立创新、协调、绿色、开放、共享的发展理念,牢牢把握绿色、市场、民生"三维"纲要,坚持走以人为本、四化同步、优化布局、生态文明、文化传承的中国特色新型城镇化道路,以人的城镇化为核心,以提高质量为关键,以体制机制改革为动力,紧紧围绕新型城镇化目标任务,加快推进户籍制度改革,提升城市综合承载能力,制定和完善土地、财政、投融资等配套政策,充分释放新型城镇化蕴藏的巨大内需潜力,为经济持续健康发展提供持久强劲动力。

(1)湖北城乡发展一体化政策梳理与大事回顾

2013 年 7 月 21 日至 23 日,习近平总书记在湖北调研全面深化改革问题和当前经济运行情况。22 日上午,习近平总书记来到武汉农村综合产权交易所考察,他强调,深化农村改革,完善农村基本经营制度,要好好研究农村土地所有权、承包权、经营权三者之间的关系，土地流转要尊重农民意愿、保障基本农田和粮食安全，要有利于增加农民收入。

2016 年 5 月 28 日，湖北省人民政府办公厅印发《湖北省 2016 年推进新型城镇化工作重点》，积极推进农业转移人口市民化，全面提升城市功能，加快培育中小城市和特色小城镇。

(2)湖北城乡空间一体化政策梳理与大事回顾

2013 年 10 月 10 日，湖北省人民政府发布《关于城市优先发展公共交通的实施意见》，该《意见》指出，各城市人民政府要统筹推进城际、城市、城乡、镇村客运一体化发展，加快城市近郊区的城乡客运班线、城际班线的公交化改造，实现城市公共交通与农村客运的有效衔接，不断优化城市公共交通、班线客运、农村客运和旅游客运组成的多层次客运服务体系。

2015 年 9 月 6 日，湖北省人民政府发布《关于进一步推进户籍制度改革的实施意见》，适应以人为核心的新型城镇化发展需要，进一步推进户籍制度改革，放宽户口迁移政策。统筹推动大中小城市和小城镇协调发展、产业和城镇融合发展。

2016 年 8 月 22 日，湖北省人民政府印发《湖北省综合交通运输“十三五”发展规划纲要》，提出进一步加大全省贫困地区、农村地区交通发展力度，进一步提升城市公交、城乡交通运输服务水平，基本实现交通运输基本公共服务均等化。

(3)湖北城乡经济一体化政策梳理与大事回顾

2013 年 9 月 28 日，湖北省人民政府办公厅印发《湖北省现代农业发展规划(2013—2017 年)》，以转变农业发展方式、加快农业转型升级为主线，以保障农产品有效供给和促进农民持续增收为主要任务，全面推进农业种养标准化、作业机械化、规模适度化、生产集约化。

2014 年 7 月 2 日，湖北省人民政府办公厅印发《关于加强支小支农金融服务促进实体经济健康发展的意见》，加快发展服务小微企业和涉农主体的金融组织体系。

2015 年 10 月 31 日，湖北省人民政府发布《关于进一步做好为农民工服务工作的实施意见》，全面提升农民工职业技能，积极稳定和扩大农民工就业创业。

2016 年 1 月 10 日，湖北省人民政府办公厅发布《关于加快转变农业发展方式的实施意见》,以发展多种形式农业适度规模经营为核心,以构建现代农业经营体系、生产体系和产业体系为重点,着力转变农业经营方式、生产方式、资源利用方式和管理方式,走产出高效、产品安全、资源节约、环境友好的现代农业发展道路。

2016年2月15日,湖北省人民政府办公厅发布《关于支持农民工等人员返乡创业的实施意见》,坚持普惠性与扶持性政策相结合、盘活存量与创造增量并举、政府引导与市场主导协同、输入地与输出地发展联动的原则,加快建立多层次、多样化的返乡创业格局,全面激发农民工等人员返乡创业热情。

(4)湖北城乡社会一体化政策梳理与大事回顾

2015年5月14日,湖北省人民政府办公厅印发《湖北省农村电网改造升级行动计划(2015—2020年)》,以攻坚克难和改革创新的精神,加大投资力度,创新体制机制,合力构建结构合理、技术先进、灵活可靠、经济高效、管理规范的现代化农村电网体系。

2015年7月5日,湖北省人民政府发布《关于完善城乡居民基本养老保险制度的意见》,该《意见》指出,2020年前,全面建成公平、统一、规范的城乡居民养老保险制度,与社会救助、社会福利等其他社会保障政策相配套,更好地保障参保城乡居民的老年基本生活。

2015年11月2日,湖北省人民政府办公厅发布《关于进一步做好城乡居民大病保险工作的通知》,以完善该省大病保险制度,健全多层次医疗保障体系,切实减轻城乡居民高额医疗费用负担,有效缓解因病致贫、因病返贫问题。

2016年3月23日,湖北省人民政府办公厅印发《湖北省进一步完善城乡义务教育经费保障机制实施方案》,建立并逐步完善城乡统一、重在农村的义务教育经费保障机制,城乡义务教育阶段学生同等享受免除学杂费、免费提供教科书和补助家庭经济困难寄宿生生活费政策。

2017年4月29日,湖北省人民政府发布《关于统筹推进县域内城乡义务教育一体化改革发展的实施意见》,推动实现县域内城乡义务教育学校建设标准、教师编制标准、生均公用经费基准定额标准、基本装备配置标准统一和"两免一补"政策城乡全覆盖。

(5)湖北城乡政治文化一体化政策梳理与大事回顾

2016 年 7 月 19 日,湖北省人民政府办公厅印发《湖北省全民科学素质行动计划纲要实施方案(2016—2020 年)》,该《方案》提出,以重点人群科学素质行动带动全民科学素质整体水平跨越提升,实现农民和城镇劳动者的科学生产生活能力明显提高,农村和老少边穷地区及少数民族地区公民科学素质有明显提升。

2016 年 11 月 28 日,湖北省人民政府办公厅发布《关于推进基层综合性文化服务中心建设的实施意见》,以保障群众基本文化权益为根本,以强化资源整合、创新管理机制、提升服务效能为重点,因地制宜推进基层综合性文化服务中心建设。

2017 年 3 月 24 日,湖北省人民政府办公厅发布《关于加快推进全省广播电视村村通向户户通升级工作的实施意见》,提出到 2020 年,基本实现数字广播电视户户通,形成覆盖城乡、便捷高效、功能完备、服务到户的新型广播电视覆盖服务体系,全省广播电视综合覆盖率达到 100%。

(6)湖北城乡生态环境一体化政策梳理与大事回顾

2014 年 10 月 11 日,湖北省人民政府发布《关于进一步加强城镇生活污水处理工作的意见》,坚持先地下、后地上,先规划、后建设,优化生活污水处理设施布局,科学确定污水处理技术路线,坚持"以城带乡、以城促乡、以城帮乡",统筹推进城乡污水处理一体化发展。

2015 年 9 月 25 日,湖北省人民政府办公厅印发《关于改善农村人居环境的实施意见》,以科学规划为引领,村庄环境整治为重点,建设美丽宜居村庄为导向,立足省情,循序渐进,通过长期艰苦的努力,全面改善农村生产生活条件,促进美丽乡村建设。

2.3 湖南城乡发展一体化政策梳理与大事回顾

近年来,湖南省全面贯彻党的十八大和十八届二中、三中、四中、五中、六中全会以及习近平总书记系列重要讲话精神,牢固树立创新、协调、绿色、开放、共享的发展理念,坚持走以人为本、四化同步、优化布局、生态文明、文化传承的新型城镇化道路,以人的城镇化为核心,以提高质量为关键,以体制机制改革为动力,以试点示范为抓手,以提升城镇综合承载力为目标,制定完善各项配套政策,推进新型城镇化健康持续发展。

(1)**湖南城乡发展一体化政策梳理与大事回顾**

2013年11月3日至5日,习近平总书记来到湖南考察。在湘西考察经济发展时,习近平总书记指出,全面建成小康社会,难点在农村特别是贫困地区,要发挥自身优势,制定好目标,通过优化生产力布局、统筹城乡发展、加强对口帮扶等措施加快发展。

2014年9月24日,湖南省人民政府印发《湖南省推进新型城镇化实施纲要(2014—2020年)》,力争到2020年,实现城镇体系结构更加优化、城乡人居环境明显好转、城镇化体制机制不断完善。

2016年12月7日,湖南省人民政府办公厅发布《关于深入推进新型城镇化建设的实施意见》,大力推进农业转移人口市民化,全面提升完善城市功能,积极培育中小城市和特色小镇,辐射带动新农村建设。

(2)**湖南城乡空间一体化政策梳理与大事回顾**

2015年5月11日,湖南省人民政府发布《关于进一步推进户籍制度改革的实施意见》,立足基本省情,积极、稳妥推进,合理引导农业转移人口落户城镇的预期和选择。

2016年8月18日,湖南省人民政府办公厅发布《关于进一步加强农村道路交通安全工作的意见》,统筹发展农村客运,重点发展县、乡镇、村的支线客运,建立布局合理、畅通有序、安全便捷的农村道路客运网络,提高农村道路客运覆盖率。

2017年3月20日,湖南省人民政府发布《关于实施支持农业转移人口市民化若干财政政策的通知》,加大对吸纳农业转移人口地区尤其是中小城镇的支持力度,维护进城落户农民的合法权益,促进农业转移人口有序市民化。

(3)**湖南城乡经济一体化政策梳理与大事回顾**

2013年10月15日,湖南省人民政府发布《关于加快发展农民合作社的意见》,围绕优势特色产业发展农民合作社,坚持家庭承包经营与农民合作社发展紧密结合。

2014年10月24日,湖南省人民政府发布《关于鼓励和引导社会资本投资农业农村的若干意见》,鼓励社会资本通过产权转让、联合、兼并、股份制改造等形式积极投入到现代种业的研发、生产和推广中,构建商业化育种体系。

2015 年 8 月 6 日，湖南省人民政府发布《关于进一步做好为农民工服务工作的实施意见》，着力稳定和扩大农民工就业创业，着力维护农民工的合法权益，着力推动农民工逐步实现平等享受城镇基本公共服务和在城镇落户，着力促进农民工社会融合，有序推进、逐步实现有条件和有意愿的农民工市民化，使农民工共享改革发展的成果。

2015 年 12 月 29 日，湖南省人民政府办公厅发布《关于加快转变农业发展方式的实施意见》，加快构建产出高效、产品安全、资源节约、环境友好的现代农业发展格局，推动农业生产由追求数量为主向数量质量效益并重转变。

（4）湖南城乡社会一体化政策梳理与大事回顾

2014 年 7 月 29 日，湖南省人民政府发布《关于建立统一的城乡居民基本养老保险制度的实施意见》，按照全覆盖、保基本、有弹性、可持续的方针，以增强公平性、适应流动性、保证可持续性为重点，全面推进和不断完善覆盖全体城乡居民的基本养老保险制度。

2015 年 10 月 29 日，湖南省人民政府办公厅印发《湖南省城乡居民大病保险实施方案》，统筹城乡居民大病保险政策，统一统筹层次、统一筹资标准、统一补偿范围、统一待遇水平、统一招标承办、统一服务规范、统一信息平台。

2016 年 1 月 12 日，湖南省人民政府发布《关于进一步做好城镇棚户区和城乡危房改造及配套基础设施建设有关工作的实施意见》，加快城镇棚户区改造，完善配套基础设施，全面实施农村危房改造整体推进。

2016 年 7 月 21 日，湖南省人民政府发布《关于整合城乡居民基本医疗保险制度的实施意见》，把城乡居民医保整合纳入全民医疗保险体系发展和深化医改全局，统筹安排，合理规划，突出医疗、医保、医药三医联动，加强基本医疗保险、大病保险、医疗救助、商业健康保险等医疗保障项目的政策衔接，强化制度的系统性、整体性、协同性。

2017 年 6 月 14 日，湖南省人民政府发布《关于统筹推进县域内城乡义务教育一体化改革发展的实施意见》，加快推进县域内城乡义务教育学校建设标准统一、教师编制标准统一、生均公用经费基准定额统一、基本装备配置标准统一和“两免一补”政策城乡全覆盖。

（5）湖南城乡政治文化一体化政策梳理与大事回顾

2016 年 6 月 28 日，湖南省人民政府办公厅发布《关于推进基层综合性文化服务中心建设的实施意见》,进一步推进基层公共文化资源有效整合和统筹利用,提升基层公共文化设施建设、管理和服务水平,从而更好地保障基层群众基本文化权益。

2016 年 11 月 15 日,湖南省人民政府办公厅印发《湖南省全民科学素质行动计划纲要实施方案(2016—2020 年)》,该《方案》提出,适应创新型湖南建设需求,到 2020 年,实现全省科技教育、传播与普及长足发展,公民科学素质建设的公共服务能力显著增强,建成现代公民科学素质组织实施、基础设施、条件保障、监测评估等体系。

(6)湖南城乡生态环境一体化政策梳理与大事回顾

2013 年 11 月 12 日,湖南省人民政府办公厅发布《关于进一步做好农村饮用水安全工作的通知》,按照“区域统筹、城乡一体”的思路,分片区乃至整县整体推进,逐步形成城乡同网同质一体化供水体系。

2014 年 2 月 8 日,湖南省人民政府办公厅印发《湖南省改善农村人居环境建设美丽乡村工作意见》,实施农村安全饮水工程,推进城乡供水一体化,改善农村基本生产生活条件。

2014 年 7 月 31 日,湖南省人民政府发布《关于推进城镇生活垃圾资源化利用的意见》,通过建立“谁排放垃圾谁付费”的机制,实行垃圾分类,加快焚烧发电和水泥窑协同处理设施建设,推行城乡垃圾处理一体化。

2015 年 4 月 16 日,湖南省人民政府办公厅发布《关于加强全省农村能源建设的实施意见》,大力普及农村沼气,积极发展农村清洁可再生能源,将农村能源建设与农村生态环境保护、社会主义新农村建设、美丽乡村建设和现代农业发展紧密结合。

2016 年 4 月 28 日,湖南省人民政府办公厅印发《湖南省大气污染防治专项行动方案(2016—2017 年)》,该《方案》提出,要积极发展生态循环农业,大力推进城乡绿化,积极引导地方创建生态文明乡镇、村,不断扩大森林面积,提高森林质量。

2016 年,湖南省在生态环境建设方面取得重大成就,建设美丽乡村 304 个,县以上城镇污水处理率达到 93%,生活垃圾无害化处理率达到 99.57%,并全面完成节能减排年度任务。

2.4 江西省城乡发展一体化政策梳理与大事回顾

近年来,江西省全面贯彻党的十八大、十八届三中、四中、五中全会以及习近平总书记系列重要讲话精神，尤其是习近平总书记对江西工作提出的新的希望和“三个着力、四个坚持”的总体要求，坚持以人民为中心的发展思想，围绕“四个全面”战略布局，按照“发展升级、小康提速、绿色崛起、实干兴赣”十六字方针，统筹推进城乡一体化发展，大力加强基础设施建设、优化区域发展布局，进一步增强区域发展的协调性，扎实推进新农村建设，统筹做好稳增长、促改革、调结构、优生态、惠民生等各项工作。

（1）江西城乡发展一体化政策梳理与大事回顾

2014 年 8 月 28 日，江西省人民政府办公厅印发《江西省城乡总体规划暨“多规合一”试点工作方案》，在国家“三规合一”试点的基础上，开展经济社会发展、城乡、土地利用、生态环境保护规划的“多规合一”试点工作。

2016 年 2 月 1 日至 3 日，习近平总书记在江西省委书记强卫、省长鹿心社陪同下，前往吉安、井冈山、南昌等地，深入乡村、企业、学校、社区、革命根据地纪念场馆调研考察，就贯彻落实党的十八届五中全会精神和中央经济工作会议、中央扶贫开发工作会议、中央城市工作会议精神进行指导，给广大干部群众送去党中央的新春祝福和亲切关怀。

2016 年 8 月 22 日至 24 日，中共中央政治局常委、国务院总理李克强在江西省委书记鹿心社、代省长刘奇的陪同下，在赣州、南昌就推动经济社会发展进行考察。

2016 年 11 月 26 日，江西省人民政府办公厅印发《关于深入推进新型城镇化建设的实施意见和工作责任分工方案》，积极推进农业转移人口市民化，全面提升城市功能，辐射带动新农村建设。

（2）江西城乡空间一体化政策梳理与大事回顾

2013 年 4 月 3 日，江西省人民政府发布《关于进一步加快交通运输事业发展的意见》，指出继续实施全省县乡道升级改造、农村客运网络化连通工程，加快农村公路建设。

2017 年 1 月 25 日，江西省人民政府发布《关于实施支持农业转移人口市民化若干财政政策的意见》，支持将农业转移人口纳入就业服务体系，加大对农业转移人口市民化的财政支持力度并建立动态调整机制。

2017 年 3 月 20 日，江西省人民政府办公厅印发《江西省“十三五”综合交通运输体系发展规划》，指出积极改善农村交通出行条件，加快形成相互衔接、畅通有序的客货运服务网络，促进城乡交通运输一体化发展。

(3)江西城乡经济一体化政策梳理与大事回顾

2014年3月14日,江西省人民政府发布《关于加快城乡居民增收的指导意见》,提出在做大做强经济的同时,通过大力实施农民增收、扩大就业、创业富民、工资增长、社会保障、资产增值、财政支持、社会帮扶八项举措,实现城乡居民增收目标。

2015年6月1日,江西省人民政府发布《关于进一步做好为农民工服务工作的实施意见》,着力稳定和扩大农民工就业创业,维护农民工的劳动保障权益,推动农民工市民化。

2016年9月9日,《江西省人民政府办公厅关于推进农村一二三产业融合发展的实施意见》发布,该《意见》指出,用工业理念发展农业,以新型城镇化为依托,着力构建农业与第二、第三产业交叉融合的现代产业体系,形成城乡一体化的农村发展新格局。

2017年2月13日,《江西省人民政府关于深化改革创新加快现代农业发展的若干意见》发布,该《意见》指出,积极推进农业供给侧结构性改革,加快绿色生态农业发展,激发农业发展活力。

2017年3月12日,江西省人民政府办公厅发布《关于进一步加快现代农业示范园区建设的意见》,以转变农业发展方式为主线,大力推进"四区四型"为一体的发展模式。

2017年7月4日,江西省人民政府办公厅发布《关于完善支持政策促进农民持续增收的实施意见》,紧紧围绕农业提质增效强基础、农民就业创业拓渠道、农村改革赋权增活力、农村社会保障固基本,进一步加大落实强农惠农富农政策力度。

(4)江西城乡社会一体化政策梳理与大事回顾

2016年4月6日,江西省人民政府发布《关于进一步完善城乡义务教育经费保障机制的实施意见》,进一步完善城乡统一、重在农村的义务教育经费保障机制,实现城乡义务教育在更高层次的均衡发展。

2017年2月21日,江西省人民政府办公厅印发《江西省整合城乡居民基本医疗保险制度推进全民参保登记工作实施方案》,全面推进全省城乡居民基本医疗保险制度整合,建立全面、完整、准确的社会保险业务基础数据库,实现数据互联共享和动态更新。

2017年2月28日,《江西省人民政府关于统筹推进县域内城乡义务教育一体化改革发展的实施意见》发布,该《意见》指出,合理规划城乡义务教育学校布局建设,完善城乡义务教育经费保障机制,大力提高乡村教育质量。

2017 年 5 月 26 日,江西省人民政府印发《江西省“十三五”推进基本公共服务均等化规划》,以人民为中心,加快建成覆盖城乡、功能完善、布局合理、制度成型的基本公共服务体系。

(5)江西城乡政治文化一体化政策梳理与大事回顾

十八大以来,江西省公共文化体育服务不断丰富。公共文化设施基本覆盖全省城乡,初步建成服务网络。全民阅读活动、农村文化“三项活动”等惠民工程全面推进。公共体育设施建设步伐加快,全民健身活动蓬勃发展。“十二五”期末,全省广播、电视综合人口覆盖率分别达到 97.6% 和 98.6%,人均体育场地面积达到 1.5 平方米,经常参加体育锻炼人数比例达到 32%,城乡居民达到《国家体质测定标准》合格以上人数比例达到 92%。

2016 年 7 月 24 日,江西省人民政府办公厅印发《推进基层综合性文化服务中心建设实施方案》,因地制宜地推进基层综合性文化服务中心建设,促进基本公共文化服务标准化均等化,使基层公共文化服务得到全面加强和提升。

(6)江西城乡生态环境一体化政策梳理与大事回顾

2015 年 5 月 16 日,江西省新农村建设办公室、江西省住房城乡建设厅发布《关于江西省农村生活垃圾专项治理工作方案》,建立健全农村环境卫生管理长效机制,提升城乡环卫一体化管理水平和运行质量,全面改善农村人居环境。

2.5 山西省城乡发展一体化政策梳理与大事回顾

山西省委、省政府为全面贯彻党中央、国务院的决策部署,按照“五位一体”总体布局和“四个全面”战略布局,坚持走以人为本、四化同步、优化布局、生态文明、文化传承的中国特色新型城镇化道路,按照“一核一圈三群”城镇化总体布局,加快推进以城市群为主要形态,以人的城镇化为核心,以提高质量为关键的新型城镇化建设,制定完善土地、财政、投融资等配套政策,加快落实户籍制度改革,努力实现农业转移人口市民化、公共服务均等化、基础设施标准化、产业发展集群化、资源环境集约化,充分释放新型城镇化蕴藏的巨大内需潜力,推动山西新型城镇化沿着正确的方向更稳、更好、更快发展,为全省经济持续健康发展提供持久强劲动力。党的十八大以来山西省政府先后出台了《山西省人民政府关于加快推进城镇化的意见》《山西省新型城镇化规划(2015—2020年)》《关于深入推进新型城镇化建设的实施意见》等系列文件,并配套在各个方面实施一系列的具体支持。

(1)山西省城乡发展一体化政策梳理与大事回顾

2013年,山西省人民政府批准《太原都市圈规划(2011—2030年)》。

2015年7月,山西省正式发布《山西省新型城镇化规划(2015—2020)》。

2016年3月,山西省住建厅下发了《关于做好2016年全省城乡规划工作的通知》,指导14个县城开展总体规划编修工作。

2016年5月20日,山西省人民政府出台《关于深入推进新型城镇化建设的实施意见》。

2016年8月31日,山西省住建厅印发《山西省住房和城乡建设事业"十三五"规划》。

2017年6月21日至23日,中共中央总书记、国家主席、中央军委主席习近平在山西考察。考察期间,习近平总书记指出,要坚持把解决好农业、农村、农民问题作为全党工作重中之重,多途径增加农民收入,要深入推进社会主义新农村建设,推动公共服务向农村延伸,全面改善农村生产生活条件。习近平总书记强调,让贫困人口和贫困地区同全国人民一道进入全面小康社会,是我们党的庄严承诺,不管任务多么艰巨、还有多少硬骨头要啃,这个承诺都要兑现。

(2)山西省城乡空间一体化政策梳理与大事回顾

2014年7月,山西省交通运输厅下达了农村公路建设补助资金计划11.4亿元,用于改善农业生产生活条件、打通运输主通道、推动城乡一体化以及做好交通运输服务保障。

截至2016年年底,在山西省常住人口中,居住在城镇的人口为2069.63万人,城镇人口比上年增长53.26万人;全省城镇化水平为56.21%,比2015年提高了1.18个百分点。

(3)山西省城乡经济一体化政策梳理与大事回顾

2013年3月,"山西省居民人均可支配收入"首次发布,该数据首次将城乡一体化居民收入数据融为一体,经国家统计局核定,2013年,山西居民人均可支配收入为15120元,比上年增长11.2%。

2014 年 5 月 19 日，山西省人力资源和社会保障厅发布《山西省职业培训全覆盖计划实施方案》。

2014 年，山西省人民政府办公厅印发《积极发展农民股份合作赋予农民对集体资产股份权能改革试点方案》（农经发〔2014〕13 号）。

2014 年 5 月 12 日，山西省公布《加快推进易地扶贫搬迁工作实施方案》，把易地扶贫搬迁作为改善农村人居环境的战略举措，努力实现贫困地区群众“搬得出、稳得住、能发展、可致富”，全面改善农村生产生活条件，建设美丽宜居家园。

2014 年 8 月 5 日，山西省人民政府办公厅印发《山西省新型职业农民培育工作方案》，就发展现代农业、推动城乡一体化发展，大力培育新型职业农民，推动农民逐渐淡出身份属性，加快农业发展方式转变作出部署。

2015 年 1 月 23 日，山西省人民政府办公厅印发《山西省国家资源型经济转型综合配套改革试验 2015 年行动计划》，就推动公共资源城乡之间均衡配置开展新型城镇化综合试点；推进太原晋中同城化，进一步增强区域协同发展态势；构建新型农业经营体系，着力培育新型农业经营主体；深入推进农民合作社规范化建设；加快转变农业发展方式，健全农业社会化服务体系等工作作出部署安排。

2016 年 8 月 4 日，山西省人民政府办公厅印发《省政府办公厅关于推进农村 二三产业融合发展的实施意见》。

2017 年 6 月 21 日，山西省住房和城乡建设厅印发《关于进一步加快公共租赁住房分配入住工作实施方案》。

（4）山西省城乡社会一体化政策梳理与大事回顾

2014 年 6 月，山西省政府出台《城镇职工基本养老保险与城乡居民基本养老保险互转衔接实施意见》，在全省新农保和城居保全覆盖的基础上，将这两项制度合并实施，建立全省统一的城乡居民基本养老保险制度。

截至 2014 年年底，山西省社会保障水平大幅提高，城乡基本养老、基本医疗保险参保人数分别达到 2100 万人、3000 万人，基本实现社保制度城乡全覆盖，参保人员人人持有社会保障卡。全省范围内城镇居民养老保险和新型农村社会养老保险并轨运行，9 个设区城市都实行了省内医疗保险异地就医直接结算。

2015 年 2 月 6 日，山西省人民政府出台了《关于进一步推进户籍制度改革的实施意见》,在全省取消农业户口与非农业户口性质区分,全面放开建制镇和中小城市落户限制。

2015 年 3 月 12 日,山西省人民政府办公厅印发《山西省改善农村人居环境 2015 年行动计划》,为继续深入、扎实推进改善农村人居环境工作作出部署。

2016 年 3 月,山西省人民政府办公厅印发《关于解决无户口人员登记户口问题的通知》,积极推进居住证制度,进一步加快居住证发放速度。

2016 年 8 月 1 日,山西省人民政府印发《山西省"十三五"基本公共服务均等化规划》,就推进城乡区域基本公共服务均等化,基本建成覆盖城乡、布局合理、公平普惠的教育公共服务网络,建立与山西省经济发展水平相适应、城乡一体、更加公平的社会保险服务体系等工作作出规划部署。

2016 年 8 月 16 日,山西省人民政府办公厅关于印发《山西省标准化体系建设发展规划(2016—2020 年)》,提出进一步拓展标准化体系研究的广度和深度,将标准研制工作向转变城市发展方式、推进城乡一体化、建设美丽乡村倾斜。

2016 年 11 月 8 日,山西省人民政府印发《山西省人民政府关于整合城乡居民基本医疗保险制度的实施意见》。

2016 年 11 月 15 日,山西省人民政府办公厅印发《关于切实办好贫困地区农村教育的若干意见》。

2016 年 12 月 7 日,山西省人民政府令第 247 号发布《山西省流动人口服务管理办法》。

2017 年 2 月 4 日,山西省教育厅印发《山西省消除大班额专项规划(2016—2020 年)》。

2017 年 4 月 7 日,山西省人民政府印发《山西省人民政府关于统筹推进县域内城乡义务教育一体化改革发展的实施意见》,提出就促进统筹推进县域内城乡义务教育一体化改革发展的一些实施意见。

2017 年 4 月 18 日,山西省人民政府办公厅印发《山西省推动非户籍人口在城市落户实施方案》。

(5)山西省城乡政治文化一体化政策梳理与大事回顾

2016 年 8 月 1 日,山西省人民政府印发《山西省"十三五"基本公共服务均等化规划》,就构建覆盖城乡、惠及全民的现代公共文化服务体系,开展市、县、乡、村等各级群众性综合运动会作出部署。

(6)山西省城乡生态环境一体化政策梳理与大事回顾

2014年7月,山西省公布了《太原市创建国家生态园林城市实施方案》,指出城镇化要与生态化互为依托。

截至2014年年底,山西省各地加大园林绿化力度,精心打造生态宜居城市。截至2013年年底,全省城市建成区绿化覆盖率达到37.1%,绿地率达到31.67%,人均公园绿地面积达到10.7平方米。共创建园林城镇54个,其中国家级23个。晋城市2012年荣获"国际花园城市"称号。

2014年12月29日,山西省经济工作会议在太原召开,会议强调要全面推进城乡环境卫生整洁行动,逐步建立环境卫生长效管理机制,研究探索农村垃圾分类处理的路径和办法,加快煤层气全覆盖进程。

2016年10月19日,山西省政府发布"十三五"循环经济发展规划,就全力打造绿色循环低碳发展格局加快城乡一体化循环,促进循环型社会建设作出规划部署。

2.6　安徽省城乡发展一体化政策梳理与大事回顾

十八大以来,安徽省深入贯彻落实科学发展观,坚持工业化城镇化双轮驱动,按照产城融合、协调发展、分类指导、生态宜居、彰显文化的基本原则,把培育壮大中心城市摆在优先位置,积极发展中小城市,大力发展县域经济,加快新农村建设步伐,着力提升城镇综合承载能力和文明水平,统筹城乡区域协调发展。同时,安徽省以统筹城乡经济社会发展为方略,以增加农民收入、提升农民生活品质为核心,以村庄建设、环境整治和农田整理为突破口,同步推进产业发展和社会管理,加快建设资源节约型、环境友好型乡村,努力打造宜居、宜业、宜游的农民幸福生活美好家园,在统筹城乡发展一体化上取得了重大进展。

(1)安徽城乡发展一体化政策梳理与大事回顾

2016年4月24日至27日,中共中央总书记、国家主席、中央军委主席习近平在安徽调研。4月24日下午,习近平总书记在六安市金寨县花石乡大湾村向村民们了解脱贫工作情况。25日下午,习近平来到滁州市凤阳县小岗村考察,指出要努力实现粮食主产区粮食生产发展和经济实力增强有机统一、农民生产粮食和增加收入齐头并进。

2016年,安徽省人民生活持续改善。城镇、农村常住居民人均可支配收入分别达29156元和11720元,分别比上年增长8.2%和8.3%。城镇新增就业66.8万人、登记失业率3.2%。建成各类保障性安居工程30.2万套,又解决了312.7万农村人口的饮水安全问题,社会保障体系进一步完善。

(2)安徽城乡空间一体化政策梳理与大事回顾

2015年7月31日,《安徽省人民政府关于进一步推进户籍制度改革的意见》发布。该《意见》指出,建立城乡统一的户口登记制度,建立财政转移支付同农业转移人口市民化挂钩机制。

2015年10月29日,安徽省人民政府发布《安徽省人民政府关于加强城乡规划管理的意见》,加快建立省域—市域—县域全覆盖的"多规合一"体系,健全空间规划协调机制。

2017年1月17日,安徽省人民政府办公厅印发《推动非户籍人口在城市落户实施方案》,加速破除城乡区域间户籍迁移壁垒。

(3)安徽城乡经济一体化政策梳理与大事回顾

2013年5月30日,《安徽省人民政府办公厅关于转发省供销社推进中小城市供销社商贸综合体建设促进城乡一体化发展意见的通知》发布。

2015年3月27日,安徽省人民政府办公厅印发《关于加快推进新型职业农民培育工作的意见》,指出加快培养一批有文化、懂技术、会经营的生产经营型、专业技能型和社会服务型职业农民,推进农业发展方式转变。

2015年5月14日,安徽省人民政府印发《关于全面深化农村金融综合改革的意见》,决定在全省全面推进农村金融综合改革。

2016年1月26日,安徽省人民政府办公厅印发《关于支持农民工等人员返乡创业的实施意见》。

2017年6月28日,《安徽省人民政府办公厅关于印发激发重点群体活力带动城乡居民增收实施方案的通知》发布,旨在拓宽就业渠道,提高城乡居民收入。

(4)安徽城乡社会一体化政策梳理与大事回顾

2014年12月10日,安徽省人民政府发布《安徽省人民政府关于进一步完善城乡居民基本养老保险制度的实施意见》。

2015年5月5日,安徽省人民政府办公厅发布《关于推进商业保险机构经办城乡居民基本医疗保险业务试点的指导意见》,加快推进商业保险机构经办城乡居民基本医保业务试点工作。

2016年3月1日,《安徽省人民政府办公厅关于巩固完善城乡居民大病保险制度的实施意见》发布实施。

2016年4月20日,安徽省人民政府发布《关于进一步完善城乡义务教育经费保障机制的实施意见》,以促进教育公平,提高教育质量。

2016年12月30日,《安徽省人民政府关于整合城乡居民基本医疗保险制度的实施意见》发布,指出到2017年年底前基本建立统一的城乡居民医保制度。

2017年3月31日,安徽省人民政府发布《关于统筹推进县域内城乡义务教育一体化改革发展的实施意见》,以巩固和均衡发展九年义务教育,加快缩小县域内城乡教育差距。

(5)安徽城乡政治文化一体化政策梳理与大事回顾

2014年12月16日,安徽省人民政府办公厅发布《安徽省推进文化创意和设计服务与相关产业融合发展行动计划》,提出开展特色农业提升工程,注重农村文化资源挖掘,不断丰富农业产品、农事景观、乡土文化的创意和设计,推动农业与文化、科技、生态、旅游的融合。

2016年11月2日,安徽省人民政府印发《安徽省全民科学素质行动计划纲要实施方案(2016—2020年)》,旨在进一步加强公民科学素质建设,助力全面建成小康社会。

(6)安徽城乡生态环境一体化政策梳理与大事回顾

近年来,安徽省生态创建和农村环保取得重大进展。截至"十二五"末,安徽省已创建4个国家级生态县、157个国家级生态乡镇、21个国家级生态村,1个省级生态市、24个省级生态县、460个省级生态乡镇、1029个省级生态村。

2014年12月17日,安徽省人民政府办公厅发布《安徽省"十二五"环境保护规划》,加大城乡环境整治力度。

2015年10月19日,安徽省人民政府办公厅转发省住房城乡建设厅《关于推进城乡建设绿色发展意见的通知》,大力推进绿色城镇化。

2017年4月26日,《安徽省人民政府办公厅关于印发安徽省"十三五"环境保护规划的通知》发布。该《通知》指出,以重要饮用水水源地周边的村庄为治理重点,围绕美丽乡村建设,积极推进农村环境综合整治,改善农村人居环境。

3 西部省份城乡发展一体化政策梳理与大事回顾

3.1 陕西省城乡一体化政策与大事梳理

党的十八大以来,陕西省委、省政府坚持“四化同步”战略,坚持工业反哺农业、城市支持农村和多予少取放活方针。以科学规划为引领,推进城乡协调发展;加快土地流转,创新农业生产经营体制机制;加快连片特困地区扶贫开发,大幅度减少贫困人口;加大改革力度,促进公共资源均衡配置和城乡基本公共服务均等化。按照“城乡政策一致、规划建设一体、公共服务均等、收入水平相当”的要求,以“三强一富一美”为目标,不断创新农业生产经营体制,进一步提高县域工业化和城镇化水平,大幅增加农民收入,加快推进城乡发展一体化步伐,促进城乡共同繁荣。

(1)**陕西省城乡发展一体化政策梳理与大事回顾**

2015 年 3 月 6 日,习近平总书记在陕西省开展考察时强调,大力发展现代农业,着力促进农民增收,推进生态文明建设,扎实推进农业现代化。同时完善社会保障体系,扎实做好社会保障和改善民生工作。

2017 年 7 月 10 日至 11 日,李克强总理在陕西杨凌、宝鸡开展考察时强调,加强对农业技术创新支持力度,通过创新机制,推进土地流转,拓展农民增收渠道。同时做好相关易地移民搬迁工作,保护农村生态,提高人民生活水平。

2017 年 3 月 29 日,陕西省人民政府发布《关于印发省“十三五”农村经济社会发展规划的通知》。

(2)**陕西省城乡空间一体化政策梳理与大事回顾**

2013 年 1 月 10 日,陕西省人民政府发布《陕西省人民政府关于加快推进城镇化的决定》。该《决定》强调加快城镇化进程,促进工业化、城镇化、农业现代化协调发展。

2015 年 4 月 17 日,陕西省人民政府发布《关于进一步推进户籍制度改革的意见》。该《意见》指出,要全面放开建制镇和小城市落户限制,完善农村产权制度。

2016 年 11 月 4 日,陕西省人民政府发布《陕西省人民政府关于深入推进新型城镇化建设的实施意见》。该《意见》指出,要加快户籍制度改革,健全农业转移人口市民化激励机制,推进基础设施和公共服务向农村延伸,推进移民搬迁与新型城镇化结合。

截至2016年年底，陕西省城镇化率达到55.34%，较上年提高1.7个百分点。客运量7.08亿人，较上年增长0.4%；旅客周转量886.84亿人公里，较上年增长2.1%。

(3)陕西省城乡经济一体化政策梳理与大事回顾

2013年1月4日，陕西省人民政府发布《关于深入推进现代农业园区建设的意见》。该《意见》指出，要加快高标准基本农田建设，有序推进农村土地流转，发展农产品加工流通，深入推进现代农业发展。

2013年6月6日，陕西省人民政府发布《关于进一步推进农村信用社改革的意见》。该《意见》指出，要加快农村商业银行组建步伐，加快股份制改造，在各种涉农财政资金存放上予以政策倾斜。

2015年7月30日，陕西省人民政府办公厅发布《关于引导农村产权流转交易市场健康发展的意见》。该《意见》指出，要加快建设农村产权流转交易市场，不断扩大交易产权品种。

2015年12月25日，陕西省人民政府办公厅发布《关于加快转变农业生产方式的意见》。该《意见》指出，要加快高标准农田建设，优化农业产业布局，发展 适度规模经营，大力开展产业化经营，扎实推进现代农业建设。

2016年6月27日，陕西省人民政府办公厅发布《关于促进农村电子商务加快发展的实施意见》。该《意见》指出，要积极培育农村电子商务企业，发展农业生产资料和乡村旅游电子商务，提升农村基础设施条件。

2017年6月20日，陕西省人民政府办公厅发布《关于支持返乡下乡人员创业创新促进农村一二三产业融合发展的实施意见》。该《意见》指出，要鼓励和引导返乡下乡人员通过承包等形式，创办农民合作社等新型农业经营主体，推进农村产业融合。

截至2016年年底，全年城镇居民人均可支配收入28440元，比上年增加2020元，名义增长7.6%；全年农村居民人均可支配收入9396元，比上年增加707元，名义增长8.1%。全省城乡居民收入比为3.03∶1，较上年缩小0.01。全年城镇新增就业44.50万人，失业人员再就业17.60万人，城镇登记失业率3.3%。

(4)陕西省城乡社会一体化政策梳理与大事回顾

2013年10月24日，陕西省人民政府发布《关于进一步加强和改进最低生活保障工作的实施意见》。该《意见》指出,要完善城乡最低生活保障认定条件,加强最低生活保障与其他社会救助制度的有效衔接。

2014 年 7 月 21 日,陕西省人民政府发布《进一步完善城乡居民基本养老保险制度的实施意见》。该《意见》指出,要完善城乡居民基本养老保险制度并与职工基本养老保险制度相衔接,更好地保障参保城乡居民的基本生活。

2016 年 7 月 7 日,陕西省人民政府发布《关于进一步推进义务教育均衡发展全面提升基础教育整体水平的意见》。该《意见》指出,要统筹城乡教师等教育资源配置,统一城乡九年义务教育“两免一补”政策。

截至 2016 年年底,参加城镇职工医疗保险 599.64 万人,参加城乡居民医疗保险 648.40 万人;年末纳入城市低保 21 万户 42.10 万人;纳入农村低保 58.60 万户 130.40 万人,保障标准每人每年最低 3015 元。

(5)陕西省城乡政治文化一体化政策梳理与大事回顾

2016 年 4 月 26 日,陕西省人民政府办公厅发布《关于引发基层综合性文化服务中心建设实施方案的通知》。该《通知》指出,要加强乡镇文化基本设施建设,创新服务方式和手段,使基层公共文化服务得到全面提升。

2016 年 10 月 25 日,陕西省人民政府办公厅发布《关于推进广播电视村村通户户通升级工作的实施意见》。该《意见》强调充分保障基本公共服务,加强基层广播电视播出机构基础设施和服务能力建设

截至 2016 年年底,全省共有图书馆 110 个 、文化馆 122 个。

(6)陕西省城乡生态环境一体化政策梳理与大事回顾

2014 年 4 月 2 日,陕西省人民政府发布《关于全面改善村庄人居环境持续推进美丽乡村建设的意见》。该《意见》指出,要全面开展村庄人居环境整治,持续推进功能提升、符合实际、富有特色的美丽乡村建设。

2015 年 11 月 16 日,陕西省人民政府办公厅发布《关于推进全省农村环境综合整治示范工作的通知》。该《通知》指出,要重点进行农村生活垃圾处理、生活污水处理和饮用水水源保护,提高农村居民生活环境质量。

2016 年 5 月 18 日,陕西省人民政府发布《陕西省人民政府关于加快全省改善农村人居环境工作的意见》。该《意见》指出,要全面建设清洁乡村,加快建设生态乡村,积极创建美丽宜居乡村。

截至 2016 年年底,建成万亩以上灌区 186 处,有效灌溉面积 847.24 千

公顷,当年解决农村饮水安全人口141.46万人。向农业供水57.63亿立方米,向城乡居民生活供水13.27亿立方米。

3.2　甘肃省城乡发展一体化政策梳理与大事回顾

党的十八大以来,甘肃省委省政府协调推进"五位一体"总体布局和"四个全面"战略布局,按照以人为本、优化布局、文化传承、市场主导和统筹协调为原则,以县城为中心,辐射带动区域中心镇和建制镇发展,探索新城镇化模式。以扶贫脱贫作为最大任务,深入实施"3341"项目工程、联村联户为民富民行动和"1+17"精准扶贫精准脱贫的意见及政策措施。以农村环境整治、新型农业合作模式为重要切入点,切实增加农民收入,改善农村生活环境,在统筹城乡发展方面取得了较大成绩。

(1)甘肃省城乡发展一体化政策梳理与大事回顾

2013年8月17日至19日,李克强总理在甘肃省考察时强调,国家对农信社实行较低的准备金率,农信社的贷款应重点面向农业,更好地为"三农"服务。

2014年9月30日,甘肃省人民政府发布《关于进一步加强全省城乡规划工作的意见》。该《通知》指出,要完善城镇规划编制体系,注重优化大中小城市及小城镇的体系结构。同时,统筹编制乡村规划,进一步加强对基础设施、产业发展、生态环境、生产生活服务设施的引导和调控。

(2)甘肃省城乡空间一体化政策梳理与大事回顾

2014年7月11日,甘肃省人民政府发布《关于做好新型城镇化试点工作的指导意见》。该《意见》指出,要统筹城乡空间规划,加快推进城乡路网建设,统筹社会公共服务,健全城乡社会保障体系。

2014年9月26日,甘肃省人民政府办公厅发布《关于完善农村道路交通安全管理工作机制的意见》。

2016年7月15日,甘肃省人民政府办公厅发布《关于加快农村客运发展的意见》。该《意见》指出,要加快农村公路和农村客运站点建设,全面提升农村客运服务能力。

2016年12月15日,甘肃省人民政府发布《甘肃省人民政府关于实施农业转移人口市民化若干财政政策的通知》。该《通知》指出,要实施统一的城乡居民基本医疗保险、养老保险和救助制度,加大对农业转移人口就业的支持力度,推进城镇化进程。

截至2016年年底,甘肃省城镇化率达到44.69%,较上年提高1.50个百分点。2016年,甘肃省全省新建铁路投产里程264.10公里,公路里程14.31万公里,其中等级公路12.52万公里;新建二级以上公路648.00公里,旅客周转量635.68亿人公里,较上年下降0.69%。

(3)甘肃省城乡经济一体化政策梳理与大事回顾

2013年3月9日,甘肃省人民政府办公厅发布《关于加快农村市场体系建设的实施意见》。该《意见》指出,要积极培育一批大型农产品批发企业,完善农业生产资料流通体系。

2014年7月28日,甘肃省人民政府发布《关于进一步加快农业合作社发展的意见》。该《意见》指出,要提升农民合作社加工销售能力,通过鼓励大学生返乡加强农业合作社人才队伍建设。

2015年4月7日,甘肃省委发布《关于进一步深化农村改革加快推进农业现代化的意见》。

2015年8月19日,甘肃省人民政府办公厅发布《关于引导农村产权流转交易市场健康发展的实施意见》。该《意见》指出,要设立农村产权流转交易市场,扩大流转范围。

2016年2月14日,甘肃省委发布《关于深化供销合作社综合改革的实施意见》。

2016年4月26日,甘肃省人民政府办公厅发布《关于促进农村电子商务加快发展的实施意见》。该《意见》指出,要加强农村基础设施建设,加强互联网与农业农村融合发展,促进农业发展方式转变。

2016年7月29日,甘肃省人民政府办公厅发布《关于推进农村一二三产业融合发展的实施意见》。该《意见》指出,要引导农村产业融合发展,培育农村产业融合主体,完善农村产业融合服务体系。

2017年2月21日,甘肃省人民政府办公厅发布《关于支持返乡下乡人员创业创新促进农村一二三产业融合发展额实施意见》。该《意见》指出,要按照现代产业组织方式鼓励返乡人员开展创业创新,推进农村第一、第二、第三产业融合发展。

截至2016年年底,甘肃省城镇居民人均可支配收入为25693.5元,比上年增长8.1%;农村居民人均可支配收入为7456.9元,比上年增长7.5%。共有城乡就业人员1548.74万人,其中城镇就业人员591.01万人,全年城镇新增就业人员 43.75 万人，年末城镇登记失业率为 2.2%。

(4)甘肃省城乡社会一体化政策梳理与大事回顾

2013 年 4 月 10 日，甘肃省人民政府办公厅发布《关于进一步做好农村低保工作的通知》。2016 年 2 月 15 日，甘肃省人民政府发布《关于印发进一步完善城乡义务教育经费保障机制实施方案的通知》。

2016 年 11 月 15 日，甘肃省人民政府办公厅发布《关于印发甘肃省整合城乡居民基本医疗保险制度实施意见的通知》。该《通知》指出，要整合城镇居民基本医疗保险和新型农村合作医疗制度，建立城乡一体的城乡居民基本医疗保险制度。

2016 年 11 月 24 日，甘肃省人民政府办公厅发布《关于转发省民政厅等部门关于做好农村最低生活保障制度与扶贫开发政策有效衔接的实施方案的通知》。该《通知》指出，要逐步提高农村低保标准，着力加强农村低保制度与扶贫开发政策衔接。

2017 年 2 月 3 日，甘肃省人民政府发布《关于统筹推进县域内城乡义务教育一体化改革发展的实施意见》。

截至 2016 年年底，参加城乡居民基本养老保险人数 1253.7 万人，比上年增长 1.37%；参加城镇基本医疗保险人数 643.3 万人，比上年增长 1.32%，其中参加城镇居民基本医疗保险人数 328.9 万人，比上年增长 0.58%。

(5)甘肃省城乡政治文化一体化政策梳理与大事回顾

2016 年 3 月 15 日，甘肃省人民政府办公厅发布《关于印发甘肃省推进基层综合性文化服务中心建设实施方案的通知》。该《通知》指出，要强化综合性文化设施，丰富群众文体娱乐活动。

2016 年 8 月 31 日，甘肃省人民政府办公厅发布《关于印发甘肃省“十三五”公共文化服务体系建设规划的通知》。该《通知》指出，要深入推进基层综合性文化服务中心建设，切实加强公共文化服务保障。

2016 年 12 月 3 日，甘肃省人民政府办公厅发布《关于加快推进广播电视村村通向户户通升级工作的实施意见》。该《意见》指出，要强调大力提升基础设施保障能力。

2016 年 12 月 11 日，甘肃省委发布《关于繁荣发展社会主义文艺的实施意见》。

截至2016年年底,全省共有文化馆103个、公共图书馆103个。广播综合人口覆盖率98.12%,比上年提高0.11个百分点;电视综合人口覆盖率98.55%,比上年提高0.08个百分点。

(6)**甘肃省城乡生态环境一体化政策梳理与大事回顾**

2015年7月13日,甘肃省人民政府办公厅发布《关于转发爱卫会〈甘肃省城乡环境卫生整洁行动实施方案(2015—2020年)〉的通知》。该《通知》指出,要集中开展城乡环境卫生治理,实现卫生基础设施水平全面提升。

2016年10月19日,甘肃省人民政府办公厅发布《关于印发甘肃省"十三五"环境保护规划的通知》。该《通知》指出,要开展农村环境综合整治,有效改善农村生态环境。

3.3 宁夏回族自治区城乡发展一体化政策梳理与大事回顾

党的十八大以来,宁夏回族自治区在"五位一体"和"四个全面"理念的指导下,推进以人为核心的新型城镇化,健全城乡一体化发展体制机制,以实施农业转移人口融入工程、加快推进大县城建设为重点,深入推进城乡要素平等交换,引导小城镇走特色化、集约化发展道路。促进文化资源与金融资本有效对接,支持民营文化企业发展壮大,提高居民文化供给能力。积极落实美丽乡村"八大工程"工作,统筹特色农业、耕地管理、生态移民,积极进行农村生态示范区建设,带动城乡统筹一体化建设。

(1)**宁夏回族自治区城乡发展一体化政策梳理与大事回顾**

2016年2月1日至6日,李克强总理在宁夏考察时,强调落实易地移民搬迁脱贫工作,有效解决居民用水问题,加强养老等社会保障建设。

2016年7月17日至20日,习近平总书记在宁夏考察时,强调发展产业是实现脱贫的根本之策。要因地制宜,把培育产业作为推动脱贫攻坚的根本出路。

2017年4月1日,宁夏回族自治区人民政府发布《关于印发自治区"十三五"推进基本公共服务均等化规划的通知》。该《通知》指出,要围绕健全制度,扩大供给,提高质量,推进基本公共服务均等化,让全区人民共享改革发展成果。

(2)**宁夏回族自治区城乡空间一体化政策梳理与大事回顾**

2015年7月27日,宁夏回族自治区住房和城乡建设厅发布《关于加快推进2015年新型城镇化的指导意见》。该《意见》指出,要以农业转移人口市民化为核心，优化城镇空间格局，强化产城融合互动，统筹城乡社会保障。

2017 年 4 月 14 日，宁夏回族自治区人民政府发布《关于实施支持农业转移人口市民化若干财政政策的通知》。该《通知》指出，要完善统筹城乡的社会保障制度，完善教育经费保障及助学制度，完善农村产权制度，促进城镇常住人口市民化。

截至 2016 年年底，宁夏回族自治区城镇化率达到 56.29%，较上年提高 1.07 个百分点。铁路通车里程达到 1059.9 公里，公路通车里程达到 33940.46 公里，比上年增长 2.1%，旅客运输周转量 153.03 亿人公里。

（3）宁夏回族自治区城乡经济一体化政策梳理与大事回顾

2016 年 4 月 22 日，宁夏回族自治区人民政府办公厅发布《关于实施农村电子商务筑梦计划的意见》。该《意见》强调加大支持专业人才成为农村电子商务市场主体。

2016 年 8 月 24 日，宁夏回族自治区人民政府办公厅发布《关于推进农村一二三产业融合发展的实施意见》。该《意见》指出，发展多类型的农村产业融合方式，培育多元化的农村产业融合主体，支持贫困地区农村产业融合发展。

2016 年 11 月 3 日，宁夏回族自治区人民政府办公厅发布《关于做好新形势下农村劳动力转移就业工作的通知》。该《通知》指出，要发挥农业劳动力转移就业示范县引领作用，实施农村“两后生”技能培训计划。

2017 年 5 月 2 日，宁夏回族自治区人民政府办公厅发布《关于完善支持政策促进农民持续增收的意见》。该《意见》指出，要完善农业产业调整政策，深入推进一、二、三产业融合发展，加快现代农业服务体系建设，深化农业农村改革。

截至 2016 年年底，宁夏回族自治区城镇常住居民人均可支配收入达到 27153 元，比上年增长 7.8%；农村居民人均可支配收入达到 9851.5 元，比上年增长 8.0%。全年城镇新增就业 8.2 万人，农村劳动力转移就业 74.4 万人，年末城镇登记失业率为 3.92%。

（4）宁夏回族自治区城乡社会一体化政策梳理与大事回顾

2013 年 7 月 9 日，宁夏回族自治区人民政府发布《关于进一步加强和改进最低生活保障工作的实施意见》。该《意见》指出，要建立有效的救助申请核对机制，加强最低生活保障制度与医疗救助等社会救助政策有效衔接。

2014 年 8 月 18 日,宁夏回族自治区人民政府发布《关于进一步完善城乡居民基本养老保险制度有关问题的通知》。该《通知》指出,要通过政府补贴、个人缴费、集体补助及其他社会组织资助筹集资金,加大政策宣传,提高政策知晓率。

2014 年 9 月 9 日,宁夏回族自治区人民政府发布《关于进一步完善基本医疗保险制度的若干意见》。该《意见》指出,要完善城乡基本医疗保险制度,探索建立与商业保险机构共同经办医疗保险机制。

2016 年 5 月 6 日,宁夏回族自治区人民政府发布《自治区人民政府关于进一步完善城乡义务教育经费保障机制的通知》。

2017 年 2 月 23 日,宁夏回族自治区人民政府办公厅发布《关于加强困难群众基本生活保障工作的通知》。该《通知》指出,要认真落实医疗救助政策和临时救助制度,加强对困难群众基本生活保障的资金投入和政策衔接。

2017 年 7 月 11 日,宁夏回族自治区人民政府发布《关于统筹推进县域内城乡义务教育一体化改革发展的实施意见》。该《意见》指出,要着力提升乡村教育质量,统筹推进城乡学校标准化建设,推进县域内城乡义务教育协调发展。

截至 2016 年年底,全区参加城乡基本养老保险人数为 186. 2 万人,较上年末增加 3. 1 万人。参加城镇职工基本医疗保险 117. 47 万人,参加城乡居民基本医疗保险 476. 58 万人,城乡居民基本医疗保险参保率达到 96%。全区享受城市居民最低生活保障 145716 人,享受农村居民最低生活保障 422218 人。

(5)宁夏回族自治区城乡政治文化一体化政策梳理与大事回顾

2016 年 6 月 1 日,宁夏回族自治区人民政府办公厅发布《关于印发推进全区基层综合性文化服务中心建设实施方案的通知》。该《通知》指出,要加强文化设施建设,组织开展群众文体活动,满足群众日益增长的文化需求。

2017 年 2 月 22 日,宁夏回族自治区人民政府发布《关于印发宁夏公共文化服务体系“十三五”建设规划的通知》。

2017 年 7 月 2 日,宁夏回族自治区人民政府办公厅发布《关于做好宁夏城乡电子阅报屏项目建设工作的通知》。该《意见》指出,要积极建设覆盖五级公共文化网络,加强主要公共场所点文化站和综合服务中心的建设。

截至 2016 年年底,全区共建公共图书馆 26 个、文化馆 26 个。年末广播节目综合人口覆盖率为96.72%,电视节目综合人口覆盖率为99.34%。

（6）**宁夏回族自治区生态环境一体化政策梳理与大事回顾**

2016年9月27日,宁夏回族自治区人民政府办公厅发布《转发自治区农牧厅关于全区农业面源污染防治实施意见的通知》。该《意见》指出,要增加有机肥料使用,推广农药科学使用技术,加强农村生活废弃物回收处理与利用。

2017年7月7日,宁夏回族自治区人民政府办公厅发布《关于印发宁夏新一轮农村人居环境综合整治行动方案的通知》。

截至2016年年底,城市污水处理率为91.95%,比上年提高2.98个百分点;城市建成区绿地面积2.23万公顷,比上年增长7.68%,全区建成区绿地率35.26%,比上年提高0.58个百分点;人均公园绿地面积17.57平方米,较上年增加0.33平方米。

3.4 青海省城乡发展一体化政策梳理与大事回顾

十八大以来,青海省委、省政府坚持城镇化与工业化协调发展,在以人为本、科学布局、城乡统筹、生态文明、文化传承的发展原则下,加快培育中小城市和特色小镇,辐射带动新农村新牧区建设,形成带动农村经济和城乡统筹发展的新动力。农村发展以休闲农牧业与乡村旅游的融合为突破口,以农村信用社改革为保障,促进农牧业提质增效、农牧民就业增收。同时,从"千村建设,百村示范"等工程切入,加快改善全省农牧区人居环境,提高农牧区人民生活质量,城乡一体化水平稳步提升。

（1）**青海省城乡发展一体化政策梳理与大事回顾**

2016年2月2日,青海省委发布《关于牢固树立发展新理念加快推进农业现代化同步实现全面小康目标的意见》。

2016年8月23日至25日,习近平总书记在青海考察。强调青海省应统筹推进生态工程、环境整治和美丽城乡建设,同时,做好易地移民搬迁和扶贫工作。

2016年8月30日,青海省人民政府办公厅发布《关于印发青海省"十三五"基本公共服务均等化的通知》。该《通知》强调切实完善城乡基本公共服务建设。

2017年5月12日,青海省人民政府办公厅发布《关于印发全省新农村新牧区建设2017年八项实事工程安排计划的通知》。该《通知》指出,要增加投资于农村生产和生活设施工程、通水电路讯工程和农牧民健康工程等八项工程的建设。

(2)**青海省城乡空间一体化政策梳理与大事回顾**

2015 年 1 月 27 日,青海省人民政府发布《关于进一步深化户籍制度改革的实施意见》。该《意见》指出,要建立城乡统一的户籍登记制度,全面放宽建制镇和小城市落户限制。

2015 年 9 月 10 日,青海省人民政府发布《关于加快全省交通运输基础设施建设的意见》。该《意见》指出,要加快推进全省交通运输基础设施建设,建成城乡交通协调发展的综合交通运输体系。

2016 年 12 月 19 日,青海省人民政府发布《关于深入推进青海省新型城镇化建设的实施意见》。该《意见》指出,要加快培育中小城市和特色小镇,辐射带动新农村新牧区建设。

截至 2016 年年底,青海省城镇化率达到 51.63%,较上年提高 1.33 个百分点。年末全省铁路营运里程 2274 公里,公路通车里程 78579 公里。

(3)**青海省城乡经济一体化政策梳理与大事回顾**

2013 年 3 月 6 日,青海省人民政府办公厅发布《关于大力培育新型农牧业经营主体的实施意见》。该《意见》指出,要积极培育和发展新型职业农牧民、农牧民专业合作社,加快构建集约化、专业化、组织化相结合的新型农牧业经营体系。

2016 年 7 月 4 日,青海省人民政府办公厅发布《关于加快发展休闲农牧业与乡村旅游的意见》。该《意见》指出,要积极拓展农牧业多种功能,集中引导培育多 功能的休闲观光农牧业基地。

2016 年 11 月 16 日,青海省人民政府办公厅发布《关于进一步加快农村信用社改革发展的指导意见》。该《意见》指出,要深化全省农村信用社改革,形成效益良好的现代农村金融机构。

2016 年 11 月 16 日,青海省人民政府办公厅发布《关于转发农牧厅关于推进农牧业供给侧结构性改革重点工作的通知》。该《通知》指出,要调整种植业产业结构,发展适度规模化经营,融合发展、一、二、三产业。

2017 年 5 月 12 日,青海省人民政府发布《关于印发青海省农业现代化实施方案(2016—2020 年)的通知》。该《通知》指出,要推进农牧业产业结构调整,全力打造“三区一带”农牧业发展格局,推进农村牧区一、二、三产业融合发展。

截至2016年年底，全年全省城镇常住居民人均可支配收入26757元，比上年增长9.0%；全省农村常住居民人均可支配收入8664元，比上年增长9.2%。2015年全年全省城镇新增就业人员6.35万人，比上年增加0.11万人；全年全省城镇新增就业人员6.35万人，比上年增加0.11万人；年末城镇登记失业率为3.1%，比上年年末下降0.1个百分点；全年农牧区劳动力转移就业119万人次，比上年增加1万人次。

（4）青海城乡社会一体化政策梳理与大事回顾

2013年4月16日，青海省人民政府发布《关于进一步提高全省城乡居民医保筹资标准促进城乡医保健康发展的意见》。该《意见》指出，要将新农合基金与城镇居民医保基金统一为城乡居民医保基金，进一步提高城乡居民医疗保障水平。

2014年7月23日，青海省人民政府发布《关于建立统一的城乡居民基本养老保险制度的实施意见》。该《意见》强调将新农保和城居保合并实施，促进城乡基本养老保险制度统一。

2016年4月6日，青海省人民政府发布《关于完善城乡义务教育经费保障机制和实行15年免费教育的实施意见》。

2016年9月29日，青海省人民政府办公厅发布《关于印发青海省“十三五”教育改革和发展规划的通知》。

2017年4月1日，青海省人民政府发布《关于统筹推进县域内城乡义务教育一体化改革发展的实施意见》。该《意见》指出，要在“两免一补”政策城乡全覆盖的基础上，加快推进县域内城乡义务教育学校标准化统一。

2017年5月22日，青海省人民政府办公厅发布《转发省民政厅等部门关于做好农村最低生活保障制度与扶贫开发政策有效衔接实施方案的通知》。

截至2016年年底，城乡居民基本养老保险参保人数235.21万人，比上年增加1.73万人。城镇职工基本医疗保险参保人数97.88万人，比上年增加2.29万人；城乡居民医疗保险参保人数454.61万人，比上年减少0.58万人。年末全省享受城镇最低生活保障人数16万人，享受农村最低生活保障人数52万人。

（5）青海省城乡政治文化一体化政策梳理与大事回顾

2016年7月25日，青海省人民政府办公厅发布《青海省人民政府办公厅关于推进基层综合性文化服务中心建设的实施意见》。该《意见》指出,要乡镇综合文化站重点进一步优化资源配置,完善功能布局、提高综合文化服务能力。

2016 年 12 月 5 日,青海省人民政府办公厅发布《青海省人民政府办公厅关于加快推进广播电视村村通向户户通升级工作的通知》。该《通知》指出,要因地制宜推进数字广播电视覆盖和入户接收,加快构建广播电视现代服务体系。

2016 年 12 月 22 日,青海省人民政府办公厅发布《青海省人民政府办公厅关于印发青海省广播影视“十三五”发展规划的通知》。

截至 2016 年年底,全省有艺术表演团体 12 个、文化馆 46 个、公共图书馆 49 个。广播综合人口覆盖率 98.2%,比上年末提高 0.2 个百分点;电视综合人口覆盖率 98.2%,比上年末提高 0.2 个百分点。

(6)青海省生态环境一体化政策梳理与大事回顾

2014 年 3 月 6 日,青海省人民政府发布《关于加快改善农牧区人居环境全面推进高原美丽乡村建设的指导意见》。

2014 年 3 月 6 日,青海省人民政府办公厅发布《关于转发省环境保护厅关于青海省农村环境连片整治全覆盖实施方案的通知》。该《通知》指出,要进一步扩大整治范围,解决农村环境突出问题,建立健全农村环保工作长效机制。

3.5 新疆维吾尔自治区城乡发展一体化政策梳理与大事回顾

党的十八大以来,新疆维吾尔自治区坚持以“以人为本、规划先行、城乡统筹、布局合理、生态环保、文化传承”的原则为指导,紧紧抓住丝绸之路经济带的历史机遇,培育区域中心城市,加快绿色城镇发展,推进产城结合,增强城镇综合承载能力。农村发展坚持环保优先、生态立区的原则,积极解决农村发展面临的自然环境制约问题,积极发展合作经济,做好农业保险保障工作,同步建设规划管理,提升人民生活水平和质量,强化“三农”统筹城乡发展,积极推进城乡一体化进程。

(1)新疆维吾尔自治区城乡发展一体化政策梳理与大事回顾

2014 年 4 月 27 日至 30 日,习近平总书记在新疆考察时,强调发展要落实到改善民生上,特别是要全面深化改革,扎实做好农业农村农民工作、大力推进就业创业、扎实推进农村扶贫开发、加强生态环境保护、积极参与丝绸之路经济带建设。

(2)新疆维吾尔自治区城乡空间一体化政策梳理与大事回顾

2014 年 10 月 13 日,新疆维吾尔自治区人民政府发布《关于进一步推进我区户籍管理制度改革的实施意见》。该《意见》指出,要进一步推进户籍管理制度改革,落实和调整户籍管理政策。

截至 2016 年年底,新疆维吾尔自治区城镇化率达到 48.35%。铁路营业里程 6166.40 公里,与上年持平;公路线路年末里程 18.21 万公里,比上年增长 2.1%。全年完成客运量 34961.74 万人,比上年下降 2.4%。

(3)新疆维吾尔自治区城乡经济一体化政策梳理与大事回顾

2013 年 1 月 28 日,新疆维吾尔自治区人民政府办公厅发布《关于改革农机购置补贴政策实施办法的通知》。该《意见》指出,农机购置补贴方式由“农民差价购机、省级统一支付、企业结算补贴”改变为“农民全价购机、县级结算、直补到卡”。

2015 年 11 月 17 日,新疆维吾尔自治区人民政府办公厅发布《关于切实做好今冬明春农业农村工作的指导意见》。

2016 年 5 月 4 日,新疆维吾尔自治区人民政府发布《关于印发自治区农业三项补贴政策试行方案的通知》。该《通知》指出,要将原农业三项补贴合并为农业支持保护补贴,用于支持耕地地力保护(80%)和粮食适度规模经营(20%)。

2016 年 6 月 13 日,新疆维吾尔自治区人民政府办公厅发布《关于印发 2016 年自治区农村承包土地经营权确权登记颁证整县推进试点工作实施方案的通知》。该《通知》指出,要开展土地承包经营权调查,进一步完善土地承包合同。

2017 年 2 月 16 日,新疆维吾尔自治区人民政府办公厅发布《关于推进农村一二三产业融合发展的通知》。该《通知》指出,要依托新型城镇化推动农村产业融合,推动农业内部融合发展,推动农业与旅游等产业融合,鼓励发展股份合作。

截至 2016 年年底,城镇居民人均可支配收入 28463.43 元,比上年增长 8.3%;农村居民人均可支配收入 10183.18 元,比上年增长 8.0%;年末农业机械总动力 2581.96 万千瓦,比上年增长 2.0%;拥有农业产业化组织 12682 家,较上年增加 820 家。

(4)新疆维吾尔自治区城乡社会一体化政策梳理与大事回顾

2014 年 6 月 13 日,新疆维吾尔自治区人民政府发布《关于进一步加强和改进最低生活保障工作的意见》,切实加强和改进最低生活保障工作,保障好困难群众的基本生活。

2014 年 11 月 12 日,新疆维吾尔自治区人民政府发布《关于印发自治区建立统一的城乡居民基本养老保险制度实施办法的通知》。该《通知》指出,要将新农保和城居保两项制度合并实施,建立统一的城乡居民基本养老保险制度。

2015 年 8 月 7 日,新疆维吾尔自治区人民政府办公厅发布《关于印发自治区关于全面深化医药卫生体制改革实施意见的通知》。

2016 年 6 月 23 日,新疆维吾尔自治区人民政府办公厅发布《关于印发新疆维吾尔自治区整合城乡居民基本医疗保险制度实施意见的通知》。该《通知》指出,要稳妥推进自治区城镇居民基本医疗保险和新型农牧区合作医疗制度整合,建立统一的城乡居民基本医疗保险制度。

2016 年 9 月 26 日,新疆维吾尔自治区人民政府办公厅发布《关于印发新疆维吾尔自治区进一步完善城乡义务教育经费保障机制实施方案的通知》。该《通知》指出,要统一城乡义务教育“两免一补”政策,统一城乡义务教育生均公用经费基准定额。

2016 年 10 月 11 日,新疆维吾尔自治区人民政府办公厅发布《关于全面实施城乡居民大病保险工作的意见》。该《意见》指出,要进一步完善城乡居民基本医疗保障制度,健全多层次医疗保障体系,有效提高重特大疾病保障水平。

2017 年 4 月 17 日,新疆维吾尔自治区人民政府办公厅发布《关于自治区全面改善农村义务教育薄弱学校基本办学条件工程建设项目实行优惠政策的通知》。

2017 年 5 月 3 日,新疆维吾尔自治区人民政府办公厅发布《关于印发自治区固定资产投资项目促进农村劳动力培训就业工作实施方案的通知》。该《通知》指出,要加强各级工作协调配合,培育劳务合作社等劳务组织机构。

截至 2016 年年底,全区城市居民最低生活保障人数 78.65 万人,农村居民最低生活保障人数 166.52 万人。参加城乡居民基本养老保险 539.58 万人，比上年增长1.7%；参加城镇基本医疗保险687.55万人，比上年增长4.7%；82个县（市）开展了新型农村合作医疗试点工作，覆盖农村人口1129.81万人；实际参加农村合作医疗农民1125.75万人，参合率为99.64%。

（5）新疆维吾尔自治区城乡政治文化一体化政策梳理与大事回顾

2015年6月17日，新疆维吾尔自治区人民政府发布《贯彻落实国务院关于推进文化创意和设计服务与相关产业融合发展若干意见的实施意见》。该《意见》指出，要引导新型城镇化和新农村建设，增强城乡居民宜居感受，提升村镇规划和农村住宅、牧民定居点建设水平。

截至2016年年底，全区共有文化馆117个、公共图书馆107个；全区广播综合人口覆盖率96.82%，电视综合人口覆盖率97.25%。

（6）新疆维吾尔自治区城乡生态环境一体化政策梳理与大事回顾

2016年1月29日，新疆维吾尔自治区人民政府办公厅发布《关于印发新疆维吾尔自治区水污染防治工作方案的通知》。该《通知》指出，要全面加大全区水污染防治力度，保障新疆水安全。

截至2016年年底，城市建成区园林绿地面积3.75万公顷，比上年增长3.9%；建成区绿地率为35.38%，比上年提高0.64个百分点；人均公园绿地面积12.59平方米，比上年增加0.96平方米。

3.6　内蒙古自治区城乡发展一体化政策梳理与大事回顾

党的十八大以来，内蒙古自治区党委在党中央、国务院和自治区党委的坚强领导下，自治区党委和人民政府紧紧依靠全区各族干部群众，深入贯彻落实党的十八大和十八届三中、四中、五中全会精神，深入贯彻落实习近平总书记系列重要讲话和考察内蒙古重要讲话精神，围绕落实“五位一体”总体布局和“四个全面”战略布局，出台了一系列的政策文件支持，守望相助，团结奋斗，全力推动统筹城乡发展规划，促进城乡基础设施、公共服务、社会管理一体化设计。完善农村牧区基础设施建设机制，推进城乡基础设施互联互通、共建共享，创新农村基础设施和公共服务设施决策、投入、建设、运营管护机制，积极引导社会资本参与农村基础设施建设。推进农村牧区基层综合公共服务资源优化整合，推动形成城乡基本公共服务均等化体制机制，全面建成覆盖城乡、统一均衡的社会保障体系，加快破解城乡二元结构。推动全区综合经济实力、城乡发展面貌、区域协调发展水平和城乡人民生活水平上了一个大台阶,努力实现全面建成小康社会的奋斗目标!

(1)内蒙古自治区城乡发展一体化政策梳理与大事回顾

2014年7月23日,内蒙古自治区人民政府印发《内蒙古自治区城镇体系规划(2015—2030年)》,就城乡规划管理,合理配置空间资源,优化城乡空间布局,统筹区域基础设施和公共设施建设,引导自治区城镇化和城镇发展,出台了此规划。

(2)内蒙古自治区城乡空间一体化政策梳理与大事回顾

截至2015年年底,内蒙古自治区全区城镇常住人口1490.81万人,常住人口城镇化率为60.3%;非农业人口1016.64万人,户籍人口城镇化率为41.4%,比2010年提高4.8个百分点。2015年户籍人口城镇化率和常住人口城镇化率均比全国高约4个百分点,在西部省份居第2位。

2016年12月15日,内蒙古自治区人民政府印发《内蒙古自治区"十三五"新型城镇化规划》,就全面提高自治区城镇化质量,实现城乡社会共同发展,制定了规划,明确了未来城镇化的主要目标、战略任务和发展路径,以指导全区城镇化的健康发展。

(3)内蒙古自治区城乡经济一体化政策梳理与大事回顾

2015年10月13日,内蒙古自治区人民政府印发《关于进一步做好城镇棚户区和城乡危房及配套设施建设工作有关事宜》,就进一步做好自治区城镇棚户区和城乡危房改造及配套基础设施建设工作,逐步消除城市内部二元结构,推进以人为核心的新型城镇化建设,促进经济持续健康发展和民生不断改善作出部署。

2015年12月31日,内蒙古自治区人民政府办公厅印发《关于促进城乡劳动力市场一体化建设的意见》,就深化农村牧区要素市场改革,推动农村牧区劳动力充分就业,加强劳动力市场管理,保障农村牧区劳动力进城就业合法权益提出指导意见。

2017年2月28日,内蒙古自治区人民政府办公厅印发《内蒙古自治区住房城乡建设事业"十三五"规划》,就推进全区住房城乡建设事业持续健康发展的主要目标、重点任务和重大举措,指导全区住房城乡建设事业改革与发展作出宏观性、战略性规划。

2017年4月19日,内蒙古自治区人民政府印发《关于增加城乡居民收入几项惠民政策的通知》,就持续增加城乡居民收入,让全区各族群众共享改革发展成果作出工作部署。

(4)内蒙古自治区城乡社会一体化政策梳理与大事回顾

截至2015年年底,自治区全区县及县以上医院达到702个,床位达到10.5万张,分别比2010年提高39%和41%。随迁农牧民工子女实现无障碍就读小学,就读中学接续办法进一步规范,2014/2015学年义务教育阶段随迁子女在校生占比达到16.59%,高出全国平均水平约4个百分点;公办学校就读比例达到95.73%,高出全国平均水平约16个百分点。

2016年3月31日,内蒙古自治区人民政府办公厅印发《关于进一步完善城乡义务教育经费保障机制实施方案》。

2016年11月28日,内蒙古自治区人民政府印发《关于统筹推进县域内城乡义务教育一体化改革发展的实施意见》,就努力办好乡村教育,统筹城乡师资配置,改革乡村教师待遇保障机制,促进义务教育事业持续健康发展,统筹推进自治区县域内城乡义务教育一体化改革发展提出指导意见。

(5)内蒙古自治区城乡政治文化一体化政策梳理与大事回顾

2017年3月31日,内蒙古自治区人民政府办公厅印发《内蒙古自治区"十三五"时期城乡社区建设发展规划》,为推进社区治理,构建与完善现代化的社区服务体系,不断满足城乡居民日益增长的民主自治和服务需求,依据民政部《民政事业发展第十三个五年规划》《内蒙古自治区国民经济和社会发展第十三个五年规划纲要》,制订此规划。

3.7 四川省城乡发展一体化政策梳理与大事回顾

党的十八大以来,四川省委将"两化互动,城乡统筹发展战略"作为治蜀兴川的重要战略路径。在"以人民为中心"的核心理念指导下,通过统筹考虑工业与农业、城市与农村,通过城乡资源共享、人力互助、市场互动、产业互补,建立城乡互动、良性循环、共同发展的一体化体制。四川省成都市作为我国统筹城乡发展综合改革试验区在全国较早地开展了城乡统筹建设试点,并总结了统筹城乡规划、开展农村土地和房产确权、创新城乡基本服务均等化等经验。同时,坚持供给侧结构性改革,推动农村资源有效流动和农业产业化进程,实现城乡基础设施协同建设,助推城乡一体化水平不断提升。

(1)四川省城乡发展一体化政策梳理与大事回顾

2015年3月9日,全国两会期间,李克强总理出席四川代表团第四次全体会议。强调四川要在西部大开发中起“领头羊”作用,走在内陆地区改革开放最前沿,要全力保民生、促脱贫,始终把群众的安危顶在头上、把群众的冷暖放在心上,同时要加大扶贫攻坚力度。

2016 年 2 月 4 日,四川省委 1 号文件发布,指出要深化农村集体产权制度改革、推进农业供给侧结构性改革、培育壮大农村新产业新业态、持续稳定增加农民收入。

2017 年 3 月 8 日,全国“两会”期间,习近平总书记出席十二届全国人大五次会议四川代表团并发表重要讲话。强调我国农业农村发展已进入新的历史阶段,农业的主要矛盾由总量不足转变为结构性矛盾,矛盾的主要方面在供给侧。当前脱贫工作,关键是要精准发力,向基层聚焦聚力。

2017 年 5 月 26 日,四川省人民政府办公厅发布《关于印发四川省 2017 年统筹城乡改革发展工作要点的通知》。该《通知》指出,要深入实施统筹城乡规划等“五个统筹”,全面深化户籍制度改革等“五项改革”,积极推动城乡一体化进程。

(2)**四川省城乡空间一体化政策梳理与大事回顾**

2013 年 5 月 10 日,四川省人民政府发布《关于 2013 年加快推进新型城镇化的意见》。该《意见》指出,要做强产业促进就业,加快保障性住房建设,推进小城镇建设推进基本公共服务均等化。

2014 年 11 月 27 日,四川省人民政府发布《关于印发四川省进一步推进户籍改革制度改革实施方案的通知》。

2016 年 12 月 20 日,四川省人民政府发布《关于深入推进新型城镇化建设的实施意见》。该《意见》指出,要在积极推进农村人口转移外,致力于带动农村一、二、三产业融合发展。

2017 年 4 月 5 日,四川省人民政府办公厅发布《关于印发四川省推动农业转移人口和其他常住人口在城镇落户方案的通知》。该《通知》指出,要继续加大对农业转移人口市民化的财政支持力度和财政支持力度。

2017 年 6 月 29 日,四川省人民政府办公厅发布《关于加强建制村联网路和村内通组路建设工作的指导意见》。该《意见》强调进一步完善农村交通网络,提升交通基本公共服务水平。

截至 2016 年年底,四川省城镇化率达到 49.21%,较上年提高 1.52 个百分点。铁路通车里程达到 4623 公里,高速公路里程达到 6519 公里,旅客周转量1686.7亿人公里，较上年增加1.4个百分点。

(3)四川省城乡经济一体化政策梳理与大事回顾

2014年6月8日，四川省人民政府办公厅发布《关于进一步提高农村金融服务水平的意见》。该《意见》指出，要深化农村金融机构改革，探索发展新型农村合作金融，提高农村金融服务能力。

2015年12月23日，四川省人民政府办公厅发布《关于建立健全农业信贷担保体系的意见》。该《意见》指出，要创新财政和金融协同支农机制，建立健全政策性农业信贷担保体系。

2016年5月13日，四川省人民政府发布关于扎实推进新一轮现代农业林业畜牧业重点县建设的意见》。该《意见》指出，要扎实推进一、二、三产业融合发展，扎实推进农业可持续发展。

2016年5月28日，四川省人民政府发布《关于印发四川省农村承包土地的经营权和农民住房财产权抵押贷款试点实施方案的通知》。该《通知》指出，要落实三权分置和土地经营权流转，深化农村金融改革创新。

2017年4月17日，四川省人民政府办公厅发布《关于支持返乡下乡人员创业创新促进农村一二三产业融合发展的实施意见》。2017年6月8日，四川省人民政府办公厅发布《关于支持新型农业经营主体开展农业社会化服务的指导意见》。

截至2016年年底，全年城镇居民人均可支配收入28335元，较上年增长8.1%；全年农村居民人均可支配收入11203元，较上年增长9.3%。

(4)四川省城乡社会一体化政策梳理与大事回顾

2014年4月21日，四川省人民政府发布《关于建立统一的城乡居民基本养老保险制度的实施意见》。该《意见》指出，要完善社会统筹与个人账户相结合的制度模式完善基础养老金和个人账户养老金相结合的待遇支付政策，提高城乡保障水平。

2016年2月29日，四川省人民政府发布《关于进一步完善城乡义务教育经费保障机制的实施意见》。该《意见》指出，要统一城乡义务教育学校生均公用经费基准定额，深化实施城乡义务教育“三免一补”政策。

2016年12月27日，四川省人民政府发布《关于做好城乡居民基本医疗保险制度整合工作的实施意见》。该《意见》指出，要把城乡居民基本医保整合纳入全民医保体系发展，逐步整合城镇居民医保和新农合现有行政管理和经办服务资源。

2017 年 3 月 16 日,四川省人民政府发布《关于统筹推进县域内城乡义务教育一体化改革发展的实施意见》。该《意见》指出,要加快推进县域内城乡义务教育体系统一和“三免一补”政策城乡全覆盖。

2016 年全省纳入城市低保人员 135.0 万人,农村低保人数 360.1 万人,城镇和农村最低生活保障人均补助水平分别比上年提高 43 元和 42 元。参加城乡居民养老保险 3052.4 万人,参加城镇基本医疗保险 5263.6 万人。

(5)四川省城乡政治文化一体化政策梳理与大事回顾

2016 年 9 月 18 日,四川省人民政府办公厅发布《关于加快推进广播电视村村通向户户通升级工作的通知》。

2016 年 11 月 8 日,四川省人民政府办公厅发布《关于印发推进基层综合性文化服务中心建设实施方案的通知》。

2017 年 1 月 16 日,四川省人民政府办公厅发布《关于印发四川省“十三五”文化发展规划的通知》。该《通知》指出,要加大文化场馆建设鼓励民间资本参与兴建剧院,实现文化场馆全覆盖,打造综合性公共文化活动服务中心。

截至 2016 年年底,全省共有公共图书馆 203 个、文化站 4575 个。广播综合覆盖率 97.2%,电视综合覆盖率 98.3%。新建村级农民体育健身工程 1000 个,免费放映农村公益电影 55.58 万场次,完成 46318 个农家书屋出版物补充更新,完成 1000 个村庄生活垃圾收集设施建设和转运设备配备。

(6)四川省城乡生态环境一体化政策梳理与大事回顾

2017 年 2 月 28 日,四川省人民政府发布《关于印发四川省“十三五”环境保护规划的通知》。该《通知》指出,到 2020 年实现城乡集中饮用水源达标率不低于 90%,对大气污染和水污染进行有效治理。

3.8 重庆市城乡发展一体化政策梳理与大事回顾

党的十八大以来,重庆市委、市政府深入坚持科学发展主体,坚持产城融合、特色鲜明的城镇规划理念,以国家中心城市为龙头、区域性中心城市为支撑、区县城为纽带、小城镇为基础单元,在建设成渝城市群的同时,培育发展特色小镇,通过以城带乡拉动新农村建设。同时,统筹城乡经济、社会与生态协同发展,以特色农业发展、文化设施建设和小镇环境整治为主要方向,实现农村精神文明建设和经济发展协同进行,积极实现“宜居、宜业、宜游”的美丽农村环境，有效统筹城乡发展和助推城乡一体化建设。

（1）**重庆市城乡发展一体化政策梳理与大事回顾**

2016年1月6日，习近平总书记在重庆市开展考察。强调要促进城乡区域协调发展，促进新型工业化、城镇化、信息化农业现代化同步发展，着力形成平衡发展结构。同时要注重民生、保障民生、改善民生，全面提高公共服务共建能力和共享水平。

2016年11月4日，重庆市人民政府办公厅发布《关于印发重庆市进一步深化统筹城乡综合配套改革工作方案的通知》。该《通知》指出，要全面深化统筹城乡综合配套改革，着力完善体制机制，形成比较完善的统筹城乡制度体系。

2017年5月24日，重庆市人民政府办公厅发布《关于创新农村基础设施投融资体制机制的实施意见》。该《通知》指出，要完善农村公路建管机制，加快农村供水体制和价格改革，鼓励民间资本建设农村电信设施，合理确定农村基础设施投融资模式和运行方式，全面提高农村基础设施建设和管理水平。

（2）**重庆市城乡空间一体化政策梳理与大事回顾**

2016年4月27日，重庆市人民政府发布《印发2016年重庆市推进新型城镇化工作要点的通知》。该《通知》指出，要推进农业转移人口市民化，优化城市空间布局，“城带乡”促进城乡一体发展。

2016年12月26日，重庆市人民政府办公厅发布《关于推动非户籍人口在城市落户的通知》。该《通知》指出，要全面放开重点群体落户限制，加大对农业转移人口市民化财政支持力度。

截至2016年年底，重庆市城镇化率62.6%，比上年提高1.66个百分点。全市高速公路通车总里程2526公里，铁路运营里程达到1929公里，完成旅客运输量7.14亿人次，比上年增长2.0%。

（3）**重庆市城乡经济一体化政策梳理与大事回顾**

2016年9月9日，重庆市人民政府办公厅发布《关于促进农村电子商务加快发展的实施意见》。该《意见》指出，要促进农产品电子商务与农村实体经济深度融合，为加快农业现代化和城乡一体化发展提供新动力。

2016年10月17日，重庆市人民政府办公厅发布《转发市农委等部门关于用好农业农村发展用地政策促进农民增收的指导意见的通知》。该《通知》指出,要规范农业农村发展用地,盘活农村相关资产资源,积极促进农民增收。

2016 年 10 月 25 日,重庆市人民政府发布《关于印发重庆市农业农村发展“十三五”规划的通知》。

2016 年 11 月 29 日,重庆市人民政府办公厅发布《关于加快农村一二三产业融合发展的意见》。该《意见》指出,要培育多元化产业融合主体,延伸产业链条。

2017 年 5 月 12 日,重庆市人民政府办公厅发布《关于促进农民持续增收的实施意见》。该《意见》指出,要大力发展现代特色农业,支持发展适度规模经营,深入推进农业科技创新,全面推进农村产权制度改革,引导农民开展多种形式的股份合作。

截至 2016 年年底,城镇常住居民人均可支配收入 29610 元,比上年增长 8.7%;农村常住居民人均可支配收入 11549 元,比上年增长 9.9%。城镇新增就业人员 72.09 万人。城镇登记失业人员实现就业 29.30 万人,比上年增长 5.7%。累计农村劳动力非农就业 818 万人。

(4)**重庆市城乡社会一体化政策梳理与大事回顾**

2015 年 12 月 10 日,重庆市人力资源和社会保障局发布《重庆市城乡居民合作医疗保险若干问题处理意见的通知》。

2016 年 7 月 15 日,重庆市人民政府发布《关于进一步完善城乡义务教育经费保障机制的实施意见》。该《意见》指出,要按照“经费可携带、分项目按比例承担”的原则,进一步完善重庆市城乡义务教育经费保障机制。

2016 年 9 月 23 日,重庆市人民政府办公厅发布《关于印发重庆市人力资源和社会保障事业发展“十三五”规划的通知》。该《通知》指出,要努力实现人力资源和社会保障事业的全面协调可持续发展。

2016 年 12 月 19 日,重庆市人民政府办公厅发布《关于印发重庆市民政事业发展“十三五”规划的通知》。该《通知》指出,要加大统筹城乡发展力度,促进民政公共和基本公共服务一体化。

2017 年 3 月 17 日,重庆市人民政府办公厅发布《关于进一步加强农村最低生活保障制度与扶贫开发政策有效衔接的实施意见》。该《意见》指出,要做好农村最低生活保障和扶贫开发政策衔接,加大医疗救助力度。

截至 2016 年年底,参加城乡居民社会养老保险人数 1115.82 万人,比上年增长0.4%。城镇职工基本医疗保险参保人数604.76万人,比上年增长2.8%;城乡居民基本医疗保险参保人数2654.52万人,比上年下降0.9%。年末全市共有37.78万人享受城市居民最低生活保障,58.98万人享受农村居民最低生活保障。

(5)**重庆市城乡政治文化一体化政策梳理与大事回顾**

2016年9月19日,重庆市人民政府办公厅发布《关于印发加快推进广播电视村村通向户户通升级工作实施方案的通知》。该《通知》指出,要在广播电视村村通基础上进一步提升水平、提质增效,实现由粗放式覆盖向精细化入户服务升级。

2016年12月6日,重庆市人民政府办公厅发布《关于印发重庆市文化发展"十三五"规划的通知》。该《通知》指出,要培育和引进新型文化市场主体,促进基本公共服务均等化。

截至2016年年底,全市共有博物馆87个、文化馆41个、公共图书馆43个。全年有线广播电视实际用户415.33万户,广播综合人口覆盖率98.86%,电视综合人口覆盖率达到99.19%。

(6)**重庆市城乡生态环境一体化政策梳理与大事回顾**

2014年11月12日,重庆市人民政府办公厅发布《关于改善农村人居环境的实施意见》。该《意见》指出,要以农村环境整治为重点,以"硬化、洁化、绿化、美化"为主要手段,全面改善农村人居环境。

2017年4月28日,重庆市人民政府办公厅发布《关于推进特色小(城)镇环境综合整治的实施意见》。该《意见》指出,要实行一区一策、一镇一策,围绕保持和塑造城镇特色推进环境综合整治。

2016年,完成营造林面积579.15万亩,全市森林覆盖率45.4%。解决了1080万人的饮水安全问题,2000多个行政村开展了环境连片整治活动。

3.9 贵州省城乡发展一体化政策梳理与大事回顾

十八大以来,贵州省委、省政府贯彻落实科学发展理念,按照"试点示范、创新驱动,补齐短板、重点突破,城乡一体、统筹推进"的原则,加快促进大中小城市和小城镇协调发展,着力推进县域经济提升,带动民营经济、特色经济和中小企业发展,实现城乡协调发展。以发展集体经济为重点,发展新型合作模式,增加农民收入。同时,重视农村资源提供和环境整治,改善农民人居环境,同步实现经济发展与生态建设,努力实现资源节约型和环境友好型农村的目标。

(1)贵州城乡发展一体化政策梳理与大事回顾

2013年9月29日,贵州省人民政府发布《关于印发贵州省提高县域经济比重五年计划的通知》。该《通知》指出,要大力构建支撑县域特色优势产业发展的重点平台,强力推进带动县域特色优势产业发展的重点项目,加快县域经济发展。

2013年3月8日,全国"两会"期间,李克强总理出席十二届全国人大一次会议贵州代表团审议。强调贵州的发展应守住环境这条底线,实现可持续发展。同时,要夯实教育这个具有百年大计的基础,提高全省教育水平的质量。

2015年2月16日,李克强总理在贵州考察时强调,贵州要努力建设西部地区新型城镇化试验区和示范区,同时加大扶贫攻坚力度,为群众创造就业机会,在精准扶贫上取得新成绩。

2015年6月16日到18日,习近平总书记在贵州考察时强调,加快发展特色高效农业,加快培育新型农业经营主体,促进城乡基本公共服务均等化、居民收入均衡化、产业发展融合化。要正确处理发展和生态环境保护的关系,做好保障和改善民生工作,要依靠产业带动就业,努力增加城乡居民收入。

2016年1月15日,贵州省委《关于落实发展新理念,推动三农新跨越实现全面小康目标的实施意见》。该《意见》指出,要厚植农业农村发展优势推动新型城镇化与新农村建设双双驱动。

(2)贵州省城乡空间一体化政策梳理与大事回顾

2015年5月18日,贵州省人民政府发布《关于进一步推进户籍制度改革的实施意见》。该《意见》指出,要调整放宽户口迁移政策,保障公共服务设施的统一提供。

2015年7月27日,贵州省人民政府办公厅发布《关于印发贵州省县乡公路改造三年攻坚行动实施方案的通知》。该《通知》指出,要加大资金筹措,提高县乡公路技术等级、运输能力和服务水平。

2016年6月2日,贵州省人民政府发布《关于深入推进新型城镇化建设的实施意见》。该《意见》指出,要积极推进农业专业人口市民化,辐射带动新农村建设,完善城乡土地利用机制。

截至2016年年底，贵州省城镇化率达到44.15%，比上年提高2.14个百分点；铁路里程达到3269.7公里，比上年末增加459.7公里；公路里程达到19.15万公里，比上年末增加0.51万公里。实现了乡乡通油路、村村通公路。

(3)**贵州省城乡经济一体化政策梳理与大事回顾**

2012年8月3日，贵州省人民政府发布《关于进一步深化农村金融体制改革的指导意见》。该《意见》指出，要大力实施金融服务乡镇全覆盖工程，建立健全农村资金回流机制，提升农村金融服务水平。

2013年5月8日，贵州省人民政府办公厅发布《关于引导和鼓励外出务工人员返乡创业就业的意见》。该《意见》指出，要为返乡创业人员提供公共服务、项目和信息指导，并加强金融扶持等政策扶持力度。

2014年12月11日，贵州省人民政府发布《关于培育发展壮大村级集体经济若干政策措施的意见》。

2015年12月11日，贵州省人民政府办公厅发布《关于推进农村产权流转交易市场健康发展的实施意见》。该《意见》强调在县域积极设立农村产权流转交易市场。

2016年1月6日，贵州省人民政府办公厅发布《关于印发贵州省加快农村电子商务发展实施方案的通知》。该《通知》指出，要积极搭建农村电子商务平台，构建农村电子商务服务和人才支持体系，并加强财政和金融支持。

2016年5月30日，贵州省人民政府办公厅发布《关于进一步做好全省政策性农业保险工作的通知》。

截至2016年年底，贵州省城镇居民人均可支配收入为26742.62元，比上年增长8.8%；农村居民人均可支配收入为8090.28元，比上年增长9.5%。2016年全年城镇新增就业75.78万人，失业人员再就业13.99万人，城镇登记失业率3.24%。

(4)**贵州省城乡社会一体化政策梳理与大事回顾**

2013年7月15日，贵州省人民政府发布《关于进一步加强和改进最低生活保障工作的实施意见》。该《意见》指出，要强化最低生活保障工作政策支持，提高最低生活保障水平。

2014年6月24日，贵州省人民政府发布《关于印发〈贵州省城乡居民基本养老保险实施办法〉的通知》。

2015 年 9 月 22 日,贵州省人民政府办公厅发布《关于印发〈贵州省乡村教师支持计划实施办法(2015—2020 年)〉的通知》。2016 年 10 月 24 日,贵州省人民政府办公厅发布《关于实施农村学前教育儿童营养改善计划的意见》。该《通知》指出,从补助标准和资金保障等方面改善学前教育儿童的营养状况,提升健康水平。

2016 年 12 月 3 日,贵州省人民政府办公厅发布《关于印发〈贵州省整合城乡居民基本医疗保险制度实施方案〉的通知》。该《通知》指出,要统一覆盖范围、筹资政策和保障待遇等基本制度政策,同时实现信息共享并完善支付方式。

2016 年 12 月 12 日,贵州省人民政府办公厅发布《关于转发省民政厅等单位贵州省农村最低生活保障制度与扶贫开发政策有效衔接实施方案的通知》。该《通知》指出,要加强农村低保等社会救助制度与扶贫开发政策衔接,加强医疗救助制度与健康扶贫政策衔接,加强社会救助制度与易地扶贫搬迁政策衔接。

截至 2016 年年底,贵州省城乡居民基本养老保险参保人数 1702. 25 万人,比上年末增长 3. 2% 。全省共有 35. 82 万人享受城市居民最低生活保障,比上年末减少 10. 9% ;304. 79 万人享受农村居民最低生活保障,比上年末减少 8. 4% 。

(5)贵州省城乡政治文化一体化政策梳理与大事回顾

2017 年 7 月 6 日,贵州省人民政府办公厅发布《关于印发贵州省推进基层综合性文化服务中心建设实施方案的通知》。该《通知》指出,要增加农村设施建设和文体广场建设,整合各级各类面向基层的公共文化资源。

截至 2015 年年底,全省共有文化馆 98 个、公共图书馆 96 个、乡镇综合文化站 1567 个,年末广播综合人口覆盖率 93. 0% ,电视综合人口覆盖率 96. 1% 。

(6)贵州省城乡生态环境一体化政策梳理与大事回顾

2017 年 5 月 12 日,贵州省人民政府办公厅发布《关于印发贵州省打好农业面源污染防治攻坚战实施方案的通知》。该《通知》指出,要实施农艺措施节水抗旱工程等,以促进农业资源持续利用和生态环境持续改善。

2017 年 6 月 26 日,贵州省人民政府办公厅发布《关于印发贵州省进一步加强城乡集中式饮用水水源地保护管理工作方案的通知》。

截至 2016 年年底,全省已获批准省级生态文明示范区 826 个,城市建成区绿地面积 4.13 万公顷，建成区绿地率 27.2%，万元 GDP 能耗较上年下降 7.0%。

3.10　广西壮族自治区城乡发展一体化政策梳理与大事回顾

近年来，广西壮族自治区全面贯彻党的十八大和十八届三中、四中、五中全会精神，以马克思列宁主义、毛泽东思想、邓小平理论、“三个代表”重要思想、科学发展观为指导，深入贯彻习近平总书记系列重要讲话精神，按照“五位一体”总体布局和“四个全面”战略布局，牢固树立和贯彻落实创新、协调、绿色、开放、共享的发展理念，围绕“三大定位”新使命，以及自治区党委提出的四大战略、三大攻坚战的决策部署，以富民强县为根本出发点和落脚点，以改革创新为动力，以调结构、转方式、促转型为主线，以推进县域新型工业化、城镇化、信息化、农业现代化同步发展为重点，推动全区城镇化水平和质量持续提升，使得城镇布局更加优化，城镇模式集约高效，城镇综合承载力明显提高，城镇公共服务均等化基本实现，城镇化体制机制更加健全。

（1）**广西城乡发展一体化政策梳理与大事回顾**

2016 年 9 月 9 日，广西壮族自治区人民政府印发《深入推进新型城镇化建设实施方案》，积极推进农业转移人口市民化，全面提升城镇功能，加快培育中小城市和特色小城镇。

2016 年 10 月 21 日，广西壮族自治区人民政府印发《广西县域经济发展“十三五”规划》，加快推进城乡规划建设一体化、城乡产业布局一体化、城乡教育就业和社会保障一体化、城乡基础设施建设一体化、城乡社会事业公共服务一体化、城乡政策措施一体化进程。

2017 年 4 月 19 日至 21 日，习近平总书记来到广西北海、南宁等地，深入港口、企业、重点项目、创新示范基地和文化单位，考察调研经济社会发展情况。他要求广西“在推动产业优化升级上下功夫，在转变发展方式上下功夫，在提高创新能力上下功夫，在深化改革开放上下功夫”，从这 4 个方面布局经济社会持续、健康发展。

（2）**广西城乡空间一体化政策梳理与大事回顾**

2015 年 2 月 25 日，广西壮族自治区人民政府发布《关于进一步推进全区户籍制度改革的指导意见》，坚持积极稳妥、规范有序，以人为本、尊重群众意愿，因地制宜、区别对待，统筹配套、提供基本保障的原则，有序推进农业转移人口市民化。

2017年1月5日,广西壮族自治区人民政府办公厅印发《贯彻落实支持农业转移人口市民化若干财政政策实施方案》,健全完善支持农业转移人口市民化的财政政策体系,推进基本公共服务均等化,促进有能力在城镇稳定就业和生活的常住人口有序实现市民化。

(3)广西城乡经济一体化政策梳理与大事回顾

2013年11月27日,广西壮族自治区人民政府发布《关于加快发展政策性农业保险进一步促进农业持续稳定发展的若干意见》,以低保障、广覆盖、保大灾、保主要农产品为重点,以健全金融服务体系为保障,坚持政府推动、政策支持、市场运作、农民自愿的运作方式,着力构建市场化农业支持保护体系,稳定农业生产,推动农村经济又好又快发展。

2015年6月3日,广西壮族自治区人民政府办公厅发布《关于加快新型职业农民培育工作的意见》,以服务现代农业产业发展和新型经营主体发育为导向,以深化改革、机制创新为动力,以提高农民生产经营能力和综合素质为核心,深入实施新型职业农民培育工程。

2016年,广西壮族自治区民生持续改善,居民人均可支配收入实际增长7%,其中城镇、农村居民收入分别增长5.5%和7.7%。实现了120万贫困人口脱贫、1000个贫困村出列和8个贫困县摘帽的年度目标。

2017年7月15日,广西壮族自治区人民政府办公厅发布《关于金融支持县域经济发展的实施意见》,大力推广和完善田东“农金村办”模式,鼓励金融机构增设农村服务网点、布设自助服务终端和助农金融服务点,扩大县域金融服务覆盖面。

(4)广西城乡社会一体化政策梳理与大事回顾

2013年10月22日,广西壮族自治区人民政府发布《关于加强和改进城乡居民最低生活保障工作的实施意见》,进一步完善法规政策,健全工作机制,严格规范管理,加强能力建设,努力构建标准科学、对象准确、待遇公正、进出有序的最低生活保障工作格局。

2014年1月18日,广西壮族自治区人民政府发布《关于深入推进义务教育均衡发展的实施意见》,加强统筹,强化以县为主管理,建立健全义务教育均衡发展责任制。

2016年4月7日,广西壮族自治区人民政府发布《关于进一步完善城乡义务教育经费保障机制的通知》,在整合农村义务教育经费保障机制和城市义务教育奖补政策的基础上，建立城乡统一、重在农村的义务教育经费保障机制。

2016年10月28日，广西壮族自治区人民政府发布《关于整合城乡居民基本医疗保险制度的实施意见》，进一步整合城镇居民医保和新农合制度，理顺管理体制，推动建立医疗保障更加公平、管理服务更加规范、医疗资源利用更加有效的城乡居民医保制度，促进全民医疗保险体系持续健康发展，加快完善社会保障制度体系。

（5）广西城乡政治文化一体化政策梳理与大事回顾

2017年1月3日，广西壮族自治区人民政府办公厅发布《关于推进基层综合性文化服务中心建设的实施意见》，以保障群众基本文化权益为根本，以强化资源整合、创新管理机制、提升服务效能为重点，积极探索和构建具有广西特色的基层综合性公共文化服务中心建设模式。

2017年4月21日，广西壮族自治区人民政府办公厅发布《关于加快推进广播电视村村通向户户通升级的实施意见》，该《意见》指出，到2020年，基本实现数字广播电视户户通，形成覆盖城乡、便捷高效、功能完备、服务到户的新型广播电视覆盖服务体系。

（6）广西城乡生态环境一体化政策梳理与大事回顾

2016年3月21日，广西壮族自治区人民政府印发《广西农村垃圾专项治理两年攻坚实施方案》，坚持以农村垃圾专项治理作为改善农村人居环境的突破口，用两年的时间开展农村垃圾专项治理集中攻坚工作，不断完善垃圾处理设施，切实提高垃圾处理技术水平。

3.11　云南省城乡发展一体化政策梳理与大事回顾

党的十八大以来，云南省委、省政府积极发挥云南国家新型城镇化综合试点作用，在“点面结合、纵横联动、规划引领、协同推进”等原则的指导下，以加快推进滇中城市群和中小城市发展为重点，以引领加快新农村建设，提升城镇化质量和水平。通过实现新型合作社建设与商业中心的有机衔接，以实现统筹城乡经济有效对接，创新农村经济发展模式。同时，加强乡村治理和污染整治，实现美丽宜居乡村建设，保障农民人居环境有效改善，推进城乡统筹工作稳步进行。

（1）云南省城乡发展一体化政策梳理与大事回顾

2014年3月7日。李克强总理出席十二届全国人大二次会议云南代表团审议。强调产业发展要围绕保护环境,把特色产业做强做优。以义务教育、基本医疗、基本养老等为重点,将更多资金投向民生领域,不断提高城乡居民生活水平。

2015 年 1 月 19 日至 21 日,习近平总书记在云南省考察。强调坚持城乡统筹发展,坚持新型工业化、信息化、城镇化、农业现代化同步推进,实现城乡发展一体化,要把生态环境保护放在更加突出的位置。同时要强调增加农业农村投入,支持农村建设发展。

(2)**云南省城乡空间一体化政策梳理与大事回顾**

2015 年 6 月 1 日,云南省人民政府发布《关于进一步推进户籍制度改革的实施意见》。该《意见》指出,要完善城乡统一的户口登记制度,完善农村产权制度以及扩大基本公共服务覆盖面。

2016 年 7 月 20 日,云南省人民政府发布《关于深入推进新型城镇化建设的实施意见》。该《意见》指出,要全面深化户籍制度改革,推动基础设施和公共服务向农村延伸。

2017 年 1 月 25 日,云南省人民政府发布《关于实施支持农业转移人口市民化若干政策的通知》。

截至 2016 年年底,云南省城镇化率达 45.03%,比上年提高了 1.7 个百分点。全省铁路营运里程 2980 公里,高速公路通车里程 4005 公里,全年旅客运输周转量达到 585.55 亿人公里,比上年下降 2.3%。

(3)**云南省城乡经济一体化政策梳理与大事回顾**

2014 年 5 月 5 日,云南省人民政府发布《关于进一步做好金融服务“三农”发展的实施意见》。该《意见》指出,要进一步完善农村金融服务体制机制,充分发挥农业保险的支持保障作用,改善农村金融基础设施建设。

2016 年 2 月 2 日,云南省人民政府发布《关于促进农村合作社规范发展的意见》。该《意见》指出,要规范农业合作社管理、产权关系、盈余分配,加大财政扶持力度和金融保险支持。

2016 年 8 月 10 日,云南省人民政府办公厅发布《关于印发云南省乡村新型商业中心建设推广工作实施方案的通知》。该《通知》指出,要健全商业业态,发展农村电商,努力打造可持续发展的农村商贸流通新业态、新模式。

2016 年 10 月 21 日,云南省人民政府办公厅发布《关于推进农村一二三产业融合发展的实施意见》。该《意见》指出,要积极培育农业新产业新业态，实行产城融合、产村融合和精准脱贫融合发展新模式，加强农业农村基础设施建设。

2017 年 1 月 6 日，云南省人民政府办公厅发布《关于加快乡村旅游扶贫开发的意见》。

2017 年 5 月 10 日，云南省人民政府办公厅发布《关于支持返乡下乡人员创业创新促进农村一二三产业融合发展的实施意见》。该《意见》指出，要基于高原特色农业，重点发展规模种养业等农业生产经营模式，延长农业产业链条，促进产业融合发展。

2017 年 6 月 9 日，云南省人民政府办公厅发布《关于完善支持政策促进农民持续增收的实施意见》。该《意见》指出，要通过增加经营性收入、工资性收入、财产性收入和转移性收入，确保全省农民收入持续稳定增长。

截至 2016 年年底，城镇常住居民人均可支配收入 28611 元，比上年增长 8.5%；农村常住居民人均可支配收入 9020 元，比上年增长 9.4%。新增有效灌溉面积 80 万亩，改造中低产田地 345 万亩。全年城镇新增就业人数 44.76 万人，年末全省城镇登记失业率为 3.6%。

（4）云南省城乡社会一体化政策梳理与大事回顾

2013 年 4 月 8 日，云南省人民政府发布《关于进一步加强和改进最低生活保障工作的实施意见》。该《意见》指出，城乡最低生活保障标准和补助水平要稳步提高，完善城市最低生活保障与就业联动、农村最低生活保障与扶贫开发衔接机制。

2016 年 8 月 10 日，云南省人民政府发布《关于整合城乡居民基本医疗保险制度的实施意见》。该《意见》指出，要制定统一城乡覆盖范围的政策措施，制定统一的财政补助办法和筹资政策，统一基金管理。

2016 年 11 月 28 日，云南省人民政府办公厅发布《转发省民政厅等部门关于做好农村最低生活保障制度与扶贫开发政策有效衔接实施意见的通知》。

2016 年 12 月 29 日，云南省人民政府发布《关于加强困境儿童保障工作的实施意见》。

2017 年 1 月 12 日，云南省人民政府发布《关于统筹推进县域内义务教育一体化改革发展的实施意见》。该《意见》指出，要同步规划建设城乡学校，办好乡村义务教育，统筹城乡师资配置，着力提升农村义务教育质量。

2017 年 1 月 25 日,云南省人民政府发布《关于实施支持农业转移人口市民化若干财政政策的通知》。该《意见》指出,要完善城乡基本公共卫生服务体制机制,整合城乡居民基本医疗保险制度,支持完善统筹城乡的社会保障体系。

2017 年 5 月 27 日,云南省人民政府办公厅发布《关于印发云南省教育事业发展“十三五”规划的通知》。

截至 2016 年年底,全省共有参加城乡基本养老保险人数 2257.53 万人,较上年增加 4.23 万人;参加城镇基本医疗保险人数为 1163.63 万人,较上年增加 22.87 万人;全省农村贫困人口 373 万人,较上年减少 97 万人。

(5)云南省城乡政治文化一体化政策梳理与大事回顾

2016 年 1 月 13 日,云南省委发布《关于加强文艺工作的实施意见》。

2016 年 8 月 19 日,云南省人民政府办公厅发布《关于推进基层综合性文化服务中心建设的实施意见》。该《意见》指出,要加强基层综合性文化设施建设,整合各级各类面向基层的公共文化资源,组织引导群众文体活动。

2016 年 11 月 15 日,云南省人民政府办公厅发布《关于加快推进广播电视村村通向户户通升级工作的实施意见》。该《意见》指出,要大力推进广播电视重点工程建设,为满足人民群众广播电视基本公共服务需求提供充分保障。

截至 2016 年年底,全省建成文化馆 149 个、公共图书馆 151 个,全省广播和电视人口覆盖率分别达到 97.37% 和 98.24%。

(6)云南省城乡生态环境一体化政策梳理与大事回顾

2016 年 4 月 29 日,云南省人民政府办公厅发布《关于加快推进全省城乡绿化工作的实施意见》。该《意见》指出,要以转变发展方式为主线,以改善生态、改善民生为总任务,着力推进城乡绿化同步发展。

4　东北省份城乡发展一体化政策梳理与大事回顾

4.1　黑龙江省城乡发展一体化政策梳理与大事回顾

黑龙江省委、省政府为全面贯彻落实党的十八大和十八届三中、四中、五中全会精神,深入贯彻习近平总书记系列重要讲话精神,坚持全面建成小康社会的目标要求,坚持创新、协调、绿色、开放、共享的发展理念,党的十八大之后出台了《黑龙江省城乡规划条例》等系列的政策、文件和规划,努力在统筹城乡关系上取得更大突破,在破解城乡二元结构上取得更大突破,在推进城乡要素平等交换上取得更大突破,在基础设施和公共服务均衡配置上取得更大突破,在生态文明建设和共享绿色福利上取得更大突破,在实现农业现代化上取得更大突破,为全面建成小康社会提供有力支撑。

(1)黑龙江省城乡发展一体化政策梳理与大事回顾

2015 年 4 月 29 日,黑龙江省住房和城乡建设厅印发《黑龙江省城乡规划条例》,就科学制定城乡规划,保障城乡规划有序实施,协调城乡空间布局,改善人居环境,提升城镇化发展的水平和质量,促进城乡经济社会全面协调可持续发展制定条例。

(2)黑龙江省城乡空间一体化政策梳理与大事回顾

2017 年 3 月 22 日,黑龙江省人民政府印发《黑龙江省人民政府关于实施支持农业转移人口市民化若干财政政策的意见》,为贯彻落实《国务院关于实施支持农业转移人口市民化若干财政政策的通知》精神,加快全省农业转移人口市民化进程,推进以人为核心的新型城镇化,促进黑龙江振兴发展,结合实际提出指导意见。

(3)黑龙江省城乡经济一体化政策梳理与大事回顾

2017 年 3 月 16 日,黑龙江省人民政府印发《中共黑龙江省委黑龙江省人民政府关于进一步加强城市规划建设管理工作的实施意见》,就进一步加强和改进城市规划建设管理工作,解决制约城市科学发展的突出矛盾和深层次问题,开创城市现代化建设新局面提出实施意见。

2017 年 5 月 30 日,黑龙江人民政府印发《黑龙江省人民政府办公厅关于推进农村一、二、三产业融合发展的实施意见》,就推进农村一二三产业(以下简称农村产业)融合发展,进一步拓宽农民增收渠道,构建现代农业产业体系,加快转变农业发展方式提出实施意见。

(4)黑龙江省城乡社会一体化政策梳理与大事回顾

2014 年 10 月 14 日,黑龙江省民政厅、省人力资源和社会保障厅、省扶贫办印发《关于做好城乡最低生活保障制度与城市就业农村扶贫开发政策相互衔接的指导意见》,就进一步健全完善社会救助体系,加强城乡最低生活保障制度与城市就业、农村扶贫开发政策相互衔接提出指导意见。

2015 年 9 月 11 日,黑龙江省民政厅、省财政厅印发《关于做好提高城乡低保和农村五保保障水平有关工作》,就提高全省城乡低保和农村五保保障水平,及时调整各地城乡低保标准,加快资金拨付,确保城乡低保和五保供养资金及时足额筹集到位等工作作出部署安排。

2015 年 12 月 23 日,黑龙江省人民政府办公厅印发《黑龙江省城乡医疗救助暂行办法》,进一步完善医疗救助制度,根据《社会救助暂行办法》(国务院令第 649 号)和《国务院办公厅转发民政部等部门关于进一步完善医疗救助制度全面开展重特大疾病医疗救助工作意见的通知》精神,制定该办法。

2016 年 12 月 27 日,黑龙江省民政厅印发《黑龙江省人民政府关于进一步健全特困人员救助供养制度的实施意见》,就解决城乡特困人员突出困难、满足城乡特困人员基本需求,建立全省的城乡统筹、制度完善、政策衔接、运行规范、与经济社会发展水平相适应的特困人员救助供养制度提出实施意见。

2016 年 11 月 23 日,黑龙江省人民政府印发《黑龙江省人民政府关于整合城乡居民基本医疗保险制度的实施意见》,就整合城镇居民基本医疗保险和新型农村合作医疗两项制度,建立"统一覆盖范围、统一筹资政策、统一保障待遇、统一医保目录、统一定点管理、统一基金管理"的城乡居民基本医疗保险制度,努力实现保障更加公平、管理服务更加规范、医疗资源利用更加高效的目标,推动全民医保体系持续、健康发展提出实施意见。

2017 年 6 月 30 日,黑龙江省人民政府印发《黑龙江省人民政府关于统筹推进县域内城乡义务教育一体化改革发展的实施意见》,推进县域内城乡义务教育一体化改革发展目标适应全面建成小康社会需要,合理规划城乡义务教育学校布局建设,完善城乡义务教育经费保障机制,统筹城乡教育资源配置,大力提高乡村教育质量,加快缩小县域内城乡教育差距等工作提出指导意见。

(5)黑龙江省城乡生态环境一体化政策梳理与大事回顾

2017 年 4 月 24 日,黑龙江省人民政府印发《黑龙江省生态环境保护"十三五"规划》,就全省生态环境质量总体改善,饮用水安全有效保障,城市大气环境质量持续改善,农村环境质量初步改善,生态环境治理体系与治理能力现代化取得进展,生态文明建设水平与全面建成小康社会相适应等工作作出部署安排。

4.2 辽宁省城乡发展一体化政策梳理与大事回顾

辽宁省为全面贯彻党的十八大和十八届三中、四中、五中全会以及中央经济工作会议、中央城镇化工作会议、中央城市工作会议、中央扶贫开发工作会议、中央农村工作会议精神和习近平总书记系列讲话精神，牢固树立和贯彻五大发展理念，按照“五位一体”总体布局和“四个全面”战略布局，抓住辽宁新一轮振兴发展重要机遇，坚持走以人为本、扬长补短、产城融合、生态文明、传承文化的新型城镇化道路，以人的城镇化为核心，以提高质量为重点，以产业结构调整为基础，以改革创新为动力，以完善体制机制为保障，推进与经济社会发展水平和资源环境承载能力相适应、城乡一体发展的新型城镇化。结合辽宁省经济发展和城镇建设实际，出台了一系列政策文件支持城乡一体化发展。

（1）**辽宁省城乡发展一体化政策梳理与大事回顾**

2015 年 8 月 16 日，中共辽宁省委、辽宁省人民政府印发《辽宁省新型城镇化规划（2015—2020 年）》，就探索符合辽宁实际的新型城镇化道路，进一步提高全省城镇化质量和水平，明确了辽宁未来推进新型城镇化的总体目标和主要任务而制定。

2015 年 9 月 1 日，辽宁省人民政府印发《辽宁省“十三五”推进新型城镇化规划实施方案》，为贯彻实施《辽宁省新型城镇化规划（2015—2020 年）》，着力提升全省城镇化发展质量和内涵，充分释放城乡市场潜在需求，培育形成新的经济增长点，制定实施方案。

2016 年 7 月 29 日，辽宁省人民政府印发《关于深入推进新型城镇化建设的实施意见》，为全面贯彻落实《国务院关于深入推进新型城镇化建设的若干意见》（国发〔2016〕8 号）精神，结合辽宁城镇化发展实际，进一步提高全省城镇化质量和水平，提出实施意见。

（2）**辽宁省城乡空间一体化政策梳理与大事回顾**

2015 年 7 月 28 日，《辽宁省人民政府关于进一步推进户籍制度改革的意见》，为积极稳妥推进、优先解决存量、有效引导农业转移人口落户城镇，统筹推进户籍制度改革和基本公共服务均等化提出实施意见。

2017 年 6 月 8 日，辽宁省人民政府办公厅印发《辽宁省推动非户籍人口在城市落户实施方案的通知》，为推进以人为核心的城镇化，深化户籍制度改革，加快完善财政、土地、社保等配套政策，制定本实施方案。

2017 年 6 月 16 日，辽宁省人民政府印发《关于做好当前和今后一段时期就业创业工作的实施意见》，为推进就业服务均等化，大力发展特色县域经济、魅力小镇、乡村旅游和农村服务业,为农村劳动者就地就近转移就业创造空间,实施农村就业扶贫提出实施意见。

2017 年 6 月 29 日,辽宁省人民政府办公厅印发《关于推进“四好农村路”建设的实施意见》,就优化农村公路路网结构,加快农村交通运输转型升级,提升农村交通运输普遍服务能力,推进城乡交通运输一体化,切实把农村公路建好、管好、护好、运营好,提出实施意见。

(3)**辽宁省城乡经济一体化政策梳理与大事回顾**

2015 年 12 月 4 日,辽宁省人民政府印发《关于进一步做好城镇棚户区和城乡危房改造及配套基础设施建设工作实施方案》,就进一步做好城镇棚户区和城乡危房改造及配套基础设施建设,结合地区、部门实际,要求认真贯彻执行。

2015 年 12 月 5 日,辽宁省人民政府办公厅印发《辽宁省城乡居民大病保险实施方案》,为贯彻落实《国务院办公厅关于全面实施城乡居民大病保险的意见》(国办发〔2015〕57 号)精神,完善城乡居民大病保险制度体系,缓解因病致贫、因病返贫问题,筑牢全民基本医疗保障网底,制定本实施方案。

2017 年 3 月 9 日,辽宁省人民政府印发《辽宁省“十三五”脱贫攻坚规划》,为打赢全省脱贫攻坚战、与全国同步全面建成小康社会、实现第一个百年奋斗目标制定该规划。

2017 年 3 月 21 日,辽宁省人民政府办公厅印发《关于完善支持政策促进农民持续增收的实施意见》,为顺应新形势、新要求,拓宽新渠道,挖掘新潜力,培育农业农村发展新动能,进一步促进农民持续增收,提出实施意见。

2017 年 4 月 10 日,辽宁省人民政府办公厅印发《关于支持返乡下乡人员创业创新促进农村一二三产业融合发展的实施意见》,为大力推进农民工、中高等院校毕业生、退役士兵和科技人员等返乡下乡人员到农村创业创新,推动农村一二三产业融合发展,提出实施意见。

2017 年 6 月 20 日,辽宁省人民政府办公厅印发《辽宁省农产品加工集聚区发展规划(2017—2020 年)》,为推进农村一、二、三产业融合,深化农业供给侧结构性改革,加快农产品加工集聚区建设制定该规划。

(4)**辽宁省城乡社会一体化政策梳理与大事回顾**

2014 年 11 月 6 日,辽宁省人民政府印发《关于建立统一的城乡居民基本养老保险制度的实施意见》,为建立统一的城乡居民基本养老保险制度,深入贯彻落实国务院部署，结合实际，提出实施意见。

2015 年 2 月 13 日，辽宁省人民政府办公厅印发《关于提高城乡居民最低生活保障和农村五保对象供养标准的通知》，为全面落实省委、省政府保障和改善民生的决策部署，加大对困难群体的救助力度，确保城乡困难群众基本生活水平与经济社会发展水平同步提高，就有关问题做出通知。

2016 年 4 月 12 日，辽宁省人民政府印发《关于进一步完善城乡义务教育经费保障机制的实施意见》，为统筹城乡义务教育资源均衡配置，推动义务教育事业持续健康发展，提出实施意见。

2016 年 8 月 20 日，辽宁省人民政府印发《关于统筹推进县域内城乡义务教育一体化改革发展的实施意见》，为切实推进县域内城乡义务教育一体化改革发展，促进义务教育事业持续健康发展，整体提升义务教育质量和水平，提出实施意见。

2017 年 4 月 21 日，辽宁省人民政府办公厅印发《关于提高城乡居民最低生活保障和农村特困人员救助供养标准》，为全面落实省政府加强民生保障的决策部署，确保城乡困难群众基本生活水平与经济社会发展水平同步提高，就提高城乡居民最低生活保障和农村特困人员救助供养标准有关事宜做出通知。

2017 年 6 月 29 日，辽宁省人民政府印发《辽宁省“十三五”期间深化医药卫生体制改革实施方案》，为推进健康辽宁建设，深入学习贯彻习近平总书记系列重要讲话和全国卫生与健康大会精神，加快建立基本医疗卫生制度，推进医疗卫生治理体系和治理能力现代化，全面提升城乡居民健康水平与健康公平作出部署安排。

2017 年 7 月 8 日 ，辽宁省人民政府办公厅印发《关于支持 15 个重点贫困县提升基本公共服务水平行动计划的通知》，关于支持 15 个重点贫困县提升基本公共服务水平，扎实推进全省脱贫攻坚工作，制订行动计划。

(5)辽宁省城乡政治文化一体化政策梳理与大事回顾

2013 年 3 月 26 日，辽宁省人民政府办公厅、辽宁省民政厅联合印发《关于加强城乡社区服务体系建设实施意见》，为进一步加强和创新基层社会管理，强化城乡社区自治和服务功能，促进社会和谐稳定，提出实施意见。

2016 年 10 月 24 日，辽宁省公安厅出台《深化城乡社区警务改革治安复杂的警务区实行一区多警的意见》，为进一步加强和改进公安基层基础工作,创新完善立体化社会治安防控体系建设,特别是对于城镇化水平比较高、治安复杂的地区,可以实行一区多警,为推动城乡社会治安一体化提出指导意见。

(6)辽宁省城乡生态环境一体化政策梳理与大事回顾

2017年4月25日,辽宁省人民政府印发《辽宁省污染防治与生态建设和保护攻坚行动计划(2017—2020年)》,为贯彻落实国家大气、水、土壤3个"十条",深入推进污染防治与生态建设和保护工作,努力改善全省环境质量,制订本攻坚行动计划。

4.3 吉林省城乡发展一体化政策梳理与大事回顾

吉林为推进全面振兴发展,攻坚克难,推动全面建成小康社会的实现。吉林省委、省政府准确把握新形势、新要求、新使命,全面贯彻党的十八大和十八届三中、四中、五中全会精神,出台了系列城乡一体化的文件政策。就统筹推进新型城镇化和农业现代化,构建以工促农、以城带乡、工农互惠、城乡一体的新型工农城乡关系,推动城乡居民基本权益平等、城乡基本公共服务均等和城乡居民收入均衡,加快建设社会主义新农村,千方百计促进农民增收,壮大县域经济实力,推进以人为本的新型城镇化推出了系列政策文件。

(1)吉林省城乡发展一体化政策梳理与大事回顾

2016年5月16日,吉林省人民政府办公厅印发《吉林省人民政府关于深入推进新型城镇化建设的实施意见》,为深入贯彻全国卫生与健康大会精神,加快落实《国务院关于整合城乡居民基本医疗保险制度的意见》(国发〔2016〕3号)要求,就加快推进全民医保体系建设,整合城镇居民基本医疗保险和新型农村合作医疗两项制度作出部署。

(2)吉林省城乡空间一体化政策梳理与大事回顾

2015年1月21日,吉林省人民政府办公厅印发《吉林省人民政府关于进一步推进户籍制度改革的意见》,就加快城镇常住人口市民化和农村人口就地城镇化步伐,推进城乡发展互促共荣,进一步推进吉林户籍制度改革提出意见。

(3)吉林省城乡经济一体化政策梳理与大事回顾

2013年7月24日,吉林省人民政府印发《关于加快推进全省城乡危房和各类棚户区改造工作实施方案的通知》,为进一步改善城乡居民住房条件，确保居住安全，促进经济社会和谐稳定发展，提出具体实施方案。

2015年11月16日，吉林省人民政府办公厅印发《吉林省城乡建设用地增减挂钩试点管理办法的通知》，就优化城乡用地结构，推进新型城镇化发展和新农村建设，统筹城乡发展为目标提出意见。

2015年12月31日，吉林省人民政府印发《关于加快城镇棚户区和城乡危房改造及配套基础设施建设的实施意见》，就贯彻落实《国务院关于进一步做好城镇棚户区和城乡危房改造及配套基础设施建设有关工作的意见》（国发〔2015〕37号），适应新型城镇化发展需要，加快推进全省城镇棚户区和城乡危房改造及配套基础设施建设，提出意见。

2016年8月16日，吉林省人民政府印发《关于促进城乡居民增收扩大中等收入群体的实施意见》，就促进城乡居民增收，扩大中等收入群体比重，形成“橄榄型”分配格局，深化收入分配制度改革，强化收入分配政策激励导向，分群体施策，激发全体劳动者的积极性、主动性、创造性，增强居民收入增长的可持续性，实现收入差距缩小、中等收入人口比重上升的目标提出实施意见。

（4）吉林省城乡社会一体化政策梳理与大事回顾

2012年12月27日，吉林省人民政府办公厅印发《吉林省城乡居民大病救治体系建设实施方案》，就进一步提高城乡居民医疗保障水平，切实减轻城乡居民医疗费用负担，着力解决重大疾病患者“因病致贫、因病返贫”等问题，保障人民群众健康，结合实际，制定该方案。

2012年12月31日，吉林省发展改革委、省卫生厅、省财政厅、省人力资源社会保障厅、省民政厅、吉林保监局等部门联合制定印发《吉林省城乡居民大病保险实施办法（试行）》，为进一步完善城乡居民医疗保障制度，健全多层次的医疗保障体系，有效提高重特大疾病保障水平，切实解决城乡居民因病致贫、因病返贫问题，制定该办法。

2014年7月28日，吉林省人民政府印发《关于建立统一的城乡居民基本养老保险制度的实施意见》，为贯彻落实《国务院关于建立统一的城乡居民基本养老保险制度的意见》（国发〔2014〕8号）要求，就建立统一的城乡居民基本养老保险制度，推进和不断完善覆盖全省城乡居民的基本养老保险制度，充分发挥社会保险对保障人民基本生活、调节社会收入分配、促进城乡经济社会协调发展的重要作用等工作提出意见。

2016年4月13日,吉林省人民政府办公厅印发《吉林省进一步完善城乡义务教育经费保障机制实施方案的通知》,就统筹全省城乡义务教育资源均衡配置,推动义务教育事业持续健康发展,统筹设计城乡一体化的义务教育经费保障机制,贯彻落实《国务院关于进一步完善城乡义务教育经费保障机制的通知》(国发〔2015〕67号)的要求等工作作出部署安排。

2016年7月15日,吉林省人民政府办公厅印发《关于进一步完善城乡居民大病保险制度的实施意见》,就进一步完善吉林省大病保险制度,不断提升大病保险保障水平,加快建立城乡统一的大病保险制度,实现大病保险与医疗救助等制度互补联动,有效防止因病致贫、因病返贫问题发生,使城乡居民共享多层次医疗保障体系建设成果作出工作部署。

2016年12月15日,吉林省人民政府办公厅印发《关于整合城乡居民基本医疗保险制度的实施意见》,就深入贯彻落实习近平总书记系列重要讲话和全国卫生与健康大会精神,牢固树立大健康发展理念,优先整合城镇居民医保和新农合两项制度,加快实现城乡居民医保覆盖范围、筹资政策、保障待遇、医保目录、定点管理、基金管理"六统一"等工作作出部署。

2017年1月19日,吉林省人民政府办公厅印发《关于统筹推进县域内城乡义务教育一体化改革发展的实施意见》,为贯彻落实《国务院关于统筹推进县域内城乡义务教育一体化改革发展的若干意见》,推进吉林省县域内城乡义务教育一体化改革发展作出工作部署。

2017年1月19日,吉林省人民政府办公厅印发《吉林省人民政府办公厅关于统筹推进县域内城乡义务教育一体化改革发展的实施意见》。

(5)吉林省城乡政治文化一体化政策梳理与大事回顾

2017年6月16日,吉林省住房和城乡建设厅印发《关于实施城乡规划进一步加强生态环境资源保护工作的通知》,就进一步加强城市规划的战略引领和刚性管控作用,全面落实生态环保理念,优化城市功能布局等工作作出部署。

附录2 易地移民搬迁的精准扶贫综合效益评价访谈问卷

易地移民搬迁的精准扶贫综合效益评价访谈问卷(村/社区)

问卷说明:本问卷由西北大学国家社科基金重大项目“西部地区易地移民搬迁工程的精准扶贫机制、综合效益评价与政策创新研究”负责。主要内容包括易地移民搬迁基本情况和村/社区基本情况两大部分,共计30个小题,调研对象是村/社区的书记、村主任或扶贫工作相关领导。问卷中所有的问题没有对错之分,一切根据实际情况填写即可。本问卷仅用于调查分析,绝不会透露您的任何隐私,衷心感谢您的合作!

样本编号:________受访者编号:

地址:______省______市______区(县)______乡/镇______村/社区

调查完成日期:____年____月____日 调查员签名及电话:________

第一部分:易地移民搬迁基本情况

(1)本村搬迁时间为______年,距离原迁出地为______公里,距离县城为______公里,距离乡镇政府驻地为______公里,距离最近的工业园区为______公里。

(2)本村易地移民搬迁总户数为______户;易地移民搬迁总人口为______人。

(3)本村新搬迁的居民组织管理情况为______。

A 独立成立村民小组(社区) B 融合到迁入地的村民小组(社区)中

C 仍隶属原村组织

(4)本村易地移民搬迁的建档立卡时间是______年______月。

(5)您认为本村易地移民搬迁户的致贫原因是什么? ________(可多

选,按重要性先后顺序填写)。

A 生态条件恶劣　　B 基础设施薄弱　　C 缺乏产业支撑

D 观念和文化知识落后　　E 村民缺少资金　　F 重大疾病

G 孩子上学要花钱　　H 其他____________(具体填写)

(6)您认为驻村干部对村庄发展所起的作用体现在哪些方面?______(可多选)。

A 解决就业岗位　　B 引进投资企业　　C 提供市场销路

D 提供技术支持　　E 联系政府帮扶

(7)您认为哪些项目对于易地移民搬迁农户在搬迁后的持续发展带动效果最好?________。

A 职业教育培训　　B 干部驻村帮扶　　C 扶贫小额信贷

D 电商扶贫　　E 旅游扶贫　　F 致富带头人创业培训

G 龙头企业带动　　H 其他________(具体填写)

(8)您希望政府为本村在易地移民搬迁工作方面做些什么?________。

A 提供就业岗位　　B 提供资金扶持　　C 修建基础设施

D 提供技术支持　　E 其他________(具体填写)

第二部分:村/社区基本情况

(1)本村总户数为______户,总人口为______人;本村农业人口为____人,劳动适龄人口(16~60岁)为______人,其中常年在外(半年及以上)就业和务工的劳动力有______人。

(2)上一年本村人均纯收入为______元;村民主要收入来源为______(可多选,按收入从高到低的顺序排列)。

A 农业　　B 以农业为主兼业　　C 以非农产业为主兼业

D 非农产业　　E 政府转移性支付

(3)本村主要种植农业:作物①__________,产量______斤/亩,2016年市场价______元/斤,投入______元/亩;作物②__________,产量______斤/亩,2016年市场价______元/斤,投入______元/亩。

(4)本村主要养殖业的情况介绍(养殖品种、养殖年收入、购买费用、饲养支出等)____。

(5)本村非农产业情况介绍(产业类型、人均年收入、发展现状等)____。

(6)本村主要享受的惠农补贴标准:粮食直补______元/亩;良种补贴______元/亩;农资综合补贴______元/亩;退耕还林还草______元/亩;公益林补偿______元/亩;扶贫生态移民搬迁______元/人;小额贴息贷款______元/人;危房改造______元/户;其他______________(补贴项目、补贴标准)。

(7)本村所有医疗点一共有医疗卫生人员______人;本村参加新型农村合作医疗(新农合)的人数有______人,参保率为______%。本村医疗保险的落实情况(交纳金额、报销比例等)______________________________。

(8)本村享受最低生活保障共______户,______人,年发放______元/人。

(9)本村养老保险的落实情况(档位、交纳金额、实际发放数等)____。

(10)您认为搬迁住户在社会融入方面主要存在哪些问题?__________(可多选,按重要顺序排列)。

A 生活方式与生活习惯不适应　　B 语言沟通障碍,交往机会少

C 收入差距　　D 没有产业保障,没有工作

E 其他________

(11)您认为搬迁住户是否适应了本村的生产、生活环境?__________。

A 非常适应　B 适应　C 不确定　D 不适应　E 非常不适应

(12)本村是否有驻村干部?______ A 是　B 否　您对驻村工作队到位情况是否满意?

A 非常满意　B 满意　C 不确定　D 不满意

E 非常不满意(不满意的理由是________)

(13)本村是否对易地移民搬迁的信息以及扶贫资金、物质、项目等情况进行信息公示?

A 全部公示　B 部分公示　C 从未公示

(14)最近一次选举中,有多少比例的选民参加了投票?______(指投票的选民占总选民的比例,也就是指实际投票的人数除以有投票权的人数。注意:不是除以该社区的总人数)。

(15)**搬迁前迁出地**的活动中心数量为______个;**搬迁后迁入地**的活动中心数量为______个。

A 0　B 1　C 2　D 3　E 4 以上

(16)**搬迁前迁出地**平均每个月组织各类文体活动的次数为______次;**搬迁后迁入地**平均每个月组织各类文体活动的次数为______次。

A 0 次　B 1～2 次　C 3～5 次　D 5～7 次　E 7 次以上

(17)**搬迁前迁出地**是否有图书馆(图书室)? ______A 有　B 无。若有,图书馆(图书室)拥有图书数量为______本;**搬迁后迁入地**是否有图书馆(室)______A 有　B 无。若有,图书馆(室)拥有图书数量为______本。

A 0　B 1～100　C 100～300　D 300～500　E 500 以上

(18)**搬迁前迁出地**的行政区划面积是______亩,土地板化、荒漠化面积占土地总面积的比例为______,人均耕地面积______亩/人,人均公共绿地面积______亩/人,人均退耕还林(草)面积______亩/人,人均荒地面积______亩/人。

搬迁后迁入地的行政区划面积是______亩,土地板化、荒漠化面积占土地总面积的比例为______,人均耕地面积______亩/人,人均公共绿地面积______亩/人,人均退耕还林(草)面积______亩/人,人均荒地面积______亩/人。

(19)**搬迁前迁出地**的住户通电率为______;通路率为______。**搬迁后迁入地**的住户通电率为______;通路率为______。

(20)**搬迁前迁出地**有集中垃圾桶/框共______个,环卫车______辆,垃圾池、焚烧池______个,聘请保洁员______个,垃圾集中(无害化)处理率为______。**搬迁后迁入地**有集中垃圾桶/框共______个,环卫车______辆,垃圾池、焚烧池______个,聘请保洁员______个,垃圾集中(无害化)处理率为______。

(21)**搬迁前迁出地**的饮用水质是否已全部达标? ______A 是　B 否。若没有,达标比率为______。**搬迁后迁入地**饮用水质是否已全部达标____?A 是　B 否。若没有,达标比率为______。

(22)**搬迁前迁出地**本村灾害发生率为______。是否遭受过以下自然灾害? ______。

A 旱灾　B 洪涝　C 森林火灾　D 冻害、雹灾

E 台风、风暴　F 滑坡、泥石流　G. 农林病虫害　H 地震

I 传染病　J 其他________　K 以上都没有

(23)**搬迁后迁入地**灾害发生率为______。是否遭受过以下自然灾

害？______。

A 旱灾　　B 洪涝　　C 森林火灾　　D 冻害、雹灾

E 台风、风暴　　F 滑坡、泥石流　　G. 农林病虫害　　H 地震

I 传染病　　J 其他________　　K 以上都没有

易地移民搬迁的精准扶贫综合效益评价访谈问卷（家庭及个人）

问卷说明：本问卷由西北大学国家社科基金重大项目“西部地区易地移民搬迁工程的精准扶贫机制、综合效益评价与政策创新研究”负责。本问卷的主要内容包括个人（受访者）基本情况和家庭基本情况两大部分，共计25个小题，调研对象是易地移民搬迁户。问卷中所有的问题没有对错之分，一切根据实际情况填写即可。本问卷仅用于调查分析，绝不会透露您的任何隐私，衷心感谢您的合作！

样本编号：______________受访者编号：______________

地址：______省______市______区（县）______乡/镇______村/社区

调查完成日期：____年____月____日　调查员签名及电话：__________

第一部分：个人（受访者）基本情况

（1）您的**性别**是______。

A 男　B 女

（2）您的**年龄**为______岁。

（3）您的**学历**是______。

A 未受过任何学校教育　B 小学　C 初中　D 高中　E 大学本科以上

（4）您的**婚姻**状况是______。

A 已婚　B 未婚　C 离异　D 丧偶

（5）您的**民族**是______。

A 汉　B 满　C 回　D 壮　E 蒙古　F 藏　G 维吾尔

H 其他________（具体填写）

（6）您搬迁前后**户籍**分别是什么？**搬迁前为**______**搬迁后为**______。

A 农业户口　B 非农户口　C 没有户口　D 其他（请注明________）

（7）您的**身高**是______厘米，**体重**是______千克；您觉得搬迁前后您的

身体健康状况如何？**搬迁前**______**搬迁后**______。

A 很不健康　B 不健康　C 不确定　D 健康　E 非常健康

(8)**搬迁前**,您家户籍人口有______人,其中60岁以上老人有______人,16岁以下未成年人有______人,常年在家务农的有______人,常年在外打工的有______人,家庭常住人口有______人;**搬迁后**,您家户籍人口有______人,其中60岁以上老人有______人,16岁以下未成年人有______人,常年在家务农的有______人,常年在外打工的有______人,家庭常住人口有______人。

第二部分:家庭基本情况

(1)您家在**搬迁前一年中**的**总收入**为______元,**总支出**为______元,**人均纯收入**为______元;您家在**搬迁后一年中**的**总收入**为______元,**总支出**______元,**人均纯收入**为______元。(以上结果由调研员根据收支明细核算得出,注意人均纯收入不包括教育和医疗支出)

收支明细	搬迁前(一年内)	搬迁后(一年内)
经营性收支(种植业、养殖业、采集业等收支情况,其中支出包括购买种子、化肥、农具及折旧等)(请在表格中写出明细及计算过程,例如,某种农作物的收入=亩产量×亩数×出售单价;养殖业仅根据当年的出栏率核算收入;某种农作物的支出=化肥单价×袋数;养殖支出=饲料单价×袋数)	收入: 支出:	收入: 支出:
其他收入(转移性收入、外出务工、财产性收入、参加农村合作社收入、家庭自主经营收入等,例如,转移性收入包括退耕还林补贴、粮食直补、医疗救助、养老金、低保补助及亲友馈赠等;财产性收入包括土地流转、股息等)(请在表格中写出明细及计算过程,例如,低保补助=每月发放金额×发放月数;外出务工收入=务工天数×每天工资)	收入:	收入:
日常生活支出(吃、喝、住、行等日常生活花费)(请在表格中写出明细及计算过程,例如,米、面支出=单价×袋数)	支出:	支出:
教育支出(家庭供养不同类型学生的学费、课本费及住宿费等支出)(请在表格中写出明细及计算过程)	支出:	支出:
医疗支出(医药、住院花费及因病借款等支出情况)(请在表格中写出明细及计算过程)	支出:	支出:

续表

收支明细	搬迁前(一年内)	搬迁后(一年内)
其他支出(税金、承包费、生产资料折旧费及红白事礼金等)(请在表格中写出明细及计算过程,例如,地租支出 = 每亩租金 × 亩数)	支出:	支出:

(2)易地移民搬迁是否为您家带来**负债**______? A 是 B 否。若是,造成的**负债金额**是______元。

(3)您家对易地移民搬迁工程中的**精准扶贫政策**感到满意吗? ______。

A 非常满意 B 满意 C 不确定 D 不满意 E 非常不满意

(4)您家对现有**帮扶工作的落实情况**感到满意吗? ______。

A 非常满意 B 满意 C 不确定 D 不满意 E 非常不满意

(5)上次村委会(居委会)**选举**,您或家人是否参加投票? ______

A 是 B否 C 没有投票资格;若没有投票,是因为______。

A 知道有选举,但有事没投 B 知道有选举,但觉得投了也没用

C 不知道有选举

(6)**搬迁后**您家与现居住地的**邻里之间的关系**如何? ______。

A 非常和睦 B 和睦 C 不确定 D 不和睦 E 非常不和睦

(7)**搬迁后**您和现居地的住户在**交流沟通方面**是否存在语言、口音等方面的障碍? ______。

A 完全没有 B 偶尔会有 C 不确定 D 经常会有

E 基本无法沟通交流

(8)您愿意在这里**长期居住**吗? ______ 。

A 非常愿意 B 愿意 C 不确定 D 不愿意 E 非常不愿意

如果选“愿意”,主要是因为______的改善。

A 收入提高 B 居住条件 C 就业机会 D 交通便利 E 医疗条件

F 教育条件 G 其他

如果选“不愿意”,主要是因为______。

A 不习惯这里的生活方式 B 生活成本太高 C 没有产业保障

D 其他 ________(具体填写原因)

(9)**搬迁前**您家**距离最近的就诊处**(卫生所、乡镇医院)约为______公里,**搬迁后**您家**距离最近的就诊处**(卫生所、乡镇医院)约为______公里;您

认为与**搬迁前**相比,目前医疗卫生条件是否让您满意? ______。

A 非常满意　B 满意　C 不确定　D 不满意　E 非常不满意

(10) **搬迁前**您家**距离最近学校的距离**约为______公里,**搬迁后**您家**距离最近学校的距离**约为______公里;您家是否有**正在接受义务教育的未成年人**? ______A 有　B 无;若有,您认为与**搬迁前**相比,孩子目前上学条件和教育质量是否让您感到满意? ______。

A 非常满意　B 满意　C 不确定　D 不满意　E 非常不满意

(11) **搬迁前**您是否参加①**新型农村合作医疗(新农合)**______? ②**新型农村养老保险(新农保)**? ______ 若没有,**搬迁后**是否参加了①**新型农村合作医疗(新农合)**? ______②**新型农村养老保险(新农保)**? ______A 是　B 否。

(12) **搬迁前**您的居住地是否有**养老院或老人服务中心**______,您是否愿意参与? ______**搬迁后**您的现居住地是否有**养老院或老人服务中心**______,您是否愿意参与? ______ A 是　B 否。

(13) **搬迁前**您家**房屋总面积**______平方米,**房屋结构**为: A 茅草　B 土坯　C 竹木　D 砖瓦、石头　E 钢筋混凝土结构;**搬迁后**您家**房屋总面积**______平方米,**房屋结构**为:A 茅草　B 土坯　C 竹木　D 砖瓦、石头 E 钢筋混凝土结构;您对现在的**住房条件**感到满意吗? ______。

A 非常满意　B 满意　C 不确定　D 不满意　E 非常不满意

(14) 您家的主要**用水来源**是:**搬迁前**为______**搬迁后**为______。

A 池塘山泉水　B 江河湖水　C 井水　D 自来水

E 桶装水、纯净水、过滤水　F 其他

(15) 您家**通电情况**是怎样? **搬迁前**为______**搬迁后**为______。

A 未通电　B 经常断电　C 偶尔断电　D 几乎未断电

(16) 您家的**厕所类型**是什么? **搬迁前**为______**搬迁后**为______。

A 旱厕　B 水冲厕所　C 无厕所

(17) 您家庭做饭用的**主要燃料**是什么? **搬迁前**为______**搬迁后**为______。

A 柴草　B 煤炭　C 灌装煤气、液化气　D 天然气、管道煤气

E 太阳能/沼气　F 电　G 其他________(具体填写)

参考文献

[1]Bates Robert. *Markets and States in Tropical Africa. Berkeley*[M]. California: University of California Press,1981.

[2]Michael, M. Cernea. *The Economics of Involuntary Resettlement: Questions and Challenges*[M]. Washington D. C. : World Bank Publications,1999.

[3]Herrmann, P. C. , Libman A, Yu X. Economic Integration in China: Politics and Culture[J]. *Journal of Comparative Economics*,2014,42(2).

[4]Krueger, Anne, Maurice Schiff, and Alber to Valdes, Eds. *The Political Economy of Agricultural Pricing Policy*, 5 *Vols.* , *Baltimore* [M]. Maryland: The Johns Hopkins University Press, 1991.

[5]Lipton Michael. *Why Poor People Stay Poor: Urban Bias in World Development*[M]. Cambridge, MA: Harvard University Press,1977.

[6]Mathur, H. M. *The Resettlement of People Displaced by Development Projects Issues and Approaches*[M]. Dcvclopment, Displacement and Resettlement: Focus on Asian Experiences, H. M. Mathur Delhi, Vikas Publishing House,1995.

[7]Sen, A . *Development as Freedom*[M]. New York : Alfred A. Knopf, Inc,1999.

[8][西]华金·阿朗戈. 移民研究的评析[J]. 国际社会科学杂志,2001(3).

[9][美]罗格纳·纳克斯. 不发达国家的资本形成问题[M]. 北京:商务印书馆,1966.

[10][美]瑟尔瓦尔. 增长与发展[M]. 北京:中国人民大学出版社,1992.

[11]习近平主持召开中央财经领导小组第十一次会议强调:全面贯彻党的十八届五中全会精神 落实发展理念推进经济结构性改革[N]. 人民日报,2015-11-11(1).

[12]习近平．摆脱贫困[M]．福州:福建人民出版社,2014.

[13]习近平．之江新语[M]．杭州:浙江人民出版社,2013.

[14]习近平总书记系列重要讲话读本[M]．北京:学习出版社,人民出版社,2014.

[15]习近平．加强分类指导实施精准扶贫——在考察湘西十八洞村座谈时的重要讲话[N]．人民日报,2013－12－03 (16).

[16]胡锦涛．坚定不移沿着中国特色社会主义道路前进 为全面建设小康社会而奋斗——在中国共产党第十八次会议上的报告[M]．北京:人民出版社,2012.

[17]中共中央政治局召开会议分析研究二〇一六年经济工作[N]．人民日报,2015－12－15.

[18]中共中央国务院．中国农村扶贫开发纲要(2011—2020 年)[Z].2011.

[19]十六大以来重要文献选编(中册)[M]．北京:中央文献出版社,2006.

[20]中华人民共和国国家发展和改革委员会．全国“十三五”易地扶贫搬迁规划[Z].2016.

[21]国务院公报 2011 年第 35 号．中国农村扶贫开发纲要(2011—2020)年[R].2011－12－02.

[22]国家统计局．中国农村贫困监测报告[M]．北京:中国统计出版社,2001.

[23]国家统计局．中国统计年鉴(1995)[M]．北京:中国统计出版社,1995.

[24]国家统计局．中国统计摘要(2005)[M]．北京:中国统计出版社,2005.

[25]中共中央文献研究室．十五大以来重要文献选编:上[M]．北京:人民出版社,2000.

[26]中共中央文献研究室．新时期经济体制改革重要文献选编:上册[M]．北京:中央文献出版社,1999.

[27]国务院发展研究中心农村部课题组,叶兴庆,徐小青．从城乡二元到城乡一体——我国城乡二元体制的突出矛盾与未来走向[J]．管理世界,

2014(9).

[28]中国统计年鉴(1988) [M]. 北京:中国统计出版社,1989.

[29]中共中央关于推进农村改革发展若干重大问题的决定[M]//改革开放三十年重要文献选编:下. 北京: 中央文献出版社, 2008.

[30]国家统计局住户调查办公室. 中国农村贫困监测报告2016[M]. 北京:中国统计出版社,2016.

[31]联合国开发计划署. 千年发展目标报告(2015年)[R]. 2015.

[32]国家统计局. 中国农村贫困监测报告[M]. 北京:中国统计出版社,2001.

[33]白永秀,王颂吉. 城乡发展一体化的实质及其实现路径[J]. 复旦学报(社会科学版),2013(4).

[34]白永秀,等. 中国省域城乡发展一体化水平评价报告(2013)[M]. 北京:中国经济出版社,2013.

[35]白永秀,任保平. 中国市场经济理论与实践[M]. 北京:高等教育出版社,2007.

[36]白南生,卢迈. 中国农村扶贫开发移民:方法和经验[J]. 管理世界,2000(3).

[37]毕娅,陶君成. 基于城乡资源互补的社会众筹扶贫模式及其实现路径研究[J]. 管理世界,2016(8).

[38]蔡昉. 城乡收入差距与制度变革的临界点[J]. 中国社会科学,2003(5).

[39]曹军会,何得桂,朱玉春. 农民对精准扶贫政策的满意度及影响因素分析[J]. 西北农林科技大学学报(社会科学版),2017(4).

[40]陈伯庚,陈承明. 新型城镇化与城乡一体化疑难问题探析[J]. 社会科学,2013(9).

[41]陈爱雪,刘艳. 层次分析法的我国精准扶贫实施绩效评价研究[J]. 华侨大学学报(哲学社会科学版),2017(1).

[42]陈秀山,张可云. 区域经济理论[M]. 北京:商务出版社,2010.

[43]迟福林. 我国统筹城乡发展的基本公共服务均等化因素[J]. 东南学术,2009(6).

[44]丁子钱,谷佳. 新时期扶贫开发整村推进的认识与思考[J]. 经济

视角(下),2012(6).

[45]丁凤琴,高晶晶. 西部少数民族聚居区生态移民人口迁移的文化适应——以宁夏中部干旱带地区为例[J]. 农业经济问题,2015(6).

[46]风笑天. 生活的移植——跨省外迁三峡移民的社会适应[J]. 江苏社会科学,2006(3).

[47]范和生,唐惠敏. 农村贫困治理与精准扶贫的政策改进[J]. 中国特色社会主义研究,2017(1).

[48]冯伟林,李树茁,李聪. 生态移民经济恢复中的人力资本与社会资本失灵——基于对陕南生态移民的调查[J]. 人口与经济,2016(1).

[49]胡江霞,文传浩. 就业质量、社会网络与移民的社会融合——基于三峡库区的调查数据[J]. 软科学,2016(9).

[50]何仁伟,李光勤,刘运伟,李立娜,方方. 基于可持续生计的精准扶贫分析方法及应用研究——以四川凉山彝族自治州为例[J]. 地理科学进展,2017(2).

[51]韩建华. 中国农村政府主导型扶贫运作模式的缺陷及其改进[J]. 经济研究导刊,2010(36).

[52]韩峰,李二玲. 中原经济区城乡协调发展评价[J]. 经济经纬,2015(2).

[53]韩俊. 中国城乡关系演变60年:回顾与展望[J]. 改革,2009(1).

[54]江敦涛. 山东半岛城乡一体化发展模式的剖析与启示[J]. 科研管理,2013(2).

[55]洪银兴. 工业和城市反哺农业、农村的路径研究——长三角地区实践的理论思考[J]. 经济研究,2007(8).

[56]惠宁,熊正潭. 城乡固定资产投资与城乡收入差距研究——基于1980—2009年的时间序列数据[J]. 西北大学学报(哲学社会科学版),2011(7).

[57]黄承伟,覃志敏. 我国农村贫困治理体系演进与精准扶贫[J]. 开发研究,2015(2).

[58]黄承伟. 深化精准扶贫的路径选择——学习贯彻习近平总书记近期关于脱贫攻坚的重要论述[J]. 南京农业大学学报(社会科学版),2017(4).

[59]黄季焜,等. 制度变迁和可持续发展[M]. 上海:格致出版社,上海人民出版社,2008.

[60]胡书东. 中国农民负担有多重——农民负担数量及减负办法研究[J]. 社会科学战线,2003(1).

[61]金人庆. 扩大公共财政覆盖农村范围,建立支农资金稳定增长机制[J]. 求是,2006(8).

[62]贾耀锋. 中国生态移民效益评估研究综述[J]. 资源科学,2016(8).

[63]贾兴梅,刘俊杰,贾伟. 城乡一体化与区域经济增长的空间计量分析[J]. 城市规划,2015(12).

[64]董光龙,张红旗. 基于市域的中国城乡一体化发展水平评价[J]. 中国农业资源与区划,2016(4).

[65]董辅礽. 中华人民共和国经济史(上卷)[M]. 北京:经济科学出版社,1999.

[66]郭岚. 上海城乡一体化测度研究[J]. 上海经济研究,2017(7).

[67]郭熙保,周强. 长期多维贫困、不平等与致贫因素[J]. 经济研究,2016(6).

[68]郭俊华,刘奕玮. 西部地区省域内城乡一体化多元模式探析——以宁夏北部川区模式和南部山区模式为例[J]. 西部论坛,2014(1).

[69]郭俊华,陈彼德. 西部欠发达地区统筹城乡经济社会一体化的经验模式分析——以甘肃省为例[J]. 兰州大学学报(社会科学版),2014(5).

[70]郭俊华. 以休闲经济作为推动城乡经济社会一体化发展的途径之一[J]. 经济纵横,2013(7).

[71]郭岚. 上海城乡一体化测度研究[J]. 上海经济研究,2017(7).

[72]郭国峰,王彦彭. 中部六省全面小康实现程度的评价与比较[J]. 中国工业经济,2007(3).

[73]高飞,向德平. 社会治理视角下精准扶贫的政策启示[J]. 南京农业大学学报(社会科学版),2017(4).

[74]东梅,李晓明,刘乔巧. 生态移民瞄准精度实证研究——以宁夏为例[J]. 农业技术经济,2011(9).

[75]黎洁. 陕西安康移民搬迁农户生计选择与分工分业的现状与影响

因素分析——兼论陕南避灾移民搬迁农户的就地就近城镇化[J]. 西安交通大学学报,2017(1).

[76]廉超. PPP模式助推精准扶贫、精准脱贫[J]. 贵州社会科学,2017(1).

[77]刘彦随,周扬,刘继来. 中国农村贫困化地域分异特征及其精准扶贫策略[J]. 中国科学院院刊,2016(3).

[78]刘应杰. 中国城乡关系演变的历史分析[J]. 当代中国史研究,1996(2).

[79]刘钢,宋亚倩,樊力硕,汪志强. 基于有序Logistic回归的水库移民住房感知实证研究[J]. 长江流域资源与环境,2017(4).

[80]刘小珉. 农户满意度视角的民族地区农村扶贫开发绩效评价研究——基于2014年民族地区大调查数据的分析[J]. 民族研究,2016(2).

[81]刘舒昕,李松柏. 陕南避灾扶贫移民生存现状的满意度研究——以镇安县云盖寺镇移民安置点为例[J]. 城市发展研究,2015(1).

[82]刘红梅,张忠杰,王克强. 中国城乡一体化影响因素分析——基于省级面板数据的引力模型[J]. 中国农村经济,2012(8).

[83]刘慧,叶尔肯·吾扎提. 中国生态扶贫策略研究[J]. 中国人口·资源与环境,2013(10).

[84]刘远新,张华忠,周维,李军朝. 三峡库区农村移民安置模式对移民家庭收入的影响分析[J]. 长江流域资源与环境,2011(3).

[85]刘成斌,风笑天. 三峡移民迁移满意度的转变及其根源[J]. 人口研究,2007(1).

[86]刘舒昕,李松柏. 陕南避灾扶贫移民生存现状的满意度研究——以镇安县云盖寺镇移民安置点为例[J]. 城市发展研究,2015(1).

[87]刘钢,宋亚倩,樊力硕,汪志强. 基于有序Logistic回归的水库移民住房感知实证研究[J]. 长江流域资源与环境,2017(4).

[88]李棉管. 技术难题、政治过程与文化结果——"瞄准偏差"的三种研究视角及其对中国"精准扶贫"的启示[J]. 社会学研究,2017(1).

[89]李雪萍. 基本公共服务均等化的区域对比与城乡比较——以社会保障为例[J]. 华中师范大学学报(人文社会科学版),2008(5).

[90]李建伟. 新时期我国县域经济发展的战略意义、主要挑战与路径

选择[J]. 重庆理工大学学报(社会科学),2016(4).

[91]李晖,庞效民,朱翔,傅晖. 洞庭湖区农村工业发展与移民建镇的调查与关联研究[J]. 经济地理,2003(1).

[92]李裕瑞,曹智,郑小玉,刘彦随. 我国实施精准扶贫的区域模式与可持续途径[J]. 中国科学院院刊,2016(3).

[93]李小云,张雪梅,唐丽霞. 我国中央财政扶贫资金的瞄准分析[J]. 中国农业大学学报(社会科学版),2005(3).

[94]李小云. 构建新制度提高扶贫成效[J]. 中国老区建设,2014(9).

[95]李卫红,等. 安顺市塘约村:"给乡亲一个精神焕发的村庄"[N]. 贵州日报,2017-04-01.

[96]李洁,赵锐锋,谢作轮. 甘肃省区域社会—生态系统脆弱性综合评价[J]. 经济地理,2015(12).

[97]李志平. "送猪崽"与"折现金":我国产业精准扶贫的路径分析与政策模拟研究[J]. 财经研究,2017(4).

[98]李力. 亿万农民得到更多实惠[N]. 经济日报,2011-02-16(1).

[99]罗绒战堆,陈健生. 精准扶贫视阈下农村的脆弱性、贫困动态及其治理——基于西藏农村社区案例分析[J]. 财经科学,2017(1).

[100]罗仁朝,王德. 上海市流动人口不同聚居形态及其社会融合差异研究[J]. 城市规划学刊,2008(6).

[101]陆益龙. 构建精准、综合与可持续的农村扶贫新战略[J]. 行政管理改革,2016(0).

[102]陆汉文,覃志敏. 我国扶贫移民政策的演变与发展趋势[J]. 贵州社会科学,2015(5).

[103]陆汉文. 落实精准扶贫战略的可行途径[J]. 国家治理,2015(38).

[104]陆汉文,李文君. 信息不对称条件下贫困户识别偏离的过程与逻辑——以豫西一个建档立卡贫困村为例[J]. 中国农村经济,2016(7).

[105]马德峰. 影响三峡外迁农村移民社区适应性的客观因素——来自江苏省大丰市首批三峡移民的调查[J]. 管理世界,2002(10).

[106]马晓河,蓝海涛,黄汉权. 工业反哺农业的国际经验及我国的政策调整思路[J]. 管理世界,2005(7).

[107]莫光辉．精准扶贫:贫困治理的价值之维与实践突破——精准扶贫绩效提升机制系列研究之五[J]．改革与战略,2017(2).

[108]梅昀,兰梦婷,白昊男．农户收入结构异质性视角下水库移民农业安置需求研究[J]．华中农业大学学报(社会科学版),2017(3).

[109]牛若峰,郭玮,陈凡．中国经济偏斜循环与农业曲折发展[M]．北京:中国人民大学出版社,1991.

[110]宁夏．改革开放以来的农民工流动——一个政治经济学的国内研究综述[J]．政治经济学评论,2016(1).

[111]欧阳志刚．中国城乡经济一体化的推进是否阻滞了城乡收入差距的扩大[J]．世界经济,2014(2).

[112]彭忠益,李畅,夏全珍．城乡一体化的"关山模式"研究——来自湖南省宁乡县的地方治理调查[J]．湖南师范大学社会科学学报,2015(2).

[113]祁进玉．三江源地区生态移民的社会适应与社区文化重建研究[J]．中央民族大学学报(哲学社会科学版),2015(3).

[114]覃志敏,岑家峰．精准扶贫视域下干部驻村帮扶的减贫逻辑——以桂南s村的驻村帮扶实践为例[J]．贵州社会科学,2017(1).

[115]宋洪远．加快户籍制度改革推动城乡一体化发展[J]．农业现代化研究,2016(6).

[116]魏后凯．新常态下中国城乡一体化格局及推进战略[J]．中国农村经济,2016(1).

[117]申秋．中国农村扶贫政策的历史演变和扶贫实践研究反思[J]．江西财经大学学报,2017(1).

[118]束锡红,聂君,樊晔．三江源藏族生态移民社会融入实证研究——以青海省泽库县和日村为个案[J]．中南民族大学学报(人文社会科学版),2017(4).

[119]帅传敏,李文静,程欣,帅竞,丁丽萍,陶星．联合国IFAD中国项目减贫效率测度——基于7省份1356农户的面板数据[J]．管理世界,2016(3).

[120]吴丰华,白永秀．陕西县域城乡发展一体化水平评判[J]．西北农林科技大学学报(社会科学版),2016(3).

[121]吴丰华,白永秀,吴振磊．中国省域城乡社会一体化的空间差异

与时序变化[J]. 中国软学,2015 (3).

[122]吴丰华,白永秀. 城乡发展一体化:战略特征、战略内容、战略目标[J]. 学术月刊,2013(4).

[123]吴丰华. 中国近代以来城乡关系变迁轨迹与变迁机理(1840—2012)[D]. 西安:西北大学,2013.

[124]王珞,骆永菊,王顺克. 三峡库区外迁农村移民适应性研究——基于9个省份983户移民样本的实证分析[J]. 地域研究与开发,2016(1).

[125]王茂福,柯尊勇. 水库移民安置目标:基于福利经济学的分析[J]. 人口与经济,2009(6).

[126]王荣党. 农村区域性反贫困度量指标体系的设计与实证——以云南为例[J]. 中国农村经济,2006(12).

[127]王介勇,陈玉福,严茂超. 我国精准扶贫政策及其创新路径研究[J]. 中国科学院院刊,2016(3).

[128]王雨磊. 精准扶贫何以“瞄不准”?——扶贫政策落地的三重对焦[J]. 国家行政学院学报,2017(1).

[129]王春兰. 城乡经济均衡发展水平的评价的指标体系[J]. 统计与决策,2010(3).

[130]王佳宁,史志乐. 贫困退出机制的总体框架及其指标体系[J]. 改革,2017(1).

[131]王克. 河南嵩县:脱贫致富内功靠什么炼成?[N]. 中国经济周刊,2017-04-10.

[132]汪三贵,刘未. “六个精准”是精准扶贫的本质要求——习近平精准扶贫系列论述探析[J]. 毛泽东邓小平理论研究,2016(1).

[133]汪三贵. 在发展中战胜贫困——对中国30年大规模减贫经验的总结与评价[J]. 管理世界,2008(11).

[134]汪三贵,郭子豪. 论中国的精准扶贫[J]. 贵州社会科学,2015 (5).

[135]汪磊,汪霞. 易地扶贫搬迁前后农户生计资本演化及其对增收的贡献度分析——基于贵州省的调查研究[J]. 探索,2016(6).

[136]万江红,孙枭雄. 权威缺失:精准扶贫实践困境的一个社会学解释——基于我国中部地区花村的调查[J]. 华中农业大学学报(社会科学版),2017(2).

[137]武力．1949—2006年城乡关系演变的历史分析[J]．中国经济史研究,2007(1).

[138]徐丽杰．中国经济新常态下推动城乡一体化发展的新策略[J]．税务与经济,2016(1).

[139]许汉泽,李小云．精准扶贫背景下驻村机制的实践困境及其后果——以豫中J县驻村"第一书记"扶贫为例[J]．江西财经大学学报,2017(3).

[140]谢志强,姜典航.城乡关系演变:历史轨迹及其基本特点[J].中共中央党校学报,2011(8).

[141]夏永祥．改革开放30年来我国城乡关系的演变与思考[J]．苏州大学学报(哲学社会科学版),2008(6).

[142]邢成举．搬迁扶贫与移民生计重塑:陕省证据[J]．改革,2016(11).

[143]杨建涛,王艳华,高建华．基于ANP-TOPSIS的中国城乡一体化发展测度研究[J]．经济经纬,2016(1).

[144]杨瑚．精准扶贫的贫困标准与对象瞄准研究[J]．甘肃社会科学,2017(1).

[145]杨园园,刘彦随,张紫雯．基于典型调查的精准扶贫政策创新及建议[J]．中国科学院院刊,2016(3).

[146]杨云彦,徐映梅,胡静,黄瑞芹．社会变迁、介入型贫困与能力再造——基于南水北调库区移民的研究[J]．管理世界,2008(11).

[147]杨云彦,赵锋．可持续生计分析框架下农户生计资本的调查与分析——以南水北调(中线)工程库区为例[J]．农业经济问题,2009(3).

[148]杨占国,于跃洋．当代中国扶贫30年(1979—2009)述评[J]．北京社会科学,2009(5).

[149]杨显明,米文宝,齐拓野,程子彪．宁夏生态移民效益评价研究[J].干旱区资源与环境,2013(4).

[150]杨小军,刘诗阳．基于公平与效率视角看我国城乡关系历史演变[J]．湘潭大学学报(哲学社会科学版),2012(3).

[151]张国平,籍艳丽,马军伟．城乡一体化水平测度与进程比较——京津冀与长三角地区城乡一体化评价[J]．经济问题,2015(8).

[152]张玉强,李祥．集中连片特困地区的精准扶贫模式[J]．重庆社会科学,2016(8).

[153]张全红,李博,周强．中国多维贫困的动态测算、结构分解与精准扶贫[J]．财经研究,2017(4).

[154]张李娟．西部地区金融支持精准扶贫的难点与对策[J]．改革与战略,2017(2).

[155]张茂林．我国贫困人口的资源生态空间特征与开发性扶贫移民[J]．人口与经济,1996(4).

[156]张文翔,明庆忠,牛洁,史正涛,雷国良．高原城市水源地生态补偿额度核算及机制研究——以昆明松花坝水源地为例[J]．地理研究,2017(2).

[157]张萍,王岗．生态移民区用户阅读行为及影响因素分析——以宁夏闽宁镇为例[J]．图书馆理论与实践,2017(4).

[158]张金英．城乡教育一体化的动力机制与战略研究[D]．天津:天津大学,2010.

[159]张国荣,黄振英,赵顺庭．大山深处的希望[J]．中国老区建设,2016(8).

[160]张静,夏海勇．生态文明指标体系的构建与评价方法[J]．统计与决策,2009(21).

[161]周江燕,白永秀．中国城乡发展一体化水平的时序变化与地区差异分析[J]．中国工业经济,2014(2).

[162]周光礼．中国大学办学自主权(1952—2012)政策变迁的制度解释[J]．中国地质大学学报(社会科学版),2012(5).

[163]周长城,陈红．中国小康社会指标体系研究综述[J]．湖南社会科学,2004(5).

[164]周宜君,周银珍,胡红青,向长春．三峡工程农村外迁移民安置效果区域差异及其启示[J]．经济地理,2011(8).

[165]郑瑞强,王英．精准扶贫政策初探[J]．财政研究,2016(2).

[166]郑瑞强,曹国庆．基于大数据思维的精准扶贫机制研究[J]．贵州社会科学,2015(8).

[167]郑文哲,郑小碧．中心镇推进城乡一体化的时空演进模式研究:

理论与实证[J]. 经济地理,2013(6).

[168]庄天慧,杨帆,曾维忠. 精准扶贫内涵及其与精准脱贫的辩证关系探析[J]. 内蒙古社会科学(汉文版),2016(3).

[169]左停,杨雨鑫,钟玲. 精准扶贫:技术靶向、理论解析和现实挑战[J]. 贵州社会科学,2015(8).

[170]赵晓峰,邢成举. 农民合作社与精准扶贫协同发展机制构建:理论逻辑与实践路径[J]. 农业经济问题,2016(4).

[171]赵洋. 中国特色社会主义城乡关系变迁:历史、理论与现实[J]. 思想教育理论导刊,2016(9).

[172]赵曦. 赵朋飞. 我国农村精准扶贫机制构建研究[J]. 经济纵横,2016(7).

[173]曾小溪,汪三贵. 易地扶贫搬迁情况分析与思考[J]. 河海大学学报(哲学社会科学版),2017(2).

[174]曾磊,雷军,等. 我国城乡关联度评价指标体系构建及区域比较分析[J]. 地理研究,2002(12).

[175]朱方明,屈恩义,王弘. 我国山区贫困与反贫困状况的调查与思考——以四川通南巴地区为例[J]. 经济学家,2013(12).

[176]朱金鹤,崔登峰. 新疆城乡一体化进程的影响因素与评价研究[J]. 干旱区资源与环境,2012(12).

[177]智雷,杨云彦,田艳平. 非自愿移民经济再发展:基于人力资本的分析[J]. 中国软科学,2011(3).

后　记

这部著作是“中国城乡一体化水平评价系列研究报告”的第8部，前7部报告分别是3部《中国省域城乡一体化水平评价报告》、2部《陕西县域城乡发展一体化水平评价报告》，以及将中国省域报告与陕西县域报告合并组成的《中国城乡发展一体化水平评价报告(2015)》和《中国城乡发展一体化水平评价报告(2016)》。中国省域城乡一体化水平评价系列报告先后聚焦中国省域城乡发展一体化的整体水平和其中的热点问题——省域城乡社会一体化水平和城乡经济一体化水平，从中国整体、区域、省域3个空间维度，测度了中国城乡发展一体化及各个分维度的水平和指数，这项工作已经坚持了6年。《陕西县域城乡发展一体化水平评价报告》是国内第一部以一个省份全部县域的城乡发展一体化水平为评价和研究对象的著作，也已经持续了4年。中国城乡发展一体化水平评价系列报告不仅对于丰富城乡发展一体化理论具有一定的学术价值，而且对于推进我国区域、省域、县域“三域”的城乡发展一体化实践具有较高的应用价值。

2013年5月和11月、2014年10月、2015年11月、2016年12月，我们在西安先后召开了5场成果发布会暨城乡发展一体化高层论坛，中国省域及陕西县域城乡一体化水平指数与论坛议题被人民网、新浪网、凤凰网、网易新闻、大公网、中国社会科学网、中国经济学教育科研网、《经济日报》《21世纪经济报道》《中国社会科学报》《中华工商时报》《陕西日报》《华商报》等媒体报道，在全国学术界、政府部门和社会各界中引起了一定影响与广泛关注。在报告的撰写过程中，我和我的研究团队深入挖掘并进一步拓展系列报告的研究成果，在《中国工业经济》《中国软科学》《中国农村经济》《当代经济科学》等期刊发表了20余篇关于城乡发展一体化水平评价的学术论文，进一步扩大了学术影响。

今年的报告，我和研究团队几经讨论，决定进行较大改动，体现为“三新”。

一是题目新。改变了以往"中国城乡一体化水平评价报告+年份"的命名模式,改为"中国城乡发展报告+年度主题"的命名办法,其一,今年增加了新的研究内容,原来的名字已经无法涵盖;其二,为我们的后续研究拓展了可能性;其三,和我国几大系列年度报告的命名方式接轨,如《中国城市力竞争报告》等。二是内容新。党的十八大以来,以习近平总书记为核心的党中央高度重视农村贫困人口,提出了"精准扶贫"的重大战略,我们研究团队随即展开研究。2016年11月,以我为首席专家的课题组成功申报国家社科基金重大招标项目"西部地区易地移民搬迁工程的精准扶贫机制、综合效益评价与政策创新研究"(16ZDA023)。我们就思考如何将城乡发展一体化水平评价继续坚持的同时,开展精准扶贫和易地移民搬迁研究,最终决定将两者相结合,形成了今年报告"水平评价+精准扶贫"的研究主题和内容。从今年的报告开始,我们一方面坚持城乡发展一体化水平评价研究,另一方面也将每年聚焦一个城乡关系和城乡发展中的重要主题,深入开展专项研究,使我们的城乡发展年度报告更具学术价值、更可持续、更有生命力。三是写作团队新。一方面吸收了我们所带的新博士、硕士和本科生参加,另一方面突破了西北大学经济管理学院的范围,有来自西北大学公共管理学院、西南财经大学经济学院、河南师范大学商学院的学者加盟,在扩展队伍的同时,为报告拓展了新视野、注入了新思想。

《中国城乡发展报告2017——水平评价与精准扶贫》的选题和思路由白永秀教授、吴振磊副教授、吴丰华副教授等共同讨论提出,并商讨拟定了写作大纲,白永秀教授指导本书的写作过程。初稿分工如下:导论:白永秀、吴丰华;第1章:吴丰华、吴振磊(1.1节),王斌(1.2节),李海强(1.3节);第2章:于重阳(2.1节),何昊、陈煦、张鸽(2.2节),翟绍果、张星、周清旭(2.3节);第3、4、5、6章:赵而荣、李杰、王斌;第7章:何昊;第8章:韩文龙、刘明辉(8.1节),吴振磊、吴丰华(8.2节)、李刘艳(8.3、8.4节)。附录1:崔浩博、王特、李敏;附录2:何昊、吴振磊、吴丰华。初稿完成后,白永秀教授提出了具体的修改意见,吴丰华、于重阳、何昊进行修改并负责统稿。最后,由白永秀教授审定终稿,润色提升。

在此特别感谢中国经济出版社的霍宏涛编审和贺静编辑为本书出版所付出的辛勤劳动,你们的专业水准和敬业精神保证了报告的学术品质。因作者水平有限,本书不足之处在所难免,恳请读者批评指正。

白永秀

2017年8月于西北大学太白校区